서집전상설(書集傳詳說) 6
-서집전상설 11권 (書集傳詳說 卷之十一)·서집전상설 12권(書集傳詳說 卷之十二)-

이 저서는 2017년 대한민국 교육부와 한국연구재단의 지원을 받아 수행된 연구임 (NRF-2017S1A5B4056044)

호산 박문호의 칠서주상설 41

서집전상설(書集傳詳說)6
-서집전상설 11권(書集傳詳說 卷之十一)·
서집전상설 12권(書集傳詳說 卷之十二)-

책임역주(주저자): 신창호
전임역주: 김학목·조기영·황봉덕
공동역주: 김언종·임헌규·허동현

일러두기

1. 본서는 1921년 풍림정사(楓林精舍)에서 간행된 박문호의 『칠서주상설(七書註詳說)』(한국학중앙연구원 장서각 소장)을 저본으로 하였다. 아울러 아세아문화사(亞細亞文化社)에서 간행한 『호산전서(壺山全書)』(1~8, 1987~1990)를 참고하였고, <호산 박문호의 『칠서주상설』 연구번역총서>의 번호 순서는 『호산전서』(제4~5책)의 목차에 따랐다.

2. 원전(原典)은 직역(直譯)을 원칙으로 하되, 필요한 경우에는 현대적 의미를 고려하여 의역(意譯)하며 풀이하였다. 원문은 번역문과 함께 제시하되, 원문을 앞에 번역문을 뒤에 배치하였다.

3. 역주(譯註)의 경우 각주(脚註)로 처리하고, 간단한 용어나 개념 설명은 본문에서 그대로 병기하여 노출하였다(예: 잡기(雜記: 잡다하게 기록함)). 주석은 인용 출처 및 근거를 찾아 제시하고, 관련 자료의 원문 또는 번역문을 수록하였다. 내용이 중복되는 부분일지라도 편장이 달라질 경우에는 다시 수록하여 연구 토대 자료로서의 편리성을 도모하였다.

4. 원전의 원문은 『서집전상설(書集傳詳說)』의 '경문(經文)', 채침(蔡沉)의 주석인 '집전(集傳)', 박문호의 주석인 '상설(詳說)'로 구분하되, '경문-집전-상설'순으로 글자의 모양과 크기를 달리 하였다. 경문의 경우, 별도로 경문이라는 표시 없이 편장별로 번호를 붙였다(예: 「우서」「요전」첫 구절은 『서경』의 제1권 제1편 제1장의 제1구절이므로 [1-1-1-1]로 표시; 나머지도 이와 같은 순서에 따라 번호를 매김).

5. 경전의 맨 앞부분(제1권)과 맨 뒷부분(제7권)에 배치되어 있는 「서집전서상설(書集傳序詳說)」·「서서설상설(書序說詳說)」과 「서서변설상설(書序辨說詳說)」은 별도의 권(卷)으로 나누어져 있지 않아, 0-1, 0-2, 0-3으로 표기하여 구분하였다.

6. 박문호의 주석인 '상설(詳說)'은 모든 구절에 ○를 붙여 의미를 분명하게 하였다.

7. 원문의 표점 작업은 연구번역 저본과 참고로 활용한 판본을 대조하여 정돈하였다. 『칠서주상설』 편제의 특성상, 혼란의 소지가 있는 부분은 번역에서 원전을 다시 제시하였다. 필요한 경우에는 원문이나 각주에서 경전(經傳;『 』)이나 편명(篇名;「 」), 구두(句讀; , ; : .) 인용문(따옴표; " "; ' ') 강조점(따옴표; ' ') 등을 구분하여 표시하였다.

8. 원전의 특성상, 경문의 바로 아래에 제시되어 있는 음운(音韻)이나 음가(音價)는 여러 주석을 참고하여 정돈한 것이 대부분이지만 상설(詳說)로 처리하였다.

9. 원문이나 역주 가운데, 인명이나 개념어는 기본적으로 한글과 한문을 병기하되, 상황에 맞추어서 정돈하였다(예: 주자(朱子)의 경우, 때로는 주희(朱熹)로 표기하고, 개념어는 원문을 그대로 노출하기도 하고 풀이하기도 하였는데, 도(道)의 경우, 도리(道理), 이치(理致), 방법(方法) 등으로 해석함).

서집전상설 총 목차

서집전상설 1　　　서집전서상설(書集傳序詳說)
　　　　　　　　　서집전상설 1권(書集傳詳說 卷之一)
　　　　　　　　　서집전상설 2권(書集傳詳說 卷之二)

서집전상설 2　　　서집전상설 3권(書集傳詳說 卷之三)
　　　　　　　　　서집전상설 4권(書集傳詳說 卷之四)

서집전상설 3　　　서집전상설 5권(書集傳詳說 卷之五)
　　　　　　　　　서집전상설 6권(書集傳詳說 卷之六)

서집전상설 4　　　서집전상설 7권(書集傳詳說 卷之七)
　　　　　　　　　서집전상설 8권(書集傳詳說 卷之八)

서집전상설 5　　　서집전상설 9권(書集傳詳說 卷之九)
　　　　　　　　　서집전상설 10권(書集傳詳說 卷之十)

서집전상설 6　　　**서집전상설 11권(書集傳詳說 卷之十一)**
　　　　　　　　　서집전상설 12권(書集傳詳說 卷之十二)

서집전상설 7　　　서집전상설 13권 (書集傳詳說 卷之十三)
　　　　　　　　　서집전상설 14권 (書集傳詳說 卷之十四)
　　　　　　　　　서서변설상설(書序辨說詳說)

차례

일러두기 / 4

서집전상설 11권 (書集傳詳說 卷之十一)

[11-4-14] 「다사(多士)」/ 15
  [11-4-14-1] 惟三月, 周公初于新邑洛, 用告商王士/ 20
  [11-4-14-2] 王若曰, 爾殷遺多士. 弗弔旻天. 大降喪于殷, 我有周佑命, 將天明威, 致王罰, 勅殷命, 終于帝./ 21
  [11-4-14-3] 肆爾多士. 非我小國, 敢弋殷命. 惟天不畀 允罔固亂. 弼我,/ 25
  [11-4-14-4] 惟帝不畀 惟我下民, 秉爲 惟天明畏./ 28
  [11-4-14-5] 我聞, 曰上帝引逸, 有夏不適逸, 則惟帝降格, 嚮于時夏, 弗克庸帝, 大淫泆有辭. 惟時天, 罔念聞, 厥惟廢元命, 降致罰./ 31
  [11-4-14-6] 乃命爾先祖成湯, 革夏, 俊民, 甸四方./ 35
  [11-4-14-7] 自成湯, 至于帝乙, 罔不明德恤祀./ 38
  [11-4-14-8] 亦惟天, 丕建保乂有殷, 殷王, 亦罔敢失帝, 罔不配天其澤./ 39
  [11-4-14-9] 在今後嗣王, 誕罔顯于天, 矧曰其有聽念于先王勤家. 誕淫厥泆 罔顧于天顯民祗./ 41
  [11-4-14-10] 惟時上帝, 不保, 降若茲大喪./ 42
  [11-4-14-11] 惟天不畀 不明厥德./ 43
  [11-4-14-12] 凡四方小大邦喪, 罔非有辭于罰./ 44
  [11-4-14-13] 王若曰, 爾殷多士, 今惟我周王, 丕靈承帝事./ 45
  [11-4-14-14] 有命曰, 割殷, 告勅于帝./ 46
  [11-4-14-15] 惟我事, 不貳適. 惟爾王家, 我適./ 47
  [11-4-14-16] 予其曰, 惟爾洪無度, 我不爾動, 自乃邑./ 50
  [11-4-14-17] 予亦念, 天卽于殷, 大戾, 肆不正./ 51
  [11-4-14-18] 王曰, 猷告爾多士. 予惟時其遷居西爾. 非我一人, 奉德不康寧, 時惟天命, 無違. 朕不敢有後, 無我怨./ 53
  [11-4-14-19] 惟爾知惟殷先人有冊有典, 殷革夏命./ 55
  [11-4-14-20] 今爾其曰, 夏迪簡在王庭, 有服在百僚, 予一人, 惟聽用德. 肆予敢求爾

[11-4-14-21] 王曰, 多士, 昔朕, 來自奄, 予大降爾, 四國民命. 我乃明致天 罰, 移爾遐逖, 比事臣我宗多遜./ 62

[11-4-14-22] 王曰, 告爾殷多士. 今予惟不爾殺, 予惟時命有申. 今朕作大邑于茲洛, 予惟四方罔攸賓, 亦惟爾多士攸服, 奔走臣我多遜./ 66

[11-4-14-23] 爾乃尚有爾土, 爾乃尚寧幹止./ 68

[11-4-14-24] 爾克敬, 天惟畀矜爾, 爾不克敬, 爾不啻不有爾土, 予亦致天之 罰于爾躬./ 68

[11-4-14-25] 今爾惟時宅爾邑, 繼爾居, 爾厥有幹有年于茲洛, 爾小子乃興, 從爾遷./ 69

[11-4-14-26] 王曰, 又曰, 時予乃或言, 爾攸居./ 71

[11-4-15] 「무일(無逸)」/ 75

[11-4-15-1] 周公曰, 嗚呼. 君子, 所其無逸./ 78

[11-4-15-2] 先知稼穡之艱難, 乃逸, 則知小人之依./ 80

[11-4-15-3] 相小人, 厥父母勤勞稼穡, 厥子乃不知稼穡之艱難, 乃逸乃諺旣誕. 否則 侮厥父母, 曰昔之人, 無聞知./ 83

[11-4-15-4] 周公曰, 嗚呼, 我聞, 曰昔在殷王中宗, 嚴恭寅畏, 天命自度, 治民祗懼, 不敢荒寧. 肆中宗之享國, 七十有五年./ 87

[11-4-15-5] 其在高宗時, 舊勞于外, 爰曁小人, 作其卽位, 乃或亮陰三年不言. 其惟不言, 言乃雍, 不敢荒寧, 嘉靖殷邦, 至于小大, 無時或怨. 肆高宗之享國, 五十有九年./ 89

[11-4-15-6] 其在祖甲, 不義惟王 舊爲小人, 作其卽位, 爰知小人之依, 能保惠于庶民, 不敢侮鰥寡. 肆祖甲之享國, 三十有三年./ 95

[11-4-15-7] 自時厥後, 立王, 生則逸. 生則逸, 不知稼穡之艱難, 不聞小人之勞, 惟耽樂之從. 自時厥後, 亦罔或克壽, 或十年, 或七八年, 或五六年, 或四三年./ 100

[11-4-15-8] 周公曰. 嗚呼. 厥亦惟我周, 太王王季, 克自抑畏./ 103

[11-4-15-9] 文王卑服, 卽康功田功./ 104

[11-4-15-10] 徽柔懿恭, 懷保小民, 惠鮮鰥寡, 自朝, 至于日中昃, 不遑暇食, 用咸和萬民./ 106

[11-4-15-11] 文王不敢盤于遊田, 以庶邦惟正之供, 文王受命, 惟中身, 厥享國, 五十年./ 111

[11-4-15-12] 周公曰. 嗚呼. 繼自今, 嗣王, 則其無淫于觀于逸于遊于田, 以萬民惟正之供./ 116

[11-4-15-13] 無皇曰, 今日耽樂. 乃非民攸訓, 非天攸若. 時人丕則有愆, 無若殷王受之迷亂, 酗于酒德哉./ 117

[11-4-15-14] 周公曰, 嗚呼, 我聞, 曰古之人, 猶胥訓告, 胥保惠, 胥敎誨, 民無或胥譸張爲幻./ 121

[11-4-15-15] 此厥不聽, 人乃訓之, 乃變亂先王之正刑, 至于小大. 民否則厥心違怨, 否則厥口詛祝./ 124

[11-4-15-16] 周公曰, 嗚呼, 自殷王中宗, 及高宗, 及祖甲, 及我周文王, 玆四人迪哲./ 128

[11-4-15-17] 厥或告之曰, 小人怨汝詈汝, 則皇自敬德, 厥愆曰, 朕之愆. 允若時, 不啻不敢含怒./ 129

[11-4-15-18] 此厥不聽, 人乃或譸張爲幻, 曰小人怨汝詈汝, 則信之, 則若時, 不永念厥辟, 不寬綽厥心, 亂罰無罪, 殺無辜. 怨有同, 是叢于厥身./ 131

[11-4-15-19] 周公曰, 嗚呼, 嗣王, 其監于玆./ 137

[11-4-16] 「군석君奭」/ 139

[11-4-16-1] 周公若曰, 君奭./ 143

[11-4-16-2] 弗弔, 天降喪于殷, 殷旣墜厥命, 我有周旣受. 我不敢知, 曰厥基, 永孚于休. 若天棐忱. 我亦不敢知, 曰其終, 出于不詳./ 143

[11-4-16-3] 嗚呼, 君已曰, 時我, 我亦不敢寧于上帝命, 弗永遠念天威, 越我民罔尤違, 惟人. 在我後嗣子孫, 大弗克恭上下, 遏佚前人光, 在家不知./ 146

[11-4-16-4] 天命不易, 天難諶, 乃其墜命, 弗克經歷嗣, 前人恭明德./ 151

[11-4-16-5] 在今予小子旦, 非克有正. 迪, 惟前人光. 施于我冲子./ 153

[11-4-16-6] 又曰, 天不可信, 我道, 惟寧王德, 延, 天不庸釋于文王受命./ 155

[11-4-16-7] 公曰, 君奭, 我聞, 在昔成湯旣受命, 時則有若伊尹, 格于皇天, 在太甲時, 則有若保衡, 在太戊時, 則有若伊陟臣扈, 格于上帝, 巫咸乂王家, 在祖乙時, 則有若巫賢, 在武丁時, 則有若甘盤./ 157

[11-4-16-8] 率惟玆有陳, 保乂有殷. 故殷禮陟配天, 多歷年所./ 166

[11-4-16-9] 天惟純佑命, 則商實, 百姓王人, 罔不秉德明恤, 小臣屛侯甸, 矧咸奔走. 惟玆惟德, 稱用乂厥辟. 故一人有事于四方, 若卜筮, 罔不是孚./ 168

[11-4-16-10] 公曰, 君奭. 天壽平格. 保乂有殷, 有殷嗣天滅威, 今汝永念, 則有固命, 厥亂明我新造邦./ 174

[11-4-16-11] 公曰, 君奭. 在昔上帝割, 申勸寧王之德, 其集大命于厥躬./ 179

[11-4-16-12] 惟文王, 尙克脩和我有夏, 亦惟有若虢叔, 有若閎夭, 有若散宜生, 有若泰顚, 有若南宮括./ 180

[11-4-16-13] 又曰, 無能往來玆, 迪彛敎, 文王蔑德降于國人./ 181

[11-4-16-14] 亦惟純佑, 秉德迪知天威, 乃惟時昭文王, 迪見冒, 聞于上帝. 惟時受有殷命哉./ 183

[11-4-16-15] 武王, 惟茲四人, 尙迪有祿, 後暨武王, 誕將天威, 咸劉厥敵, 惟茲四人, 昭武王惟冒, 丕單稱德./ 188

[11-4-16-16] 今在予小子旦, 若游大川, 予往, 暨汝奭, 其濟. 小子, 同未在位, 誕無我責. 收罔勖不及, 耉造德不降, 我則鳴鳥不聞, 矧曰其有能格./ 192

[11-4-16-17] 公曰, 嗚呼, 君肆其監于茲. 我受命, 無疆惟休, 亦大惟艱, 告君乃猷裕, 我不以後人迷./ 198

[11-4-16-18] 公曰, 前人敷乃心, 乃悉命汝, 作汝民極, 曰汝明勖偶王, 在亶乘茲大命, 惟文王德, 丕承無疆之恤./ 206

[11-4-16-19] 公曰, 君. 告汝朕允. 保奭. 其汝, 克敬以予, 監于殷喪大否, 肆念我天威./ 209

[11-4-16-20] 予不允, 惟若茲誥. 予惟曰, 襄我二人, 汝有合哉. 言曰在時二人, 天休滋至, 惟時二人弗戡, 其汝克敬德, 明我俊民, 在讓後人于丕時./ 210

[11-4-16-21] 嗚呼, 篤棐 時二人, 我式克至于今日休, 我咸成文王功于不怠, 丕冒, 海隅出日, 罔不率俾./ 216

[11-4-16-22] 公曰, 君, 予不惠, 若茲多誥. 予惟用閔于天越民./ 220

[11-4-16-23] 公曰, 嗚呼, 君. 惟乃知民德, 亦罔不能厥初, 惟其終, 祗若茲, 往敬用治./ 222

[11-4-17] 「채중지명(蔡仲之命)」/ 226

[11-4-17-1] 惟周公, 位冢宰, 正百工, 羣叔流言. 乃致辟管叔于商, 囚蔡叔于郭鄰, 以車七乘, 降霍叔于庶人, 三年不齒. 蔡仲克庸祗德, 周公以爲卿士, 叔卒 乃命諸王, 邦之蔡./ 227

[11-4-17-2] 王若曰, 小子胡, 惟爾率德改行, 克愼厥猷. 肆予命爾, 侯于東土, 往卽乃封, 敬哉./ 240

[11-4-17-3] 爾尙蓋前人之愆, 惟忠惟孝, 爾乃邁迹自身, 克勤無怠, 以垂憲乃後, 率乃祖文王之彛訓, 無若爾考之違王命./ 242

[11-4-17-4] 皇天無親, 惟德是輔, 民心無常, 惟惠之懷. 爲善不同, 同歸于治, 爲惡不同, 同歸于亂, 爾其戒哉./ 245

[11-4-17-5] 愼厥初, 惟厥終, 終以不困, 不惟厥終, 終以困窮./ 247

[11-4-17-6] 懋乃攸績, 睦乃四鄰, 以蕃王室, 以和兄弟, 康濟小民./ 248

[11-4-17-7] 率自中, 無作聰明, 亂舊章, 詳乃視聽, 罔以側言, 改厥度, 則予一人, 汝嘉./ 250

[11-4-17-8] 王曰, 嗚呼, 小子胡. 汝往哉, 無荒棄朕命./ 252

서집전상설 12권 (書集傳詳說 卷之十二)

[12-4-18] 「다방(多方)」/ 256

[12-4-18-1] 惟五月丁亥. 王來自奄, 至于宗周./ 261

[12-4-18-2] 周公曰, 王若曰猷, 告爾四國多方. 惟爾殷侯尹民. 我惟大降爾命, 爾罔不知./ 265

[12-4-18-3] 洪惟圖天之命, 弗永寅念于祀./ 269

[12-4-18-4] 惟帝, 降格于夏, 有夏, 誕厥逸, 不肯感言于民, 乃大淫昏, 不克終日勸于帝之迪, 乃爾攸聞./ 271

[12-4-18-5] 厥圖帝之命, 不克開于民之麗, 乃大降罰, 崇亂有夏, 因甲于內亂, 不克靈承于旅, 罔丕惟進之恭, 洪舒于民, 亦惟有夏之民, 叨懫日欽, 劓割夏邑./ 275

[12-4-18-6] 天惟時求民主, 乃大降顯休命于成湯, 刑殄有夏./ 281

[12-4-18-7] 惟天不畀純, 乃惟以爾多方之義民, 不克永于多享, 惟夏之恭多士, 大不克明保享于民, 乃胥惟虐于民, 至于百爲, 大不克開./ 283

[12-4-18-8] 乃惟成湯, 克以爾多方簡, 代夏作民主./ 287

[12-4-18-9] 愼厥麗, 乃勸, 厥民刑, 用勸./ 288

[12-4-18-10] 以至于帝乙, 罔不明德愼罰, 亦用勸./ 291

[12-4-18-11] 要囚, 殄戮多罪, 亦克用勸, 開釋無辜, 亦克用勸./ 292

[12-4-18-12] 今至于爾辟, 弗克以爾多方, 享天之命./ 294

[12-4-18-13] 嗚呼, 王若曰. 誥告爾多方. 非天庸釋有夏, 非天庸釋有殷./ 297

[12-4-18-14] 乃惟爾辟, 以爾多方, 大淫圖天之命, 屑有辭./ 300

[12-4-18-15] 乃惟有夏, 圖厥政, 不集于享, 天降時喪, 有邦間之./ 303

[12-4-18-16] 乃惟爾商後王, 逸厥逸, 圖厥政, 不蠲烝, 天惟降是喪./ 305

[12-4-18-17] 惟聖罔念, 作狂, 惟狂克念, 作聖, 天惟五年, 須暇之子孫, 誕作民主, 罔可念聽./ 307

[12-4-18-18] 天惟求爾多方, 大動以威, 開厥顧天, 惟爾多方, 罔堪顧之./ 313

[12-4-18-19] 惟我周王, 靈承于旅, 克堪用德, 惟典神天, 天惟式教我, 用休, 簡畀殷命, 尹爾多方./ 314

[12-4-18-20] 今我曷敢多誥. 我惟大降爾四國民命./ 320

[12-4-18-21] 爾, 曷不忱裕之于爾多方. 爾, 曷不夾介乂我周王享天之命. 今爾尙宅爾宅畎爾田, 爾, 曷不惠王熙天之命./ 321

[12-4-18-22] 爾乃迪屢不靜, 爾心未愛. 爾乃不大宅天命. 爾乃屑播天命. 爾乃自作不典, 圖忱于正./ 326

[12-4-18-23] 我惟時其敎告之, 我惟時其戰要囚之, 至于再至于三. 乃有不用 我降爾

[12-4-18-24] 王曰. 嗚呼, 猷告爾有方多士, 暨殷多士. 今爾奔走臣我監, 五祀./ 331

[12-4-18-25] 越惟有胥伯小大多正, 爾罔不克臬./ 333

[12-4-18-26] 自作不和, 爾惟和哉. 爾室不睦, 爾惟和哉. 爾邑克明, 爾惟克勤乃事./ 335

[12-4-18-27] 爾尚不忌于凶德, 亦則以穆穆, 在乃位, 克閱于乃邑, 謀介./ 336

[12-4-18-28] 爾乃自時洛邑, 尚永力畋爾田, 天惟畀矜爾, 我有周, 惟其大介賚爾, 迪簡在王庭, 尚爾事. 有服在大僚./ 339

[12-4-18-29] 王曰, 嗚呼. 多士. 爾不克勸忱我命, 爾亦則惟不克享, 凡民惟曰不享, 爾乃惟逸惟頗, 大遠王命, 則惟爾多方, 探天之威. 我則致天之罰, 離逖爾土./ 343

[12-4-18-30] 王曰, 我不惟多誥, 我惟祇告爾命./ 346

[12-4-18-31] 又曰, 時惟爾初, 不克敬于和, 則無我怨./ 347

[12-4-19] 「입정(立政)」/ 351

[12-4-19-1] 周公若曰, 拜手稽首, 告嗣天子王矣. 用咸戒于王曰, 王左右常 伯常任準人綴衣虎賁. 周公曰, 嗚呼, 休茲知恤鮮哉./ 354

[12-4-19-2] 古之人迪. 惟有夏, 乃有室大競, 籲俊尊上帝, 迪知忱恂于九德之行, 乃敢告敎厥后曰, 拜手稽首后矣. 曰宅乃事, 宅乃牧, 宅乃準, 茲惟后矣. 謀面用丕訓德, 則乃宅人, 茲乃三宅, 無義民./ 361

[12-4-19-3] 桀德, 惟乃弗作往任, 是惟暴德, 罔後./ 369

[12-4-19-4] 亦越成湯, 陟丕釐上帝之耿命, 乃用三有宅, 克卽宅, 曰三有俊, 克卽俊, 嚴惟丕式, 克用三宅三俊, 其在商邑, 用協于厥邑, 其在四方, 用丕式見德/ 370

[12-4-19-5] 嗚呼, 其在受德暋 惟羞刑暴德之人, 同于厥邦, 乃惟庶習逸德之人, 同于厥政, 帝欽罰之, 乃伻我有夏, 式商受命, 奄甸萬姓./ 378

[12-4-19-6] 亦越文王武王, 克知三有宅心, 灼見三有俊心, 以敬事上帝, 立民長伯./ 381

[12-4-19-7] 立政, 任人, 準夫, 牧, 作三事./ 384

[12-4-19-8] 虎賁, 綴衣, 趣馬, 小尹, 左右, 攜僕, 百司, 庶府./ 385

[12-4-19-9] 大都, 小伯, 藝人 表臣百司, 太史, 尹伯, 庶常吉士./ 388

[12-4-19-10] 司徒, 司馬, 司空, 亞, 旅./ 395

[12-4-19-11] 夷, 微, 盧, 烝, 三亳, 阪尹./ 396

[12-4-19-12] 文王, 惟克厥宅心, 乃克立茲常事司牧人, 以克俊有德./ 400

[12-4-19-13] 文王, 罔攸兼于庶言庶獄庶愼, 惟有司之牧夫, 是訓用違./ 402

[12-4-19-14] 庶獄庶愼, 文王罔敢知于茲./ 403

[12-4-19-15] 亦越武王, 率惟敉功, 不敢替厥義德, 率惟謀, 從容德, 以並受此丕丕基./ 406

[12-4-19-16] 嗚呼, 孺子王矣, 繼自今, 我其立政, 立事準人牧夫, 我其克灼知厥若, 丕乃俾亂相我受民, 和我庶獄庶愼, 時則勿有間之./ 410

[12-4-19-17] 自一話一言, 我則末惟成德之彦, 以乂我受民./ 418

[12-4-19-18] 嗚呼, 予旦, 已受人之徽言, 咸告孺子王矣, 繼自今, 文子文孫, 其勿誤于庶獄庶愼, 惟正, 是乂之./ 419

[12-4-19-19] 自古商人, 亦越我周文王, 立政, 立事牧夫準人, 則克宅之, 克由繹之, 茲乃俾乂./ 422

[12-4-19-20] 國則罔有立政, 用憸人, 不訓于德, 是罔顯在厥世. 繼自今, 立政, 其勿以憸人, 其惟吉士, 用勱相我國家./ 424

[12-4-19-21] 今文子文孫孺子王矣, 其勿誤于庶獄, 惟有司之牧夫./ 428

[12-4-19-22] 其克詰爾戎兵, 以陟禹之迹, 方行天下, 至于海表, 罔有不服, 以覲文王之耿光, 以揚武王之大烈./ 431

[12-4-19-23] 嗚呼, 繼自今, 後王立政, 其惟克用常人./ 435

[12-4-19-24] 周公若曰, 太史, 司寇蘇公, 式敬爾由獄, 以長我王國, 玆式有愼, 以列用中罰./ 437

[12-4-20] 「주관(周官)」/ 444

    [12-4-20-1] 惟周王, 撫萬邦, 巡侯甸, 四征弗庭, 綏厥兆民, 六服羣辟, 罔不承德. 歸于宗周, 董正治官./ 449

    [12-4-20-2] 王曰, 若昔大猷, 制治于未亂, 保邦于未危./ 452

    [12-4-20-3] 曰, 唐虞稽古, 建官惟百, 內有百揆四岳, 外有州牧侯伯, 庶政惟和, 萬國咸寧. 夏商官倍, 亦克用乂, 明王立政, 不惟其官, 惟其人./ 453

    [12-4-20-4] 今予小子, 祗勤于德, 夙夜不逮, 仰惟前代時若, 訓迪厥官./ 455

    [12-4-20-5] 立太師太傅太保. 玆惟三公, 論道經邦, 燮理陰陽. 官不必備, 惟其人./ 456

    [12-4-20-6] 少師少傅少保, 曰三孤, 貳公, 弘化, 寅亮天地, 弼予一人./ 461

    [12-4-20-7] 冢宰, 掌邦治, 統百官, 均四海./ 463

    [12-4-20-8] 司徒, 掌邦敎, 敷五典, 擾兆民./ 464

    [12-4-20-9] 宗伯, 掌邦禮, 治神人, 和上下./ 465

    [12-4-20-10] 司馬, 掌邦政, 統六師, 平邦國./ 467

    [12-4-20-11] 司寇, 掌邦禁, 詰姦慝, 刑暴亂./ 468

    [12-4-20-12] 司空, 掌邦土, 居四民, 時地利./ 469

[12-4-20-13] 六卿, 分職, 各率其屬, 以倡九牧, 阜成兆民./ 470

[12-4-20-14] 六年, 五服一朝, 又六年, 王乃時巡, 考制度于四岳, 諸侯, 各朝于方岳, 大明黜陟./ 473

[12-4-20-15] 王曰, 嗚呼, 凡我有官君子. 欽乃攸司, 愼乃出令. 令出, 惟行, 弗惟反, 以公滅私, 民其允懷./ 475

[12-4-20-16] 學古入官, 議事以制, 政乃不迷, 其爾典常, 作之師, 無以利口, 亂厥官. 蓄疑敗謀, 怠忽荒政, 不學, 牆面, 莅事, 惟煩./ 477

[12-4-20-17] 戒爾卿士, 功崇, 惟志, 業廣, 惟勤, 惟克果斷, 乃罔後艱./ 481

[12-4-20-18] 位不期驕, 祿不期侈, 恭儉惟德, 無載爾僞. 作德, 心逸, 日休, 作僞, 心勞, 日拙./ 484

[12-4-20-19] 居寵, 思危, 罔不惟畏. 弗畏, 入畏./ 486

[12-4-20-20] 推賢讓能, 庶官乃和, 不和, 政厖, 擧能其官, 惟爾之能, 稱匪其人, 惟爾不任./ 487

[12-4-20-21] 王曰, 嗚呼, 三事曁大夫, 敬爾有官, 亂爾有政, 以佑乃辟, 永康兆民, 萬邦, 惟無斁/ 490

[12-4-21] 「군진(君陳)」/ 493

[12-4-21-1] 王若曰, 君陳. 惟爾令德孝恭. 惟孝友于兄弟, 克施有政, 命汝, 尹茲東郊, 敬哉./ 495

[12-4-21-2] 昔周公, 師保萬民, 民懷其德, 往愼乃司, 茲率厥常, 懋昭周公之訓, 惟民其乂./ 497

[12-4-21-3] 我聞, 曰至治馨香, 感于神明, 黍稷非馨, 明德惟馨. 爾尙式時 周公之猷訓, 惟日孜孜, 無敢逸豫./ 498

[12-4-21-4] 凡人未見聖, 若不克見, 旣見聖, 亦不克由聖, 爾其戒哉. 爾惟風, 下民惟草./ 503

[12-4-21-5] 圖厥政, 莫或不艱, 有廢有興, 出入, 自爾師虞, 庶言同, 則繹./ 506

[12-4-21-6] 爾有嘉謀嘉猷, 則入告爾后于內, 爾乃順之于外, 曰斯謀斯猷, 惟我后之德. 嗚呼, 臣人咸若時, 惟良顯哉./ 509

[12-4-21-7] 王曰, 君陳, 爾惟弘周公丕訓, 無依勢作威, 無倚法以削, 寬而有制, 從容以和./ 513

[12-4-21-8] 殷民在辟, 予曰辟, 爾惟勿辟, 予曰宥, 爾惟勿宥, 惟厥中./ 516

[12-4-21-9] 有弗若于汝政, 弗化于汝訓, 辟以止辟, 乃辟./ 517

[12-4-21-10] 狃于姦宄 敗常亂俗, 三細, 不宥./ 518

[12-4-21-11] 爾無忿疾于頑, 無求備于一人./ 519

[12-4-21-12] 必有忍, 其乃有濟, 有容, 德乃大./ 520

[12-4-21-13] 簡厥修, 亦簡其或不修, 進厥良, 以率其或不良./ 522

[12-4-21-14] 惟民生厚, 因物有遷. 違上所命, 從厥攸好. 爾克敬典在德, 時乃罔不變, 允升于大猷, 惟予一人, 膺受多福, 其爾之休, 終有辭於永世./ 524

서집전상설 11권
書集傳詳說 卷之十一

[11-4-14]
「다사(多士)」

集傳
商民遷洛者, 亦有有位之士. 故周公洛邑初政, 以王命總呼多士而告之,
상나라 백성으로 낙읍에 옮긴 자도 지위에 있는 선비가 있었다. 그러므로 주공이 낙읍에서 처음 정사를 펼 때에 왕명으로 여러 선비들을 모두 불러 고하였는데

詳說
○ 卽前篇毖殷之事.
곧 앞의 편에서 '은나라를 삼가는 일'[1]이다.

集傳
編書者因以名篇, 亦誥體也. 今文古文皆有. ○ 吳氏曰 : 方遷商民于洛之時, 成周未作, 其後王與周公, 患四方之遠
책을 엮는 자가 그것에 따라 이것으로써 편명을 삼았으니, 또한 고체(誥體)이다. 금문과 고문에 모두 있다. ○ 오씨(吳氏)가 말하였다. "막 상나라 백성들을 낙읍으로 옮길 때에는 성주가 아직 만들어지지 않았는데, 그 뒤에 왕과 주공은 사방이 멂을 걱정하고

詳說
○ 於鎬東南地遠.
호경에서 동남쪽 땅으로 멀리 있다.

---

[1] 『서경대전(書經大全)』,「주서(周書)」·「주고-13(酒誥-13)」: "予惟曰, 汝劼毖殷獻臣, 侯甸男衛, 矧太史友, 內史友, 越獻臣百宗工. 矧惟爾事服休服采. 矧惟若疇圻父薄違, 農父若保, 宏父定辟. 矧汝剛制于酒.(내 다음과 같이 말하였다. '너는 은(殷)나라의 헌신(獻臣)과 후(侯)·전(甸)·남(男)·위(衛)의 제후(諸侯)들을 힘써 경계할 것이니, 하물며 네가 벗으로 대하는 자인 태사(太史)와 내사(內史)와 헌신(獻臣)과 백종공(百宗工)에 있어서랴. 하물며 네가 섬기는 자인 복휴(服休)와 복채(服采)에 있어서랴. 하물며 너의 짝인 기보(圻父)로서 법(法)을 어기는 자를 축출(逐出)하는 자와 농보(農父)로서 백성들을 순히 하여 보존하는 자와 굉보(宏父)로서 땅을 열어 경계를 정해주는 자에 있어서랴. 더구나 네 자신이 술을 굳게 제재해야 함에 있어서랴.')"; 「낙고-25(洛誥-25)」: "왕께서는 사람을 보내와 은나라 사람들을 경계하시고, 나를 명(命)하여 편안히 하시되 검은 기장과 울금으로 빚은 술 두 그릇으로 하시고, '밝게 공경하노니, 배수계수하며 아름답게 향례(享禮)를 올린다.'라고 하였습니다.(伻來毖殷, 乃命寧予, 以秬鬯二卣, 曰明禋, 拜手稽首, 休享.)"

集傳

鑑三監之叛,
삼감(三監)이 반란을 일으킨 것을 거울삼아

詳說

○ 平聲, 下同.
'감(監)'은 평성으로 아래에서도 같다.

集傳

於是始作洛邑, 欲徙周而居之,
이에 비로소 낙읍을 만들어 주(周)를 옮겨 거하고자 하였으니,

詳說

○ 徙周京而都之也, 若商民則已遷矣.
주나라의 서울을 옮겨서 도읍으로 하는 것이니 상나라 백성들이라면 이미 옮긴 것이다.

集傳

其曰, 昔朕來自奄,
'옛날에 짐(朕)이 엄(奄)에서 올 적에

詳說

○ 平聲.
'엄(奄)'은 평성이다.

集傳

大降, 爾四國民命, 我乃明致天罰, 移爾遐, 比事臣我宗多遜者,
크게 형벌을 낮추어 너희 사국(四國)의 백성들의 목숨을 살려주었다. 내 단지 밝게 천벌을 이루고 너희들을 먼 곳으로 옮겨서 우리 종주(宗周)에 공손함이 많은 자를 가까이 섬겨 신하가 되게 했다.'는 것은

詳說

○ 必二反.

'비(比)'는 음이 '필(必)'과 '이(二)'의 반절이다.

集傳

述遷民之初也, 曰今朕作大邑于茲洛, 予惟四方罔攸賓, 亦惟爾多士攸服, 奔走臣我多遜者, 言遷民而後作洛也. 故洛誥一篇, 終始皆無欲遷商民之意, 惟周公旣誥成王留治于洛之後,

백성을 옮긴 초기를 서술한 것이고, '지금 짐이 큰 도읍을 이 낙읍에 만든 것은 내가 사방에서 온 제후들이 손님으로 머물 곳이 없으며, 또 너희 많은 선비들이 일하며 분주히 우리의 공손함이 많은 자들에게 신하노릇하기 때문이다.'라는 것은 백성을 옮긴 뒤에 낙읍(洛邑)을 만듦을 말한 것이다. 그러므로「낙고(洛誥)」한 편은 시종으로 모두 상나라 백성을 옮기려는 뜻이 없고, 오직 주공이 이미 성왕에게 낙읍(洛邑)에 머물면서 다스릴 것을 아뢴 뒤에

詳說

○ 猶許也.

'고(誥)'는 '허(許)'와 같다.

集傳

乃曰來毖殷, 又曰王殷乃承敍, 當時商民, 已遷于洛, 故其言如此. 愚謂, 武王已有都洛之志. 故周公黜殷之後,

비로소 말하기를 '사람을 보내와서 은(殷)나라를 경계하였다.'라고 하였고, 또 말하기를 '왕이 은나라 사람들이 가르치는 차서(次敍)를 받게 하라.'라고 하였으니, 당시에 상나라 백성들이 이미 낙읍으로 옮겼기 때문에 그 말이 이와 같은 것이다." 내가 생각하건대, 무왕이 이미 낙읍에 도읍하려는 뜻이 있었다. 그러므로 주공이 은나라를 축출한 뒤에

詳說

○ 東征.

'출은(黜殷)'은 '동정(東征)'이다.

집전(集傳)

以殷民反覆難制,
은나라 백성들을 거느림에 반복하여 통제하기 어려워서

상설(詳說)

○ 音福, 下並同.
'복(覆)'은 음이 '복(福)'으로 아래에서도 모두 같다.

집전(集傳)

卽遷于洛, 至是建成周, 造廬舍, 定疆場,
곧 낙읍으로 옮겼는데, 이때에 이르러 성주를 세우고 여사(廬舍)를 만들며 강역(疆場)을 정하면서

상설(詳說)

○ 音亦.
'역(場)'은 음이 '역(亦)'이다.

집전(集傳)

乃告命, 與之更始焉爾,
고명(告命)하여 이들과 다시 출발한 것이니,

상설(詳說)

○ 平聲.
'경(更)'은 평성이다.

집전(集傳)

此, 多士之所以作也. 由是而推, 則召誥攻位之庶殷, 其已遷洛之民歟. 不然, 則受都, 今衛州也, 洛邑, 今西京也, 相去四百餘里. 召公, 安得捨近之友民,
이것이 「다사(多士)」가 지어지게 된 이유이다. 이로 말미암아 미루어 보면 「소고

(召誥)」에서 자리를 다스린 서은(庶殷)은 이미 낙읍으로 옮긴 백성일 것이다. 그렇지 않다면, 수(受)의 도읍은 지금의 위주(衛州)이고 낙읍(洛邑)은 지금의 서경(西京)이니, 서로의 거리가 4백여 리이다. 소공(召公)이 어찌 가까이 있는 우호하는 백성들을 버리고

詳說
○ 上聲, 一作捨.
'사(捨)'는 상성으로 어떤 판본에는 '사(捨)'로 되어 있다.

集傳
而役遠之讐民哉. 書序, 以爲成周旣成, 遷殷頑民者, 謬矣, 吾固以爲非孔子所作也.
먼 수민(讐民)들을 부역시켰겠는가? 서서(書序)에 "성주(成周)가 이미 이루어짐에 은나라의 완민(頑民)을 옮겼다."고 말한 것은 잘못이니, 나는 진실로 서서(書序)는 공자가 지은 것이 아니라고 여긴다.

詳說
○ 特辨序誤, 與康誥篇題末語, 相爲呼應.
특히 서(序)가 잘못되었다고 분별한 것은 「강고」 편제에서 끝의 말과 서로 호응한다.

○ 張氏曰:"周之頑民, 乃商之忠臣也."
장씨(張氏)가 말하였다:"주나라의 완민은 바로 상나라의 충신이다."[2]

○ 王氏曰:"頑之一字, 成王告君陳始有之, 周公於康誥酒誥多士多方等書, 未嘗出諸口也."
왕씨(王氏)가 말하였다:"'완(頑)'이라는 한 글자는 성왕이 군진(君陳)에게 고한 것에 비로소 있는데,[3] 주공이 「강고」·「주고」·「다사」·「다방」 등의 글에서 입으로

---

[2] 『서경대전(書經大全)』, 「주서(周書)」·「다사(多士)」, "장씨(張氏)가 말하였다 : '주나라의 완민은 바로 상나라의 충신이다.'(張氏曰 : 周之頑民, 乃商之忠臣也.)"

[3] 『서경대전(書經大全)』, 「주서(周書)」·「군진-11(君陳-11)」 : "너는 완악함에 분해하거나 미워하지 말며, 한 지아비에게 완비하기를 구하지 말라.(爾無忿疾于頑, 無求備于一夫.)"

내지 않았던 것이다."4)

[11-4-14-1]
惟三月, 周公初于新邑洛, 用告商王士

3월에 주공이 처음으로 새 도읍인 낙읍에서 상나라의 왕사(王士)들에게 고하셨다.

集傳

此, 多士之本序也.

이는「다사(多士)」의 본서(本序)이다.

詳說

○ 論也.

경문의 의미 설명이다.

集傳

三月, 成王祀洛

3월은 성왕(成王)이 낙읍(洛邑)에서 제사한

詳說

○ 十二月.

12월이다.

---

4) 『서경대전(書經大全)』, 「주서(周書)」·「다사(多士)」, "왕씨가 말하였 : '편명이「다사(多士)」인데 서에서 완민(頑民)으로 여긴 것은 무엇 때문인가? 관직에 있는 자를 사(士)라고 말하는 것은 경대부와 사(士)가 여기에 해당한다. 백성들에게 있는 자를 사(士)라고 말하는 것은 사·농·공·상이 여기에 해당한다. 여기의 책에서 사(士)라고 칭한 것은 모두 관직에 있었던 은나라의 사(士)들이다. 또 주공이 처음에 은나라 백성들을 완(頑)으로 여기지 않았는데, 성왕이 군진(君陳)에게「완악함에 분해하거나 미워하지 말라.」는 말에 비로소 있다. 은나라 백성이 주나라에 의지하지 않는 것을 완(頑)이라고 해도 되지만, 은나라를 잊지 못하는 것을 완(頑)이라고 하면 되겠는가? 그러므로 완(頑)이라는 한 글자는 주공이「강고」·「주고」·「다사」·「다방」등의 글에서 입으로 내지 않았던 것이다.'(王氏曰 : 篇名多士, 而序以為頑民, 何也. 在官者, 謂之士, 卿大夫士, 是也. 在民者, 謂之士, 士農工商, 是也. 此書稱士, 皆在官之殷士也. 且周公未始以殷民為頑, 成王命君陳始有無忿疾于頑之語. 夫殷民不附周, 謂之頑, 可也, 不忘殷, 謂之頑, 可乎. 故頑之一字, 周公於康誥酒誥多士多方等書, 未嘗出諸口也.)"

集傳

次年之三月也. 周公至洛久矣, 此言初者, 成王旣不果遷, 留公治洛, 至是, 公始行治洛之事, 故謂之初也. 曰商王士者, 貴之也.

다음해의 3월이다. 주공이 낙읍에 온 지가 오래인데 여기에서 처음이라고 말한 것은 성왕이 이미 천도를 결행하지 않고 공을 머물게 하여 낙읍을 다스리게 하였는데, 이때에 공이 처음으로 낙읍을 다스리는 일을 행하였기 때문에 처음이라고 말한 것이다. 상(商)나라의 왕사(王士)라 한 것은 그들을 귀하게 여긴 것이다.

詳說

○ 商王之士.

상나라 왕의 선비들이다.

[11-4-14-2]

王若曰, 爾殷遺多士. 弗弔旻天. 大降喪于殷, 我有周佑命, 將天明威, 致王罰, 勅殷命, 終于帝.

왕이 대략 다음과 같이 말씀하였다. "너 은나라에 남은 많은 선비들아. 하늘에게 가엾게 여김을 받지 못하였다. 그리하여 하늘이 크게 은나라에 망함을 내리셔서 우리 주나라가 도와주는 명을 받고 하늘의 밝은 위엄을 받들며 왕의 벌을 이루어서 은나라 명을 바로잡아 상제의 일을 끝마쳤노라.

詳說

○ 喪, 去聲, 下並同.

'상(喪)'은 거성으로 아래에서도 같다.

集傳

弗弔, 未詳, 意其爲歎憫之辭, 當時方言爾也.

불조(弗弔)는 미상이니, 짐작컨대 탄식하고 민망히 여기는 말인 듯하니, 당시의 방언(方言)이 이와 같았을 것이다.

詳說

○ **如此.**
'이(爾)'는 이와 같다는 것이다.

○ **鄒氏季友曰 : "此及君奭弗弔, 合從大誥之釋, 以歸于一."**
추씨 계우(鄒氏季友)[5]가 말하였다 : "여기와 「군석(君奭)」에서 '불조(弗弔)'[6]는 「대고(大誥)」를 따른 해석[7]과 합해서 하나로 돌아간다."

○ **按, 大誥言於武王喪, 故釋爲不爲天所恤, 此及君奭皆言於殷之喪, 故其釋不同. 蓋此篇與殷士言之, 而謂不爲天所恤, 猶可也. 若與君奭私相語, 則尤有間耳.**
내가 살펴보건대, 「대고」에서는 무왕이 돌아가심을 말하였기 때문에 하늘로부터 구휼을 받지 못한 것으로 해석하였다. 여기와 「군석」에서는 모두 은나라의 잃음을 말하였기 때문에 그 해석은 같지 않다. 여기의 편에서는 은나라 선비와 함께 말하면서 하늘로부터 구휼을 받지 못했다고 하는 것은 여전히 된다. 만약 「군석」에서 사사롭게 서로 말했다면 더욱 차이가 있을 뿐이다.

集傳

---

5) 『서경대전(書經大全)』, 「상서(商書)」·「중훼지고(仲虺之誥)」에는 황보밀(皇甫謐)의 말로 되어 있다. 황보밀(皇甫謐, 215년 ~ 282년)은 서진(西晉) 안정(安定) 조나(朝那) 사람으로 자는 사안(士安)이고, 어릴 때 이름은 정(靜)이며, 자호는 현안선생(玄晏先生)이다. 황보숭(皇甫嵩)의 증손이다. 젊었을 때 거침없이 방탕하여 사람들이 미치광이라고 여겼다. 20살 무렵부터 부지런히 공부해 게으르지 않았다. 집이 가난해 직접 농사를 지었는데, 책을 읽으면서 밭갈이를 함으로써 수많은 서적들을 통독했다. 나중에 질병에 걸렸으면서도 손에서 책을 놓지 않고 저술에 전심하느라 밥 먹는 것도 잊어버려 사람들이 서음(書淫)이라 했다. 무제(武帝) 때 부름을 받았지만 나가지 않았다. 무제가 책 한 수레를 하사했다. 자신의 병을 고치려고 의학서를 읽어 가장 오랜 침구 관련서인 『침구갑을경(鍼灸甲乙經)』을 편찬하였다. 역사에도 조예가 깊어 『제왕세기(帝王世紀)』와 『연력(年歷)』, 『고사전(高士傳)』, 『일사전(逸士傳)』, 『열녀전(列女傳)』, 『현안춘추(玄晏春秋)』 등을 지었다.

6) 『서경대전(書經大全)』, 「주서(周書)」·「군석2(君奭2)」 : "하늘에게 가엾게 여김을 받지 못하여, 하늘이 은나라에 상망(喪亡)을 내려 은나라가 이미 천명을 실추하였으므로 우리 주나라가 이미 천명을 받았다. 내 감히 알 수 없노니, 그 기업(基業)이 길이 아름다움에 진실할 것인가? 과연 하늘이 우리의 정성을 도와줄 것인가? 나 또한 감히 알 수 없노니, 그 종말에 불상(不祥)으로 나올 것인가?(弗弔, 天降喪于殷, 殷旣墜厥命, 我有周旣受. 我不敢知, 曰厥基, 永孚于休. 若天棐忱. 我亦不敢知, 曰其終, 出于不祥.)"

7) 『서경대전(書經大全)』, 「주서(周書)」·「대고1(大誥1)」 : "왕(王)이 대략 다음과 같이 말씀하였다. '아! 너희 많은 나라와 너희 어사(御事)들에게 크게 고하노라. 하늘로부터 구휼을 받지 못하여 하늘이 우리나라에 해를 내려 조금도 기다려 주지 않으신다. 크게 생각하건대 나같이 어린 사람이 끝없이 큰 역복(歷服)을 이어서 명철함에 나아가 백성들을 편안한 곳으로 인도하지 못하였는데, 하물며 천명을 연구하여 안다고 말할 수 있겠는가!'(王若曰, 猷, 大誥爾多邦, 越爾御事. 弗弔天, 降割于我家, 不少延. 洪惟我幼冲人, 嗣無疆大歷服, 弗造哲, 迪民康, 矧曰其有能格知天命.)"

書集傳詳說 卷之十一 23

旻天, 秋天也, 主肅殺而言. 歎憫, 言旻天大降災害,
민천(旻天)은 가을 하늘이니, 숙살(肅殺)을 위주로 말한 것이다. 탄식하고 민망히 여겨 말하기를 "민천(旻天)이 크게 재앙을 내려

詳說

○ 添二字.
두 글자를 더하였다.

集傳

而喪殷,
은(殷)나라를 망하게 하니,

詳說

○ 諺釋泥於此註, 有違文勢. 後節降若玆大喪可證.
『언해』의 해석은 여기의 주에 구애되어 어투를 어긴 것이 있으니, 뒤의 절에서 '이와 같이 큰 망함을 내렸다.'[8]는 것이 증거가 될 수 있다.

集傳

我周受眷佑之命,
우리 주나라가 권우(眷佑)의 명을 받고는

詳說

○ 添受字.
'수(受)'자를 더하였다.

集傳

奉將天之明威, 致王罰之公,
하늘의 밝은 위엄을 받들고 왕의 형벌의 공정함을 이루며

---

[8] 『서경대전(書經大全)』, 「주서(周書)」·「다사-10(多士-10)」 : "이에 상제(上帝)께서 보호하지 않으시어 이와 같은 큰 망함을 내리신 것이다.(惟時上帝, 不保, 降若玆大喪.)"

詳說

○ 呂氏曰 : "以天言之曰明威, 以人言之曰王罰."
여씨(呂氏)가 말하였다 : "하늘로 말하면 밝은 위엄이라고 하고, 사람으로 말하면 왕의 형벌이라고 한다."9)

集傳

勑正殷命而格之,
은나라 명을 바로잡고 개혁하여

詳說

○ 一作革.
'격(格)'은 어떤 판본에는 '혁(革)'으로 되어 있다.

○ 猶召誥之言格.
「소고」에서 말한 '격(格)'과 같다.

集傳

以終上帝之事,
상제(上帝)의 일을 마쳤다."라고 하였으니,

詳說

○ 猶成也.
'종(終)'은 '성(成)'과 같다.

集傳

蓋推革命之公, 以開諭之也.
이는 혁명의 공변됨을 미루어서 열어 깨우쳐 준 것이다.

---

9) 『서경대전(書經大全)』, 「주서(周書)」·「다사(多士)」, "여씨(呂氏)가 말하였다 : '하늘로 말하면 밝은 위엄이라고 하고, 사람으로 말하면 왕의 형벌이라고 한다.'(呂氏曰 : 以天言之曰明威, 以人言之曰王罰.)"

詳說
○ 二句, 論也.
두 구는 경문의 의미 설명이다.

[11-4-14-3]

肆爾多士. 非我小國, 敢弋殷命. 惟天不畀, 允罔固亂. 弼我, 我其敢求位.

그러므로 너희 다사(多士)들아. 우리 작은 주나라가 감히 은나라의 명을 취하려고 한 것이 아니다. 하늘이 은나라에게 명을 주지 않으신 것은 진실로 혼란한 자를 견고히 하지 않기 때문이다. 그리하여 우리를 도우신 것이니, 우리가 감히 지위를 구하였겠는가!

集傳
肆, 與康誥肆汝小子封同.
사(肆)는 「강고(康誥)」에 '그러므로 너 소자 봉[肆汝小子封]'[10)]에서의 사(肆)와 같다.

詳說
○ 謂其下者之未詳也.
그 아래 것이 자세하지 않다는 말이다.

集傳
弋, 取也. 弋鳥之弋,
익(弋)은 취함이니, 새를 주살로 쏘아 잡는 익자(字)이니,

---

10) 『서경대전(書經大全)』, 「주서(周書)」·「강고4(康誥4)」 : "감히 홀아비와 과부를 업신여기지 않으시며, 등용하여야 할 사람을 등용하고 공경하여야 할 사람을 공경하고 위엄을 보여야 할 사람에게 위엄을 보이시어 덕이 백성들에게 드러나시어 우리 구하(區夏)[중국(中國)]를 조조(肇造)[창조(創造)]하시자, 우리 한두 나라가 닦여지며 우리 서토(西土)가 이에 믿고 무릅써서 상제(上帝)에게 알려지시니, 상제(上帝)가 아름답게 여기셨다. 하늘이 마침내 문왕(文王)을 크게 명하여 은(殷)나라를 쳐서 멸하게 하시므로 그 명을 크게 받으시니, 그 나라와 백성들이 이에 펴지므로 네 과형(寡兄)이 힘썼다. 그러므로 너 소자(小子) 봉(封)이 이 동토(東土)에 있게 되었다.(不敢侮鰥寡, 庸庸, 祗祗, 威威, 顯民, 用肇造我區夏, 越我一二邦, 以脩 我西土, 惟時怙冒, 聞于上帝, 帝休. 天乃大命文王, 殪戎殷, 誕受厥命, 越厥邦厥民, 惟時叙, 乃寡兄勖, 肆汝小子封, 在茲東土.)"

詳說

○ 見詩及論語.

『시경』과 『논어』11)에 보인다.

集傳

言有心於取之也. 呼多士誥之謂, 以勢而言, 我小國亦豈敢弋取殷命. 蓋栽者培之, 傾者覆之,

취함에 마음이 있음을 말한 것이다. 다사(多士)를 불러 고하여 이르기를 "형세로써 말하면 우리 작은 나라가 어찌 감히 은(殷)나라의 명을 취하려고 하였겠는가! 심은 것은 북돋우고, 기운 것은 전복시키니,

詳說

○ 出中庸.

『중용』이 출처이다.12)

集傳

固其治

그 다스려짐을 견고히 하고

詳說

○ 去聲下同

'치(治)'는 거성으로 아래에서도 같다.

○ 蘇氏曰:"如推亡固存之固."

소씨(蘇氏)가 말하였다 : "'망해가는 자를 밀쳐서 쓰러뜨리고, 보존하는 자를 튼튼히 해 준다.'13)고 할 때의 '튼튼히 해준다.'는 것과 같다."14)

---

11) 『논어(論語)』「술이(述而)」: "공자께서는 낚시질은 하되 큰 그물질은 하지 않으시고, 주살질은 하되 자는 새는 쏘지 않으셨다.(子釣而不綱, 弋不射宿.)"
12) 『중용(中庸)』 17장. "뿌리가 단단한 것은 북돋아 주고 뿌리가 기운 것은 엎어 버린다.(栽者培之, 傾者覆之.)"
13) 『서경대전(書經大全)』, 「상서(商書)·중훼지고7(仲虺之誥7)」: "제후(諸侯) 중에 현자(賢者)를 돕고 덕(德)이 있는 자를 도우시며, 충성스러운 자를 드러내고 어진 자를 이루어 주시며, 약한 자를 겸병하고 어두운 자를 공격하시며, 어지러운 자를 취하고 망하는 자를 상(傷)하게 하시어, 망하는 자를 밀쳐서 쓰러뜨리고 보

集傳

而不固其亂者, 天之道也.
혼란함을 견고히 하지 않는 것이 하늘의 도이다.

> **詳說**
> ○ 先立論.
> 　먼저 논점을 확립하였다.

集傳

惟天不與殷,
하늘이 은나라에게 명을 주지 않은 것은

> **詳說**
> ○ 畀.
> 　'여(與)'는 경문에서 '비(畀)'이다.

集傳

信其不固殷之亂矣,
진실로 은나라의 혼란함을 견고히 하지 않은 것이니,

> **詳說**
> ○ 添殷字.
> 　'은(殷)'자를 더하였다.

集傳

惟天不固殷之亂, 故輔我周之治,

　존하는 자를 튼튼히 하셔야 나라가 번창할 것입니다.(佑賢輔德, 顯忠遂良, 兼弱攻昧, 取亂侮亡, 推亡固存, 邦乃其昌.)"
14) 『서경대전(書經大全)』, 「주서(周書)」·「다사(多士)」. "소씨가 말하였다 : '「고(固)」는 「망해가는 자를 밀쳐서 쓰러뜨리고, 보존하는 자를 튼튼히 해 준다」고 할 때의 튼튼히 해준다는 것과 같으니, 진실로 하늘은 다스림을 튼튼히 해주고 어지러움을 튼튼히 해 주지 않는 것이다.'(蘇氏曰 : 固如推亡固存之固, 信矣, 天之固治不固亂也.)"

하늘이 은(殷)나라의 혼란함을 견고히 하지 않았기 때문에 우리 주나라의 다스림을 도와서

▣詳說

○ 添治字.

'치(治)'자를 더하였다.

▣集傳

而天位自有所不容辭者, 我其敢有求位之心哉.

천자의 지위를 자연 사양할 수 없는 바가 있었던 것이니, 우리가 감히 천자의 지위를 구하는 마음을 두었겠는가?

▣詳說

○ 林氏曰: "告殷士以天命之公."

임씨(林氏)가 말하였다 : "천명의 공평함을 은나라의 선비들에게 고하는 것이다."15)

[11-4-14-4]

惟帝不畀, 惟我下民, 秉爲 惟天明畏.

상제께서 은나라에게 명을 주지 않으심은 우리 하민(下民)들이 잡아서 함이니, 하늘의 위엄이 분명하고 두렵기 때문이다.

▣集傳

秉, 持也. 言天命之所不與, 卽民心之所秉爲, 民心之所秉爲,

병(秉)은 잡음이다. 천명(天命)이 주지 않는 것은 곧 민심(民心)의 '잡아서 함[秉爲]'이고, 민심의 잡아서 함은

---

15) 『서경대전(書經大全)』, 「주서(周書)」·「다사(多士)」, "임씨가 말하였다 : "천명의 공평함을 은나라의 선비들에게 고하여 은나라가 천명을 잃어 망한 것을 알게 하면 누가 그들과 함께 할 것인가? 주나라 천명을 얻어 흥했다면 누가 그들을 어길 것인가?(林氏曰: 告殷士以天命之公, 使知殷失天命而亡, 則誰能與之. 周得天命而興, 則誰能違之.)"

> [詳說]

○ 又添此句.

또 이 구를 더하였다.

> [集傳]

卽天威之所明畏者也,

곧 하늘의 위엄이 분명하고 두려운 것임을 말하였으니,

> [詳說]

○ 息齋余氏曰 : "只如皐陶篇所訓爲明."

식재 서씨(息齋余氏)가 말하였다 : "오직 「고요(皐陶)」에서 설명한 것이 분명한 것과 같다."16)

> [集傳]

反覆天民相因之理, 以見天之果不外乎民,

하늘과 사람이 서로 인하는 이치를 반복하여, 하늘은 과연 민심에 벗어나지 않고

> [詳說]

○ 音現.

'현(見)'은 음이 '현(現)'이다.

> [集傳]

民之果不外乎天也.

민심은 과연 하늘에 벗어나지 않음을 나타낸 것이다.

> [詳說]

○ 新安陳氏曰 : "旣曰天不畀, 又曰帝不畀, 旣曰天明威, 又曰天明畏, 反覆以天命之去留, 曉殷士, 潛消其猜疑之私."

---

16) 『서경대전(書經大全)』, 「주서(周書)」·「다사(多士)」, "식재 서씨(息齋徐氏)가 말하였다 : 「분명하고 두렵다.」는 것은 오직 「고요(皐陶)」에서 설명한 것이 분명한 것과 같다.(息齋徐氏曰 : 明畏, 只如皐陶謹篇所訓爲明.)

신안 진씨(新安陳氏)가 말하였다 : "'하늘이 주지 않는다.'17)고 말하고 나서 또 '상제께서 주지 않는다.'고 하고, '하늘의 밝은 위엄'18)이라고 말하고 나서 또 '위엄이 분명하고 두렵기 때문이다.'라고 한 것은 천명의 떠남과 머묾을 반복해서 은나라 선비들을 깨우쳤으니, 시기와 의심의 사사로움을 없앤 것이다."19)

集傳

詩言秉彝,
『시경(詩經)』에서는 병이(秉彝)를 말하였고,

詳說

○ 烝民.
「증민」이다.

集傳

此言秉爲者, 彝以理言, 爲以用言也.
여기서는 병위(秉爲)를 말한 것은 이(彝)는 이치로 말한 것이고 위(爲)는 씀으로 말한 것이다.

詳說

○ 反以下, 論也.
'반(反)' 이하는 경문의 의미 설명이다.

---

17) 『서경대전(書經大全)』, 「주서(周書)」·「다사3(多士3)」 : "그러므로 너희 다사(多士)들아. 우리 작은 주나라가 감히 은나라의 명을 취하려고 한 것이 아니다. 하늘이 은나라에게 명을 주지 않으신 것은 진실로 혼란한 자를 견고히 하지 않기 때문이다. 그리하여 우리를 도우신 것이니, 우리가 감히 지위를 구하였겠는가!(肆爾多士. 非我小國, 敢弋殷命. 惟天不畀, 允罔固亂. 弼我, 我其敢求位.)"
18) 『서경대전(書經大全)』, 「주서(周書)」·「다사2(多士2)」 : "왕이 대략 다음과 같이 말씀하였다. '너 은나라에 남은 많은 선비들아. 하늘에게 가엾게 여김을 받지 못하였다. 그리하여 하늘이 크게 은나라에 망함을 내리셔서 우리 주나라가 도와주는 명을 받고 하늘의 밝은 위엄을 받들며 왕의 벌을 이루어서 은나라 명을 바로잡아 상제의 일을 끝마쳤노라.'(王若曰, 爾殷遺多士. 弗弔旻天. 大降喪于殷, 我有周佑命, 將天明威, 致王罰, 勑殷命, 終于帝.)"
19) 『서경대전(書經大全)』, 「주서(周書)」·「다사(多士)」, "신안 진씨가 말하였다 : '「하늘이 주지 않는다.」고 말하고 나서 또 「상제께서 주지 않는다.」고 하고, 「하늘의 밝은 위엄을 받든다.」고 말하고 나서 또 「위엄이 분명하고 두렵기 때문이다.」라고 한 것은 천명의 떠남과 머묾을 반복해서 은나라 선비들을 깨우쳤으니, 분에 넘치게 넘겨보며 시기하고 의심하는 사사로움을 없앤 것이다.'(新安陳氏曰 : 既曰惟天不畀, 又曰惟帝不畀, 既曰將天明畏, 又曰惟天明畏, 反覆以天命之去留, 曉殷士, 而潛消其覬覦猜疑之私耳.)"

[11-4-14-5]

|我聞, 曰上帝引逸, 有夏不適逸, 則惟帝降格, 嚮于時夏, 弗克|
|庸帝, 大淫泆有辭. 惟時天, 罔念聞, 厥惟廢元命, 降致罰.|

내가 들으니 상제께서 편안함으로 인도하셨는데도 하나라가 편안함으로 나아가지 않자, 상제가 강림하여 이르러 이 하나라에 의향을 보이셨는데 능히 상제를 따르지 않고 크게 음일하고 변명하는 말을 하였다. 이에 하늘이 생각하고 들은 체하지 않으시고는 그 큰 명을 폐하여 벌을 내리셨다.

詳說

○ 泆, 音逸.

'일(泆)'은 음이 '일(逸)'이다.

集傳

引, 導, 逸, 安也. 降格, 與呂刑降格同.

인(引)은 인도함이고, 일(逸)은 편안함이다. 강격(降格)은 「여형(呂刑)」에서의 강격(降格)과 같다.20)

詳說

○ 按, 呂刑傳, 以祭格言, 與此文格, 其意微異, 此蓋與多方降格同.

살펴보건대, 「여형」의 전에서 제격(祭格)으로 말한 것21)은 여기 글에서의 '격(格)'과 살짝 다르니, 이것은 「다방」에서의 '강격(降格)'22)과 같다.

---

20) 『서경대전(書經大全)』, 「주서(周書)」· 「여형6(呂刑6)」 : "마침내 중(重)·여(黎)에게 명하여 땅이 하늘과 통함을 끊어 강림하여 이름이 없게 하시니, 여러 제후와 아래에 있는 자들이 명명(明明)하게 떳떳한 도(道)를 도와 환과(鰥寡)가 가리움이 없었다.(乃命重黎, 絶地天通, 罔有降格, 羣后之逮在下, 明明棐常, 鰥寡無蓋.)"

21) 『서경대전(書經大全)』, 「주서(周書)」· 「여형6(呂刑6)」 : "마침내 중(重)·여(黎)에게 명하여 땅이 하늘과 통함을 끊어 강림하여 이름이 없게 하시니, 여러 제후와 아래에 있는 자들이 명명(明明)하게 떳떳한 도(道)를 도와 환과(鰥寡)가 가리움이 없었다.(乃命重黎, 絶地天通, 罔有降格, 羣后之逮在下, 明明棐常, 鰥寡無蓋.)" 주자의 주, "천자인 뒤에야 천지에 제사하고 제후인 뒤에야 산천에 제사하여, 존비와 상하가 각각 분한(分限)이 있어 천(天)·지(地)의 통함을 끊고 유(幽)·명(明)의 구분을 엄격히 하여 훈호(焄蒿)와 요탄(妖誕)한 말이 모두 감춰져 종식되니, 여러 제후와 아래에 있는 군신(群臣)들이 모두 한 마음을 정백(精白)히 하여 떳떳한 도를 도왔다. 그리하여 백성들이 마침내 선하면 복을 얻고 악하면 화를 얻어 비록 환과(鰥寡)의 미천한 자라도 또한 가리워져 스스로 폄을 얻지 못한 자가 없었다.(天子然後, 祭天地, 諸侯然後, 祭山川, 高卑上下, 各有分限, 絶地天之通, 嚴幽明之分, 焄蒿妖誕之說, 擧皆屛息, 群后及在下之群臣, 皆精白一心, 輔助常道. 民平善而得福, 惡而得禍, 雖鰥寡之微, 亦無有蓋蔽而不得自伸者也.)"

【集傳】

呂氏曰, 上帝引逸者,
여씨(呂氏)가 말하였다. "상제(上帝)가 편안함으로 인도하였다는 것은

【詳說】

○ 引於逸.
편안함으로 인도한 것이다.

【集傳】

非有形聲之接也. 人心得其安, 則亹亹
형체나 소리로 접함이 있는 것이 아니다. 인심(人心)이 편안함을 얻으면 힘쓰고 힘써

【詳說】

○ 音尾, 不倦之貌.
'미(亹)'는 음이 '미(尾)'는 게으르지 않은 모양이다.

【集傳】

而不能已, 斯則上帝引之也. 是理坦然, 亦何間於桀.
그치지 않으니, 이것이 곧 상제가 인도한 것이다. 이 이치가 평탄하니, 또한 어찌 하걸(夏桀)에게 간격을 두었겠는가!

【詳說】

○ 去聲.
'간(間)'은 거성이다.

【集傳】

---

22) 『서경대전(書經大全)』, 「주서(周書)」·「다방4(多方4)」: "상제가 하나라에 내려와 이르셨는데 하(夏)나라가 크게 방일(放逸)하여 백성을 근심하는 말을 즐겨하지 않고, 마침내 크게 음혼(淫昏)하여 능히 종일토록 상제의 인도함에 힘쓰지 않았음은 네가 들어서 아는 바이다.(惟帝, 降格于夏, 有夏, 誕厥逸, 不肯慼言于民, 乃大淫昏, 不克終日勸于帝之迪, 乃爾攸聞.)"

第桀喪其良心
다만 하걸(夏桀)이 양심(良心)을 잃어

> 詳說
> ○ 去聲.
> '상(喪)'은 거성이다.

集傳
自不適於安耳.
스스로 그 편안함에 나아가지 않았을 뿐이다.

> 詳說
> ○ 往也.
> '적(適)'은 '왕(往)'이다.

集傳
帝實引之, 桀實避之, 帝猶不遽絶也,
상제(上帝)가 실로 인도하였으나 걸왕(桀王)이 실로 피하였는데, 상제(上帝)는 오히려 대번에 끊지 않으시고,

> 詳說
> ○ 一作未.
> '불(不)'은 어떤 판본에는 '미(未)'로 되어 있다.

集傳
乃降格災異,
마침내 재이(災異)를 내려

> 詳說
> ○ 呂氏曰 : "治極, 則通格于天, 亂極亦通. 董子曰, 天心仁愛,

人君必出災異, 以警戒之, 卽降格之謂也."

여씨(呂氏)가 말하였다 : "다스림이 극도로 되면 하늘에 통하여 이르니, 어지러움이 극도로 되어도 통한다. 동자가 '천심은 인애하니 임금이 반드시 재이를 내놓는다.'고 한 것은 경계한 것이니, 곧 내린다는 말이다."23)

集傳

以示意嚮於桀,

의향을 걸왕(桀王)에게 보이셨으나

詳說

○ 添示字.

'시(示)'자를 더하였다.

集傳

桀猶不知警懼, 不能敬用帝命

걸왕(桀王)은 여전히 경계하고 두려워할 줄을 알지 못하여 상제(上帝)의 명을 공경히 따르지 않고

詳說

○ 庸.

'용(用)'은 경문에서 '용(庸)'이다.

○ 添命字.

'명(命)'자를 더하였다.

集傳

乃大肆淫逸, 雖有矯誣

---

23) 『서경대전(書經大全)』, 「주서(周書)」·「다사(多士)」, "여씨가 말하였다 : '…. 다스림이 극도로 되면 하늘에 통한다는 것이 여기에 해당한다. 어지러움이 극도로 되어도 통한다. …. 동자가 「천심은 인애하니 임금이 반드시 재이를 내놓는다.」고 한 것은 경계한 것이니, 곧 내린다는 말이다. 스스로 하늘을 끊으면 하늘도 끊어버린다. 하늘의 큰 명은 사람의 원기와 같으니, 있으면 살고 없으면 죽는다.'(呂氏曰 : …, 治極則通格于皇天, 是也. 亂極亦通. …. 董子曰, 天心仁愛, 人君必出災異, 以警戒之, 卽降格之謂也. 自絶于天, 天亦絶之, 國之元命, 猶人之元氣, 有則生, 無則死者也.)"

크게 음일(淫逸)을 부리니, 비록 속이는

詳說

○ 添二字, 見仲虺之誥.

두 글자를 더하였으니, 「중훼지고」에 있는 것이다.[24]

集傳

之辭, 而天罔念聞之. 仲虺所謂帝用不臧, 是也. 廢其大命

말이 있었으나 하늘은 생각하고 들은 체하지 않았다. 이는 중훼(仲)가 말한 '상제가 좋게 여기지 않았다.'는 것이 여기에 해당한다. 그 큰 명을 폐하여

詳說

○ 元.

'대(大)'는 경문에서 '원(元)'이다.

集傳

降致其罰, 而夏祚終矣.

벌을 내려서 하(夏)나라의 국운이 끝난 것이다."

詳說

○ 以論釋之.

경문의 의미 설명으로 해석하였다.

[11-4-14-6]

乃命爾先祖成湯, 革夏, 俊民, 甸四方.

이에 네 선조이신 성탕(成湯)에게 명하여 하나라를 개혁하시어 준걸스러운 백성으로 사방을 다스리게 하셨다.

---

24) 『서경대전(書經大全)』, 「상서(商書)」·「중훼지고3(仲虺之誥3)」: "하왕(夏王)이 죄가 있어 하늘을 사칭하고 가탁(假託)하여 아래로 명령을 펴니, 상제(上帝)께서 좋지 않게 여기시어 상(商)나라로써 천명(天命)을 받아 그 무리를 밝히게 하셨습니다.(夏王, 有罪, 矯誣上天, 以布命于下, 帝用不臧, 式商受命, 用爽厥師.)"

[집전]

甸, 治也

전(甸)은 다스림이다.

[상설]

○ 新安陳氏曰 : "如奄甸萬姓之甸."

신안 진씨(新安陳氏)가 말하였다 : "만성(萬姓)을 다스린다고 할 때의 '다스린다[甸]'는 것과 같다."25)

[집전]

伊尹稱湯旁求俊彦,

이윤(伊尹)은 "탕왕(湯王)이 널리 준언(俊彦)을 구했다."26)고 말하였고,

[상설]

○ 見太甲.

「태갑」에 보인다.

[집전]

孟子

맹자(孟子)는

[상설]

○ 離婁.

「이루」이다.27)

---

25) 『서경대전(書經大全)』, 「주서(周書)」·「다사(多士)」 : "신안 진씨가 말하였다 : 「다스린다[甸]」는 것은 만성(萬姓)을 다스린다고 할 때의 「다스린다[甸]」는 것과 같다.'(新安陳氏曰 : 甸, 如奄甸萬姓之甸.)"
26) 『서경대전(書經大全)』, 「상서(商書)」·「태갑상5(太甲上5)」 : " 이윤이 마침내 다음과 같이 말하였다. "선왕께서는 매상(昧爽)에 크게 덕을 밝히시어 앉아서 아침을 기다리시며, 준걸스런 사람과 훌륭한 선비들을 사방으로 구하여 후인들을 계도하셨으니, 그 명을 무너뜨려 스스로 전복하지 마소서.(伊尹, 乃言曰, 先王昧爽丕顯, 坐以待旦, 旁求俊彦, 啓迪後人, 無越厥命 以自覆.)"
27) 『맹자(孟子)』「이루하(離婁下)」 : "탕왕(湯王)은 중도(中道)를 잡으시며, 어진이를 세우되 일정한 방소(方所)가 없이 하셨다.(湯, 執中, 立賢無方.)"

> 集傳

稱湯立賢無方, 蓋明揚俊民, 分布遠邇, 甸治區畫,
"탕왕(湯王)이 현자(賢者)를 세우되 일정한 방소(方所)가 없었다."고 하였으니, 준걸스런 백성들을 밝히고 드날려 멀고 가까운 곳에 분포해서 구획한 곳을 다스림은

> 詳說

○ 甸治而區畫之.
다스리고 구획한 것이다.

> 集傳

成湯
성탕(成湯)이

> 詳說

○ 此節, 蓋專告湯之子孫, 故稱爾先祖.
여기의 절은 오로지 탕의 자손에게 고한 것이기 때문에 '네 선조'라고 칭한 것이다.

> 集傳

立政之大經也.
정사를 세운 큰 법이다.

> 詳說

○ 以論釋之.
경문의 의미 설명으로 해석하였다.

> 集傳

周公反復
주공(周公)이 반복하여

詳說

○ 覆同.

'복(復)'은 '복(覆)'과 같다.

集傳

以夏商爲言者, 蓋夏之亡, 卽殷之亡, 湯之興, 卽武王之興也, 商民觀是, 亦可以自反矣.

하나라와 상나라를 가지고 말씀한 것은 하나라의 망함은 곧 은나라의 망함이고, 탕왕의 흥함은 바로 무왕의 흥함이니, 상나라의 백성들이 이것을 보면 또한 스스로 반성할 것이다.

詳說

○ 此則論也.

이것은 경문의 의미 설명이다.

[11-4-14-7]

白成湯, 至于帝乙, 罔不明德恤祀.

성탕(成湯)부터 제을(帝乙)까지 덕(德)을 밝히고 제사를 공경하지 않음이 없었다.

集傳

明德者, 所以修其身, 恤祀者,

덕(德)을 밝힘은 몸을 닦는 것이고, 제사를 공경함은

詳說

○ 猶敬也.

'휼(恤)'은 '경(敬)'과 같다.

集傳

所以敬乎神也

신(神)을 공경하는 것이다.

[11-4-14-8]
亦惟天, 丕建保乂有殷, 殷王, 亦罔敢失帝, 罔不配天其澤.

또한 하늘이 크게 은나라를 세워 보호하고 다스리게 하였는데 은나라의 선왕들 또한 감히 상제의 법을 잃지 않아서 하늘에 짝하여 백성들에게 은택을 내리지 않음이 없었다.

集傳
亦惟天大建立保治有殷
또한 하늘이 크게 은나라를 세워 보호하고 다스리게 하였는데,

詳說
○ 乂.
'치(治)'는 경문에서 '예(乂)'이다.

集傳
殷之先王, 亦皆操存此心,
은나라의 선왕들 또한 모두 이 마음을 잡아 보존하여

詳說
○ 平聲.
'조(操)'는 평성이다.

○ 添此句.
이 구를 더하였다.

集傳
無敢失帝之則,
감히 상제의 법을 잃지 않아서

詳說

○ 添則字.

'칙(則)'자를 더하였다.

集傳

無不配天,

하늘에 짝하여

詳說

○ 諺釋合, 更商.

『언해』의 해석은 합하는지 다시 생각해 봐야 한다.

集傳

以澤民也.

백성들에게 은택을 입히지 않음이 없었다.

詳說

○ 添民字.

'민(民)'자를 더하였다.

○ 新安陳氏曰 : "恤祀, 與罔失帝配天澤, 皆自克明德中來. 商先王以明德, 而得天命也, 如此."

신안 진씨(新安陳氏)가 말하였다 : "'제사를 공경한다.'28)는 것과 상제를 망실하지 않고 하늘의 은택과 짝한다는 것이니, 모두 스스로 밝은 덕을 밝히는 가운데에서 오는 것이다. 상나라 선왕은 밝은 덕으로 천명을 얻은 것이다."29)

---

28) 『서경대전(書經大全)』, 「주서(周書)」·「다사7(多士7)」 : "성탕(成湯)부터 제을(帝乙)까지 덕(德)을 밝히고 제사를 공경하지 않음이 없었다.(自成湯, 至于帝乙, 罔不明德恤祀.)"
29) 『서경대전(書經大全)』, 「주서(周書)」·「다사(多士)」, "신안 진씨가 말하였다 : '여기에서의 「덕을 밝히지 않음이 없다.」는 것은 아래의 글에서 「하늘이 은나라에 명을 주지 않으심은 그 덕을 밝히지 않았기 때문이다.」라는 것과 짝으로 봐야 한다. 「제사를 공경한다.」는 것은 상제를 망실하지 않고 하늘의 은택과 짝한다는 것이니, 모두 스스로 밝은 덕을 밝히는 가운데에서 오는 것이다. 상나라 선왕은 밝은 덕으로 천명을 얻은 것이 이와 같다.'(新安陳氏曰 : 此之罔不明德, 與下文惟天不畀不明厥德, 當對觀. 恤祀, 與罔失帝配天澤, 皆自克明德中來也. 商先王以明德而得天命也, 如此.)"

[11-4-14-9]

>在今後嗣王, 誕罔顯于天, 矧曰其有聽念于先王勤家. 誕淫厥泆, 罔顧于天顯民祗.

지금 후사왕(後嗣王)에 있어서는 크게 천도에 밝지 못하였으니, 하물며 선왕들이 국가에 근로함을 들어 생각함이 있다고 하겠는가. 크게 음탕하여 방일해서 하늘의 드러난 도와 백성을 공경해야 함을 돌아보지 않았다.

集傳
後嗣王, 紂也. 紂大
후사왕(後嗣王)은 주왕(紂王)이다. 주왕은 크게

詳說
○ 誕.
'대(大)'는 경문에서 '탄(誕)'이다.

集傳
不明於天道,
천도(天道)에 밝지 못하였으니,

詳說
○ 顯.
'명(明)'은 경문에서 '현(顯)'이다.

○ 添道字.
'도(道)'자를 더하였다.

集傳
況曰能聽念商先王之勤勞於邦家者乎. 大肆淫泆, 無復顧念天之顯道民之敬畏者也

하물며 상나라 선왕들이 방가(邦家)에 근로함을 들어 생각한다 하겠는가? 크게 음일을 부려 다시는 하늘의 드러난 도와 백성을 공경하고 두려워해야 함을 돌아보고 생각함이 없었다.

詳說

○ 去聲.
'부(復)'는 거성이다.

○ 可敬畏.
공경하고 두려워해야 하는 것이다.

○ 呂氏曰 : "天也, 祖宗也, 民也, 自古帝王, 所共畏也, 紂三畏皆亾, 無所不至矣."
여씨(呂氏)가 말하였다 : "하늘은 조종이고, 백성은 옛날부터 제왕이 함께 두려워해야 할 것이다. 주(紂)는 선왕 세 가지 두려워해야 할 것이 모두 없어 하지 못하는 짓이 없었다."30)

[11-4-14-10]

惟時上帝, 不保, 降若兹大喪.

이에 상제(上帝)께서 보호하지 않으시어 이와 같은 크게 망함을 내리신 것이다.

集傳

大喪者
크게 망함이란

詳說

○ 猶言大禍.

---

30) 『서경대전(書經大全)』, 「주서(周書)」·「다사(多士)」 : "여씨가 말하였다 : '하늘은 조종이고, 백성은 옛날부터 제왕이 함께 두려워해야 할 것이다. 주(紂)는 선왕을 받아들여 생각하지 않고 하늘을 돌아보고 백성들의 지신을 드러내지 않아 세 가지 두려워해야 할 것이 모두 없었으니 하지 못하는 짓이 없었다.'(呂氏曰 : 天也, 祖宗也, 民也, 自古帝王, 所共畏也. 紂不聽念先王, 罔顧天顯民祇, 三畏皆亡, 無所不至矣.)"

큰 재앙이라고 말하는 것과 같다.

집傳

國以而身戮也

나라가 망하고 몸이 죽는 것이다.

[11-4-14-11]

惟天不畀, 不明厥德.

하늘이 은나라에 명을 주지 않으심은 그 덕을 밝히지 않았기 때문이다.

집傳

商先王以明德, 而天丕建,

상나라의 선왕들은 덕을 밝혀 하늘이 크게 세워주었다면,

詳說

○ 承前節.

위의 절을 이어받았다.

집傳

則商後王不明德, 而天不畀矣.

상나라의 후왕은 덕을 밝히지 아니하여 하늘이 주지 않은 것이다.

詳說

○ 新安陳氏曰 : "紂之衆惡, 皆自不明德中來. 其以不明德, 而失天命也, 如此."

신안 진씨(新安陳氏)가 말하였다 : "주(紂)의 여러 가지 악은 모두 덕을 밝히지 않은 가운데에서 왔다. 그가 덕을 밝히지 않아 천명을 잃은 것이 이와 같은 것이다."[31]

---

31) 『서경대전(書經大全)』, 「주서(周書)」·「다사(多士)」: "신안 진씨가 말하였다 : '주(紂)의 여러 가지 악은 모두 덕을 밝히지 않은 가운데에서 왔다. 그가 덕을 밝히지 않아 천명을 잃은 것이 이와 같은 것이다.'新安

[11-4-14-12]

凡四方小大邦喪, 罔非有辭于罰.

대체로 사방의 작고 큰 나라가 망함은 벌에 말이 있지 않음이 없다."

集傳

凡四方小大邦國喪亡,

대체로 사방의 크고 작은 나라가 망함은

詳說

○ 諸侯.

'방국(邦國)'은 제후이다.

集傳

其致罰, 皆有可言者. 況商罪貫盈,

그 벌을 이룸이 모두 말할 만한 것이 있어서이다. 하물며 상나라의 죄가 가득하여

詳說

○ 見泰誓.

「태서」에 보인다.32)

集傳

而周奉辭以伐之者乎.

주나라가 말을 받들어 정벌함에 있어서야 말해 무엇 하겠는가!

詳說

○ 見大禹謨.

陳氏曰 : 紂之衆惡, 皆自不明德中來, 其以不明德, 而失天命也, 如此.)"
32) 『서경대전(書經大全)』, 「주서(周書)」・「태서상9(泰誓上9)」: "상(商)나라의 죄가 가득하여 가득하기에 하늘이 명하여 주벌하게 하시니, 내가 하늘의 뜻에 순종하지 않으면 그 죄가 주왕과 같을 것이다.(商罪貫盈, 天命誅之, 予弗順天, 厥罪惟鈞.)"

「대우모」에 보인다.33)

○ 補二句.
두 구를 보완하였다.

[11-4-14-13]
王若曰, 爾殷多士, 今惟我周王, 丕靈承帝事.

왕(王)이 대략 다음과 같이 말씀하였다. "너희 은나라의 다사(多士)들아. 지금 우리 주왕은 크게 상제의 일을 잘 받들고 계시다.

詳說

○ 我周王, 指武王.
우리 주왕은 무왕을 가리킨다.

集傳

靈, 善也. 大善承天之所爲也. 武成言祗承上帝, 以遏亂略, 是也.
영(靈)은 잘함이니, 크게 하늘의 하는 바를 잘 받드는 것이다. 「무성(武成)」에 "공경히 상제를 받들어 난(亂)을 일으키려는 모략을 저지했다."34)는 것이 여기에 해당한다.

---

33) 『서경대전(書經大全)』, 「우서(虞書)」·「대우모-20(大禹謨-20)」: "제순이 '아! 우(禹)야. 이 유묘(有苗)가 따르지 않으니, 네가 가서 정벌하라.'라고 하니, 우가 마침내 여러 제후들을 모아놓고 군사들에게 다음과 같이 맹세하였다. '제제(濟濟)한 군사들아. 다 나의 명령을 들어라. 무지한 이 유묘가 어둡고 미혹하며 불경하여 남을 업신여기고 스스로 어진 체하며, 도를 위배하고 덕을 파괴하여 군자가 초야에 있고 소인이 지위에 있으니, 백성들이 유묘의 군주를 버리고 보호하지 않으며 하늘이 재앙을 내리신다. 이러므로 내가 너희 여러 군사들을 거느리고 황제의 말씀을 받들어 죄를 지은 자들을 정벌하노니, 너희들은 부디 마음과 힘을 한결같이 하여야 능히 공을 세울 수 있을 것이다.'(帝曰, 咨禹. 惟時有苗弗率, 汝征. 禹乃會群后, 誓于師曰, 濟濟有衆. 咸聽朕命. 蠢玆有苗, 昏迷不恭, 侮慢自賢, 反道敗德, 君子在野, 小人在位, 民棄不保, 며 天降之咎, 肆予以爾衆士, 奉辭伐罪, 爾尙一乃心力, 其克有勳.)"

34) 『서집전상설(書集傳詳說)』, 「주서(周書)」·「금고정무성(今考定武成)」: "상나라의 죄를 지극히 하여 황천과 후토와 지나가는 곳의 명산·대천에 고유(告由)하여 말씀하셨다. '도가 있는 사람의 증손인 발(發)은 상나라에 크게 바로잡음이 있을 것이니, 이제 상왕(商王) 수(受)가 무도하여 하늘이 내린 물건을 함부로 버리며, 증민(烝民)들을 해치고 포학하게 하며, 천하에 도망한 자들의 주인이 되어 마치 못과 숲에 모이듯 합니다. 나 소자(小子)는 이미 어진 사람을 얻어 감히 상제를 공경히 받들어서 어지러운 꾀를 막으니, 화하(華夏)와 만맥(蠻貊)이 모두 따르지 않는 자가 없습니다.(底商之罪, 告于皇天后土, 所過名山大川, 曰, 惟有道曾孫周王發, 將有大正于商, 今商王受無道, 暴殄天物, 害虐烝民, 爲天下逋逃主, 萃淵藪. 予小子, 旣獲仁人, 敢祗承上帝, 以遏亂略, 華夏蠻貊, 罔不率俾.)"

詳說
○ 證也.
증거를 댄 것이다.

[11-4-14-14]
有命曰, 割殷, 告勅于帝.

명을 내려 '은(殷)나라를 끊어 바로잡으라.'라고 하시기에 바로잡는 일을 상제께 고(告)하신 것이다.

集傳
帝
상제께서

詳說
○ 承上節.
위의 절을 이어받았다.

集傳
有命曰, 割殷, 則不得不戡
명을 내려 "은(殷)나라를 끊어 바로잡으라." 하시니, 감정(戡定)하고

詳說
○ 音堪.
'감(戡)'은 음이 '감(堪)'이다.

集傳
定翦除
전제(剪除)하여

詳說

○ 音剪, 一作剪.
'전(翦)'은 음이 '전(剪)'이고, 어떤 판본에는 '전(剪)'으로 되어 있다.

集傳
告其勑正之事于帝也.
바로잡는 일을 상제에게 고하지 않을 수 없는 것이다.

詳說
○ 照前節. 勑殷命.
앞의 절을 참조하라. 은나라의 명을 바로잡는 것이다.

集傳
武成言告于皇天后土, 將有大正于商者, 是也.
「무성(武成)」에 "황천(皇天)과 후토(后土)에 고하여 장차 상(商)나라에 크게 바로잡음이 있다."35)는 것이 여기에 해당한다.

詳說
○ 證也.
증거를 댄 것이다.

[11-4-14-15]
惟我事, 不貳適. 惟爾王家, 我適.
우리 일이 두 갈래로 가지 않았다. 그리하여 너희 왕가(王家)가 우리에게 온 것이다.

---

35) 『서경대전(書經大全)』, 「주서(周書)」·「무성6(武成6)」 : "상나라의 죄를 지극히 하여 황천과 후토와 지나가는 곳의 명산·대천에 고유(告由)하여 말씀하셨다. "도가 있는 사람의 증손인 발(發)은 상나라에 크게 바로잡음이 있을 것이니, 이제 상왕(商王) 수(受)가 무도하여 하늘이 내린 물건을 함부로 버리며, 증민(烝民)들을 해치고 포학하게 하며, 천하에 도망한 자들의 주인이 되어 마치 못과 숲에 모이듯 합니다. 나 소자(小子)는 이미 어진 사람을 얻어 감히 상제를 공경히 받들어서 어지러운 꾀를 막으니, 화하(華夏)와 만맥(蠻貊)이 모두 따르지 않는 자가 없습니다.(底商之罪, 告于皇天后土, 所過名山大川, 曰, 惟有道曾孫周王發, 將有大正于商, 今商王受無道, 暴殄天物, 害虐烝民, 爲天下逋逃主, 萃淵藪. 予小子, 旣獲仁人, 敢祗承上帝, 以遏亂略, 華夏蠻貊, 罔不率俾.)"

集傳

上帝臨汝, 毋貳爾心,

"상제께서 너에게 임해 계시니 네 마음을 둘로 갖지 말라."는 것은

詳說

○ 出詩大明.

『시경』「대명」이 출처이다.36)

集傳

惟我事不貳適之謂, 上帝旣命侯于周服

우리 일이 두 갈래로 가지 않음을 말한 것이며, "상제가 이미 명한지라 주나라에 복종했다."는 것은

詳說

○ 出詩文王.

『시경』「문왕」이 출처이다.37)

集傳

惟爾王家我適之謂.

너희 왕가가 우리에게 옴을 말한 것이다.

詳說

○ 以證訓之.

증거를 가지고 설명했다.

集傳

言割殷之事

---

36) 『시경』, 「대아(大雅)」·「문왕지십(文王之什)」·「대명(大明)」: "상제가 너에게 임해 계시니, 네 마음을 둘로 갖지 말라.(上帝臨汝, 無貳爾心.)"
37) 『시경』, 「대아(大雅)」·「문왕지십(文王之什)」·「문왕(文王)」: "상나라의 손자가, 그 수가 억뿐이 아니지마는, 상제가 이미 명한지라, 주나라에 복종하였도다.(商之孫子, 其麗不億, 上帝旣命, 侯于周服.)"

은나라를 끊어 바로잡는 일은

詳說

○ 承上節.
위의 절을 이어받았다.

集傳

非有私心, 一於從帝而無貳適, 則爾殷王家, 自不容不我適矣. 周不貳于帝, 殷其能貳於周乎. 蓋示以確然不可動搖之意, 而潛消頑民反側之情爾. 然聖賢事不貳適, 日用飲食.

사심(私心)이 있어서가 아니고, 한결같이 상제를 따라 두 갈래로 감이 없는 것이니, 너희 은나라 왕가가 자연히 우리에게 오지 않을 수 없는 것이다. 주나라가 상제에게 두 마음을 품지 않으니, 은나라가 주나라에 두 마음을 품을 수 있겠는가! 이는 확연하여 동요할 수 없는 뜻을 보여주어 완민(頑民)들의 반측(反側)하는 정(情)을 은근히 사라지게 한 것이다. 그러나 성현들이 일을 두 갈래로 가게 하지 않음은 일용(日用)과 음식(飲食)이다.

詳說

○ 此句出詩天保.
이 구절은 『시경』「천보」가 출처이다.38)

集傳

莫不皆然, 蓋所以事天也.
그렇지 않음이 없으니, 이는 하늘을 섬기는 것이다.

詳說

○ 見孟子盡心.
『맹자』「진심」에 보인다.39)

---

38) 『시경』「천보(天保)」: "신이 이르는지라 그대에게 많은 복을 주며, 백성들이 질박한지라 날마다 먹고 마시니, 여러 백성들이 두루 그대의 덕을 실행하도다.(神之弔矣, 詒爾多福, 民之質矣, 日用飲食, 群黎百姓, 徧爲爾德.)"

> 集傳

豈特割殷之事而已哉.
어찌 다만 은나라를 끊어 바로잡는 일일 뿐이겠는가!

> 詳說

○ 蓋示以下, 論也.
'개시(蓋示)' 이하는 경문의 의미 설명이다.

[11-4-14-16]
予其曰, 惟爾洪無度, 我不爾動, 自乃邑.

내가 '너희들이 크게 법도가 없으니, 내 너희들을 동요하려는 것이 아니라 변이 너희 읍으로부터 시작된 것이다.' 라고 하였다.

> 集傳

三監倡亂,
삼감(三監)이 난을 창도하였기에

> 詳說

○ 去聲.
'창(倡)'은 거성이다.

○ 先添此句, 蓋此四字, 決非周公之心, 當曰四國作亂
먼저 이 구를 더하였으니, 대개 이 네 글자는 결코 주공의 마음이 '네 나라가 난을 일으켰다.'고 말해야 한다는 것이 아니다.

> 集傳

予其曰, 乃汝大爲非法,
내가 "너희들이 크게 법이 아닌 짓을 하였으니,

---

39) 『맹자(孟子)』 「진심상(盡心上)」: "그 마음을 보존하여 그 성을 기르는 것은 하늘을 섬기는 것이다.(存其心, 養其性, 所以事天也.)"

詳說

○ 度.

'법(法)'은 경문에서 '도(法)'이다.

集傳

非我爾動,

내가 너희들을 동요하려는 것이 아니라

詳說

○ 句.

구두해야 한다.

集傳

變自爾邑. 猶伊訓所謂造攻自鳴條也.

변이 너희 읍으로부터 시작된 것이다."라고 하였다. 이는 「이훈(伊訓)」에서 이른바 "처음 공격을 명조(鳴條)로부터 시작하였다."40)는 것이 여기에 해당한다.

詳說

○ 證也.

증거를 댄 것이다.

[11-4-14-17]

予亦念, 天卽于殷, 大戾, 肆不正.

내가 또한 생각하니, 하늘이 은나라에 나아가 큰 재앙을 내리시니, 그러므로 바르지 못하였다."

---

40) 『서경대전(書經大全)』, 「상서(商書)」·「이훈2(伊訓2)」: "아! 옛날 유하(有夏)의 선왕들이 그 덕을 힘쓰셨기에 천재가 없었고, 산천의 귀신들이 또한 편안하지 않음이 없었으며, 조수와 어별(魚鼈)들이 모두 순하였다. 그 자손들이 법도를 따르지 않자 황천이 재앙을 내리시어 천명을 소유한 우리 탕왕에게 손을 빌리시니, 공격을 시작은 명조에서 하였는데 우리는 박읍에서 시작하였습니다.(曰嗚呼, 古有夏先后, 方懋厥德, 罔有天災, 山川鬼神, 亦莫不寧, 曁鳥獸魚鼈, 咸若. 于其子孫, 弗率, 皇天降災, 假手于我有命, 造攻, 自鳴條, 朕哉自亳.)"

集傳
予亦念, 天就殷邦
내가 또한 생각하니, 하늘이 은(殷)나라에 나아가

詳說
○ 卽.
'취(就)'는 경문에서 '즉(卽)'이다.

集傳
屢降大戾,
여러 차례 큰 재앙을 내려

詳說
○ 添屢降字.
'누강(屢降)'이라는 글자를 더하였다.

集傳
紂旣死, 武庚又死.
주왕(紂王)이 이미 죽고 무경(武庚)이 또 죽었다.

詳說
○ 是屢戾也.
바로 여러 차례의 재앙이다.

集傳
故邪慝不正
그러므로 사특하여 바르지 못하니, 마땅히 옮겨야 함을 말한 것이다.

詳說
○ 肆.

'고(故)'는 경문에서 '사(肆)'이다.

○ 指頑民.
완민을 가리킨다.

집傳
言當遷徙也

詳說
○ 補此句, 以生下節.
이 구를 더해 아래의 절로 나아갔다.

[11-4-14-18]
王曰, 猷告爾多士. 予惟時其遷居西爾. 非我一人, 奉德不康寧, 時惟天命, 無違. 朕不敢有後, 無我怨.

왕(王)이 말씀하였다. "아! 너희 다사(多士)들에게 고하노라. 내 이에 너희들을 옮겨 서쪽에 거하게 한 것이다. 나 한 사람이 덕(德)을 받듦이 강녕하지 않아서가 아니라 이는 하늘의 명령이시니 어기지 말라. 짐은 감히 뒤에 딴 명령을 내리지 않을 것이니, 후일에 나를 원망하지 말라.

詳說
○ 無, 毋通.
'무(無)'는 '무(毋)'와 통한다.

집傳
時, 是也, 指上文殷大戾而言. 謂惟是之故
시(時)는 이것이니, 위의 글에서 은나라의 큰 재앙[41]을 가리켜 말한 것이다. "이 때문에

---
41) 『서경대전(書經大全)』, 「주서(周書)」·「다사(多士-17)」: "내가 또한 생각하니, 하늘이 은나라에 나아가 큰 재앙을 내리시니, 그러므로 바르지 못하였다.(予亦念, 天卽于殷, 大戾, 肆不正.)"

詳說

○ 添故字.
'고(故)'자를 더하였다.

集傳

所以遷居西爾
너희들을 옮겨 서쪽에 거하게 한 것이고,

詳說

○ 遷居爾于西也. 古語微倒.
서쪽에 옮겨 거하게 한다는 것이니, 옛말이 살짝 도치된 것이다.

集傳

非我一人, 樂如是之遷徙震動也.
나 한 사람이 이와 같이 천사(遷徙)하고 진동하기를 좋아해서가 아니다.

詳說

○ 音洛
'락(樂)'은 음이 '락(洛)'이다.

○ 奉德, 猶執德也.
덕을 받든다는 것은 덕을 잡는다는 것과 같다.

集傳

是惟天命如此, 汝毋違越. 我不敢有後命.
이것은 하늘의 명령이 이와 같기 때문이니, 너희들은 어기지 말라. 나는 감히 뒤에 딴 명령을 내리지 않을 것이다."라고 하였으니,

詳說

○ 添命字. 後命, 指死命也, 謂不殺而已. 孔傳, 亦訓後爲誅, 卽後節不爾殺之謂也, 而費誓之無餘刑非殺, 亦此意也.

'명(命)'자를 더하였다. '딴 명령[後命]'은 '죽인다는 명령'이니, 죽이지 않겠다는 말이다. 공씨의 전에서도 '후(後)'를 '주(誅)'로 풀이했으니, 곧 뒤의 절에서 '너희들을 죽일 수 없다.'42)는 것을 말한다. 「비서」에서의 '남은 형벌이 없어 죽이지는 않을 것이다.'43)는 것도 이런 의미이다.

集傳

謂有他罰,
이는 딴 벌이 있더라도

詳說

○ 句.
구두해야 한다.

集傳

爾無我怨也.
너희들은 나를 원망하지 말라고 한 것이다.

[11-4-14-19]
惟爾知惟殷先人有冊有典, 殷革夏命.

너희들은 은나라 선인들의 서책과 전적이 있음을 아니, 옛날에 은나라도 하나라의 명을 개혁하였다.

---

42) 『서경대전(書經大全)』, 「주서(周書)」·「다사-22(多士-22)」: "왕(王)이 말씀하였다. "너희 은(殷)나라의 다사(多士)들에게 고하노라. 이제 내 차마 너희들을 죽일 수 없기에 내 이 명을 거듭하노라. 이제 짐(朕)이 큰 도읍을 이 낙읍(洛邑)에 만든 것은 내가 사방의 제후들을 손님으로 머물게 할 곳이 없으며, 또한 너희 다사(多士)들이 일하여 분주히 우리 다손(多遜)에게 신하노릇하기 때문이다.(王曰, 告爾殷多士. 今予惟不爾殺, 予惟時命有申. 今朕作大邑于玆洛, 予惟四方罔攸賓, 亦惟爾多士攸服, 奔走臣我多遜.)"
43) 『서경대전(書經大全)』, 「주서(周書)」·「비서5(費誓5)」: "갑술일(甲戌日)에 나는 서융(徐戎)을 정벌할 것이니, 네 구량(糧)을 준비하되 감히 미치지 못함이 없도록 하라. 너는 큰 형벌이 있을 것이다. 노(魯)나라 백성들의 3교(郊)와 3수(遂)야! 네 정간(楨)을 준비하라. 갑술일(甲戌日)에 내가 성을 쌓을 것이니, 감히 공급하지 못하는 일이 없도록 하라. 너는 남은 형벌이 없어 죽이지는 않을 것이다. 노(魯)나라 백성들의 3교(郊)와 3수(遂)야! 네 꼴과 마초를 준비하되 감히 많지 않게 하지 말라. 너는 큰 형벌이 있을 것이다.(甲戌, 我惟征徐戎, 峙乃糗糧, 無敢不逮. 汝則有大刑. 魯人三郊三遂, 峙乃楨幹. 甲戌, 我惟築, 無敢不供. 汝則有無餘刑, 非殺. 魯人三郊三遂, 峙乃芻茭, 無敢不多, 汝則有大刑.)"

> 集傳

卽其舊聞以開諭之也.

옛날 들었던 것을 가지고 계도하여 깨우친 것이다.

> 詳說

○ 先總提.

먼저 총괄해서 제시하였다.

> 集傳

殷之先世, 有冊書典籍, 載殷改夏命之事,

은나라의 선세에 서책과 전적이 있어 은나라가 하나라의 명을 개혁했던 일을 기재하였던 것이

> 詳說

○ 革.

'개(改)'는 경문에서 '혁(革)'이다.

> 集傳

正如是耳, 爾何獨疑於今乎.

바로 이와 같으니, 네가 어찌 홀로 지금에 의심하겠는가?"

> 詳說

○ 補二句.

두 구를 더하였다.

[11-4-14-20]

今爾其曰, 夏迪簡在王庭, 有服在百僚, 予一人, 惟聽用德. 肆予敢求爾于天邑商, 予惟率肆矜爾, 非予罪, 時惟天命.

이제 너희들은 '하나라의 신하들이 계적(啓迪)하고 간발(簡拔)하여 왕의 조정에 있었고, 일

하는 자들이 백료(百僚)에 있었다.'라고 하는데, 나 한 사람은 덕이 있는 자를 들어 쓸 뿐이다. 이에 내 감히 너희들을 천읍(天邑)인 상나라에서 구하여 오게 한 것은 내가 고사(故事)를 따라 너희들을 긍휼히 여긴 것이니, 이는 나의 죄가 아니고, 이는 하늘의 명령이시다."

詳說
○ 又坊本作其.
또 방본(坊本)에는 '기(其)'로 되어 있다.

集傳
周公旣擧商革夏事, 以諭頑民,
주공이 이미 상나라가 하(夏)나라를 혁명한 일을 들어 완민(頑民)들을 깨우치시니,

詳說
○ 承上節.
위의 절을 이어받았다.

集傳
頑民復
완민들이 다시

詳說
○ 去聲.
'부(復)'는 거성이다.

詳說
○ 又.
'또'이다.

集傳
以商革夏事責周, 謂商革夏命之初,
상나라가 하나라를 혁명한 일을 가지고 주나라를 책하여 "상나라가 하나라의 명

을 혁명한 초기에는

詳說
○ 添二句.
두 구를 더하였다.

集傳
凡夏之士
모든 하나라의 선비들이

詳說
○ 添士字.
'사(士)'자를 더하였다.

集傳
皆啓迪簡拔在商王之庭, 有服列于百僚之間,
계적(啓迪)하고 간발(簡拔)하여 상왕(商王)의 조정에 있었으며, 일하는 자들이 백료의 사이에 나열되어 있었는데,

詳說
○ 陳氏大猷曰 : "迪簡王庭職之大者也, 有服百僚, 職之小者也."
진씨 대유(陳氏大猷)44)가 말하였다 : "왕의 조정에 간적되고 간발되는 것은 직분이 큰 것이고, 일하는 백료들은 직분이 작은 것이다."45)

集傳

---

44) 진씨 대유(陳氏大猷, ?~?) : 송나라 남강군(南康軍) 도창(都倉) 사람으로 자는 문헌(文獻)이고, 호는 동재(東齋)다. 이종(理宗) 개경(開慶) 원년(1259) 진사(進士)가 되고, 종정랑(從政郎)과 황주군(黃州軍) 판관(判官) 등을 지냈다. 『서경』에 조예가 깊었다. 저서에 『상서집전혹문(尙書集傳或問)』과 『상서집전회통(尙書集傳會通)』 등이 있다.
45) 『서경대전(書經大全)』, 「주서(周書)」·「다사(多士)」 : "진씨 대유가 말하였다 : '왕의 조정에 간적되고 간발되는 것은 직분이 큰 것이고, 일하는 백료들은 직분이 작은 것이다. 덕이 있는 자를 들어 쓰는 것은 덕이 있는지를 살펴 등용하는 것이다.'(陳氏大猷曰 : 迪簡王庭, 職之大者, 有服百僚, 職之小者. 聽用德聽, 察其有德者, 而用之.)"

今周於商士未聞有所簡拔也.
지금 주나라는 상나라의 선비에 대하여 간발한 바가 있다는 말을 듣지 못하였다."
라고 하였다.

詳說

○ 補二句.
　두 구를 더하였다.

集傳

周公擧其言, 以大義折之言, 爾頑民雖有是言,
주공이 그 말을 듣고서 대의(大義)로 꺾어 말씀하기를 "너희 완민들이 비록 이러한 말이 있으나

詳說

○ 添三句.
　세 구를 더하였다.

集傳

然予一人所聽用者, 惟以德而已.
나 한 사람이 들어 쓰는 것은 오직 덕대로 할 뿐이다.

詳說

○ 陳氏經曰 : "爾有德, 我何敢不用, 爾無德, 我何敢苟用."
　진씨 경(陳氏經)46)이 말하였다 : "너에게 덕이 있는데 내가 어찌 감히 등용하지 않겠으며, 너에게 덕이 없는데 내가 어찌 감히 구차하게 등용하겠는가?"47)

---

46) 진경(陳經. ?~?) : 송나라 길주(吉州) 안복(安福) 사람으로 자는 현지(顯之) 또는 정보(正甫)이다. 영종(寧宗) 경원(慶元) 5년(1199)에 진사(進士)가 되어 봉의랑(奉議郞)과 천주박간(泉州泊幹)을 지냈다. 평생 독서를 좋아했고, 후학을 많이 계도했다. 저서에 『상서상해(尙書詳解)』와 『시강의(詩講義)』, 『존재어록(存齋語錄)』 등이 있다.

47) 『서경대전(書經大全)』, 「주서(周書)」·「다사(多士)」 : "진씨 경이 말하였다 : '덕이 있는 자를 들어 쓸 뿐이다.'는 것은 「너에게 덕이 있는데 내가 어찌 감히 등용하지 않겠으며, 너에게 덕이 없는데 내가 어찌 감히 구차하게 등용하겠는가?」라는 것이다. 상나라 선비들이 말하는 것은 모두 사사로운 정이고 왕이 말하는 것은 모두 천리이니, 현명하고 그렇지 않은 지를 가리지 않고 쓰는 것은 천리가 아니라는 것이다.'(陳氏經曰 : 聽用德者, 爾有德, 我何敢不用, 爾無德我何敢苟用. 商士所言, 皆私情, 王所言, 皆天理, 不擇賢否而用

> 集傳

故予敢求爾於天邑商,
그러므로 내 감히 너희들을 천읍(天邑)인 상(商)나라에서 구하여

> 詳說

○ 肆.
'고(故)'는 경문에서 '사(肆)'이다.

○ 呂氏曰: "商猶謂之天邑者, 言其地舊爲天子之都, 重其事而敬其辭."
여씨(呂氏)가 말하였다 : "상나라 사람들이 여전히 천읍(天邑)이라고 하는 것은 그 땅이 옛날에 천자의 도읍임을 말한 것으로 그 일을 무겁게 여기고 그 말을 공경한 것이다."[48]

> 集傳

而遷之於洛者
낙읍(洛邑)으로 옮긴 것은

> 詳說

○ 補此句.
여기의 구를 더하였다.

> 集傳

以冀率德改行焉.
덕을 따르고 행실을 고치기를 바라서이다.

> 詳說

---

[48] 『서경대전(書經大全)』, 「주서(周書)」・「다사(多士)」 : "여씨가 말하였다 : '상나라 사람들이 여전히 천읍(天邑)이라고 하는 것은 그 땅이 옛날에 천자의 도읍임을 말한 것으로 그 일을 무겁게 여기고 그 말이 실린 것을 공경한 것이니, 진실로 아주 바르게 대한 것이 또한 아주 두터운 것이다.'(呂氏曰 : 商猶謂之天邑者, 蓋言其地舊爲天子之都, 重其事, 而敬其辭裁之者, 固甚正待之者, 亦甚厚矣, 非天理矣.)"

○ 去聲
'행(行)'은 거성이다.

○ 添此句.
여기의 구를 더하였다.

○ 見蔡仲之命.
「채중지명」에 보인다.49)

集傳
予惟循商故事,
내 상(商)나라의 고사(故事)를 따라

詳說
○ 率.
'순(循)'은 경문에서 '솔(率)'이다.

○ 肆.
'고(故)'는 경문에서 '사(肆)'이다.

○ 二肆字, 義異
두 번의 '사(肆)'자는 의미가 다르다.

○ 添事字.
'사(事)'자를 더하였다.

集傳
矜恤於爾而已, 其不爾用者,

---

49) 『서경대전(書經大全)』, 「주서(周書)」·「채중지명2(蔡仲之命2)」: "왕이 대략 다음과 같이 말씀하였다. '소자(小子)인 호(胡)아! 너는 할아버지의 덕을 따르고 네 아버지의 행실을 고쳐서 능히 도를 삼갔다. 그러므로 나는 너에게 명하여 동토(東土)에 제후가 되게 하노니, 가서 너의 봉국(封國)에 나아가 공경할지어다.'(王若曰, 小子胡, 惟爾率德改行, 克愼厥猷. 肆予命爾, 侯于東土, 往卽乃封, 敬哉.)"

너희들을 긍휼히 여길 뿐이니, 너희들을 등용하지 않은 것은

詳說

○ 補此句.

여기의 구를 더하였다.

集傳

非我之罪也, 是惟天命如此. 蓋章德者, 天之命, 今頑民滅德而欲求用, 得乎.

나의 죄가 아니고, 이는 하늘의 명이 이와 같은 것이다."라고 하였다. 덕이 있는 자를 표창함은 하늘의 명인데, 이제 완민들이 덕이 없으면서 등용되기를 구하고자 하니, 얻을 수 있겠는가!

詳說

○ 蓋以下, 論也.

'개(蓋)' 이하는 경문의 의미 설명이다.

[11-4-14-21]

王曰, 多士, 昔朕, 來自奄, 予大降爾, 四國民命. 我乃明致天罰, 移爾遐逖, 比事臣我宗多遜.

왕(王)이 말씀하였다. "다사(多士)들아. 옛날 짐(朕)이 엄(奄)에서 올 적에 나는 너희들의 형벌을 크게 강등하여 너희 사국(四國)의 백성들의 목숨을 살려주었다. 그리하여 내 단지 밝게 천벌을 이루고 너희들을 먼 곳으로 옮겨서 우리 종주(宗周)의 공손함이 많은 자을 가까이 섬겨 신하 노릇하게 한 것이다."

詳說

○ 奄, 平聲. 比, 必二反.

'엄(奄)'은 평성이다. '비(比)'는 '필(必)'과 '이(二)'의 반절이다.

集傳

降, 猶今法降等云者.

강(降)은 지금 법에서 강등(降等)이란 말과 같다.

詳說

○ 減等.
감등하는 것이다.

集傳

言昔我來自商奄之時
말하기를 "옛날 내가 상나라의 엄(奄)에서 올 때에

詳說

○ 添商字.
'상(商)'자를 더하였다.

○ 陳氏大猷曰 : "周公一擧而誅四國, 獨言來自奄者, 伐奄在後, 誅奄卽來也."
진씨 대유(陳氏大猷)가 말하였다 : "주공이 일거에 사국을 주벌했는데, 유독 '엄(奄)에서 올 적'이라고만 말한 것은 엄을 정벌한 것이 나중에 있고 엄을 주벌한 것이 곧 오기 때문이다."50)

集傳

汝四國之民,
너희 사국(四國)의 백성들은

詳說

○ 陳氏大猷曰 : "殷管蔡霍."
진씨 대유(陳氏大猷)가 말하였다 : "은(殷)·관(管)·채(蔡)·곽(霍)이다."51)

---

50) 『서경대전(書經大全)』, 「주서(周書)」·「다사(多士)」: "진씨 대유가 말하였다 : '여기의 엄(奄)과 회(淮)·이(夷) 삼감은 무경을 함께 도우며 주나라를 배반하였다. 공이 동으로 정벌해서 일거에 사국을 주벌했는데, 유독 「엄(奄)에서 올 적」이라고만 말한 것은 엄을 정벌한 것이 나중에 있고 엄을 주벌한 것이 곧 오기 때문이다. 사국은 은(殷)·관(管)·채(蔡)·곽(霍)이다.'(陳氏大猷曰 : 此奄與淮夷三監, 同助武庚以叛周. 公東征, 一擧而誅四國, 獨言來自奄者, 伐奄在後, 誅奄卽來也. 四國殷管蔡霍.)"

○ 沙溪曰 : "陳氏與毛氏說, 不同."
사계(沙溪)가 말하였다 : "진씨는 모씨와 설명이 같지 않다."

集傳
罪皆應死,
죄가 모두 죽어 마땅하나

詳說
○ 平聲.
'응(應)'은 평성이다.

集傳
我大降爾命. 不忍誅戮, 乃止明致天罰, 移爾遠居于洛,
나는 너희들의 형벌을 크게 강등하여 목숨을 살려주었다. 그리하여 차마 주륙(誅戮)하지 못하고 단지 하늘의 벌을 밝게 이루어 너희들을 옮겨 멀리 낙읍에 거하게 해서

詳說
○ 添三字.
세 글자를 더하였다.

集傳
以親比臣我宗周有多遜之美,
우리 종주에 공손함이 많은 아름다움이 있는 자를 친근히 하여 신하 노릇하게 하였으니,

詳說

---

51) 『서경대전(書經大全)』, 「주서(周書)」·「다사(多士)」 : "진씨 대유가 말하였다 : '여기의 엄(奄)과 회(淮)·이(夷) 삼감은 무경을 함께 도우며 주나라를 배반하였다. 공이 동으로 정벌해서 일거에 사국을 주벌했는데, 유독 「엄(奄)에서 올 적」이라고만 말한 것은 엄을 정벌한 것이 나중에 있고 엄을 주벌한 것이 곧 오기 때문이다. 사국은 은(殷)·관(管)·채(蔡)·곽(霍)이다.'(陳氏大猷曰 : 此奄與淮夷三監, 同助武庚以叛周. 公東征, 一擧而誅四國, 獨言來自奄者, 伐奄在後, 誅奄即來也. 四國殷管蔡霍.)"

○ 親比臣, 釋於此. 諺釋, 恐不察註意, 且與下節之釋, 不容異同.
'친비신(親比臣)'은 여기까지 해석한다. 『언해』의 해석은 주의 의미와 또 아래 절의 해석을 살피지 않은 것 같으니, 일치하지 않는 것을 받아들이지 않는다.

集傳

其罰蓋亦甚輕, 其恩固已甚厚. 今乃猶
그 벌은 매우 가볍고 그 은혜는 진실로 이미 매우 후하다. 그런데도 이제 오히려

詳說

○ 一無猶字.
어떤 판본에는 '유(猶)'자가 없다.

集傳

有所怨望乎
원망하는 바가 있는가?"라고 한 것이다.

詳說

○ 補三句.
세 구를 더하였다.

集傳

詳此章, 則商民之遷, 固已久矣.
이 장(章)을 자세히 살펴보면 상나라의 백성들을 옮긴 지가 진실로 이미 오래이다.

詳說

○ 論也, 照篇題.
경문의 의미 설명으로 편제를 참조하라.

[11-4-14-22]

> 王曰, 告爾殷多士. 今予惟不爾殺, 予惟時命有申. 今朕作大邑于茲洛, 予惟四方罔攸賓, 亦惟爾多士攸服, 奔走臣我多遜.

왕(王)이 말씀하였다. "너희 은나라의 다사(多士)들에게 고하노라. 이제 내 차마 너희들을 죽일 수 없기에 내 이 명을 거듭하노라. 이제 짐이 큰 도읍을 이 낙읍에 만든 것은 내가 사방의 제후들을 손님으로 머물게 할 곳이 없으며, 또한 너희 다사(多士)들이 일하여 분주히 우리 다손(多遜)에게 신하노릇하기 때문이다.

集傳
以自奄

엄(奄)에서 와서

詳說
○ 平聲, 下同.

'엄(奄)'은 평성으로 아래에서도 같다.

集傳
之命爲初命,

한 명령을 처음 명령이라면,

詳說
○ 照上節.

위의 절을 참조하라.

集傳
則此命爲申命也. 言我惟不忍爾殺, 故申明此命. 且我所以營洛者, 以四方諸侯無所賓禮之地,

이 명령은 거듭 명령함이 된다. 내가 차마 너희들을 죽일 수 없으므로 거듭 이 명을 밝히는 것이다. 또 내가 낙읍을 경영한 까닭은 사방의 제후들을 손님으로 예우할 곳이 없으며,

> [詳說]

○ 罔攸賓, 諺釋未瑩.

'망유빈(罔攸賓)'은 『언해』의 해석이 분명하지 않다.

> [集傳]

亦惟爾等服事奔走臣我多遜, 而無所處故也.

또한 너희들이 일하여 분주히 우리 다손(多遜)에게 신하 노릇하는데 거처할 곳이 없기 때문이다.

> [詳說]

○ 上聲.

'처(處)'는 상성이다.

○ 添此句.

여기의 구를 더하였다.

> [集傳]

詳此章, 則遷民在營洛之先矣. 吳氏曰, 來自奄, 稱昔者, 遠日之辭也, 作大邑, 稱今者, 近日之辭也, 移爾遐逖, 比事臣我宗多遜者, 期之之辭也, 攸服奔走臣我多遜者, 果能之辭也. 以此, 又知遷民在前, 而作洛在後也.

여기의 장을 자세히 살펴보면 백성을 옮긴 것이 낙읍을 경영하기 이전에 있었다. 오씨(吳氏)가 말하였다. "엄(奄)으로부터 온 것을 옛날이라고 칭한 것은 원일(遠日)의 말이고, 큰 도읍을 만든 것을 지금이라고 칭한 것은 근일(近日)의 말이며, 너희들을 먼 곳으로 옮겨서 우리 종주(宗周)의 다손(多遜)을 가까이 섬겨 신하 노릇하게 한다는 것은 기약하는 말이고, 일하여 분주히 우리 다손(多遜)에게 신하노릇하기 때문이란 것은 과연 능하다는 말이니, 이로써 또 백성을 옮긴 것이 앞에 있었고 낙읍을 만든 것이 뒤에 있었음을 알 수 있다."

> [詳說]

○ 詳以下, 論也. 亦照篇題.

'상(詳)' 이하는 경문의 의미 설명이다. 또한 편제를 참조하라.

[11-4-14-23]

爾乃尚有爾土, 爾乃尚寧幹止

너희들은 거의 너희들의 토지를 소유하며, 너희들은 거의 일함과 거처함을 편안히 할 것이다.

集傳

幹, 事, 止, 居也. 爾乃庶幾有爾田業, 庶幾安爾所事, 安爾所居也. 詳此章所言, 皆仍舊有土田居止之辭, 信商民之遷舊矣. 孔氏不得其說, 而以得反所生釋之, 於文義似矣而事則非也.

간(幹)은 일이고, 지(止)는 거처이다. 너희들은 거의 너희들의 농업을 소유하며 거의 너희들이 일하는 바를 편안히 여기고 거처하는 바를 편안히 여길 것이다. 여기의 장에서 말한 것을 살펴보면, 모두 옛날 그대로 토지와 거처를 소유한다는 말이니, 진실로 상나라 백성들이 옮겨온 지가 오래다. 공씨(孔氏)는 그 말을 알지 못해 '너희들의 토지를 소유한다[尚有爾土]'는 것을 '살던 고향으로 돌아가게 해준다.'는 것으로 해석하였으니, 글의 뜻에는 그럴 듯하나 사실은 아니다.

詳說

○ 詳以下, 論也, 亦照篇題.

'상(詳)' 이하는 경문의 의미 설명이니, 또한 편제를 참조하라.

[11-4-14-24]

爾克敬, 天惟畀矜爾, 爾不克敬, 爾不啻不有爾土, 予亦致天之罰于爾躬.

너희들이 능히 공경하면 하늘이 너희들에게 복을 주어 긍휼히 여기시겠지만 너희들이 능히 공경하지 않으면 너희들의 땅을 소유하지 못할 뿐만 아니라 내가 또한 하늘의 벌을 너희들 몸에 내릴 것이다.

集傳

敬則言動, 無不循理, 天之所福, 吉祥所集也.
공경하면 말하고 동함이 이치를 따르지 않음이 없으니 하늘이 복을 내리는 바에 길상(吉祥)이 모일 것이고,

> 詳說

○ 畀, 與之福也, 矜, 猶愛也.
'비(畀)'는 복을 주는 것이고, '긍(矜)'은 아낀다는 것과 같다.

> 集傳

不敬則言動, 莫不違悖, 天之所禍, 刑戮所加也. 豈特竄徙, 不有爾土而已哉.
공경하지 않으면 말하고 동함이 위패(違悖)되지 않음이 없으니 하늘이 화를 내리는 바에 형륙(刑戮)이 가해질 것이다. 어찌 다만 귀양 보내고 옮겨 보내서 너희들의 토지를 소유하지 못할 뿐이겠는가!

> 詳說

○ 新安陳氏曰 : "加竄徙二字, 尤善."
신안 진씨(新安陳氏)가 말하였다 : "'귀양 보내고 옮겨 보낸다.'는 말을 더한 것은 아주 좋다."52)

> 集傳

身亦有所不能保矣.
몸 또한 보전하지 못함이 있을 것이다.

[11-4-14-25]

> 今爾惟時宅爾邑, 繼爾居, 爾厥有幹有年于茲洛, 爾小子乃興, 從爾遷.

이제 너희들이 이 너희들의 읍에 거주하고 너희들의 거처에 계속 편안히 거처하여 너희들이

---

52) 『서경대전(書經大全)』, 「주서(周書)」·「다사(多士)」 : "신안 진씨가 말하였다 : '채씨 전에서 「땅을 소유하지 못할 뿐만 아니라」를 해석하면서 「귀양 보내고 옮겨 보낸다.」는 말을 더한 것은 아주 좋다.'(新安陳氏曰 : 蔡傳釋不啻不有爾土, 加竄徙二字, 尤善.)"

이 낙읍에 일함을 두고 연수를 들 것이니, 너희 자손들의 일어남이 너희들의 옮김으로부터 시작될 것이다."

集傳
邑, 四井爲邑之邑.
읍(邑)은 사정(四井)을 읍으로 하는 읍(邑)이다.

詳說
○ 見周禮大司徒.
『주례』「대사도」에 보인다.

集傳
繼者, 承續安居之謂. 有營爲有壽考,
계(繼)는 이어서 편안히 거주함을 이른다. 영위(營爲)를 두고 수고(壽考)를 둠을

詳說
○ 孔氏曰:"有豊年."
공씨(孔氏)가 말하였다 : "풍년이 있는 것이다."

集傳
皆于兹洛焉, 爾之子孫
모두 이 낙읍에서 할 것이니, 너희 자손들의

詳說
○ 小子.
'자손(子孫)'은 경문에서 '소자(小子)'이다.

集傳
乃興, 自爾遷始也. 夫自亾國之末裔,
일어남이 너희들의 옮김으로부터 시작될 것이다. 망국(亡國)의 말예(末裔)로서

書集傳詳說 卷之十一

詳說

○ 音扶.

'부(夫)'는 음이 '부(扶)'이다.

集傳

爲起家之始祖, 頑民雖愚, 亦知所擇矣.

집안을 일으키는 시조(始祖)가 되니, 완민들이 비록 어리석을지라도 선택할 바를 알 것이다.

詳說

○ 皆欲脫亾裔, 而爲起祖耳.

모두 망국의 말예를 벗어나 일으키는 시조로 삼으려는 것일 뿐이다.

○ 夫以下, 論也.

'부(夫)' 이하는 경문의 의미 설명이다.

[11-4-14-26]

王曰, 又曰, 時予乃或言, 爾攸居.

왕(王)이 말씀하였다. 또 말씀하였다. "이에 내가 혹 말함은 너의 거처할 곳을 생각해서이다."

集傳

王曰之下當有闕文,

왕왈(王曰)의 아래에 결문(闕文)이 있어야 하니,

詳說

○ 一作缺.

'궐(闕)'은 어떤 판본에는 '결(缺)'로 되어 있다.

集傳

以多方篇末王曰又曰推之, 可見.
「다방(多方)」의 끝에 '왕왈(王曰)'[53]과 '우왈(又曰)'[54]로 미루어보면 알 수 있다.

詳說

○ 以前節又曰推之, 上曰字, 或衍歟.
이전의 절에서 '또 말하다.'[55]는 말로 미뤄보면 '위의 「왈(曰)」자는 아마도 연문일 것이다.

○ 王氏炎曰 : "又曰下必有脫文, 不可強解."
왕씨염(王氏炎)이 말하였다 : "'또 말씀하였다.'는 말의 아래에는 반드시 빠진 글이 있을 것이니, 억지로 해석해서는 안된다."[56]

集傳

時我或有所言, 皆以爾之所居止爲念也,
이 내가 혹 말하는 바가 있는 것은 모두 너희들의 거처를 염려하기 때문이라 하였으니,

詳說

○ 添以念字.
'이(以)'자와 '념(念)'자를 더하였다.

---

53) 『서경대전(書經大全)』, 「주서(周書)」·「다방-29(多方-29)」 : "왕이 말씀하였다. '아! 많은 선비들아. 너희가 능히 나의 명을 권면하고 믿지 않으면, 너희가 또한 능히 윗사람을 받들지 못하는 것이어서 모든 백성들이 굳이 윗사람을 받들지 않아도 된다고 할 것이니, 너희가 마침내 안일하고 편벽되어 크게 왕명을 멀리하면 너희 많은 선비들이 하늘의 위엄을 취하는 것이다. 나는 하늘의 벌을 이루어서 너희가 살던 땅을 떠나 멀리 가게 할 것이다.(王曰, 嗚呼. 多士. 爾不克勸忱我命, 爾亦則惟不克享, 凡民惟曰不享, 爾乃惟逸惟頗, 大遠王命, 則惟爾多方, 探天之威. 我則致天之罰, 離逖爾土.)"
54) 『서경대전(書經大全)』, 「주서(周書)」·「다방-31(多方-31)」 : "또 말씀하였다. "이는 너희가 처음 출발하는 것이니, 화(和)함에 공경하지 않으면 나를 원망하지 못할 것이다.(又曰, 時惟爾初, 不克敬于和, 則無我怨.)"
55) 『서경대전(書經大全)』, 「주서(周書)」·「강고-10(康誥-10)」 : "너 봉(封)이 사사로운 감정으로 사람을 형벌하거나 사람을 죽이라는 것이 아니니, 혹시라도 사사로운 감정으로 사람을 형벌하거나 사람을 죽이지 말라. 또 너 봉(封)이 사람을 코 베거나 귀 베라는 것이 아니니, 혹시라도 사사로운 감정으로 사람을 코 베거나 귀 베지 말라.(非汝封, 刑人殺人, 無或刑人殺人. 非汝封 又曰劓刵人, 無或劓刵人.)"「강고-12(康誥-12)」 : "또 말씀하였다. '요수(要囚)를 5~6일 동안 가슴속에 두고 생각하며, 열흘이나 한 철에 이르러서 요수(要囚)를 크게 결단하라.'(又曰, 要囚, 服念五六日, 至于旬時, 丕蔽要囚.)"
56) 『서경대전(書經大全)』, 「주서(周書)」·「다사(多士)」 : "왕씨염(王氏炎)이 말하였다 : '왕이 말씀하였다.」는 말의 아래에는 반드시 빠진 죽간이 있고, 「또 말씀하였다.」는 말의 아래에는 반드시 빠진 글이 있을 것이니, 억지로 해석해서는 안된다.'(王氏炎曰 : 王曰下必有脫簡, 又曰下必有脫文, 不可強解.)"

集傳

申結上文爾居之意.
위의 글에서 '너희들의 거처'57)라는 뜻을 거듭 맺은 것이다.

詳說

○ 論也.
경문의 의미 설명이다.

○ 新安陳氏曰 : "多士一書中言興喪, 必由於天, 言天命, 則繫於德, 言德, 則本於敬. 終之以爾土爾邑有恆產者, 有恆心而非誘之以利也."
신안 진씨(新安陳氏)가 말하였다 : "「다사」 한 책 중에서 일어남58)과 망함59)을 말한 것은 반드시 하늘에 연유하고, 천명60)을 말한 것은 덕에 관련되며, 덕61)을

---

57) 『서경대전(書經大全)』, 「주서(周書)」·「다사-25(多士-25)」 : "이제 너희들이 이 너희들의 읍에 거주하고 너희들의 거처에 계속 편안히 거처하여 너희들이 이 낙읍에 일함을 두고 연수를 둘 것이니, 너희 자손들의 일어남이 너희들의 옮김으로부터 시작될 것이다.(今爾惟時宅爾邑, 繼爾居, 爾厥有幹有年于茲洛, 爾小子乃興, 從爾遷.)"
58) 『서경대전(書經大全)』, 「주서(周書)」·「다사-25(多士-25)」 : "이제 너희들이 이 너희들의 읍에 거주하고 너희들의 거처에 계속 편안히 거처하여 너희들이 이 낙읍에 일함을 두고 연수를 둘 것이니, 너희 자손들의 일어남이 너희들의 옮김으로부터 시작될 것이다.(今爾惟時宅爾邑, 繼爾居, 爾厥有幹有年于茲洛, 爾小子乃興, 從爾遷.)"
59) 『서경대전(書經大全)』, 「주서(周書)」·「다사2(多士2)」 : " 왕이 대략 다음과 같이 말씀하였다. '너 은나라에 남은 많은 선비들아. 하늘에게 가엾게 여김을 받지 못하였다. 그리하여 하늘이 크게 은나라에 망함을 내리셔서 우리 주나라가 도와주는 명을 받고 하늘의 밝은 위엄을 받들며 왕의 벌을 이루어서 은나라 명을 바로잡아 상제의 일을 끝마쳤노라.'(王若曰, 爾殷遺多士. 弗弔旻天. 大降喪于殷, 我有周佑命, 將天明威, 致王罰, 勅殷命, 終于帝.)" ; 「다사-10(多士-10)」 : "이에 상제(上帝)께서 보호하지 않으시어 이와 같은 크게 망함을 내리신 것이다.(惟時上帝, 不保, 降若玆大喪.)" ; 「다사-12(多士-12)」 : "대체로 사방의 작고 큰 나라가 망함은 벌에 말이 있지 않음이 없다.(凡四方小大邦喪, 罔非有辭于罰.)"
60) 『서경대전(書經大全)』, 「주서(周書)」·「다사-18(多士-18)」 : "왕(王)이 말씀하였다. '아! 너희 다사(多士)들에게 고하노라. 내 이에 너희들을 옮겨 서쪽에 거하게 한 것이다. 나 한 사람이 덕(德)을 받듦이 강녕하지 않아서가 아니라 이는 하늘의 명령이시니 어기지 말라. 짐은 감히 뒤에 딴 명령을 내리지 않을 것이니, 후일에 나를 원망하지 말라.(王曰, 猷告爾多士. 予惟時其遷居西爾. 非我一人, 奉德不康寧, 時惟天命, 無違. 朕不敢有後, 無我怨.)" ; 「다사-20多士-20)」 : "이제 너희들은 '하나라의 신하들이 계적(啓迪)하고 간발(簡拔)하여 왕의 조정에 있었고, 일하는 자들이 백료(百僚)에 있었다.'라고 하는데, 나 한 사람은 덕이 있는 자를 들어 쓸 뿐이다. 이에 내 감히 너희들을 천읍(天邑)인 상나라에서 구하여 오게 한 것은 내가 고사(故事)를 따라 너희들을 긍휼히 여긴 것이니, 이는 나의 죄가 아니고, 이는 하늘의 명령이시다.(今爾曰, 夏迪簡在王庭, 有服在百僚, 予一人, 惟聽用德. 肆予敢求爾于天邑商, 予惟率肆矜爾, 非予罪, 時惟天命.)"
61) 『서경대전(書經大全)』, 「주서(周書)」·「다사7(多士7)」 : "성탕(成湯)부터 제을(帝乙)까지 덕(德)을 밝히고 제사를 공경하지 않음이 없었다.(自成湯, 至于帝乙, 罔不明德恤祀.)" ; 「다사-11(多士-11)」 : "하늘이 은나라에 명을 주지 않으심은 그 덕을 밝히지 않았기 때문이다.(惟天不畀, 不明厥德.)" ; 「다사-18(多士-18)」 : "왕(王)이 말씀하였다. "아! 너희 다사(多士)들에게 고하노라. 내 이에 너희들을 옮겨 서쪽에 거하게 한 것이다. 나 한 사람이 덕(德)을 받듦이 강녕하지 않아서가 아니라 이는 하늘의 명령이시니 어기지 말라. 짐은 감히 뒤에 딴 명령을 내리지 않을 것이니, 후일에 나를 원망하지 말라.(王曰, 猷告爾多士. 予惟時其遷

말한 것은 경에 근본한다. 항산(恆產)이 있는 너의 토지와 너의 읍으로 마친 것은 항심(恆心)이 있으면 이익으로 유혹할 것이 아니기 때문이다."62)

居西爾. 非我一人, 奉德不康寧, 時惟天命, 無違. 朕不敢有後, 無我怨.)";「다사-20(多士-20)」: "이제 너희들은 '하나라의 신하들이 계적(啓迪)하고 간발(簡拔)하여 왕의 조정에 있었고, 일하는 자들이 백료(百僚)에 있었다.'라고 하는데, 나 한 사람은 덕이 있는 자를 들어 쓸 뿐이다. 이에 내 감히 너희들을 천읍(天邑)인 상나라에서 구하여 오게 한 것은 내가 고사(故事)를 따라 너희들을 긍휼히 여긴 것이니, 이는 나의 죄가 아니고, 이는 하늘의 명령이시다.(今爾其曰, 夏迪簡在王庭, 有服在百僚, 予一人, 惟聽用德. 肆予敢求爾于天邑商, 予惟率肆矜爾, 非予罪, 時惟天命.)"
62) 『서경대전(書經大全)』, 「주서(周書)」·「다사(多士)」: "신안 진씨가 말하였다: "「다사」 한 책 중에서 일어남과 망함을 말한 것은 반드시 하늘에 연유하고, 천명을 말한 것은 덕에 관련되며, 덕을 말한 것은 경에 근본한다. 항산(恆產)이 있는 너의 토지와 너의 읍으로 마친 것은 항심(恆心)이 있으면 이익으로 유혹할 것이 아니기 때문이다.(新安陳氏曰: 多士一書中言興喪, 則由於天, 言天命, 則繫於德, 言德, 則本於敬. 終之以爾土爾邑有恒產者, 有恒心而非誘之以利也.)"

[11-4-15]
「무일(無逸)」

集傳
逸者, 人君之大戒, 自古有國家者, 未有不以勤而興, 以逸而廢也. 益戒舜曰, 罔遊于逸, 罔淫于樂,

편안함은 인군의 큰 경계이니, 예로부터 국가를 소유한 자는 부지런함으로써 일어나고 편안함으로써 폐하지 않은 경우가 없다. 익(益)이 순(舜)을 경계하기를 "편안함에 놀지 말며 즐거움에 빠지지 말라."라고 하였으니,

詳說
○ 音洛.

'락(樂)'은 음이 '낙(洛)'이다.

○ 見大禹謨.

「대우모」에 보인다.63)

集傳
舜大聖也, 益猶以是戒之, 則時君世主, 其可忽哉. 成王初政

순(舜)은 큰 성인(聖人)인데도 익(益)이 오히려 이 말로 경계하였으니, 시군(時君)과 세주(世主)가 이것을 소홀히 할 수 있겠는가. 성왕(成王)이 처음 정사를 다스리자,

詳說
○ 呂氏曰 : "無逸作於作洛之後, 成王即政之初."

---

63) 『서경대전(書經大全)』, 「우서(虞書)」·「대우모6(大禹謨6)」: "익(益)이 말하였다. '아! 경계하소서. 헤아림이 없을 때에 경계하시어 법도를 잃지 마시고 편안함에 놀지 마시고 즐거움에 지나치지 마시며, 어진 자에게 맡기되 두 마음을 품지 마시고 사악한 자를 제거하되 의심하지 마소서. 의심스러운 계책을 이루지 마셔야 백 가지 생각이 넓어질 것입니다. 도를 어기면서 백성의 칭찬을 구하지 마시며 백성들을 거스르면서 자신이 바라는 것을 따르지 마소서. 게으르게 하지 않고 황폐하지 않으면 사방의 오랑캐들도 와서 왕으로 받들 것입니다.(益曰, 吁哉. 儆戒無虞, 罔失法度, 罔遊于逸, 罔淫于樂, 任賢勿貳, 去邪勿疑. 疑謀勿成, 百志惟熙. 罔違道, 以干百姓之譽, 罔咈百姓, 以從己之欲. 無怠無荒, 四夷來王.)"

여씨(呂氏)가 말하였다 : "무일은 낙읍을 만든 다음에 지었으니, 성왕이 곧 정사한 처음이다."[64]

集傳
周公懼其知逸, 而不知無逸也, 故作是書以訓之. 言則古昔,
주공(周公)은 성왕이 그 편안함만 알고 편안하지 말아야 함을 알지 못할까 두려우므로 이 글을 지어 훈계한 것이다. 옛것을 본받아야 함을 말하고

詳說
○ 法之.
'책(則)'은 본받는다는 것이다.

集傳
必稱商王者, 時之近也, 必稱先王者, 王之親也, 擧三宗者,
반드시 상나라 왕을 칭한 것은 시대가 가깝기 때문이고, 반드시 선왕을 칭한 것은 왕의 어버이이기 때문이며, 삼종(三宗)을 든 것은

詳說
○ 祖甲. 非宗而槩統於二宗.
조갑은 종이 아니지만 이종에 함께 통합된다.

集傳
繼世之君也,
대를 이은 임금이기 때문이고,

詳說
○ 不遷之宗.

---

[64] 『서경대전(書經大全)』, 「주서(周書)」·「무일(無逸)」 : "여씨가 말하였다 : '편안함은 화란의 근원이다. 3년 동안 동정(東征)한 다음에 바깥의 혼란을 안정시켰으니, 여기에서는 특히 그 말류를 다스린 것이다. 무일은 근원을 다스리는 글이다. 무일은 낙읍을 만든 다음에 지었으니, 성왕이 곧 정사한 처음이다.(逸者, 禍亂之源. 三年東征, 以定外亂, 此特治其末流爾. 無逸者, 治源之書也. 無逸作於作洛之後, 成王卽政之初.)"

옮길 수 없는 종(宗)이다.

集傳

詳文祖者, 耳目之所逮也. 上自天命精微, 下至畎畝艱難, 閭里怨詛,
문조(文祖)를 자세히 말한 것은 이목(耳目)이 미친 바이기 때문이다. 위로는 천명의 정미함으로부터 아래로는 밭두둑의 어려움과 여리(閭里)의 원망하고 꾸짖음에 이르기까지

詳說

○ **莊助反.**
'저(詛)'는 음이 '장(莊)'과 '조(助)'의 반절이다.

集傳

無不具載, 豈獨成王之所當知哉. 實天下萬世人主之龜鑑也. 是篇, 凡七更端,
기재하지 않음이 없으니, 어찌 홀로 성왕만이 알아야 할 것이겠는가! 실로 천하만세에 인주의 귀감이다. 이 편(篇)은 모두 일곱 번 단서를 바꿨는데,

詳說

○ **平聲.**
'경(更)'은 평성이다.

集傳

周公皆以嗚呼發之, 深嗟永歎, 其意深遠矣. 亦訓體也, 今文古文皆有.
주공(周公)이 모두 '오호(嗚呼)'로써 발하여 깊이 슬퍼하고 길이 탄식하였으니, 그 뜻이 심원하다. 이 또한 훈체(訓體)로 금문(今文)과 고문(古文)에 모두 있다.

詳說

○ **張氏曰 : "召公以敬陳於前, 周公以無逸戒於後, 蓋敬則不逸."**
장씨가 말하였다 : "소공이 공경으로 앞에서 진언하고, 주공이 뒤에서 편함이 없는 것으로 경계했으니, 대개 공경하면 편안하지 않은 것이다."[65]

[11-4-15-1]
周公曰, 嗚呼. 君子, 所其無逸.

주공(周公)이 말씀하였다, '아! 군자는 안일하지 않음을 처소로 삼습니다.

集傳

所, 猶處所也. 君子以無逸爲所, 動靜食息, 無不在是焉, 作輟,

소(所)는 처소와 같다. 군자는 무일(無逸)을 처소로 삼아 동하고 고요하고 먹고 그 침이 여기에 있지 않음이 없으니, 일으키고 멈추는 것은

詳說

○ 或行或止.
혹 행하고 혹 그치는 것이다.

集傳

則非所謂所矣.
이른바 소(所)가 아니다.

詳說

○ 此句, 論也.
여기의 구는 경문의 의미 설명이다.

○ 呂氏曰:"如魚之於水, 鳥之於林, 有不可得而離者."
여씨(呂氏)가 말하였다:"물고기가 물을 새가 산림을 떠날 수 없는 것과 같다."[66]

---

65) 『서경대전(書經大全)』, 「주서(周書)」·「무일(無逸)」: "장씨가 말하였다: '주공이 성왕에게 진언한 것이 공경에 있고 경계한 것이 편함에 있다. 대개 공경하면 편안하지 않고 편안하면 공경하지 않는 것은 공경과 편함의 구분인데, 역년의 길고 짧음과 재위의 길고 짧음이 여기에서 나뉜다. 소공이 앞에서 공경으로 진언하고 주공이 뒤에 편함이 없는 것으로 경계한 것은 이처럼 주공과 소공으로 하기에 부족하지 않은 것이다.'(張氏曰 : 周召之於成王, 所陳在敬, 所戒在逸. 蓋敬則不逸, 逸則不敬, 敬逸之分, 而歷年之延否, 享國之壽夭判焉. 召公以敬陳於前, 周公以無逸戒於後, 不是不足以為周召.)"

66) 『서경대전(書經大全)』, 「주서(周書)」·「무일(無逸)」: "여씨가 말하였다 : '일반적으로 사람들이 잠시 부지런하기도 하고 잠시 게으르기도 하면서 또한 무일의 때가 있는데, 잠깐은 할 수 있으나 거주할 수는 없으니 무일을 처소로 하는 것이 아니다. 군자만이 무일을 거처로 하는 것은 물고기가 물을 새가 산림을 떠날 수 없는 것과 같다.'(呂氏曰 : 凡人乍勤乍怠, 亦有無逸之時, 然能暫而不能居, 非所其無逸者也. 惟君子以無逸為所, 如魚之於水, 鳥之於林, 有不可得而離者焉.)"

○ 陳氏大猷曰 : "若北辰居所而不移."
　　진씨 대유(陳氏大猷)가 말하였다 : "북극성이 처소에 있으면서 옮겨가지 않는 것과 같다."67)

○ 李氏杞曰 : "所, 安也, 安於無逸也."
　　이씨 기(李氏杞)가 말하였다 : "처소로 한다는 것은 편안히 여긴다는 것이니, 무일을 편안히 여긴다는 것이다."68)

○ 朱子曰 : "伯恭解所字爲居字, 某則不敢如此說, 恐有脫字."
　　주자(朱子)69)가 말하였다 : "백공70)이 '소(所)'자를 '거(居)'자로 해석했는데, 내가 감히 이처럼 설할 수 없는 것은 탈자가 있는 것으로 여겨지기 때문이다."71)

---

67) 『서경대전(書經大全)』, 「주서(周書)·무일(無逸)」 : "진씨 대유가 말하였다 : '「처소[所]」 북극성이 처소에 있으면서 옮겨가지 않는다고 할 때의 「처소」와 같으니, 대개 거하면서 옮겨가지 않는다는 말이다.'(陳氏大猷曰 : 所若北辰居其所之所. 蓋居而不移之謂.)"

68) 『서경대전(書經大全)』, 「주서(周書)·무일(無逸)」 : "이씨 기가 말하였다 : '처소로 한다는 것은 편안히 여긴다는 것으로 처소로 하는 곳에 머문다고 할 때의 처소로 한다는 것과 같으니, 무일을 처소로 한다는 것은 무일을 편안히 여긴다는 것이다.'(李氏杞曰 : 所, 安也, 猶止其所之所, 所其無逸, 安於無逸也.)"

69) 주희(朱熹, 1130~1200) : 자는 원회(元晦)·중회(仲晦)이고, 호는 회암(晦庵)·회옹(晦翁)·고정(考亭)·자양(紫陽)·둔옹(遯翁) 등이다. 송대 무원(婺源 : 현 강서성 무원현) 사람으로 건양(建陽 : 현 복건성 건양현)에서 살았다. 1148년에 진사에 급제하여 동안주부(同安主簿)·비서랑(秘書郞)·지남강군(知南康軍)·강서제형(江西提刑)·보문각대제(寶文閣待制)·시강(侍講) 등을 역임하였다. 스승 이동(李侗)을 통해 이정(二程)의 신유학을 전수받고, 북송 유학자들의 철학사상을 집대성하여 신유학의 체계를 정립하였다. 1179~1181년 강서성(江西省) 남강(南康)의 지사(知事)로 근무하면서 9세기에 건립되어 10세기에 번성했다가 폐허가 된 백록동서원(白鹿洞書院)을 재건했다. 만년에 이르러 정적(政敵)인 한탁주(韓侂)의 모함을 받아 죽을 때까지 정치활동이 금지되고 그의 학문이 거짓 학문으로 폄훼를 받다가 그가 죽은 뒤에 곧 회복되었다. 저서로는 『정씨유서(程氏遺書)』, 『정씨외서(程氏外書)』, 『이락연원록(伊洛淵源錄)』, 『고금가제례(古今家祭禮)』, 『근사록(近思錄)』의 편찬과 『사서집주(四書集注)』, 『서명해(西銘解)』, 『태극도설해(太極圖說解)』, 『통서해(通書解)』, 『사서혹문(四書或問)』, 『시집전(詩集傳)』, 『주역본의(周易本義)』, 『역학계몽(易學啓蒙)』, 『효경간오(孝經刊誤)』, 『소학서(小學書)』, 『초사집주(楚辭集注)』, 『자치통감강목(資治通鑑綱目)』, 『팔조명신언행록(八朝名臣言行錄)』 등이 있다. 막내아들 주재(朱在)가 편찬한 『주문공문집(朱文公文集)』(100권, 속집 11권, 별집 10권)과 여정덕(黎靖德)이 편찬한 『주자어류(朱子語類)』(140권)가 있다.

70) 여백공(呂伯恭 : 1137~1181) : 중국 남송의 철학자이고 문학자인 여조겸(呂祖謙)이다. 자는 백공(伯恭)이고, 호는 동래선생(東萊先生)이다. 무주(婺州 : 지금의 저장 성[浙江省] 진화[金華]) 사람으로 진화학파의 대표자이다. 1163년(隆興 1)에 진사가 되었으며, 일찍이 태학박사(太學博士)·비서랑(秘書郞)·직비각저작랑(直秘閣著作郞) 겸 국사원편수관(國史院編修官)을 역임했다. 『휘종실록(徽宗實錄)』의 개편과 『황조문감(皇朝文鑑)』의 편찬사업에 참여했다. 주희(朱熹)·장식(張栻)과 더불어 명성을 떨쳤으며, 당시에 '동남3현'(東南三賢)으로 불렸다. 일찍이 철학사상에 관한 주희와 육구연(陸九淵)의 논쟁을 조화시키기 위해 그들의 장점을 함께 흡수하여 배웠으며, 동시에 영가학파(永嘉學派)의 경세치용(經世致用) 사상을 받아들였다. 그의 우주관은 육구연의 심학(心學)에 치우쳤으며, 도(道)와 심(心)의 합일을 주장했다. 인식론적인 방법으로는 궁리(窮理)를 본체로 삼는 주희의 격물치지설(格物致知說)을 받아들였다. 교육에 있어서는 실리(實理)를 가르치고 실재(實材)를 기르며 실용(實用)을 추구할 것을 제창하는 한편, 명리궁행(明理躬行)을 주장하고 음양성명설(陰陽性命說)을 반대함으로써 절동학파(浙東學派)의 비조가 되었다. 그의 산문은 필치가 예리하고, 시는 정려하다. 저서로는 『동래집(東萊集)』, 『여씨가숙독서기(呂氏家塾讀書記)』, 『동래좌전박의(東萊左傳博議)』 등이 있다.

71) 『서경대전(書經大全)』, 「주서(周書)·무일(無逸)」 : "…. 주자가 그것을 두드리면서 '백공이 어떻게 풀이하

○ 新安陳氏曰：“呂說爲可喜, 所以朱子非之, 懼其巧鑿非古人之本意也.”
　　신안 진씨(新安陳氏)가 말하였다 : "여씨의 설명은 기뻐할 수 있으나 주자가 옳지 않다고 한 것은 교묘하게 천착하면 고인의 본래 의미가 아닐 수 있다고 여겼기 때문이다."72)

[11-4-15-2]

先知稼穡之艱難, 乃逸, 則知小人之依.

먼저 가색(稼穡)의 어려움을 알고서 편안히 여기면 소인들의 의지함을 알 것입니다.

集傳

先知稼穡之艱難乃逸者, 以勤居逸也.

먼저 가색(稼穡)의 어려움을 알고서 편안하다는 것은 부지런함으로써 편안함에 거하는 것이다.

詳說

○ 林氏曰：“好逸者, 未必能逸, 無逸者, 乃能逸也.”
　　임씨(林氏)가 말하였다 : "편안함을 좋아할 경우 반드시 편안하게 될 수 없으니, 편안함이 없는 것이 바로 편안할 수 있는 것이다."73)

셨는가? 군자가 무일을 처소로 한다고 하셨다.'라고 하였다. 류형(柳兄)이 '여동래가 소(所)자를 거(居)자로 해석한 것이다.'라고 하니, '나라면 감히 이처럼 해석할 수 없다.'라고 하였다. 여러 친구들이 '선생은 어떻게 설명할 것인가?'라고 하니, '탈자가 있는 것 같으니 알 수 없다. 설명이 되지 않는데 억지로 하나의 설명을 세운다면 볼만할지라도 도리가 이와 같지 않을 수 있다.'라고 하였다.(… 朱子扣之曰, 伯恭如何解, 君子所其無逸, 呂東萊解所字爲居字, 曰若某則不敢如此說. 諸友請曰, 先生將如何說, 曰恐有脫字, 則不可知. 若說不行而必強立一說, 雖若可觀, 只恐道理不如此.)

72) 『서경대전(書經大全)』, 「주서(周書)」·「무일(無逸)」: "신안 진씨가 말하였다 : '안일하지 않음을 처소로 삼는다.'는 것과 「왕은 공경을 처소로 삼아야 하니, 덕을 공경하지 않으면 안됩니다.」라는 것은 주자가 모두 편안히 처처로 한다는 의미로 해석하지 않으려고 했으니, 교묘하게 천착하면 고인의 본래 의미가 아닐 수 있다고 여겼기 때문이다. 그런데 여씨의 설명은 기뻐할 수 있으나 주자가 옳지 않다고 여기니, 채씨가 그대로 근본으로 한 것이다.'(新安陳氏曰 : 所其無逸, 與王敬作所, 不可不敬德, 朱子皆不欲以處所安居之意釋之, 懼其巧鑿非古人之本意也. 然呂說爲可喜, 所以朱子非之, 而蔡氏仍本之.)"

73) 『서경대전(書經大全)』, 「주서(周書)」·「무일(無逸)」: "임씨가 말하였다 : '가색(稼穡)의 어려움을 아는 것을 염두에 두고 편안함에 뜻을 머무르게 하지 않은 것이 바로 편안하게 될 수 있는 것이다. 대개 편안함을 좋아할 경우 반드시 편안하게 될 수 없으니, 편안함이 없는 것이 바로 편안할 수 있다는 것이다.'(林氏曰 : 惟知稼穡之艱難爲念, 而不留意於逸者, 乃所以能逸, 蓋好逸者, 未必能逸, 無逸者, 乃能逸也.)"

○ 呂氏曰 : "始勤終逸之論, 啓後世漸不克終之患."
여씨가 말하였다 : "처음에 수고로우면 마침내 편안하다는 말은 후세에 점차로 능히 끝마치지 못하는 우환을 열어주는 것이다."74)

○ 陳氏曰 : "艱難之中, 自有逸樂之理, 當以艱難爲逸, 不當以逸爲逸."
진씨가 말하였다 : "어려움 속에 본래 편하고 즐거운 이치가 있으니, 어려움을 편안함으로 여겨야 하고 편안함을 편안함으로 여겨서는 안된다."75)

○ 新安陳氏曰 : "以爲先勤後逸, 固非矣. 以爲艱難, 乃所以爲逸, 亦非也. 惟以勤居逸, 雖逸而能無逸, 呂氏此論, 超出諸家."
신안 진씨(新安陳氏)가 말하였다 : "먼저 수고롭게 하고 뒤에 편안하다는 것은 진실로 잘못된 것이다. 어려움을 그야말로 편안함으로 여긴다는 것도 잘못된 것이다. 어려움으로 편안함에 거처하면 편안할지라도 편안함으로 여기는 것이 없을 수 있으니, 여씨의 이 설명이 모든 학자들보다 아주 뛰어나다."76)

集傳

依者指稼穡而言, 小民所恃以爲生者也. 農之依田, 猶魚之依水, 木之依土, 魚無水則死, 木無土則枯, 民非稼穡則無以生也. 故舜自耕稼以至爲帝,
의(依)는 가색(稼穡)을 가리켜 말한 것이니, 소민(小民)들이 믿고 살아가는 것이다. 농부가 밭에 의지함은 물고기가 물에 의지하고 나무가 흙에 의지함과 같으니, 물

---

74) 『서경대전(書經大全)』, 「주서(周書)」·「무일(無逸)」: "(呂氏曰 : 여씨가 말하였다 : '…. 성왕은 깊은 궁에서 태어나 갑자기 사람들의 위에 처하였으니, 공이 그것을 위해 깊이 걱정하였기 때문에 여기의 장으로 경계했다. 만약 처음에 수고로우면 끝내 편안하게 된다는 것으로 해석하면, 이것은 건(乾)의 강건한 본체가 때에 따라 종식됨이 있는 것이니, 후세가 점차로 능히 끝마치지 못하는 우환으로 차츰 나아가는 것을 반드시 이 설명이 열어놓지 않는 것이 아니다.'成王生於深宮, 遽處人上, 公深為之懼, 故以此章警之. 若以始勤終逸釋之, 是乾健之體有時而息矣, 後世漸不克終之患, 未必非此啟之.)"
75) 『서경대전(書經大全)』, 「주서(周書)」·「무일(無逸)」: "진씨가 말하였다 : '「편안하다」는 것은 먼저 어려운 다음에 편안하고 즐거운 것이 아니다. 어려움 속에 본래 편하고 즐거운 이치가 있으니, 어려움을 편안함으로 여겨야 하고 편안함을 편안함으로 여겨서는 안된다.'(陳氏經曰 : 乃逸, 非先艱難而後逸樂也. 艱難之中, 自有逸樂之理, 君子當以艱難為逸, 不當以逸為逸也.)"
76) 『서경대전(書經大全)』, 「주서(周書)」·「무일(無逸)」: "신안 진씨가 말하였다 : '먼저 가색(稼穡)의 어려움을 알고서 편안히 여긴다.'는 것을 먼저 수고롭게 하고 뒤에 편안함을 도모해야 한다는 것은 진실로 잘못된 것이다. 어려움을 그야말로 편안함으로 여긴다는 것도 잘못된 것이다. 대개 임금이 위에 편안한 것은 임금은 편안함을 근본으로 하기 때문이다. 어려움으로 편안함에 거처하면 편안할지라도 편안함으로 여기는 것이 없을 수 있으니, 여씨의 이 설명이 모든 학자들보다 아주 뛰어나다. ….'(新安陳氏曰 : 先知稼穡之艱難乃逸, 以為先艱難而後可謀安逸, 固非矣. 以為艱難, 乃所以為安逸, 亦非也. 蓋君逸於上, 君本逸也. 惟以勤居逸, 雖逸而能無逸, 呂氏此論, 超出諸家. ….)"

고기는 물이 없으면 죽고 나무는 흙이 없으면 마르며, 백성은 농사가 아니면 살 수 없다. 그러므로 순(舜)은 밭 갈고 심음으로부터 황제가 됨에 이르렀고,

詳說

○ 見孟子公孫丑.

『맹자』「공손추(公孫丑)」에 보인다.77)

集傳

禹稷躬稼以有天下,

우(禹)와 직(稷)은 몸소 농사지어 천하를 소유하였고,

詳說

○ 見論語憲問.

『논어』「헌문」에 보인다.78)

集傳

文武之基, 起於后稷,

문왕(文王)·무왕(武王)의 기업은 후직(后稷)에게서 시작되었으며,

詳說

○ 南軒張氏曰 : "周以農事開國, 公之告王. 詩有七月, 書有無逸, 實王業之根本也."

남헌 장씨(南軒張氏)가 말하였다 : "주나라가 농사로 개국한 것에 대해 공이 왕에게 아뢰었다. 『시경』의 「7월」에 있고 『서경』의 「무일」에 있는 것은 실로 왕업의 근본이기 때문이다."79)

---

77) 『맹자(孟子)』공손추상(公孫丑上) "밭 갈고 곡식을 심으며 질그릇 굽고 고기 잡을 때로부터 황제가 됨에 이르기까지 남에게서 취한 것 아님이 없으셨다.(自耕稼陶漁, 以至爲帝, 無非取於人者.)"
78) 『논어(論語)』「헌문(憲問)」 : "남궁괄(南宮适)이 공자께 묻기를 '예(羿)는 활을 잘 쏘았고, 오(奡)는 힘이 세어 육지에서 배를 끌고 다녔지만, 모두 제대로 죽지 못하였습니다. 그러나 우왕과 직은 몸소 농사를 지었는데도 천하를 소유하셨습니다.'라고 하니, 공자께서 대답하지 않으셨다. 남궁괄(南宮适)이 밖으로 나가자, 공자(孔子)께서 말씀하셨다. '군자(君子)로구나, 이 사람이여! 덕(德)을 숭상하는구나, 이 사람이여!'(南宮适問於孔子曰, 羿, 善射, 奡盪舟, 俱不得其死. 然禹稷躬稼, 而有天下. 夫子不答. 南宮适出, 子曰, 君子哉. 若人, 尙德哉, 若人)"
79) 『서경대전(書經大全)』, 「주서(周書)·「무일(無逸)」 : "남헌 장씨가 말하였다 : '주나라가 후직 때부터 농사로

> 集傳

四民之事, 莫勞於稼穡, 生民之功, 莫盛於稼穡. 周公發無逸之訓, 而首及乎此. 有以哉.

사민(四民)의 일은 농사보다 수고로운 것이 없고, 생민(生民)의 공은 농사보다 더 성대한 것이 없다. 주공이 무일(無逸)의 교훈을 말씀할 적에 먼저 이것을 언급하였으니, 이는 이런 까닭이 있을 것이다.

> 詳說

○ **農以下, 論也.**

'농(農)' 이하는 경문의 의미 설명이다.

○ **陳氏大猷曰 : "所其無逸, 知小人之依, 此一篇之綱領, 後章皆反覆推明乎此也."**

진씨 대유(陳氏大猷)가 말하였다 : "'안일하지 않음을 처소로 삼는다.'[80]는 것과 '소인들의 의지함을 안다.'[81]는 것은 여기 한 편의 강령이니, 뒤의 장들은 모두 이것을 반복해서 미뤄 밝히는 것이다."[82]

[11-4-15-3]

相小人, 厥父母勤勞稼穡, 厥子乃不知稼穡之艱難, 乃逸乃諺旣誕. 否則侮厥父母, 曰昔之人, 無聞知.

소인들을 살펴보면, 그 부모가 가색에 근로하면 그 자식들은 가색의 어려움을 알지 못하고

개국해서 세대를 거쳐 서로 전하고 서로 함께 탄식하고 어려움을 일삼아 익히면서 그 노고를 노래한 것은 이것이 왕업의 근본이기 때문이다. 주공이 성왕에게 고한 것은 『시경』의 「7월」에 있으니, 모두 농잠의 시기를 말한 것이고 『서경』의 「무일」에 있는 것은 가색을 알게 하고자 하는 것이다. …'(南軒張氏曰 : 周自后稷, 以農事開國, 歷世相傳, 相與咨嗟歎息, 服習乎艱難, 而詠歌其勞苦, 此實王業之根本也. 周公之告成王, 詩有七月, 皆言農桑之候, 書有無逸, 欲其知稼穡. ….)"

80) 『서경대전(書經大全)』, 「주서(周書)」·「무일1(無逸1)」 : "주공(周公)이 말씀하였다. '아! 군자는 안일하지 않음을 처소로 삼습니다.(周公曰. 嗚呼. 君子, 所其無逸.)"

81) 『서경대전(書經大全)』, 「주서(周書)」·「무일2(無逸2)」 : "먼저 가색(稼穡)의 어려움을 알고서 편안히 여기면 소인들의 의지함을 알 것입니다.(先知稼穡之艱難, 乃逸, 則知小人之依.)"

82) 『서경대전(書經大全)』, 「주서(周書)」·「무일(無逸)」 : "진씨 대유가 말하였다 : '안일하지 않음을 처소로 삼는다.」는 것과 「소인들의 의지함을 안다.」는 것은 여기 한 편의 강령이니, 뒤의 장에서 말하는 삼종과 문왕과 꾸짖는 일은 모두 모두 이것을 반복해서 미뤄 밝히는 것이다.'(陳氏大猷曰 : 所其無逸, 知小人之依, 此一篇之綱領, 後章言三宗文王, 及怨詈之事, 皆反覆推明乎此也.)"

안일하고 속된 말을 하며 허탄합니다. 그렇지 않으면 그 부모를 업신여겨 '옛날 사람들은 들음도 없고 앎도 없다'라고 합니다."

> 詳說

○ 相, 去聲.

'상(相)'은 거성이다.

> 集傳

不知稼穡之艱難, 乃逸者, 以逸爲逸也.

가색(稼穡)의 어려움을 알지 못하고 안일하다는 것은 편안함을 편안함으로 삼는 것이다.

> 詳說

○ 新安陳氏曰 : "與上文以勤居逸爲對提, 得精神如兩眼然."

신안 진씨(新安陳氏)가 말하였다 : "위의 글에서 부지런함으로 편안함에 거한다는 것과 짝으로 제시하였으니, 정신을 얻는 것은 두 눈을 얻는 것과 같다는 것이다."[83]

> 集傳

俚語曰諺.

상말을 언(諺)이라 한다.

> 詳說

○ 音里.

'리(俚)'는 음이 '리(里)'이다.

○ 句.

구두해야 한다.

---

83) 『서경대전(書經大全)』, 「주서(周書)」·「무일(無逸)」 : "…. 신안 진씨가 말하였다 : '…. 채씨가 제출해서 이것을 말한 것은 편안함을 편안함으로 여기는 것은 위의 글에서 부지런함으로 편안함에 거한다는 것과 짝으로 제시한 것이니, 정신을 얻는 것은 두 눈을 얻는 것과 같다는 것이다. ….'(新安陳氏曰 : …. 蔡氏提出謂此, 爲以逸爲逸, 與上文乃逸以勤居逸者, 爲對提, 得精神如兩眼然. ….)"

集傳
言視小民, 其父母勤勞稼穡, 其子乃生於豢養,
소민(小民)들을 살펴보면, 부모가 가색(稼穡)에 근로하면 그 자식들은 편안히 길러주는 것으로 생장하여

詳說
○ 相.
  '시(視)'는 경문에서 '상(相)'이다.

○ 胡慣反
  '환(豢)'은 음이 '호(胡)'와 '관(慣)'의 반절이다.

集傳
不知稼穡之艱難, 乃縱逸自恣, 乃習里巷鄙語, 旣又誕妄, 無所不至. 不然, 則又訕侮其父母, 曰古老之人,
가색(稼穡)의 어려움을 알지 못하고, 마침내 방종하고 안일하여 스스로 방자하고, 시골의 비루한 말을 익히며, 이미 또 허탄하고 망령되어 이르지 않는 바가 없다. 그렇지 않으면, 또 그 부모(父母)를 꾸짖고 업신여겨 "옛날 늙은 사람들은

詳說
○ 或昔之訛.
  '노(老)'는 '석(昔)'의 와전일 수 있다.

集傳
無聞無知
문견도 없고 아는 것도 없어서

詳說
○ 皆言無識.
  모두 무식하다는 말이다.

集傳

徒自勞苦, 而不知所以自逸也.
다만 스스로 노고하여 스스로 편안히 할 줄을 모른다."라고 말한다.

詳說

○ 添此句.
여기의 구를 더하였다.

集傳

昔劉裕奮農畝, 而取江左, 一再傳後, 子孫見其服用,
옛날에 유유(劉裕)가 농무(農畝)에서 분발하여 강동(江東)을 취하였는데, 한두 번 전한 뒤에는 자손들이 그 의복과 사용하는 물건을 보고는

詳說

○ 南史曰 : "宋高祖裕, 孫孝武帝駿, 壞高祖陰室, 起玉燭殿, 床頭有土障壁, 上掛葛燈籠麻蠅拂. 袁顗因盛稱高祖儉德."
『남사』에서 말하였다 : "송나라 고조 유의 손자 효무제 준이 고조의 음실을 무너뜨려 옥촉전을 세움에 침대의 머리말에 토장이 있고 위로 칡덩굴로 만든 등롱(燈籠)과 마로 만든 승불(蠅拂)이 걸려 있었다. 원의가 이 때문에 고조의 검소한 덕을 성대하게 칭송하였다."84)

集傳

反笑曰, 田舍翁得此, 亦過矣, 此正所謂昔之人無聞知也. 使成王非周公之訓, 安知其不以公劉后稷爲田舍翁乎.
도리어 비웃으며 말하기를 "늙은 농부는 이것만 누려도 또한 과(過)하다."라고 하였으니, 이것은 바로 이른바 '옛날 사람들은 문견도 없고 앎도 없다.'는 것이다. 만일 성왕이 주공의 가르침이 아니었다면 공류(公劉)와 후직(后稷)을 전사옹(田舍

---

84) 『서경대전(書經大全)』, 「주서(周書)」·「무일(無逸)」: "『남사』: 송나라 고조 유의 손자 효무제 준이 고조의 음실을 무너뜨려 옥촉전을 세움에 침대의 머리말에 토장이 있고 위로 칡으로 만든 등롱과 마로 만든 승불이 걸려 있었다. 원의가 이 때문에 고조의 검소한 덕을 성대하게 칭송하니, 상이 '늙은 농부는 이것을 얻은 것으로도 이미 과하다.'고 하였다."(南史宋高祖劉裕, 孫孝武帝駿, 壞高祖所居陰室, 爲玉燭殿, 牀頭有土障壁, 上掛葛燈籠麻繩拂. 袁顗因盛稱高祖儉德, 上曰田舍翁, 得此已爲過矣.")

翁)이라고 말하지 않을 줄 어찌 알겠는가?

詳說

○ 蘇氏曰 : "農夫之子生而飽煖, 且不知艱難, 況於王乎."
  소씨(蘇氏)가 말하였다 "농부의 자식이 태어나 배부르고 따뜻해도 그 어려움을 모르는데, 하물며 왕임에야 말해 무엇 하겠는가?"85)

○ 昔劉以下, 論也.
  '석유(昔劉)' 이하는 경문의 의미 설명이다.

[11-4-15-4]

周公曰, 嗚呼, 我聞, 曰昔在殷王中宗, 嚴恭寅畏, 天命自度, 治民祗懼, 不敢荒寧. 肆中宗之享國, 七十有五年.

주공이 말씀하였다 "아! 제가 듣자오니, 옛날 은왕(殷王) 중종(中宗)에서는 엄숙하고 공손하며 공경하고 두려워하여 천명으로 스스로 다스리며, 백성을 다스림에 공경하고 두려워하여 감히 게으르고 편안하게 하지 않으셨다. 그러므로 중종의 향국(享國)이 75년이었습니다.

集傳

中宗, 太戊也. 嚴則莊重, 恭則謙抑, 寅則欽肅, 畏則戒懼. 天命, 卽天理也. 中宗嚴恭寅畏, 以天理而自檢律其身,

중종(中宗)은 태무(太戊)이다. 엄하면 장중(莊重)하고, 공손하면 겸억(謙抑)하며, 공경하면 흠숙(欽肅)하고, 두려워하면 계구(戒懼)한다. 천명(天命)은 곧 천리(天理)이다. 중종(中宗)이 엄공(嚴恭)하고 인외(寅畏)하여 천리(天理)로써 스스로 그 몸을 검속하고 다스렸으며,

詳說

○ 度

---

85) 『서경대전(書經大全)』,「주서(周書)」·「무일(無逸)」:"소씨가 말하였다 "농부의 자식이 태어나 배부르고 따뜻해도 그 어려움을 모르는데, 하물며 왕임에야 말해 무엇 하겠는가?(蘇氏曰 : 農夫之子生而飽暖, 且不知艱難, 而況於王乎.)"

'률(律)'은 경문에서 '도(度)'이다.

集傳
至於治民之際, 亦祗敬恐懼, 而不敢怠荒安寧, 中宗無逸之實如此.
백성을 다스리는 즈음에서도 또한 공경하고 두려워하여 감히 게으르고 편안하지 않으시니, 중종(中宗)의 무일(無逸)의 실제가 이와 같았다.

詳說
○ 添此句.
여기의 구를 더하였다.

集傳
故能有享國永年之效也.
그러므로 향국을 오래한 효험이 있었던 것이다.

詳說
○ 孔氏曰 : "以敬畏, 故得壽考. 下文言逸樂之損壽."
공씨(孔氏)가 말하였다 : "공경하고 두려워하기 때문에 수고(壽考)를 얻는 것이다. 아래의 글에서는 편안히 즐김이 수명을 줄임에 대해 말하였다."[86]

○ 李氏杞曰 : "寡欲而不壽者, 鮮矣."
이씨 기(李氏杞)가 말하였다 : "욕심을 줄이면서 장수하지 못하는 경우는 드물다."[87]

集傳
按, 書序太戊有原命

---

[86] 『서경대전(書經大全)』, 「주서(周書)」·「무일(無逸)」: "공씨가 말하였다 : '공경하고 두려워하기 때문에 수고(壽考)를 얻는 것이다. 아래의 글에서는 편안히 즐김이 수명을 줄임에 대해 말하였다.'(孔氏曰 : 以敬畏之, 故得壽考之福. 下文言逸樂之損壽.)"

[87] 『서경대전(書經大全)』, 「주서(周書)」·「무일(無逸)」: "이씨 기가 말하였다 : '안일하지 않으면 욕심을 줄이게 되고, 욕심을 줄이면서 장수하지 못하는 경우는 드물다. 편안하게 즐기면 반드시 욕심이 많게 되고, 욕심이 많으면서 삶을 온전하게 하는 경우도 드물다. ….'(李氏杞曰 : 無逸, 必寡慾. 寡慾而不壽者鮮矣. 逸樂, 必多慾, 多慾而能全生者亦鮮矣. ….)"

살펴보건대 서서(書序)에 "태무(太戊)는 「원명(原命)」과

> 詳說

○ 太戊, 作原命, 原臣名.
　태무가 「원명(原命)」을 지었으니, 원신(原臣)의 이름이다.

> 集傳

咸乂
「함예(咸乂)」

> 詳說

○ 伊陟作咸乂四篇.
　'이척(伊陟)'이 「함예(咸乂)」 네 편을 지었다.

> 集傳

等篇, 意述其當時敬天治民之事, 今無所考矣.
등의 편이 있다."라고 하였으니, 짐작컨대 그 당시에 하늘을 공경하고 백성을 다스린 일을 기술한 듯하나 지금은 상고할 수 없다.

> 詳說

○ 按以下, 論也.
　'안(按)' 이하는 경문의 의미 설명이다.

[11-4-15-5]

其在高宗時, 舊勞于外, 爰暨小人, 作其卽位, 乃或亮陰三年不言. 其惟不言, 言乃雍, 不敢荒寧, 嘉靖殷邦, 至于小大, 無時或怨. 肆高宗之享國, 五十有九年.

고종(高宗) 때에는 오랫동안 밖에서 일하였으니, 이에 소인들과 함께 행동하다가 일어나 즉위하시어 곧 양암(亮陰)에서 3년 동안 말씀하지 않았습니다. 말씀하지 않았으나 말씀하면 화

합하였으며, 감히 황폐하고 태만하지 아니하여 은나라를 아름답게 하고 안정시켜 작고 큰 사람에게까지 이에 혹시라도 원망하는 이가 없었습니다. 그러므로 고종의 향국이 59년이었습니다.

詳說

○ 亮, 音梁, 陰, 音菴.

'양(亮)'은 음이 '양(梁)'이고 '암(陰)'은 음이 '암(菴)'이다.

集傳

高宗, 武丁也, 未卽位之時,

고종(高宗)은 무정(武丁)이니, 즉위하지 않았을 때에

詳說

○ 釋字意.

'구(舊)'자의 의미를 해석하였다.

集傳

其父小乙使久居民間, 與小民出入同事.

아버지 소을(小乙)은 그가 오랫동안 민간에 살면서 소민(小民)들과 함께 출입하며 일을 같이 하게 하였다.

詳說

○ 釋曁字意

'기(曁)'자의 의미를 해석하였다.

集傳

故於小民稼穡艱難, 備嘗

그러므로 소민(小民)들의 가색(稼穡)의 어려움을 골고루 맛보고

詳說

○ 試也.
'상(嘗)'은 맛보다는 것이다.

集傳
知之也.
알게 되었다.

詳說
○ 添二句.
두 구를 더하였다.

○ 作, 起也.
경문에서 '작(作)'은 일어난다는 것이다.

集傳
雍, 和也, 發言, 和順當於理也.
옹(雍)은 화함이니, 말을 함에 화순(和順)하여 이치에 마땅한 것이다.

詳說
○ 去聲.
'당(當)'은 거성이다.

集傳
嘉, 美, 靖, 安也, 嘉靖者, 禮樂敎化, 蔚然於安居樂業之中也.
가(嘉)는 아름다움이고 정(靖)은 편안함이니, 가정(嘉靖)이란 예악(禮樂)과 교화(敎化)가 편안히 살고 생업을 즐기는 가운데 성대하다는 것이다.

詳說
○ 音洛.
'락(樂)'은 음이 '락(洛)'이다.

○ 是謂嘉於靖也, 諺釋不從得之.
이것은 편안함에서 아름다움을 말하니,『언해』의 해석은 따르지 않는 것이 맞다.

> 集傳

漢文帝與民休息, 謂之靖則可, 謂之嘉則不可.
한(漢)나라 문제(文帝)는 백성들과 함께 휴식하였으니, 정(靖)이라고 말하는 것은 괜찮지만 가(嘉)라고 말하는 것은 안된다.

> 詳說

○ 三句, 論也.
세 구는 경문의 의미 설명이다.

> 集傳

小大, 無時或怨者,
소대(小大)가 이에 혹시라도 원망하는 이가 없다는 것은

> 詳說

○ 是也, 或曰, 讀如上字.
'시(時)'는 '시(是)'이다. 어떤 이는 "'상(上)'자와 같이 읽는다."고 하였다.

> 集傳

萬民咸和也. 乃雍者, 和之發於身, 嘉靖者, 和之達於政,
만민(萬民)이 모두 화합한 것이다. 내옹(乃雍)은 화함이 몸에서 발한 것이고, 가정(嘉靖)은 화함이 정사에서 발한 것이며,

> 詳說

○ 一作發.
'달(達)'은 어떤 판본에는 '발(發)'로 되어 있다.

|集傳|

無怨者, 和之著於民也.
원망하는 이가 없다는 것은 화함이 백성들에게서 드러난 것이다.

|詳說|

○ 呂氏曰 : "下章論文王咸和, 亦是意也."
여씨가 말하였다 : "아래의 장에서 '문왕이 화합하게 하셨다.'[88])는 것도 이런 의미이다."[89]

○ 三句, 論也.
세 구는 경문의 의미 설명이다.

|集傳|

餘見說命.
나머지는 「열명(說命)」에 보인다.

|詳說|

○ 音現.
'현(見)'은 음이 '현(現)'이다.

○ 悅同
'열(說)'은 음이 '열(悅)'이다.

○ 呂氏曰 : "三年不言, 聖賢之君, 未必盡然. 故謂之乃, 或是或一道也."

---

88) 『서경대전(書經大全)』, 「주서(周書)」·「무일-10(無逸-10)」 : "아름답게 부드럽고 아름답게 공손하시어 소민(小民)들을 품어 보호하시고, 환과(鰥寡)들에게 은혜를 입혀서 생기가 나게 하시며, 아침부터 해가 중천에 들 때와 해가 기울 때에 이르도록 한가히 밥먹을 겨를도 없으시며 만민들을 모두 화합하게 하셨습니다.(徽柔懿恭, 懷保小民, 惠鮮鰥寡, 自朝, 至于日中昃, 不遑暇食, 用咸和萬民.)"
89) 『서경대전(書經大全)』, 「주서(周書)」·「무일(無逸)」 : "여씨가 말하였다 : '「3년 동안 말씀하지 않았다.」는 것은 성스럽고 현명한 임금은 반드시 그러하기를 기필하지 않았다는 것이다. 그러므로 「내혹(乃或)」이라고 말하는 것은 이것도 혹 하나의 방법이라는 것이다. 「작고 큰 사람들이 원망하는 이가 없었다.」는 것은 …. 아래의 장에서 「문왕이 만민들을 모두 화합하게 하셨다.」는 것도 이런 의미이다. ….'(呂氏 : 三年不言, 聖賢之君, 未必盡然. 故謂之乃或, 是或一道也. 小大無怨, …. 下章論文王咸和萬民, 亦是意也. ….)"

여씨(呂氏)가 말하였다 : "'3년 동안 말씀하지 않았다.'는 것은 성스럽고 현명한 임금은 반드시 그러하기를 기필하지 않았다는 것이다. 그러므로 '내혹(乃或)'이라고 말하는 것은 이것도 혹 하나의 방법이라는 것이다."90)

集傳

高宗無逸之實如此,
고종(高宗)의 무일(無逸)의 실제가 이와 같았기

詳說

○ 添此句.
이 구를 더하였다.

集傳

故亦有享國永年之效也.
때문에 또한 향국(享國)을 오래하는 효험이 있었던 것이다.

詳說

○ 照上節而該下節.
위의 글을 참조해서 아래의 절을 갖추었다.

○ 張氏曰 : "不敢荒寧, 則志氣凝定, 精神純一, 此長年之基. 民心大和, 導迎善氣, 又所以致長年也."
장씨(張氏)가 말하였다 : "감히 황폐하고 태만하지 않으면, 지기(志氣)가 안정되고 정신이 순일하게 되니, 이것이 연수를 연장하는 기틀이다. 백성들의 마음이 크게 화합하여 선한 기운을 초치하니, 또 연수를 연장하게 하는 것이다."91)

---

90) 『서경대전(書經大全)』, 「주서(周書)」·「무일(無逸)」: "여씨가 말하였다 : 『3년 동안 말씀하지 않았다.』는 것은 성스럽고 현명한 임금은 반드시 그러하기를 기필하지 않았다는 것이다. 그러므로 「내혹(乃或)」이라고 말하는 것은 이것도 혹 하나의 방법이라는 것이다. 『작고 큰 사람들이 원망하는 이가 없었다.』는 것은 …. 아래의 장에서 『문왕이 만민들을 모두 화합하게 하셨다.』는 것도 이런 의미이다. ….'(呂氏曰 : 三年不言, 聖賢之君, 未必盡然. 故謂之乃或, 是或一道也. 小大無怨, …. 下章論文王咸和萬民, 亦是意也. ….)"
91) 『서경대전(書經大全)』, 「주서(周書)」·「무일(無逸)」: "장씨가 말하였다 : '감히 황폐하고 태만하지 않으면, 지기(志氣)가 안정되고 정신이 순일하게 되니, 이것이 연수를 연장하는 기틀이다. 백성들의 마음이 크게 화합하여 선한 기운을 초치하니, 또 연수를 연장하게 하는 것이다. 대개 신묘한 기운이 흩어지면 근본이 굳게 되지 않고 사악한 기운이 밖에서 엄습하면 하늘의 조화가 날로 쇠퇴한다. 여기에 한 가지라도 있으면 모두 재앙을 부르기에 충분한 것이다.'(張氏曰 : 不敢荒寧, 則志氣凝定, 精神純一, 此長年之基. 民心大和, 導迎善氣, 又所以致長年也. 蓋神氣耗散, 則根本不固, 厲氣外襲, 則天和日消. 有一于此, 皆足致夭.)"

[11-4-15-6]

其在祖甲, 不義惟王 舊爲小人, 作其卽位, 爰知小人之依, 能保惠于庶民, 不敢侮鰥寡. 肆祖甲之享國, 三十有三年.

조갑(祖甲)에서는 왕 노릇하는 것이 의롭지 않게 여겨 오랫동안 소인(小人)이 되었었는데, 일어나 즉위하여서는 이에 소인들의 의지함을 알아 서민들을 보호하고 은혜롭게 하였으며, 감히 환과(鰥寡)들을 업신여기지 않았습니다. 그러므로 조갑(祖甲)의 향국(享國)이 33년이었습니다.

集傳
史記

『사기(史記)』로는

詳說
○ 殷紀.

「은기」이다.

集傳
高宗崩, 子祖庚立, 祖庚崩, 弟祖甲立, 則祖甲, 高宗之子, 祖庚之弟也. 鄭玄曰, 高宗欲廢祖庚立祖甲, 祖甲以爲不義, 逃於民間, 故云不義惟王.

고종(高宗)이 죽음에 아들 조경(祖庚)이 즉위하고, 조경(祖庚)이 죽음에 동생 조갑(祖甲)이 즉위했으니, 조갑(祖甲)은 고종(高宗)의 아들이고 조경(祖庚)의 아우이다. 정현(鄭玄)은 "고종(高宗)이 조경(祖庚)을 폐위하고 조갑(祖甲)을 세우고자 하니, 조갑(祖甲)은 이것이 의롭지 않다 하여 민간으로 도망하였다. 그러므로 '왕 노릇하는 것이 의롭지 않다.'고 했다."라고 하였다.

詳說
○ 惠, 德也. 保惠庶民, 不侮鰥寡, 卽後節文王懷保惠鮮之事也.

'혜(惠)'는 덕이다. '서민들을 보호하고 은혜롭게 하였으며, 감히 환과(鰥寡)들을 업신여기지 않았다.'는 것은 곧 뒤의 절에서 '문왕이 보호하고 은혜롭게 하며 품어 보호하고 은혜롭게 하였다[92]는 일이다.

○ 祖甲無逸之實如此, 故亦有享國永年之效
조갑이 안일함이 없는 실상이 이와 같기 때문에 또한 향국하고 연수를 길이 하는 효과가 있는 것이다.

集傳
○ 按, 漢孔氏以祖甲爲太甲,
살펴보건대 한(漢)나라 공씨(孔氏)는 조갑(祖甲)을 태갑(太甲)이라 하였다.

詳說
○ 一無圈.
어떤 판본에는 '동그라미(圈 : ○)'가 없다.

集傳
蓋以國語, 稱帝甲亂之七世而殞,
대개 『국어(國語)』로는 제갑(帝甲)이 혼란하여 7대에 죽었는데,

詳說
○ 周語.
『국어(國語)』는 「주어(周語)」이다.

○ 殞也, 祖甲至紂, 蓋七世.
망했다는 것으로 조갑에서 주(紂)까지가 대개 7대이다.

集傳
孔氏見此等記載, 意爲帝甲
공씨(孔氏)는 이러한 것들을 기재한 것을 보고는 생각하기를 '제갑(帝甲)은 반드시

---

92) 『서경대전(書經大全)』, 「주서(周書)」·「무일-10(無逸-10)」: "아름답게 부드럽고 아름답게 공손하시어 소민(小民)들을 품어 보호하시고, 환과(鰥寡)들에게 은혜를 입혀서 생기가 나게 하시며, 아침부터 해가 중천에 돌 때와 해가 기울 때에 이르도록 한가히 밥먹을 겨를도 없으시며 만민들을 모두 화합하게 하셨습니다.(徽柔懿恭, 懷保小民, 惠鮮鰥寡, 自朝, 至于日中昃 不遑暇食 用咸和萬民.)"

詳說

○ 若爲帝甲.

'만약 제갑(帝甲)으로 여긴다면'이라는 것이다.

集傳

必非周公所稱者,

주공(周公)이 칭한 자가 아닐 것이며,

詳說

○ 意字釋於此.

'의(意)'자는 여기까지 해석한다.

集傳

又以不義惟王, 與太甲茲乃不義文似,

또 「왕 노릇하는 것이 의롭지 않다[不義惟王]」는 것이 「태갑(太甲)」에서 「이 의롭지 못함[茲乃不義]」[93]이라는 글과 유사하다.'고 여기고,

詳說

○ 篇名.

「태갑」은 편명이다.

集傳

遂以此稱祖甲者爲太甲. 然詳此章舊爲小人作其卽位, 與上章爰暨小人作其卽位, 文勢正類, 所謂小人者, 皆指微賤而言, 非謂憸小之人也.

마침내 여기에 칭한 조갑(祖甲)을 태갑(太甲)이라 하였다. 그러나 여기의 장에서 '오랫동안 소인이 되었었는데 일어나 즉위하였다.'는 말과 위의 장에서 '이에 소인들과 함께 행동하다가 일어나 즉위하였다.'[94]는 말을 살펴보면 문세(文勢)가 바로

---

[93] 『서경대전(書經大全)』, 「상서(商書)」·「태갑상9(太甲上9)」 : "이윤이 '이 의롭지 못함은 습관이 천성과 함께 이루어졌기 때문이니, 나는 의리에 순종하지 않는 사람과 되풀이하여 익히게 하지 않겠다.'라고 하고, 동(桐)땅에 궁궐을 경영하고 선왕을 가까이하며 이로써 가르쳐서 평생토록 혼미함이 없게 하였다.(伊尹曰, 茲乃不義, 習與性成, 予弗狎于弗順, 營于桐宮, 密邇先王其訓, 無俾世迷.)"

[94] 『서경대전(書經大全)』, 「주서(周書)」·「무일5(無逸5)」 : "고종(高宗) 때에는 오랫동안 밖에서 일하였으니, 이

유사하니, 이른바 '소인(小人)'은 모두 지위가 미천한 자를 가리켜 말한 것이지 마음이 간사하고 하찮은 사람을 말한 것이 아니다.

詳說

○ 音纖.

'섬(憸)'은 음이 '섬(纖)'이다.

集傳

作其卽位, 亦不見太甲復政

'일어나 즉위하였다[作其卽位]'는 것에서도 태갑(太甲)이 정사를 되돌려 받아

詳說

○ 見咸有一德.

「함유일덕」에 보인다.[95]

集傳

思庸之意.

떳떳함을 생각한 뜻을 볼 수 없다.

詳說

○ 見太甲. 序念常道也.

「태갑」에 보인다.[96] 떳떳한 도를 차례로 생각하는 것이다.

集傳

에 소인들과 함께 행동하다가 일어나 즉위하시어 곧 양암(亮陰)에서 3년 동안 말씀하지 않았습니다. 말씀하지 않았으나 말씀하면 화합하였으며, 감히 황폐하고 태만하지 아니하여 은나라를 아름답게 하고 안정시켜 작고 큰 사람에게까지 이에 혹시라도 원망하는 이가 없었습니다. 그러므로 고종의 향국이 59년이었습니다.(其在高宗時, 舊勞于外, 爰曁小人, 作其卽位, 乃或亮陰, 三年不言. 其惟不言, 言乃雍, 不敢荒寧, 嘉靖殷邦, 至于小大, 無時或怨. 肆高宗之享國, 五十有九年.)"

[95] 『서경대전(書經大全)』, 「상서(商書)」·「함유일덕1(咸有一德1)」: "이윤이 이미 군주에게 정권을 되돌려주고, 돌아가려 함을 고하려고 할 적에 마침내 덕으로 경계하는 말씀을 올렸다.(伊尹, 旣復政厥辟, 將告歸, 乃陳戒于德.)"

[96] 『서경대전(書經大全)』, 「상서(商書)」·「태갑상4(太甲上4)」: "왕이 심상하게 여겨 생각하고 듣지 않았다.(王惟庸, 罔念聞.)"

又按, 邵子經世書, 高宗五十九年, 祖庚七年, 祖甲三十三年, 世次歷年, 皆與書合, 亦不以太甲爲祖甲. 況殷世二十有九, 以甲名者五帝, 以太以小以沃以陽以祖別之,

또 살펴보건대, 소자(邵子)[97] 『황극경세서(皇極經世書)』로는 고종(高宗)은 59년이고, 조경(祖庚)은 7년이며, 조갑(祖甲)은 33년이니, 세차(世次)와 역년(歷年)이 모두 『서경(書經)』과 부합하는데, 또한 태갑(太甲)을 조갑(祖甲)이라 하지 않았다. 더구나 은(殷)나라 왕(王) 29세(世) 중에 갑(甲)으로 이름한 자가 다섯 임금인데, 태(太)·소(小)·옥(沃)·양(陽)·조(祖)로 구별하였으니,

詳說
○ 彼列反.
'별(別)'은 음이 '피(彼)'와 '열(列)'의 반절이다.

集傳
不應二人俱稱祖甲.
마땅히 두 사람을 모두 조갑(祖甲)이라 칭하지 않았을 것이다.

詳說
○ 平聲.
'응(應)'은 평성이다.

集傳
國語傳訛承謬, 芴記曲說,
『국어(國語)』는 잘못된 것을 그대로 전하고 오류를 계승하였으며 잘못된 말을 널리 기록하여

---

[97] 소옹(邵雍, 1011~1077 북송): 송나라 범양(范陽) 사람으로 자는 요부(堯夫), 호는 안락선생(安樂先生) 또는 이천옹(伊川翁)이며, 시호가 강절(康節)이라 소강절(邵康節)로 주로 불린다. 장재와 이정(二程)과도 교우했다. 북해(北海) 이지재(李之才)가 공성령(共城令)으로 있을 때 하도낙서(河圖洛書)와 천문, 역수(易數)를 배웠고 이를 바탕으로 스스로 깨우쳐 자득한 것이 많았다. 저서로는 『황극경세서(皇極經世書)』 62편을 지어 천지간 모든 현상의 전개를 수리로 해석하는 한편, 세상에 처음 『선천도(先天圖)』를 제시하여 송대 선천역학의 창시자로 불린다.

> [詳說]
> ○ 廣記曲說.
>> 널리 잘못된 말을 기록했다는 것이다.

> [集傳]
> 不足盡信, 要以周公之言爲正. 又下文周公言自殷王中宗及高宗及祖甲及我周文王, 及云者, 因其先後次第, 而枚擧之辭也,
>> 다 믿을 수 없으니, 요컨대 주공의 말씀을 바른 것으로 삼아야 할 것이다. 또 아래의 글에서 주공이 "은왕(殷王) 중종(中宗)으로부터 고종(高宗)과 조갑(祖甲)과 우리 주문왕(周文王)에 이르기까지"라고 말씀하였으니, 급(及)이란 말은 그 선후의 차례를 따라 낱낱이 열거하는 말이니,

> [詳說]
> ○ 若以上文, 則中宗高宗, 旣用世次, 則高宗祖甲, 獨不然乎.
>> 위의 글로 한다면 중종과 고종은 이미 세차로 하였으니, 고종과 태갑만 그렇지 않겠는가?

> [集傳]
> 則祖甲之爲祖甲, 而非太甲明矣.
>> 조갑(祖甲)은 조갑(祖甲)이고 태갑(太甲)이 아님이 분명하다.

> [詳說]
> ○ 四字, 或衍
>> '위조갑, 이(爲祖甲, 而)', 이 네 글자는 연문일 수 있다.

> ○ 按以下, 辨論也.
>> '안(按)' 이하는 변론한 것이다.

[11-4-15-7]

| 自時厥後, 立王, 生則逸. 生則逸, 不知稼穡之艱難, 不聞小人 |

> 之勞, 惟耽樂之從. 自時厥後, 亦罔或克壽, 或十年, 或七八年, 或五六年, 或四三年.

이로부터 그 뒤로 즉위하는 왕(王)들이 태어나면 편안하였다. 태어나면 편안하니, 가색(稼穡)의 어려움을 알지 못하고, 소인들의 수고로움을 듣지 못하며 오직 탐락(耽樂)을 따랐습니다. 이로부터 그 뒤로 또한 능히 장수한 이가 없어 혹은 10년, 혹은 7~8년, 혹은 5~6년, 혹은 3~4년이었습니다."

詳說
○ 樂, 音洛.
'락(樂)'은 음이 '락(洛)'이다.

集傳
過樂謂之耽. 泛言自三宗之後,
지나치게 즐김을 탐(耽)이라 한다. 범연히 말하기를 삼종(三宗)의 뒤로부터

詳說
○ 時.
'삼종(三宗)'은 경문에서 '시(時)'이다.

集傳
卽君位者生,
군위(君位)에 오른 자들이 태어나면,

詳說
○ 立.
'위(位)'는 경문에서 '립(立)'이다.

集傳
則逸豫, 不知稼穡之艱難, 不聞小人之勞, 惟耽樂之從, 伐性喪生. 故自三宗之後, 亦無能壽考, 遠者不過十年七八年, 近者五六年三四年爾.

편안하여 가색(稼穡)의 어려움을 알지 못하고 서민들의 수고로움을 듣지 못하고는 오직 탐락(耽樂)을 따라 성명(性命)을 해치고 생명을 상하게 하였다. 그러므로 삼종(三宗)의 뒤로는 또한 능히 수고(壽考)한 이가 없어서 오랜 자는 10년, 7~8년에 불과하고, 짧은 자는 5~6년, 3~4년일 뿐이었으니,

詳說

○ 倒言以便文.
도치시켜 말하면서 경문을 편하게 했다.

集傳

耽樂愈甚, 則享年愈促也.
탐락(耽樂)이 심하면 심할수록 향년(享年)이 더욱 촉박한 것이다.

詳說

○ 添二句.
두 구를 더하였다.

○ 蘇氏曰："漢武帝, 唐明皇之壽, 千一而已."
소씨(蘇氏)가 말하였다 : "한의 무제와 당의 명황은 천에 하나일 뿐이다."[98]

集傳

凡人莫不欲壽而惡夭,
일반적으로 사람들이 장수하기를 바라고 요절함을 싫어하지 않는 이가 없는데,

詳說

○ 去聲.
'오(惡)'는 거성이다.

---

98) 『서경대전(書經大全)』, 「주서(周書)」·「무일(無逸)」："소씨가 말하였다 : '…. 한의 무제와 당의 명황이 어찌 욕심이 없는 자여서 이처럼 장수했겠는가! 욕심이 많으면 길게 재위할 수 없는 것이 모두 이렇다. 무제와 명황은 천에 하나일 뿐이니, 어찌 이들을 오로지 바라겠는가?'(蘇氏曰 : …. 漢武帝唐明皇, 豈無欲者哉, 而壽如此. 夫多欲不享國者, 皆是也. 武帝明皇, 千一而已, 豈可專望乎此哉.)"

> [集傳]
> 此篇, 專以享年永不永爲言, 所以開其所欲, 而禁其所當戒也.

여기의 편(篇)에서는 오직 향년(享年)의 길고 길지 않음을 가지고 말하였으니, 이는 그 바라는 바를 열어주고 마땅히 경계하여야 할 바를 금한 것이다.

> [詳說]
> ○ 凡以下, 論也.

'범(凡)' 이하는 경문의 의미 설명이다.

[11-4-15-8]

> 周公曰. 嗚呼. 厥亦惟我周, 太王王季, 克自抑畏.

주공(周公)이 말씀하였다. "아! 그 또한 우리 주나라에서도 태왕(太王)과 왕계(王季)께서 능히 스스로 억제하고 두려워하셨습니다.

> [集傳]
> 商, 猶異世也,

상(商)나라는 오히려 딴 세대이기

> [詳說]
> ○ 承上四節.

위의 네 절을 이어받은 것이다.

> [集傳]
> 故又卽我周先王告之. 言太王王季能自謙抑謹畏者,

때문에 또 우리 주나라의 선왕(先王)을 가지고 고한 것이다. 태왕(太王)과 왕계(王季)가 능히 스스로 겸손하고 억제하며 삼가고 두려워했다고 말한 것은

> [詳說]
> ○ 陳氏大猷曰 : "克自者, 眞能自用其力, 人不與也."

진씨 대유(陳氏大猷)[99]가 말하였다 : "'능히 스스로'라는 것은 진실로 그 힘을

스스로 쓸 수 있어 남이 함께 하지 못하기 때문이다."[100]

集傳

蓋將論文王之無逸, 故先述其源流之深長也. 大抵抑畏者 無逸之本, 縱肆怠荒, 皆矜誇無忌憚者之爲. 故下文言文王, 曰柔曰恭曰不敢, 皆原太王王季抑畏之心發之耳.

문왕(文王)의 무일(無逸)을 논하려 하였기 때문에 먼저 그 원류(源流)의 깊고 깊을 서술한 것이다. 대체로 억누르고 두려워하는 것은 무일(無逸)의 근본이니, 종사(縱肆)하고 태황(怠荒)함은 모두 자랑하고 기탄함이 없는 자의 행위이다. 그러므로 아래의 글에서 문왕(文王)을 말할 때에 유(柔)라 하고 공(恭)이라 하고 불감(不敢)이라 말했으니, 이는 모두 태왕(太王)과 왕계(王季)의 억외(抑畏)하는 마음을 근원하여 말한 것이다.

詳說

○ 以論釋之.

경문의 의미 설명으로 해석했다.

[11-4-15-9]

文王卑服, 卽康功田功.

문왕(文王)께서는 허름한 의복으로 백성을 편안히 하는 일과 농사일에 나아가셨습니다.

集傳

卑服, 猶禹所謂惡衣服也.

하찮은 의복은 우왕(禹王)의 이른바 '의복을 검소하게 한다'는 것과 같은 것이다.

---

99) 진씨 대유(陳氏大猷, ?~?) : 송나라 남강군(南康軍) 도창(都倉) 사람으로 자는 문헌(文獻)이고, 호는 동재(東齋)다. 이종(理宗) 개경(開慶) 원년(1259) 진사(進士)가 되고, 종정랑(從政郞)과 황주군(黃州軍) 판관(判官) 등을 지냈다. 『서경』에 조예가 깊었다. 저서에 『상서집전혹문(尙書集傳或問)』과 『상서집전회통(尙書集傳會通)』 등이 있다.

100) 『서경대전(書經大全)』, 「주서(周書)」·「무일(無逸)」: "진씨 대유가 말하였다 : 「'능히 스스로'라는 것은 진실로 그 힘을 스스로 쓸 수 있어 남이 함께 하지 못하기 때문이다. 「억제한다」는 것은 아래로 하는 것이다. …(陳氏大猷曰 : 克自者, 眞能自用其力, 而人不與也. 抑者, 所以下之也….)"

詳說

○ 見論語泰伯.
『논어』「태백」에 보인다.101)

○ 猶所謂禹惡衣服也.
이른바 우가 의복을 검소하게 하였다는 것과 같다.

集傳

康功, 安民之功, 田功, 養民之功.
강공(康功)은 백성을 편안히 하는 일이고, 농사일은 백성을 기르는 일이다.

詳說

○ 孔氏曰: "就田功, 以知稼穡之艱難."
공씨(孔氏)가 말하였다: "농사일로 가색의 어려움을 아는 것이다."102)

○ 新安陳氏曰: "知稼穡艱難, 乃無逸之根本, 一篇之綱領也."
신안 진씨(新安陳氏)가 말하였다: "가색의 어려움을 아는 것이 바로 무일의 근본이고 한편의 강령이다."103)

集傳

言文王於衣服之奉, 所性不存,
문왕(文王)이 의복을 받듦에 대한 것은 본성으로 하는 것에 있지 않고,

詳說

---

101) 『논어(論語)』「태백(泰伯)」: "우 임금은 내가 흠잡을 수 없도다. 음식은 박하게 먹으면서 귀신을 섬기는 제사에는 효성을 극진히 하며, 의복은 검소하게 입으면서 제사에 착용하는 불과 면류관은 아름다움을 극진히 하며, 거처하는 궁실은 나직하게 지어 살면서 치수 사업에는 힘을 다하였으니, 우 임금은 내가 흠잡을 수 없도다.(禹吾無間然矣. 菲飲食而致孝乎鬼神, 惡衣服而致美乎黻冕, 卑宮室而盡力乎溝洫, 禹吾無間然矣.)"
102) 『서경대전(書經大全)』, 「주서(周書)」·「무일(無逸)」: "공씨가 말하였다: '농사일로 가색의 어려움을 아는 것이다.'(孔氏曰: 就田功, 以知稼穡之艱難.)"
103) 『서경대전(書經大全)』, 「주서(周書)」·「무일(無逸)」: "신안 진씨가 말하였다: '공씨가 농사일로 가색의 어려움을 안다고 한 것은 아주 좋다. 가색의 어려움을 아는 것이 바로 무일의 근본이고 한편의 강령이다. ….'(新安陳氏曰: 孔氏以即田功為知稼穡之艱難, 甚好. 知稼穡艱難, 乃無逸之根本, 一篇之綱領也. ….)"

○ 四字, 出孟子盡心.
'소성부존(所性不存)'은 『맹자』「진심」이 출처이다.104)

集傳

而專意於安養斯民也. 卑服, 蓋擧一端而言, 宮室飮食, 自奉之薄, 皆可類推.
이 백성을 편안히 기름에 전념하였다. 하찮은 의복은 한 가지를 들어 말한 것이니, 궁실과 음식에 있어서 스스로 받들기를 박하게 하였음을 모두 유추할 수 있다.

詳說

○ 卑服蓋, 以下, 論也.
'비복개(卑服蓋)' 이하는 경문의 의미 설명이다.

[11-4-15-10]

徽柔懿恭, 懷保小民, 惠鮮鰥寡, 自朝, 至于日中昃, 不遑暇食, 用咸和萬民.

아름답게 부드럽고 훌륭하게 공손하시어 소민(小民)들을 품어 보호하시고, 환과(鰥寡)들에게 은혜를 입혀서 생기가 나게 하시며, 아침부터 해가 중천에 뜰 때와 해가 기울 때에까지 한가히 밥 먹을 겨를도 없으시며 만민들을 모두 화합하게 하셨습니다.

詳說

○ 昃, 諺音誤.
'측(昃)'은 『언해』의 음이 잘못되었다.

---

104) 『맹자(孟子)』「진심상(盡心上)」: "땅을 넓히고 백성을 많게 하는 것을 군자가 하고자 하나 좋아하는 바는 여기에 있지 않다. 천하의 한가운데 서서 왕이 되어 사해(四海)의 백성을 안정시키는 것을 군자가 좋아하지만 본성은 여기에 있지 않다. 군자의 본성은 비록 크게 뜻을 펴더라도 더 보태지지 않고 비록 곤궁하게 살더라도 줄어들지 않으니, 그 분수가 정해져 있기 때문이다. 군자의 본성은 마음에 뿌리를 내린 인의예지이니 그 빛이 나타남은 순수히 얼굴에 드러나며 가득 넘치고 사지에 베풀어져 사지가 굳이 말하지 않아도 절로 알아서 복종한다.(廣土衆民, 君子欲之, 所樂不存焉. 中天下而立, 定四海之民, 君子樂之, 所性不存焉. 君子所性, 雖大行不加焉, 雖窮居不損焉, 分定故也. 君子所性, 仁義禮智根於心, 其生色也, 睟然見於面, 盎於背, 施於四體, 四體不言而喩.)"

> 集傳

徽懿, 皆美也. 昃, 日昳也.
휘(徽)와 의(懿)는 모두 아름다움이다. 측(昃)은 해가 기우는 것이다.

> 詳說

○ 徒結反
'질(昳)'은 음이 '도(徒)'와 '결(結)'의 반절이다.

> 集傳

柔謂之徽, 則非柔懦之柔, 恭謂之懿, 則非足恭之恭.
부드러움을 아름답다고 일렀으면 유약[나약]함의 유(柔)가 아니고, 공손함을 아름답다고 일렀으면 지나치게 공손함의 공(恭)이 아니다.

> 詳說

○ 將樹反
'주(足)'는 음이 '장(將)'과 '수(樹)'의 반절이다.

○ 見論語公冶長.
『논어』「공야장」에 보인다.[105]

> 集傳

文王有柔恭之德, 而極其徽懿之盛. 和易近民,
문왕(文王)은 부드럽고 공손한 덕(德)이 있었는데 그 아름다움의 성함을 지극히 하였다. 그리하여 화하고 평이하여 백성들을 가까이 해서

> 詳說

○ 並去聲

---

105) 『논어(論語)』「공야장(公冶長)」: "공자(孔子)께서 말씀하셨다. '말을 잘하고 얼굴빛을 좋게 하고 공손을 지나치게 함을 옛날 좌구명(左丘明)이 부끄럽게 여겼는데, 나 또한 이를 부끄러워하노라. 원망을 감추고 그 사람과 사귐을 좌구명(左丘明)이 부끄럽게 여겼는데, 나 또한 이를 부끄러워하노라.'(子曰, 巧言令色足恭, 左丘明恥之, 丘亦恥之. 匿怨而友其人, 左丘明恥之, 丘亦恥之.)"

'이(易)'와 '근(近)'은 아울러서 거성이다.

○ 此句, 見史記魯世家.
여기의 구는 『사기』「노세가」에 보인다.

集傳
於小民則懷保之, 於鰥寡則惠鮮之.
소민들에 대해서는 품어 보호해주고 환과(鰥寡)들에 대해서는 은혜를 입혀 생기가 나게 하였다.

詳說
○ 生也.
'선(鮮)'은 '생(生)'이다.

集傳
惠鮮云者, 鰥寡之人, 垂首喪氣,
혜선(惠鮮)이라고 말한 것은 환과(鰥寡)의 사람들이 머리를 떨어뜨리고 기운을 잃었는데,

詳說
○ 去聲.
'상(喪)'은 거성이다.

集傳
賚予賙給之,
물건을 주고 구휼하여

詳說
○ 音與
'여(予)'는 음이 '여(與)'이다.

集傳

使之有生意也. 自朝至于日之中, 自中至于日之昃, 一食之頃, 有不遑暇, 欲咸和萬民, 使無一不得其所也. 文王心在乎民, 自不知其勤勞如此, 豈秦始皇衡石程書,

살 뜻이 있게 한 것이다. 아침으로부터 해가 중천에 뜰 때에 이르고, 해가 중천에 있을 때로부터 해가 기울 때에 이르기까지 밥 한 끼 먹는 시간도 한가한 겨를이 없어 모두 만민을 화합하여 한 사람이라도 살 곳을 얻지 못하는 이가 없게 하고자 한 것이다. 문왕(文王)은 마음이 백성들에게 있어 스스로 근로함을 알지 못함이 이와 같으셨으니, 어찌 진(秦)나라 시황(始皇)이 저울로 결재하는 문서를 달고

詳說

○ 史記本紀曰 : "事無大小, 皆自決, 至以衡石量書, 日夜有程, 不中程, 不休息."
『사기』「본기」에서 말하였다 : "일에 대소 없이 모두 스스로 결정하고 심지어 저울로 문서를 달아 낮밤의 분량을 정해놓고 분량에 도달하지 못하면 쉬지 않았다."

○ 石, 是衡之最重者.
석(石)은 저울의 가장 무거운 것이다.

集傳

隋文帝衛士傳飡,
수(隋)나라 문제(文帝)가 위사(衛士)들을 시켜 밥을 날라 오게 하여

詳說

○ 一作飱.
어떤 판본에는 '찬(飡)'으로 되어 있다.

○ 唐書太宗紀曰 : "隋文帝每臨朝, 或至日昃, 衛士傳飡而食.
『당서』「태종기」에서 말하였다 : "수문제는 매번 아침에 임하여 혹 날이 저물도록 있으면서 위사들이 밥을 날라 오게 해서 먹었다."

集傳

代有司之任者之爲哉. 立政, 言罔有兼于庶言庶獄庶愼, 則文王, 又若無所事事者.

유사(有司)들의 임무를 대신한 자의 행위이겠는가! 「입정(立政)」에 "여러 말과 여러 옥사와 여러 삼갈 바를 겸한 바가 없다."106)라고 하였으니, 문왕(文王)은 또 일을 일삼은 것이 없는 듯하다.

詳說

○ 事其事

'사사(事事)'는 '사기사(事其事)'이다.

集傳

不讀無逸, 則無以知文王之勤, 不讀立政, 則無以知文王之逸. 合二書觀之, 則文王之所從事,

「무일(無逸)」을 읽지 않으면 문왕(文王)의 수고로움을 알 수 없고, 「입정(立政)」을 읽지 않으면 문왕(文王)의 편안함을 알 수 없으니, 이 두 글을 합해서 보면 문왕(文王)이 종사한 것을

詳說

○ 以勤居逸.

근로하는 것으로 편안함을 삼은 것이다.

集傳

可知矣.

알 수 있을 것이다.

詳說

○ 文王心在, 以下, 論也.

---

106) 『서경대전(書經大全)』, 「주서(周書)」・「입정-13(立政-13)」: "문왕(文王)은 서언(庶言)・서옥(庶獄)・서신(庶愼)을 겸하신 바가 없으셨고, 오직 유사(有司)인 목부(牧夫)에게만 명령을 따르는 자와 어기는 자를 훈계하셨습니다.(文王, 罔攸兼于庶言庶獄庶愼, 惟有司之牧夫, 是訓用違.)"

'문왕심재(文王心在)' 이하는 경문의 의미 설명이다.

[11-4-15-11]

文王不敢盤于遊田, 以庶邦惟正之供, 文王受命, 惟中身, 厥享國, 五十年.

문왕이 감히 놀이와 사냥을 즐기지 아니하여 여러 나라의 정부(正賦)로 바치는 것만을 받으시니, 문왕이 천명을 받은 것이 중신(中身)이었는데 향국(享國)이 50년이었습니다."

集傳
遊田國有常制, 文王不敢盤遊無度.
유람과 사냥은 나라에 일정한 제도가 있으니, 문왕은 감히 즐기면서 놀고 법도가 없이 하지 않았다.

詳說
○ 樂也.
'반(盤)'은 '락(樂)'이다.

○ 四字, 見五子之歌.
'반유무도(盤遊無度)'라는 말은 「오자지가」에 보인다.107)

集傳
上不濫費
위로 함부로 낭비하지 않기

詳說
○ 添此句.

---

107) 『서경대전(書經大全)』, 「하서(夏書)」·「오자지가1(五子之歌1)」 : "태강(太康)이 지위만 차지하여 편안함과 즐거움으로 덕(德)을 멸(滅)하자 여민(黎民)들이 모두 배반하였는데, 마침내 즐기면서 놀기를 한없이 하여 낙수(洛水)의 밖으로 사냥 가서 100일이 되어도 돌아오지 않았다.(太康尸位, 以逸豫滅厥德, 黎民咸貳, 乃盤遊無度, 于有洛之表, 十旬弗反.)"

여기의 구를 더하였다.

> 集傳

故下無過取
때문에 아래로 지나치게 취함이 없어서

>> 詳說

○ 無過取於下.
　아래에서 지나치게 취함이 없었다.

> 集傳

而能以庶邦惟正之供, 於常貢正數之外, 無橫斂也.
여러 나라에서 정부(正賦)로 바치는 것만을 받아 떳떳한 공물(貢物)의 정수(正數) 이외에 멋대로 거둬들임이 없었던 것이다.

>> 詳說

○ 並去聲
　'횡(橫)'과 '렴(斂)'은 모두 거성이다.

> 集傳

言庶邦, 則民可知.
여러 나라라고 말했으면 백성을 알 수 있다.

>> 詳說

○ 周民,
　백성은 주나라의 백성이다.

○ 以遠見近.
　먼 것으로 가까운 것을 보는 것이다.

集傳

文王爲西伯, 所統庶邦, 皆有常供, 春秋貢於霸主者, 班班可見,
문왕이 서백(西伯)이 됨에 거느리고 있는 여러 나라가 모두 떳떳한 바침이 있었으니, 『춘추(春秋)』에서 패주(霸主)에게 물건을 바쳤던 것을 반반(班班)히 볼 수 있으며,

詳說

○ 如晉薄諸侯之幣, 而重其禮之類.
이를테면 진나라가 제후의 폐백을 가볍게 것과 같이 그 예를 중하게 여기는 종류이다.

集傳

至唐猶有送使之制,
당(唐)나라에 이르러서도 오히려 송사(送使)의 제도가 있었으니,

詳說

○ 去聲
'사(使)'는 거성이다.

○ 唐書食貨志曰 : "分天下之賦爲三, 一曰上供, 二曰送使, 三曰留州使, 謂諸道節度觀察也."
『당서(唐書)』「식화지(食貨志)」에서 말하였다 : "천하의 조세를 세 가지로 나누어 첫 번째를 '상공(上供)'이라고 하고, 두 번째를 '송사(送使)'라고 하며, 세 번째를 유주사(留州使)라고 하였으니, 제도 절도와 관찰을 말한다."

集傳

則諸侯之供方伯舊矣.
제후들이 방백(方伯)에게 물건을 바친 지가 오래되었다.

詳說

○ 言庶, 以下, 論也
'언도(言庶)' 이하는 경문의 의미 설명이다.

集傳
受命, 言爲諸侯也. 中身者, 漢孔氏曰, 文王九十七, 而終卽位時年四十七, 言中身, 擧全數也.
명을 받았다는 것은 제후가 됨을 말한 것이다. 중신(中身)은 한(漢)나라 공씨(孔氏)가 "문왕(文王)이 97세에 별세하였는데, 즉위할 때의 나이가 47세였다."라고 하였으니, 중신(中身)이라고 말한 것은 완전한 수(數)를 든 것이다.

詳說
○ 人生以百年爲期, 則五十歲爲中身.
인생은 백년을 기약으로 하니, 오십세가 중신(中身)인 것이다.

集傳
上文崇素儉,
위의 글에서 검소함을 숭상하고

詳說
○ 卑服.
허름한 옷을 입었다.108)

集傳
恤孤獨, 勤政事,
고아와 외로운 자들을 구휼하고 정사를 부지런히 하고

詳說
○ 上節.

---

108) 『서경대전(書經大全)』, 「주서(周書)」·「무일9(無逸9)」: "문왕(文王)께서는 허름한 의복으로 백성을 편안히 하는 일과 농사일에 나아가셨습니다.(文王卑服, 卽康功田功.)"

위의 절이다.109)

集傳
戒遊佚,
유일(遊佚)을 경계한 것은

詳說
○ 此節.
여기의 절이다.

集傳
皆文王無逸之實.
모두 문왕에게서의 무일(無逸)의 실제였다.

詳說
○ 添此句.
여기의 구를 더하였다.

○ 呂氏曰 : "此章言文王家法, 凡無逸之條目, 大略皆備."
여씨(呂氏)가 말하였다 : "여기의 장에서는 문왕의 가법을 말하였으니, 모든 무일의 조목이 대략 모두 갖춰졌다."110)

集傳
故其享國, 有歷年之永.
그러므로 그 향국(享國)에 역년(歷年)의 오램이 있었던 것이다.

---

109) 『서경대전(書經大全)』, 「주서(周書)」·「무일-10(無逸-10)」 : "아름답게 부드럽고 훌륭하게 공손하시어 소민(小民)들을 품어 보호하시고, 환과(鰥寡)들에게 은혜를 입혀서 생기가 나게 하시며, 아침부터 해가 중천에 돌 때와 해가 기울 때에까지 한가히 밥 먹을 겨를도 없으시며 만민들을 모두 화합하게 하셨습니다.(徽柔懿恭, 懷保小民, 惠鮮鰥寡, 自朝, 至于日中昃, 不遑暇食, 用咸和萬民.)"
110) 『서경대전(書經大全)』, 「주서(周書)」·「무일(無逸)」 : "여씨가 말하였다 : '…. 여기의 장에서는 문왕의 가법을 말하였으니, 모든 무일의 조목 이를테면 검소함을 숭상하고 농사를 중히 여기며 곤궁함을 구휼하며 정사에 부지런하고 놀며 사냥함을 경계하고 횡렴을 덜어주는 것이 대략 모두 갖춰졌다. ….'(呂氏曰 : …. 此章言文王家法, 凡無逸之條目, 如崇儉素重農畝, 恤窮因勤政事, 戒遊田損橫斂, 大略皆備. ….)"

詳說

○ 受命非早, 而能久享.
명을 받은 것이 일찍이 아닌데도 오래도록 향유할 수 있었다.

[11-4-15-12]
周公曰, 嗚呼. 繼自今, 嗣王, 則其無淫于觀于逸于遊于田, 以萬民惟正之供.

주공이 말씀하였다. "아! 지금으로부터 이어서 사왕(嗣王)께서는 그 유람과 편안함과 놀이와 사냥을 지나치게 하지 않으신 것을 본받으시어 만민의 올바른 바침만을 받으소서.

詳說

○ 觀, 如字, 又去聲.
'관(觀)'은 본래의 음 대로 읽고, 또 거성이다.

集傳

則, 法也. 其, 指文王而言. 淫, 過也. 言自今日以往, 嗣王
칙(則)은 본받음이다. 기(其)는 문왕을 가리켜 말한 것이다. 음(淫)은 지나침이다. 금일로부터 이후로 사왕(嗣王)은

詳說

○ 呂氏曰 : "雖戒成王, 實欲後嗣, 共守此訓, 故以繼自今嗣王言."
여씨(呂氏)가 말하였다 : "성왕을 경계할지라도 실로 후사가 되어 함께 이 교훈을 지키도록 하고자 하기 때문에 '지금으로부터 이어서 사왕(嗣王)'으로 말한 것이다."111)

---

111) 『서경대전(書經大全)』, 「주서(周書)」·「무일(無逸)」: "여씨가 말하였다 : '성왕을 경계할지라도 실로 후사가 되어 함께 이 교훈을 지키도록 하고자 하기 때문에 「지금으로부터 이어서 사왕(嗣王)」으로 말한 것이다. 관람으로 그 눈을 열고, 안일로 그 몸을 쉬게 하며, 사냥으로 무비를 익히는 것은 임금으로 없을 수 없는 것이지만 넘치고 지나쳐서는 안된다. 지나치면 인욕이 방자하게 되어 망하게 되기 때문에 주공이 이것들에 지나치지 하지 않도록 해서 반드시 끊어버리려는 것이다. ….'(呂氏曰 : 雖戒成王, 實欲後嗣, 共守此訓, 故以繼自今嗣王言. 觀覽以舒其目, 安逸以休其身, 遊豫以省風俗, 田獵以習武備, 人君不能無也, 不可過爾. 過則人欲肆, 而入於亂亡矣, 故公使之無淫過于此, 必絕之. ….)"

集傳

其法文王無過于觀逸遊田, 以萬民惟正賦之供.
문왕이 유람과 편안함과 놀이와 사냥을 지나치게 하지 않으시고 만민이 정부(正賦)로 바치는 것만을 받은 것을 본받으라고 한 것이다.

詳說

○ 則字釋於此, 諺釋合更商.
'칙(則)'자는 여기까지 해석하니, 『언해』의 해석과 합하는지 다시 생각해야 봐야 한다.

集傳

上文, 言遊田而不言觀逸, 以大而包小也, 言庶邦而不言萬民, 以遠而見近也.
위의 글에서 놀이와 사냥을 말하고 유람과 편안함을 말하지 않은 것112)은 큰 것으로 작은 것을 포함한 것이며, 여러 나라를 말하고 만민을 말하지 않은 것113)은 먼 것으로 가까운 것을 나타낸 것이다.

詳說

○ 音現.
'현(見)'은 음이 '현(現)'이다.

○ 上以下, 論也.
'상(上)' 이하는 경문의 의미 설명이다.

[11-4-15-13]

無皇曰, 今日耽樂. 乃非民攸訓, 非天攸若. 時人丕則有愆, 無

---

112) 『서경대전(書經大全)』, 「주서(周書)」·「무일-11(無逸-11)」 : "문왕이 감히 놀이와 사냥을 즐기지 아니하여 여러 나라의 정부(正賦)로 바치는 것만을 받으시니, 문왕이 천명을 받은 것이 중신(中身)이었는데 향국(享國)이 50년이었습니다.(文王不敢盤于遊田, 以庶邦惟正之供, 文王受命, 惟中身, 厥享國, 五十年.)"
113) 『서경대전(書經大全)』, 「주서(周書)」·「무일-11(無逸-11)」 : "문왕이 감히 놀이와 사냥을 즐기지 아니하여 여러 나라의 정부(正賦)로 바치는 것만을 받으시니, 문왕이 천명을 받은 것이 중신(中身)이었는데 향국(享國)이 50년이었습니다.(文王不敢盤于遊田, 以庶邦惟正之供, 文王受命, 惟中身, 厥享國, 五十年.)"

> 若殷王受之迷亂, 酗于酒德哉.

한가히 여겨 '오늘에만 탐락한다'고 말씀하지 마소서. 이는 백성들이 본받을 바가 아니며, 하늘이 순하게 여기는 바가 아닙니다. 세상 사람들이 임금의 잘못을 크게 본받을 것이니, 은왕(殷王) 수(受)가 미란(迷亂)했던 것과 같이 해서 주덕(酒德)에 빠지지 마소서."

詳說

○ 樂, 音洛.

'락(樂)'은 음이 '락(洛)'이다.

集傳

無, 與毋通, 皇, 與遑通. 訓, 法, 若, 順, 則, 法也.

무(無)는 무(毋)와 통하고 황(皇)은 황(遑)과 통한다. 훈(訓)은 본받음이고, 약(若)은 순함이며, 칙(則)은 본받음이다.

詳說

○ 隨文各訓, 不厭重複.

글에 따라 각기 풀이하고 그 중복을 싫어하지 않았다.

集傳

毋自寬暇曰, 今日姑爲是耽樂也. 一日耽樂, 固若未害.

스스로 너그럽고 한가하게 "오늘만 잠깐 이 탐락을 한다."고 하지 말라. 하루 동안 탐락(耽樂)하는 것은 진실로 해롭지 않을 듯하다.

詳說

○ 添此句.

여기의 구를 더하였다.

集傳

然下非民之所法, 上非天之所順. 時人

그러나 아래로는 백성들이 본받을 바가 아니고, 위로는 하늘이 순하게 여기는 바

가 아니다. 세상 사람들이

詳說

○ 當時之人.
당시의 사람들이다.

集傳

大法其過逸之行,
그 잘못된 행실을 크게 본받을 것이니,

詳說

○ 有.
'기(其)'는 경문에서 '유(有)'이다.

○ 愆.
'일(逸)'은 경문에서 '건(愆)'이다.

○ 去聲.
'행(行)'은 거성이다.

集傳

猶商人化受, 而崇飮之類. 故繼之曰, 毋若商王受之沈迷, 酗于酒德哉.
상(商)나라 사람들이 수(受)를 따라 술마시는 것을 숭상하는 유(類)와 같은 것이다. 그러므로 뒤이어 "상왕(商王) 수(受)가 침미(沈迷)한 것과 같이 하여 주덕(酒德)에 빠지지 말라."고 한 것이다.

詳說

○ 無若諺釋, 更詳.
『언해』의 해석과 같지 않으니 다시 생각해 봐야 한다.

○ 西山眞氏曰 : "前擧三宗文王, 俾王知所法, 又擧紂, 俾王知所戒. 紂惡無不有, 酗酒其最也. 公所以專以此, 申戒也."

서산 진씨(西山眞氏)가 말하였다 : "앞에서는 삼종과 문왕을 들어 왕이 본받을 것을 알게 했고, 또 주(紂)를 들어 왕이 경계할 것을 알게 했다. 주(紂)는 악함이 있지 않은 것이 없으나 술에 빠진 것이 가장 큰 것이니 주공이 그 때문에 오로지 이것을 가지고 거듭 경계한 것이다."114)

集傳

酗酒謂之德者, 德有凶有吉,
술에 빠짐을 덕(德)이라고 말한 것은 덕(德)은 흉함이 있고 길함이 있으니,

詳說

○ 此亦韓子語.
이것도 한자의 말이다.

集傳

韓子所謂道與德爲虛位,115) 是也.
한유(韓愈)116)의 이른바 "도(道)와 덕(德)은 빈자리가 된다."는 것이 여기에 해당한다.

詳說

---

114) 『서경대전(書經大全)』, 「주서(周書)」·「무일(無逸)」: "서산 진씨가 말하였다 : '앞에서 삼종을 들고 뒤에서 문왕을 들어 왕이 본받을 것을 알게 했고, 또 주(紂)를 들어 왕이 경계할 것을 알게 했다. 주(紂)는 악함이 있지 않은 것이 없으나 술에 빠진 것이 가장 큰 것이다. …. 주공이 그 때문에 오로지 이것을 가지고 거듭 경계한 것이다.'(西山眞氏曰 : 前擧三宗, 後擧文王, 俾王知所法, 又擧紂, 俾王知所戒. 紂之惡無不有, 酗酒其最也. …. 公所以專以此申戒也.)"

115) 『원도(原道)』 "인과 의는 일정한 이름이지만, 도와 덕은 그 자리가 비어 있다. 그러므로 도에는 군자와 소인이 있고, 덕에는 흉한 덕과 길한 덕이 있게 되는 것이다.(仁與義爲定名, 道與德爲虛位. 故道有君子小人, 而德有凶有吉.)"라는 말이 나온다.

116) 한유(韓愈, 768 ~ 824) : 중국 당(唐)의 유학자, 문장가. 자는 퇴지(退之), 당시 당나라는 지배계급 내부에서 보수파의 족벌 호족과 개혁파의 신흥 서족(庶族) 사이에 격렬한 '당쟁'이 벌어지고 있었는데, 그의 문필활동은 이 당쟁 하에서 전개되었다. 문장가로서 유종원(柳宗元) 등과 고문(古文) 부흥에 힘써, 당송팔대가의 한 사람이라 일컬어진다. 유학자로서 석가, 노자를 배척하여 유교정신을 명확히 하고, '도통(道統)'의 관념을 주장하여 송학(宋學)의 선구가 되었다. 즉 석가와 노자의 비판을 통하여 유교의 목적을 인간의 '상생상양'(相生相養)에 두고 유가의 도는 그 목적을 달성하기 위한 군신·부자의 의를 지켜 널리 대중을 사랑하는 길이라 하였다. 이 도는 요(堯)대에 시작하여 순(舜)에 전해지고, 맹자(孟子)에게까지 이어졌지만, 이후 단절되어 전해지지 않고 석가와 노자의 사상에 빠져 버렸던 것을 그가 명확히 했다고 한다. 이것이 '도통'의 관념이다. 또한 사람의 성(性)에 상·중·하의 삼품(三品)이 있다는 주장은 당시의 품급(신분) 질서 하에서의 인간성에 대한 고찰이다.

○ 三句, 論也.
　세 구는 경문의 의미 설명이다.

[11-4-15-14]
周公曰, 嗚呼, 我聞, 曰古之人, 猶胥訓告, 胥保惠, 胥敎誨, 民無或胥譸張爲幻.

주공(周公)이 말씀하였다. "아! 내 듣자오니, 옛날 사람들은 오히려 서로 훈계하고 고하며 서로 보호하고 순히 하며 서로 가르쳤으므로 백성들이 혹 서로 속이거나 과장하여 현혹하지 않았습니다.

詳說
○ 譸, 張留反, 幻, 音患.
　'주(譸)'는 음이 '장(張)'과 '류(留)'의 반절이다.

集傳
胥, 相, 訓, 誡, 惠, 順, 譸, 誑,
서(胥)는 서로이고, 훈(訓)은 경계함이며, 혜(惠)는 순함이고, 주(譸)는 속임이며,

詳說
○ 古況反.
　'광(誑)'은 음이 '고(古)'와 '황(況)'의 반절이다.

集傳
張, 誕也. 變名易實, 以眩觀者, 曰幻. 歎息言, 古人德業已盛,
장(張)은 허탄함이다. 명칭을 변하고 실제를 바꾸어 보는 것을 현혹함이라 한다. 탄식하여 말씀하기를 "옛사람들은 덕업(德業)이 이미 성대한데도

詳說
○ 從猶字, 而添四字.
　'유(猶)'자를 따라 네 글자를 더하였다.

集傳

其臣猶且相與誡告之, 相與保惠之, 相與教誨之, 保惠者, 保養而將順之,
그 신하들이 오히려 서로 함께 경계하고 고하며 서로 함께 보호하고 순히 하며 서로 함께 가르쳤으니, 보혜(保惠)라는 것은 보호하여 기르고 받들어 순종함이니,

詳說

○ 將順, 出孝經.
'장순(將順)'은 효경이 출처이다.117)

○ 保惠上, 以君於民言, 此以臣於君言.
'보혜(保惠)'의 위로는 임금이 백성에 대한 것으로 말했고, 여기는 신하가 임금에 대한 것으로 말했다.

集傳

非特誡告而已也, 教誨, 則有規正成就之意, 又非特保惠而已也.
다만 경계하고 고할 뿐만이 아니며, 교회(敎誨)는 바로잡고 성취하는 뜻이 있으니 또 단지 보호하고 순히 할 뿐만이 아니다.

詳說

○ 呂氏曰 : "訓告教誨, 皆見於言語, 保惠, 則調護於日用功用, 相表裏也."
여씨(呂氏)가 말하였다 : "훈계하고 고하며 가르치는 것은 모두 말에서 드러나는 것이고, 보호하고 순히 하는 것은 날마다 사용하는 공용에서 훈육하고 보좌하는 것이니, 서로 표리가 되는 것이다."118)

集傳

---

117) 『효경(孝經)』「사군(事君)」: "군자가 임금을 섬김에, 나아가서는 충성을 다할 것을 생각하고 물러나서는 허물을 보완할 것을 생각해서 임금의 아름다운 점은 받들어 순종하고 임금의 잘못된 점은 바로잡아 구제한다.(君子之事上也, 進思盡忠, 退思補過, 將順其美, 匡救其惡.)"
118) 『서경대전(書經大全)』, 「주서(周書)」·「무일(無逸)」: "여씨가 말하였다 : '훈계하고 고하며 가르치는 것은 모두 말에서 드러나는 것이고, 보호하고 순히 하는 것은 날마다 사용하는 공용에서 훈육하고 보좌하는 것이니, 서로 표리가 되는 것이다.'(呂氏曰 : 訓告教誨, 皆見於言語. 保惠, 則調護於日用功用, 相表裏也.)"

惟其若是, 是以視聽思慮無所蔽, 塞好惡
이와 같았기 때문에 보고 듣고 생각하는 것이 가리는 것이 없고, 좋아하고 미워하고

> 詳說
> ○ 並去聲.
> '호(好)'와 '오(惡)'는 모두 거성이다.

> 集傳
> **取予**
> 취하고 주는 것이

> 詳說
> ○ 音與.
> '여(予)'는 음이 '여(與)'이다.

> 集傳
> **明而不悖.**
> 분명하여 어그러지지 않았다.

> 詳說
> ○ 添四句.
> 네 구를 더하였다.

> 集傳
> **故當時之民, 無或敢誣誕爲幻也.**
> 그러므로 당시의 백성들이 혹시라도 감히 속이고 허탄하여 현혹하지 않았던 것이다."라고 하였다.

[11-4-15-15]

此厥不聽, 人乃訓之, 乃變亂先王之正刑, 至于小大. 民否則厥心違怨, 否則厥口詛祝.

이런 말씀을 듣지 않으시면 사람들이 이것을 본받아서 선왕의 올바른 법을 변란(變亂)시켜 작은 일이나 큰일에 이를 것입니다. 그리고 백성들이 그렇지 않으면 그 마음이 어기고 원망하며, 그렇지 않으면 그 입으로 저주할 것입니다."

詳說

○ 詛, 莊助反. 祝, 音呪.

'저(詛)'는 음이 '장(莊)'과 '조(助)'의 반절이다. '주(祝)'는 음이 '주(呪)'이다.

集傳

正刑, 正法也. 言成王於上文古人胥訓告保惠敎誨之事, 而不聽信, 則人乃法則之, 君臣上下師師非度,

정형(正刑)은 바른 법이다. 성왕(成王)이 위의 글에서 고인(古人)들이 서로 훈계하고 고하며 보호하고 순히 하며 가르치는 일에 대하여 들어주어 믿지 않으면 사람들이 이것을 본받아서 군신과 상하가 법도가 아닌 것을 스승으로 본받아 반드시

詳說

○ 四字, 見微子

'사사비도(師師非度)'는 「미자(微子)」에 보인다.119)

集傳

必變亂先王之正法, 無小無大,

선왕의 바른 법을 변란시켜 작은 일이나 큰 일 할 것 없이

---

119) 『서경대전(書經大全)』, 「상서(商書)」·「미자2(微子2)」: "은나라는 작은 사람이나 큰 사람이나 가릴 것 없이 좀도둑질과 위법을 좋아하고, 경사(卿士)들은 법도가 아닌 것을 서로 본받습니다. 죄 있는 자들이 떳떳이 죄를 받지 않으니, 소민(小民)들이 막 일어나 서로 대적하여 원수가 되고 있습니다. 지금 은나라가 빠져 망함은 큰물을 건넘에 나루터와 물가가 없는 것과 같으니, 은나라가 마침내 망함이 지금에 이르게 되었습니다.(殷罔不小大, 好草竊姦宄. 卿士師師非度. 凡有辜罪乃罔恒獲, 小民方興 相爲敵讎. 今殷其淪喪, 若涉大水, 其無津涯, 殷遂喪越至于今.)"

詳說

○ 西山眞氏曰 : "篇中有兩至于小大, 當作一義, 皆爲民而言."
　　서산 진씨가 말하였다 : "편 가운데 두 번의 '지우소대(至于小大)'120)는 하나의 의미로 해야 하니, 모두 백성을 위해 말한 것이다."121)

集傳

莫不盡取而紛更之.
모두 취하여 어지럽게 변경하지 않음이 없을 것이다.

詳說

○ 平聲.
　　'경(更)'은 평성이다.

集傳

蓋先王之法, 甚便於民, 甚不便於縱侈之君. 如省刑罰以重民命,
선왕(先王)의 법은 백성들에게는 심히 편하나 방종하고 사치한 군주에게는 매우 불편하다. 이를테면 형벌을 줄여 백성들의 목숨을 중히 함은

詳說

○ 去聲.
　　'중(重)'은 거성이다.

集傳

---

120) 『서경대전(書經大全)』, 「주서(周書)」·「무일5(無逸5)」 : "고종(高宗) 때에는 오랫동안 밖에서 일하였으니, 이에 소인들과 함께 행동하다가 일어나 즉위하시어 곧 양암(亮陰)에서 3년 동안 말씀하지 않았습니다. 말씀하지 않았으나 말씀하면 화합하였으며, 감히 황폐하고 태만하지 아니하여 은나라를 아름답게 하고 안정시켜 작고 큰 사람에게까지 이에 혹시라도 원망하는 이가 없었습니다. 그러므로 고종의 향국이 59년이었습니다.(其在高宗時, 舊勞于外, 爰暨小人, 作其卽位, 乃或亮陰三年不言. 其惟不言, 言乃雍, 不敢荒寧, 嘉靖殷邦, 至于小大, 無時或怨. 肆高宗之享國, 五十有九年.)"
121) 『서전집록찬주(書傳輯錄纂註)』, 「주서(周書)」·「무일(無逸)」 : "진씨가 말하였다 : '편 가운데 두 번의 「지우소대(至于小大)」는 하나의 의미로 해야 할 것 같으니, 위에서는 「작고 큰 사람에게까지 이에 혹시라도 원망하는 이가 없었습니다.」라는 말이고, 아래에서는 「작은 일이나 큰일에 이를 것입니다. 그리고 백성들이 그렇지 않으면 그 마음이 어기고 원망할 것입니다.」라는 말이니, 모두 백성을 위해 말한 것이다.'(眞氏曰 : 篇中有兩至于小大, 恐當作一義. 上言至于小大無時或怨, 下言至于小大民否則厥心違怨, 蓋皆爲民而言.)"

民之所便也, 而君之殘酷者, 則必變亂之. 如薄賦斂
백성들이 편하게 여기는 바이나 잔혹한 군주는 반드시 이것을 변란시킨다. 이를테면 부역과 세금을 적게 거두어

詳說
○ 去聲.
'렴(斂)'은 거성이다.

集傳
以厚民生, 民之所便也, 而君之貪侈者, 則必變亂之.
민생을 후하게 함은 백성들이 편하게 여기는 바이나 탐욕스럽고 사치한 군주는 반드시 변란시킨다.

詳說
○ 蓋以下, 論也.
'개(蓋)' 이하는 경문의 의미 설명이다.

集傳
厥心違怨者, 怨之蓄于中也,
그 마음이 어기고 원망하는 것은 원망이 가슴속에 쌓이는 것이고,

詳說
○ 諺釋略怨字, 何也.
『언해』의 해석에서 '원(怨)'자를 생략한 것은 무엇 때문인가?

集傳
厥口詛祝者, 怨之形於外也,
그 입으로 저주하는 것은 원망이 밖에 나타나는 것이니,

詳說

○ 唐孔氏曰 : "請神加殃, 謂之詛, 以言告神, 謂之祝."
　당의 공씨(孔氏)가 말하였다 : "신에게 재앙을 가하라고 청하는 것을 '저(詛)'라고 하고, 말로 신에게 고하는 것을 '주(祝)'라고 한다."122)

○ 陳氏大猷曰 : "承上章無怨感和之意, 遂及於違怨詛祝."
　진씨 대유(陳氏大猷)가 말하였다 : "위의 장에서 원망과 감화(感和)의 의미가 없는 것을 이어 마침내 어기고 원망하며 저주하게 됨에 미친 것이다."123)

集傳
爲人上, 而使民心口交怨, 其國不危者未之有也. 此蓋治亂存亡之機.
백성의 윗사람이 되어서 백성들이 마음과 입으로 서로 원망하게 한다면 그 나라가 위태롭지 않은 경우가 있지 않다. 이런 것은 치(治)와 난(亂), 존(存)과 망(亡)의 기틀이다.

詳說
○ 去聲.
　'치(治)'는 거성이다.

集傳
故周公懇懇言之.
그러므로 주공(周公)이 간곡히 말씀한 것이다.

詳說
○ 爲人以下, 論也.
　'위인(爲人)' 이하는 경문의 의미 설명이다.

---

122) 『서경대전(書經大全)』, 「주서(周書)」·「무일(無逸)」 : "당의 공씨가 말하였다 : '신에게 재앙을 가하라고 이르는 것을 「저(詛)」라고 하고, 말로 신에게 고하는 것을 「주(祝)」라고 한다.(唐孔氏曰 : 詣神加殃謂之詛, 以言告神, 謂之祝.)"
123) 『서경대전(書經大全)』, 「주서(周書)」·「무일(無逸)」 : "(진씨 대유가 말하였다 : '위의 장에서 원망과 감화(感和)의 의미가 없는 것을 이어 마침내 어기고 원망하며 저주하게 됨에 미친 것이다.陳氏大猷曰 : 承上章無怨咸和之意, 遂及於違怨詛祝.)"

[11-4-15-16]

周公曰, 嗚呼, 自殷王中宗, 及高宗, 及祖甲, 及我周文王, 玆四人迪哲.

주공(周公)이 말씀하였다. "아! 은왕(殷王) 중종(中宗)에서 고종(高宗)과 조갑(祖甲)과 우리 주문왕(周文王)까지 이 네 분이 명철한 지혜를 실천하였습니다.

集傳
迪, 蹈, 哲, 知也. 孟子
적(迪)은 실천이고, 철(哲)은 지혜이다. 맹자(孟子)는

詳說
○ 離婁.
「이루」이다.

集傳
以知而弗去爲智之實, 迪云者, 所謂弗去, 是也. 人主知小人之依,
알고 떠나가지 않음을 지(智)의 실제라고 하였으니, 적(迪)이란 말은 이른바 '떠나가지 않는다'는 것이 여기에 해당한다. 인주(人主)가 소인들의 의지함을 알면서도

詳說
○ 承前節.
앞의 절을 이어받았다.

集傳
而或忿戾之者, 是不能蹈其知者也,
혹 분려(忿戾)하는 것은 그 앎을 실천하지 못하는 것인데,

詳說
○ 先反說.

먼저 반대로 설명하였다.

> 集傳
>
> 惟中宗高宗祖甲文王, 允蹈其知. 故周公以迪哲稱之.
>
> 오직 중종·고종·조갑·문왕은 진실로 그 앎을 실천하였다. 그러므로 주공이 지혜를 실천하였다는 말로 칭한 것이다.

[11-4-15-17]

> 厥或告之曰, 小人怨汝詈汝, 則皇自敬德, 厥愆曰, 朕之愆. 允若時, 不啻不敢含怒.

그 혹시라도 고하기를 '소인들이 너를 원망하고 너를 꾸짖는다'라고 하거든 크게 스스로 덕을 공경하여 원망하는 잘못을 짐의 잘못이라 하소서. 진실로 이와 같이 하면 백성들이 감히 노여움을 감추지 않을 뿐만이 아닐 것입니다.

> 詳說
>
> ○ 詈, 力智反.
>
> '리(詈)'는 음이 '력(力)'과 '지(智)'의 반절이다.

> 集傳
>
> 詈, 罵言也. 其或有告之曰, 小人
>
> 리(詈)는 꾸짖는 말이다. 그 혹시라도 고하기를 "소인들이

> 詳說
>
> ○ 小民.
>
> '소인(小人)'은 '소민(小民)'이다.

> 集傳
>
> 怨汝詈汝, 汝則皇自敬德
>
> 너를 원망하고 너를 꾸짖는다."라고 하는 자가 있거든 너는 크게 스스로 덕(德)을 공경하여

詳說
○ 唐孔氏曰:"皇, 大也."
당의 공씨(孔氏)가 말하였다 : "'황(皇)'은 큼이다."124)

集傳
反諸其身, 不尤其人, 其所誣毀之愆, 安而受之, 曰是我之愆.
자신에게 돌이켜 남을 원망하지 말고, 업신여기고 훼방하는 허물을 편안히 받아들이고는 "이것은 나의 잘못이다."라고 하라.

詳說
○ 亦萬方有罪, 罪在朕躬之意.
또한 '만방에 죄가 있음은 그 죄가 내 몸에 있다.'125)는 의미이다.

集傳
允若是者, 誠實若是, 非止隱忍不敢藏怒也.
윤약시(允若時)는 진실로 이와 같이 할 것이고, 단지 은인(隱忍)하여 노여움을 감추지 않을 뿐만이 아닌 것이다.

詳說
○ 不啻
'비지(非止)'는 경문에서 '부제(不啻)'이다.

○ 朱氏方大曰:"苟非發於中心之誠, 惟不敢含怒而止, 則是未盡反己之功也."
주씨 방대(朱氏方大)가 말하였다 : "중심의 진실에서 나온 것이 아니어서 감히 노여움을 감추지 않은 것일 뿐만 아니라면 자신을 반성하는 공에 미진한 것이다."126)

---

124) 『서경대전(書經大全)』, 「주서(周書)」·「무일(無逸)」: "당의 공씨가 말하였다 : 「황(皇)」은 큼이니, 크게 스스로 덕을 공경함이다."(唐孔氏曰: 皇, 大, 大自敬德.)
125) 『논어(論語)』「요왈(堯曰)」: "말씀하셨다. '나 소자(小子) 이(履)는 검은 희생을 써서 감히 거룩하신 상제께 아룁니다. 죄(罪)가 있는 사람을 제가 감히 용서하지 못하고, 상제의 신하를 제가 감히 가리지 못해서 신하를 간택함은 상제의 마음에 달려 있습니다. 내 몸에 죄가 있음은 만방 때문이 아니며, 만방에 죄가 있음은 그 죄가 내 몸에 있습니다.'(曰, 予小子履, 敢用玄牡, 敢昭告于皇皇后帝. 有罪, 不敢赦, 帝臣不蔽, 簡在帝心. 朕躬有罪, 無以萬方, 萬方有罪, 罪在朕躬.)

> 集傳
>
> 蓋三宗文王於小民之依, 心誠知之.故不暇責小人之過言, 且因以察吾身之未至, 怨詈之語乃所樂聞,

삼종(三宗)과 문왕(文王)은 소민(小民)의 의지함에 대하여 마음에 진실로 알고 있었다. 그러므로 소인들의 잘못된 말을 책할 겨를이 없었고, 먼저 그것에 따라 내 자신이 지극하지 못함을 살펴 원망하고 꾸짖는 말을 기꺼이 들은 것이니,

> 詳說
>
> ○ 音洛.

'락(樂)'은 음이 '락(洛)'이다.

> 集傳
>
> 是豈特止於隱忍, 含怒不發而已哉.

이 어찌 다만 은인(隱忍)하여 노여움을 감추고 발하지 않을 뿐이겠는가!

> 詳說
>
> ○ 蓋以下, 申論, 而含怒不發, 與不敢藏怒, 其意又微異耳.

개(蓋) 이하는 경문의 의미 설명을 거듭한 것인데, '노여움을 감추고 발하지 않는다.'는 것은 '노여움을 감추지 않는다.'는 것과 그 의미가 살짝 다르다.

[11-4-15-18]

> 此厥不聽, 人乃或譸張爲幻, 曰小人怨汝詈汝, 則信之, 則若時, 不永念厥辟, 不寬綽厥心, 亂罰無罪, 殺無辜. 怨有同, 是叢于厥身.

---

126) 『서경대전(書經大全)』, 「주서(周書)」·「무일(無逸)」: "주씨 방대가 말하였다 : '비방을 듣고 스스로 반성해서 덕을 공경하면, 모든 원망과 꾸짖음이 모두 경계의 더함으로 내가 바야흐로 그것에 의지해서 스스로 반성하는 것이니, 어찌 감히 마음에 노여움을 감추지 않을 뿐이겠는가! 중심의 진실에서 나온 것이 아니어서 감히 노여움을 감추지 않은 것일 뿐만 아니라면, 겨우 남의 말을 용서할 수 있는 것이라서 자신을 반성하는 공에 미진한 것이다.'(朱氏方大曰 : 聞謗而自反, 以敬德, 則凡怨詈之來, 皆箴砭之益, 吾方資之, 以自反. 何止不敢含怒於心而已. 苟非發於中心之誠, 惟不敢含怒而止, 則是僅能恕人之言, 而未盡反己之功也.)"

이러한 말씀을 듣지 않으시면 사람들이 혹 속이고 과장하여 흘리게 하며 '소인들이 너를 원망하고 너를 꾸짖는다.'라고 하면 그 말을 그대로 믿을 것이니, 이와 같으면 군주 된 도리를 길이 생각하지 않고 그 마음을 너그럽게 하지 아니하면서 죄 없는 사람들을 어지럽게 형벌하고 무고한 자들을 죽일 것입니다. 이렇게 되면 원망이 함께 모여 그 몸에 총집(叢集)될 것입니다."

集傳
綽, 大, 叢, 聚也. 言成王於上文, 三宗文王迪哲之事, 不肯聽信, 則小人
작(綽)은 큼이고, 총(叢)은 모임이다. 성왕(成王)이 위의 글에서 삼종(三宗)과 문왕(文王)의 지혜를 실천하신 일에 대하여 즐겨 듣고 믿으려 하지 않으면, 소인들이

詳說
○ 添小字.
'소(小)'자를 더하였다.

集傳
乃或誑誕, 變置虛實, 曰小民怨汝詈汝,
혹 속이고 허탄해서 허실을 바꿔 "소민(小民)들이 너를 원망하고 너를 꾸짖는다."라고 할 경우에

詳說
○ 改人作民.
경문의 '인(人)'을 '민(民)'으로 바꿔 놨다.

集傳
汝則聽信之, 則如是, 不能永念其爲君之道,
너는 그 말을 그대로 듣고 믿을 것이니, 이와 같으면 군주가 된 도리를 길이 생각하지 않고

詳說
○ 添道字.

'도(道)'자를 더하였다.

集傳

不能寬大其心, 以誔誕無實之言, 羅織疑似,

그 마음을 관대하게 하지 아니하며 광탄(誕)하여 실제가 없는 말로써 의심스럽고 유사한 것을 모해하면서

詳說

○ 鄒氏季友曰："唐武后時, 來俊臣等撰羅織經, 謂囚羅無辜, 織成其罪."

추씨 계우(鄒氏季友)[127]가 말하였다：" 당의 무후 때에 내준신(羅織經) 등이 『나직경(羅織經)』[128]을 지어 무고한 자들을 얽어 그 죄를 짜서 만드는 것에 대해 말하였다."

集傳

亂罰無罪, 殺戮無辜, 天下之人, 受禍不同,

죄 없는 사람들을 어지럽게 형벌하고 무고한 자들을 살육하여, 천하의 사람들이 화를 받음은 똑같지 않으나

詳說

○ 添此句.

여기의 구를 더하였다.

---

[127] 『서경대전(書經大全)』, 「상서(商書)」・「중훼지고(仲虺之誥)」에는 황보밀(皇甫謐)의 말로 되어 있다. 황보밀(皇甫謐, 215년 ~ 282년)은 서진(西晉) 안정(安定) 조나(朝那) 사람으로 자는 사안(士安)이고, 어릴 때 이름은 정(靜)이며, 자호는 현안선생(玄晏先生)이다. 황보숭(皇甫嵩)의 증손이다. 젊었을 때 거침없이 방탕하여 사람들이 미치광이라고 여겼다. 20살 무렵부터 부지런히 공부해 게으르지 않았다. 집이 가난해 직접 농사를 지었는데, 책을 읽으면서 밭갈이를 함으로써 수많은 서적들을 통독했다. 나중에 질병에 걸렸으면서도 손에서 책을 놓지 않고 저술에 전심하느라 밥 먹는 것도 잊어버려 사람들이 서음(書淫)이라 했다. 무제(武帝) 때 부름을 받았지만 나가지 않았다. 무제가 책 한 수레를 하사했다. 자신의 병을 고치려고 의학서를 읽어 가장 오랜 침구 관련서인 『침구갑을경(鍼灸甲乙經)』을 편찬했다. 역사에도 조예가 깊어 『제왕세기(帝王世紀)』와 『연력(年歷)』, 『고사전(高士傳)』, 『일사전(逸士傳)』, 『열녀전(列女傳)』, 『현안춘추(玄晏春秋)』 등을 지었다.

[128] 당(唐) 나라 무후(武后) 때에 혹독한 법관인 내준신(來俊臣)과 만국준(萬國俊)이 지은 책인데, 그 내용은 죄수를 고문하고 유도신문하여 어떻게 하던지 죄를 만드는 방법을 기술한 책이다. 나직(羅織)은 그물[羅]처럼 얽어 짠다는 뜻이다.

集傳

而同於怨, 皆叢於人君之一身, 亦何便於此哉.

똑같이 원망하는 것이 모두 임금의 한 몸에 모일 것이니, 또한 어찌 이것을 편하게 여기겠는가라고 한 것이다.

詳說

○ 添此句.

여기의 구를 더하였다.

○ 陳氏經曰 : "推言人主之壽, 下及小人怨詈之情, 可謂深切矣."

진씨 경(陳氏經)129)이 말하였다 : "임금의 장수를 미뤄 말하면서 아래로 소인들이 원망하고 꾸짖는 심정을 언급한 것이 깊고 절실하다고 할만하다."130)

○ 夏氏曰 : "民氣如此, 欲享國長久得乎, 此意蓋在言外."

하씨(夏氏)가 말하였다 : "백성들의 분위기가 이와 같으면 오래도록 재위에 있고 싶어도 할 수 있겠는가? 이런 의미는 대개 말 밖에 있는 것이다."131)

集傳

大抵無逸之書, 以知小人之依爲一篇綱領, 而此章,

---

129) 진경(陳經. ?~?) : 송나라 길주(吉州) 안복(安福) 사람으로 자는 현지(顯之) 또는 정보(正甫)이다. 영종(寧宗) 경원(慶元) 5년(1199)에 진사(進士)가 되어 봉의랑(奉議郞)과 천주박간(泉州泊幹)을 지냈다. 평생 독서를 좋아했고, 후학을 많이 계도했다. 저서에 『상서상해(尙書詳解)』와 『시강의(詩講義)』, 『존재어록(存齋語錄)』 등이 있다.

130) 『서경대전(書經大全)』, 「주서(周書)」·「무일(無逸)」: "진씨 경이 말하였다 : '한 사람의 몸으로 천하의 원망을 감당하면 홀리게 하는 말에서 미혹시키는 시작이 있게 된다. 임금이 근심하고 부지런하면 마음이 씩씩하고 기운이 엄숙해지며 일신이 화평해져서 아래로 원망과 저주가 없어 천하가 화평하고 장수하기 때문에 오래도록 하는 것이다. 임금이 편안히 놀며 즐기면 마음에 벌레가 무너뜨리는 것이 있고 한결같이 스스로 그 화평을 잃어서 나쁜 말들이 나오니, 소인들이 죽이는 것을 원망하고 함부로 나아가고 천하가 그 화평을 잃는다. 이것이 수명이 짧게 되는 까닭이다. 오직 임금의 수명을 말하면서 아래로 소인들이 원망하고 꾸짖는 심정을 언급한 것이 깊고 절실하다고 할만하다.'(陳氏經曰 : 以一人之身當天下之怨, 皆自幻言有以惑之始. 人主憂勤, 則心莊氣肅, 而一身和, 下無怨詛, 而天下和壽, 所以長也. 人主逸樂, 則心有所蠱壞, 而一自失其和, 邪說進, 小人怨殺戮肆行, 而天下失其和. 此壽所以短也. 惟言人主之壽, 下及小人怨詈之情, 可謂深切矣.)"

131) 『서경대전(書經大全)』, 「주서(周書)」·「무일(無逸)」: "하씨가 말하였다 : '앞에서 원망하고 꾸짖는 것에는 오히려 한계가 있다. 여기에 와서는 천하에 두루 하고 원망을 하나로 했으니, 원망이 하나의 자신에게 모이는 것이다. 백성들의 분위기가 이와 같으면 오래도록 재위에 있고 싶어도 할 수 있겠는가? 이런 의미는 대개 말 밖에 있는 것이다.'(夏氏曰 : 向之怨詈, 猶有限也. 至此普同怨, 是怨叢於一自矣. 民氣如此, 欲享國長久得乎. 此意蓋在言外也.)"

대체로 「무일(無逸)」의 글은 소민(小民)의 의지함을 아는 것으로 한 편의 강령을 삼았고, 여기의 장에서는

詳說

○ 嗚呼, 以下.

'오호(嗚呼)' 이하이다.132)

集傳

則申言既知小人之依, 則當蹈其知也. 三宗文王, 能蹈其知, 故其胷次寬平, 人之怨詈, 不足以芥蔕其心,

이미 소민(小民)의 의지함을 알았으면 마땅히 그 앎을 실천해야 함을 거듭 말하였다. 삼종(三宗)과 문왕(文王)은 그 앎을 그대로 실천하였기 때문에 그 가슴 속이 너그럽고 화평하고, 사람들의 원망과 꾸짖음이 그 마음에 그다지 응어리지지 않으니,

詳說

○ 音帝.

'체(蔕)'는 음이 '체(帝)'이다.

○ 漢書註曰 : "刺鯁也."

『한서』의 주에서 말하였다 : "'개체(芥蔕)'는 찔러서 가시가 박히게 하는 것이다."

集傳

如天地之於萬物, 一於長育而已,

마치 천지(天地)가 만물에 대해 한결같이 장육(長育)할 뿐인 것과 같으니,

詳說

---

132) 『서경대전(書經大全)』, 「주서(周書)」·「무일-16(無逸-16)」 : "주공(周公)이 말씀하였다. 아! 은왕(殷王) 중종(中宗)에서 고종(高宗)과 조갑(祖甲)과 우리 주문왕(周文王)까지 이 네 분이 명철한 지혜를 실천하였습니다.'(周公曰, 嗚呼, 自殷王中宗, 及高宗, 及祖甲, 及我周文王, 玆四人迪哲.)"

○ 上聲.
'장(長)'은 상성이다.

集傳

其悍疾憤戾,
미워하고 분해함을

詳說

○ 如呵風罵雨.
바람을 꾸짖고 비를 욕하는 것과 같다.

集傳

天豈私怒於其間哉, 天地以萬物爲心, 人君以萬民爲心. 故君人者, 要當以民之怨詈爲己責, 不當以民之怨詈爲己怒, 以爲己責, 則民安而君亦安, 以爲己怒, 則民危而君亦危矣. 吁可不戒哉
하늘이 어찌 그 사이에 사사로이 노여워하겠는가! 천지는 만물로 마음을 삼고, 인군은 만민으로 마음을 삼는다. 그러므로 임금이 된 자는 요컨대 백성들의 원망과 꾸짖음을 자기의 책임으로 삼아야 하고, 백성의 원망과 꾸짖음을 자기의 노여움으로 삼아서는 안 되니, 자기의 책임으로 삼으면 백성들이 편안하여 군주 또한 편안하고, 자기의 노여움으로 삼으면 백성들이 위태로워 군주 또한 위태롭다. 아! 경계하지 않을 수 있겠는가!

詳說

○ 大抵, 以下, 論也.
'대저(大抵)' 이하는 경문의 의미 설명이다.

○ 呂氏曰 : "無逸, 始以逸豫爲戒, 終以棄忠言, 惑邪說, 壞法度, 治誹謗, 結之, 所以保無逸者, 不過戒是數者也."
여씨(呂氏)가 말하였다 : "「무일(無逸)」에서 비로소 편안히 놀고 즐기는 것을 경계하고, 끝내 충언을 버리고 나쁜 말에 미혹되며 법도를 무너뜨리고 비방을 다스리는 것으로 매듭지었는데, 무일을 보전하는 것은 여기 몇 가지를 경계하는 것에 불과할 뿐이다."133)

[11-4-15-19]
周公曰, 嗚呼, 嗣王, 其監于茲.

주공(周公)이 말씀하였다. "아! 사왕(嗣王)은 이것을 잘 살펴보소서."

集傳

茲者, 指上文而言也. 無逸一篇, 七章, 章首, 皆先致其咨嗟永歎之意, 然後及其所言之事, 至此章, 則於嗟歎之外, 夐無他語, 惟以嗣王其監于茲結之, 所謂言有盡, 而意則無窮, 成王得無深警於此哉

이것[茲]은 위의 글을 가리켜 말한 것이다.「무일(無逸)」한 편은 일곱 장(章)인데, 장(章) 첫머리에는 모두 먼저 자차영탄(咨嗟詠歎)하는 뜻을 지극히 하고 그런 뒤에야 말하려는 바의 일을 언급하였으며, 이 장(章)에 와서는 차탄(嗟歎)하는 것 외에 달리 딴 말이 없고 오직 사왕(嗣王)은 이것을 살펴보라는 말로 끝을 맺었으니, 이른바 '말은 다함이 있으나 뜻은 무궁하다.'는 것이니, 성왕(成王)이 이에 깊이 경계함이 없겠는가!

詳說

○ 無逸, 以下, 論也.
'무일(無逸)' 이하는 경문의 의미 설명이다.

○ 董氏鼎曰 : "此篇挈所其無逸, 以爲之綱, 而分先知稼穡艱難, 與不知艱難, 以爲之目, 此一書之大旨也."
동씨 정(董氏鼎)134)이 말하였다 : "여기의 편에서는 무일을 거느리고 그것으로

---

133) 『서경대전(書經大全)』, 「주서(周書)」·「무일(無逸)」 : "여씨가 말하였다 : 「무일(無逸)」에서 비로소 편안히 놀고 즐기는 것을 경계하고, 끝내 충언을 버리고 나쁜 말에 미혹되며 법도를 무너뜨리고 비방을 다스리는 것으로 매듭지었다. 오직 무일한 다음에 이런 병통을 제거할 수 있으니, 무일을 보전하는 것은 여기 몇 가지를 경계하는 것에 불과하다.'(呂氏曰 : 無逸, 始以逸豫爲戒, 終則以棄忠言, 惑邪說, 壞法度, 治誹謗, 結之. 惟無逸, 然後能去是病, 而所以保無逸者, 亦不過戒是數者也.)"

134) 동정(董鼎, ?~?) 원나라 요주(饒州) 파양(鄱陽) 사람으로 자는 계형(季亨)이고, 별호는 심산(深山)이다. 동몽정(董夢程)의 먼 친척이고, 주희(朱熹)의 재전제자(再傳弟子)다. 황간(黃榦), 동수(董銖)를 사숙했다. 저서에 『서전집록찬소(書傳輯錄纂疏)』와 『효경대의(孝經大義)』가 있다. 『서전집록찬소』는 여러 학자의 설을 두루 모아 어느 한 사람의 설에만 얽매이지 않았다고 평가된다.

강령을 삼고, '가색의 어려움을 먼저 아는 것'135)과 '어려움을 모르는 것을 나눠 그것으로 조목을 삼았으니, 여기 한 책의 큰 뜻이다."136)

---

135) 『서경대전(書經大全)』, 「주서(周書)」·「무일2(無逸2)」, "먼저 가색(稼穡)의 어려움을 알고서 편안히 여기면 소인들의 의지함을 알 것입니다.(先知稼穡之艱難, 乃逸, 則知小人之依.)"
136) 『서경대전(書經大全)』, 「주서(周書)」·「무일(無逸)」 : "동씨 정이 말하였다 : '여기의 편에서는 무일을 거느리고 그것으로 강령을 삼고, 「가색의 어려움을 먼저 아는 것」과 '어려움을 모르는 것을 나눠 그것으로 조목을 삼았으니, 여기 한 책의 큰 뜻이다. 상나라의 세 임금은 먼저 어려움을 알았던 자들이고, 후왕이 나와서는 편안하게 지내는 것은 어려움을 모르는 것이다. ….'(董氏鼎曰: 此篇挈所其無逸, 以為之綱, 而分先知稼穡艱難, 與不知艱難, 以為之目, 此一書之大旨也. 商三君先知艱難者也, 後王生則逸, 不知艱難者也. ….)"

[11-4-16]
「군석(君奭)」

集傳

召公告老而去, 周公留之. 史氏錄其告語爲篇, 亦誥體也.
소공이 늙었음을 고하고 떠나감에 주공이 만류했다. 사관이 고한 말씀을 기록하여 편을 만든 것도 고체(誥體)이다.

詳說

○ 此則人臣自相誥也.
이것은 신하들이 스스로 서로 고한 것이다.

集傳

以周公首呼君奭, 因以君奭名篇. 篇中語多未詳.
주공이 맨 첫머리에서 군석(君奭)을 부른 것을 가지고 그것에 따라 군석으로 편명을 삼았다. 편 가운데에 상세하지 않은 말이 많다.

詳說

○ 新安陳氏曰 : "盤誥聲牙, 君奭尤甚多不可解. 惟留召公之意, 可想耳, 得其大意可也."
신안 진씨(新安陳氏)가 말하였다 : "「반고(盤誥)」[137]는 읽기가 어려운데 「군석」은 더욱 알 수 없는 곳이 아주 많다. 오직 소공을 머물게 하려는 뜻만 상상할 수 있을 뿐이어도 큰 의미를 얻은 것으로는 가하다."[138]

集傳

---

137) 「반고(盤誥)」 : 은반(殷盤)과 주고(周誥)의 준말로, 고문(古文) 중 난해하기로 이름난 『서경(書經)』「상서(商書)」의 「반경(盤庚)」 상(上), 중(中), 하(下) 세 편과 「주서(周書)」의 「대고(大誥)」, 「강고(康誥)」, 「주고(酒誥)」, 「소고(召誥)」, 「낙고(洛誥)」 다섯 편을 합해서 일컫는 말이다.
138) 『서경대전(書經大全)』, 「주서(周書)」· 「군석(君奭)」 : "신안 진씨가 말하였다 : '「반고(盤誥)」는 읽기가 어려운데 「군석」은 더욱 알 수 없는 곳이 아주 많다. 오직 소공을 머물게 하려는 뜻만 상상할 수 있을 뿐이니. 여러 설명에서 대략이라도 통할 수 있는 것을 선택하고 통할 수 없는 것을 제쳐놔도 된다.'(新安陳氏曰 : 盤誥聲牙, 君奭尤甚多不可解. 惟留召公之意, 可想耳, 姑采衆說之略通者, 而缺其不可通者, 可也.)"

今文古文皆有. ○ 按, 此篇之作, 史記
금문(今文)과 고문(古文)에 모두 있다. ○ 살펴보건대 이 편을 짓게 된 것에 대해 『사기』에서는

詳說

○ 燕世家.
「연세가(燕世家)」이다.

集傳

謂召公疑周公當國踐阼,
"소공이 주공이 나라를 맡아 천자의 자리에 즉위할 것을 의심했기 때문이다."라고 하였고,

詳說

○ 阼通
'조(祚)'는 '조(阼)'와 통한다.

○ 是三叔之見也. 召公豈有是也.
이것은 삼숙의 소견이다. 소공에게 어찌 이런 것이 있겠는가?

集傳

唐孔氏, 謂召公以周公嘗攝王政, 今復在臣位,
당나라 공씨는 "소공이 주공이 일찍이 왕정(王政)을 대리했었는데, 이제 다시 신하의 지위에 있게 되었기 때문이다."라고 하였으며,

詳說

○ 此下闕, 故意不說四字.
이 아래는 제쳐놨으니, 고의로 네 글자를 설명하지 않았다.

○ 朱子曰, "召公, 蓋以周公歸政之後, 不當復留而已, 亦老而當去."
주자(朱子)[139]가 말하였다: "소공은 대개 주공이 정사를 돌려준 뒤에 다시 머

물러서는 안되고, 또 늙어서 떠나야 했기 때문이다."140)

集傳

葛氏謂召公未免常人之情, 以爵位先後

갈씨(葛氏)는 "소공이 일반 사람들의 심정을 벗어나지 못하여 작위의 선후를 가지고

詳說

○ 師保.

사(師)와 보(保)였다.

集傳

介意. 故周公作是篇以諭之, 陋哉. 斯言 要皆爲序文所誤.

개의하였다. 그러므로 주공이 이 편을 지어 깨우친 것이다."라고 하였으니, 누추하다. 이 말은. 요컨대 모두 서문(序文) 때문에 잘못된 것이다.

詳說

○ 序曰, 召公爲保, 周公爲師, 相成王爲左右, 召公不說.

「서」에서 말하였다 : "소공은 보(保)로 주공은 사(師)로 성왕을 돕기를 좌우로 하였는데, 소공은 기뻐하지 않았다."

---

139) 주희(朱熹, 1130~1200) : 자는 원회(元晦)·중회(仲晦)이고, 호는 회암(晦庵)·회옹(晦翁)·고정(考亭)·자양(紫陽)·둔옹(遯翁) 등이다. 송대 무원(婺源 : 현 강서성 무원현) 사람으로 건양(建陽 : 현 복건성 건양현)에서 살았다. 1148년에 진사에 급제하여 동안주부(同安主簿)·비서랑(秘書郎)·지남강군(知南康軍)·강서제형(江西提刑)·보문각대제(寶文閣待制)·시강(侍講) 등을 역임하였다. 스승 이동(李侗)을 통해 이정(二程)의 신유학을 전수받고, 북송 유학자들의 철학사상을 집대성하여 신유학의 체계를 정립하였다. 1179~1181년 강서성(江西省) 남강(南康)의 지사(知事)로 근무하면서 9세기에 건립되어 10세기에 번성했다가 폐허가 된 백록동서원(白鹿洞書院)을 재건했다. 만년에 이르러 정적(政敵)인 한탁주(韓侂)의 모함을 받아 죽을 때까지 정치활동이 금지되고 그의 학문이 거짓 학문으로 폄훼를 받다가 그가 죽은 뒤에 곧 회복되었다. 저서로는 『정씨유서(程氏遺書)』, 『정씨외서(程氏外書)』, 『이락연원록(伊洛淵源錄)』, 『고금가제례(古今家祭禮)』, 『근사록(近思錄)』 등의 편찬과 『사서집주(四書集注)』, 『서명해(西銘解)』, 『태극도설해(太極圖說解)』, 『통서해(通書解)』, 『사서혹문(四書或問)』, 『시집전(詩集傳)』, 『주역본의(周易本義)』, 『역학계몽(易學啓蒙)』, 『효경간오(孝經刊誤)』, 『소학서(小學書)』, 『초사집주(楚辭集注)』, 『자치통감강목(資治通鑑綱目)』, 『팔조명신언행록(八朝名臣言行錄)』 등이 있다. 막내아들 주재(朱在)가 편찬한 『주문공문집(朱文公文集)』(100권, 속집 11권, 별집 10권)과 여정덕(黎靖德)이 편찬한 『주자어류(朱子語類)』(140권)가 있다.

140) 『서경대전(書經大全)』, 「주서(周書)」·「군석(君奭)」 : "또 말하였다 : '소공이 기뻐하지 않은 것은 대개 주공이 정사를 돌려준 뒤에 다시 머물러서는 안된다고 여겼고 또 늙어서 떠나야 했기 때문이다. ….(又曰, 召公不悅. 蓋以爲周公歸政之後, 不當復留而已, 亦老而當去. ….)"

|集傳|

獨蘇氏謂召公之意, 欲周公告老而歸, 爲近之. 然詳本篇旨意, 召公自以盛滿難居, 欲避權位, 退老厥邑, 周公反復告諭以留之爾,
다만 소씨(蘇氏)가 "소공의 뜻은 주공이 늙었음을 고하고 돌아가기를 바란 것이다."라고 하였으니, 이 말이 이치에 가깝다. 그런데 본편(本篇)의 뜻을 살펴보면, 소공이 스스로 가득 차서 머물기 어렵다고 생각해서 권력과 지위를 피하고 물러가 그 고을에서 늙고자 하니, 주공이 반복해서 고유하며 만류한 것이다.

|詳說|

○ 覆同. 一作覆.
'복(復)'은 '복(覆)'과 같다. 어떤 판본에는 '복(覆)'으로 되어 있다.

○ 朱子曰 : "說朝廷, 不可無老臣."
주자가 말하였다 : "조정을 말함에는 노신이 없어서는 안 된다."

○ 程子曰 : "使召公謀所以裕己也."
정자(程子)가 말하였다 : "소공이 그 자신에게 관대하게 하도록 꾀한 것이다."[141]

|集傳|

熟復而詳味之, 其義固可見也.
익숙하게 반복하고 자세하게 음미해보면 그 뜻을 진실로 알 수 있다.

|詳說|

○ 呂氏曰 : "洛邑成而周公告歸, 成王留之, 召公亦欲退, 而周公力留之."
여씨(呂氏)가 말하였다 : "낙읍이 완성되어 주공이 돌아가기를 고하니 성왕이 만류하였고, 소공도 물러나고자 해서 주공이 힘써 머무르게 한 것이다."[142]

---

[141] 『서경대전(書經大全)』, 「주서(周書)」·「군석(君奭)」 : "정자가 말하였다 : '사(師)와 보(保)의 직임은 옛사람들이 어렵게 여겼다. 그러므로 소공이 기뻐하지 않은 것은 감히 보(保)에 편안할 수 없기 때문이다. 주공이 서를 지어 권면했으니, 옛날에 임금이 다스림을 이룰 수 있는 것은 모두 그 신하들에게 의지했다고 여기고, 소공이 그 자신에게 관대하게 하도록 꾀한 것이다.'(程子曰 : 師保之任, 古人難之. 故召公不悅者, 不敢安於保也. 周公作書以勉之, 以爲在昔人君所以致治者, 皆賴其臣, 而使召公謀, 所以裕己也.)"

[11-4-16-1]

周公若曰, 君奭.

주공이 대략 다음과 같이 말씀하였다. "군석(君奭)아!

詳說

○ 奭, 音適, 下並同.
'석(奭)'은 음이 '적(適)'으로 아래에서도 모두 같다.

集傳

君者, 尊之之稱. 奭, 召公名也. 古人尚質, 相與語, 多名之.
군(君)은 높이는 칭호이다. 석(奭)은 소공(召公)의 이름이니, 옛사람들은 질박함을 숭상하여 서로 말할 때에 대부분 이름을 불렀다.

[11-4-16-2]

弗弔, 天降喪于殷, 殷旣墜厥命, 我有周旣受. 我不敢知, 曰厥基, 永孚于休. 若天棐忱. 我亦不敢知, 曰其終, 出于不詳.

하늘에게 가엾게 여김을 받지 못하여, 하늘이 은나라에 망함을 내려 은나라가 이미 천명을 실추하였으므로 우리 주나라가 천명을 받아버렸던 것이다. 내 감히 알 수 없노니, 그 기업이 길이 아름다움에 진실할 것인가? 과연 하늘이 우리의 정성을 도와줄 것인가? 나 또한 감히 알 수 없노니, 그 종말에 불상(不祥)으로 나올 것인가?

詳說

○ 喪, 去聲.
'상(喪)'은 거성이다.

---

142) 『서경대전(書經大全)』, 「주서(周書)」· 「군석(君奭)」 : "여씨가 말하였다 : '….' 또 말하였다 : '공이 이루어지면 거해서는 안된다. 낙읍이 완성되어 주공이 돌아가기를 고하니, 소공도 이와 같은 마음일 뿐이었다. 그 후 성왕이 주공을 만류하였고, 주공이 빠르게 고쳤다. 소공은 여전히 물러나고자 하는 마음을 지켜서 주공이 힘써 머무르게 한 것이다. ….'(呂氏曰 : …. 又曰 : 成功不可居. 洛邑成而周公告歸, 召公, 亦如此心也. 已而成王留周公, 周公幡然改矣. 召公猶守欲退之心也, 周公遂力留之. ….)"

集傳

不祥者, 休之反也.
불상(不祥)은 아름다움의 반대이다.

詳說

○ 臨川吳氏曰 : "命之去也."
임천 오씨(臨川吳氏)가 말하였다 : "명의 떠남이다."143)

集傳

天旣下喪亂于殷,
하늘이 이미 은나라에 망함을 내려

詳說

○ 吳氏曰 : "述殷之喪亂, 亦曰弗弔, 聖賢公天下之心也."
오씨(吳氏)가 말하였다 : "은나라의 망함을 기술하면서 또한 '가엽게 여김을 받지 못했다.'고 말한 것은 성현이 천하에 공평한 마음이다."144)

○ 歎憫之辭也.

---

143) 『서경대전(書經大全)』, 「주서(周書)」·「군석(君奭)」 : "임천 오씨가 말하였다 : '불행하게도 하늘이 은나라에 망하는 화를 크게 내리니, 은나라가 함께 하는 명을 실추한 다음에 나에게는 주나라가 그것을 받은 것이 있는 것이다. 그러나 천명은 믿을 수 없으니, 덕이 있으면 언제나 머무르고, 덕이 없으면 돌아서 떠난다. 「진실[孚]」은 실제로 감하고 실제로 응하는 것으로 길이 아름다움에 진실한 것이니, 명의 머무름이다. 「불상(不祥)」은 아름다움의 반대로 상서롭지 않은 것으로 나가는 것이니, 명의 떠나감이다. 우리 주나라가 이미 천명을 가졌다고 말할지라도 그 기반이 반드시 장구할지는 내가 감히 알 수 없다는 말이다. 하늘은 믿을 수 있는 것이 아니라고 말할지라도 그 끝에 반드시 실추하게 되지 않을지는 내가 또한 감히 알 수 없다는 말이다.'(臨川吳氏曰 : 不幸天大降喪亡之禍于殷, 殷旣墜共命, 而我有周旣受之矣. 然天命難諶, 有德則常留, 無德則旋去. 孚者, 以實感以實應也. 永孚于休, 命之留也. 不祥者, 休之反, 出于不祥, 命之去也. 雖曰我周旣有天命, 然謂其基必可長久我所不敢知也. 雖曰天非可信, 然謂其終必至失墜, 我亦不敢知也.)"

144) 『서경대전(書經大全)』, 「주서(周書)」·「군석(君奭)」 : "여씨(呂氏)가 말하였다 : '후세의 사사롭게 본 것에서는 은나라의 화가 주나라의 복이니, 은나라의 망함을 기술하면서 또한 「가엽게 여김을 받지 못했다.」고 말한 것은 성현이 천하에 공평한 마음이다. 사람이 하늘에 대해 혹 믿고 스스로 수양하지 않고 혹 두려워서 스스로 굳세게 하지 않는다. 「길이 아름다움에 진실할 것인가?」라고 한 것은 믿고서 스스로 수양하지 않은 것인데, 하늘이 자신에게 복되지 않게 하는 것이라고 여긴 것이고, 「그 종말에 불상(不祥)으로 나올 것인가?」라고 한 것은 두려워서 스스로 굳세게 하지 않은 것인데, 하늘은 반드시 자신에게 화되게 하는 것이라고 여긴 것이니, 모두 틀린 것이다.'(呂氏曰 : 自後世之私觀之, 殷之禍, 周之福也, 述殷之喪亡, 亦曰弗弔, 聖賢公天下之心也. 人之於天或恃而不自修, 或懼而不自强. 謂永孚于休, 恃而不自修也, 意天不福已也. 謂終出不祥, 懼而不自强也, 意天必禍已也, 皆非也.)"

탄식하며 불쌍하게 여기는 말이다.

> 集傳
>
> **殷旣失天命, 我有周旣受之矣. 我不敢知, 曰其基業長信於休美乎.**
> 은(殷)나라가 이미 천명(天命)을 잃었으니 우리 주(周)나라가 받아버렸던 것이다. 내 감히 알 수 없노니, 그 기업이 길이 아름다움에 진실한 것인가?

> 詳說
>
> ○ 孚.
> '신(信)'은 경문에서 '부(孚)'이다.

> 集傳
>
> **如天果輔我之誠耶.**
> 하늘이 과연 우리의 정성을 도와줄 것인가?

> 詳說
>
> ○ 棐
> '보(輔)'는 경문에서 '비(棐)'이다.
>
> ○ 忱.
> '성(誠)'은 경문에서 '침(忱)'이다.

> 集傳
>
> **我亦不敢知, 曰其終果出於不祥乎.**
> 나 또한 감히 알 수 없노니, 그 종말에 과연 불상(不祥)으로 나올 것인가?

> 詳說
>
> ○ 得無如商之墜命乎.
> 상나라가 명을 실추한다는 것과 같지 않은가!

○ 新安陳氏曰 : "與召誥不敢知, 曰有歷年不其延, 語脈同."

신안 진씨(新安陳氏)가 말하였다 : "「소고」에서 '나는 감히 알지 못하노니, 역년을 둘 것인지 연장하지 못할 것인가?'145)라는 것과 어투가 같다."146)

集傳

○ 按, 此篇周公留召公而作, 此其言天命吉凶, 雖曰我不敢知, 然其懇惻危懼之意, 天命吉凶之決, 實主於召公留不留如何也.

내가 살펴보건대, 이 편은 주공(周公)이 소공(召公)을 만류하기 위하여 지은 것이니, 여기에 "천명(天命)의 길흉을 비록 내 감히 알 수 없다."고 말하였으나 간측(懇惻)하고 위구(危懼)한 뜻은 천명(天命)의 길흉의 결정이 실로 소공(召公)이 머무느냐 머물지 않느냐 어떤 한 것인지에 주장됨을 말씀한 것이다.

[11-4-16-3]

嗚呼, 君已曰, 時我, 我亦不敢寧于上帝命, 弗永遠念天威, 越我民罔尤違, 惟人. 在我後嗣子孫, 大弗克恭上下, 遏佚前人光, 在家不知.

아! 군(君)이 이미 '이는 우리들에게 달려 있다'라고 하였으니, 나 또한 감히 상제의 명을 편안히 여겨 하늘의 위엄이 우리 백성들에게 원망하고 위배하는 때가 없음을 길이 생각하지 않을 수 없나니, 이는 사람에게 달려 있을 뿐이다. 우리 후사의 자손에 있어 크게 상하를 공경하지 못하여 전인(前人)의 빛나는 업적을 끊고 실추하면 집에 있으면서 모른다고 하겠는가!

詳說

---

145) 『서경대전(書經大全)』, 「주서(周書)」·「소고-17(「召誥-17」) : "나는 하나라를 살펴보지 않을 수 없으며 또한 은나라를 살펴보지 않을 수 없다. 나는 감히 알지 못하노니 하나라가 천명을 간직하여 역년(歷年)을 둘 것인가? 나는 감히 알지 못하노니 연장하지 못할 것인가? 오직 덕을 공경하지 아니하여 일찍 천명을 실추하였습니다. 나는 감히 알지 못하노니 은나라가 천명을 받아 역년을 둘 것인가? 나는 감히 알지 못하노니 연장하지 못할 것인가? 오직 덕을 공경하지 아니하여 일찍 천명을 실추하였습니다.(我不可不監于有夏, 亦不可不監于有殷, 我不敢知, 曰有夏服天命, 惟有歷年, 我不敢知, 曰不其延. 惟不敬厥德, 乃早墜厥命. 我不敢知, 曰有殷 受天命, 惟有歷年. 我不敢知, 曰不其延. 惟不敬厥德, 乃早墜厥命.)"

146) 『서경대전(書經大全)』, 「주서(周書)」·「군석(君奭)」: "신안 진씨가 말하였다 : '「여기의 몇 구는 「소고」에서 「나는 감히 알지 못하노니, 역년을 둘 것인지 연장하지 못할 것인가?」라는 것과 어투가 대략 같다.'(新安陳氏曰 : 此數句, 與召誥不敢知曰, 有歷年不其延, 語脈略同.)

○ 越, 一作曰.

'월(越)'은 어떤 판본에는 '왈(曰)'로 되어 있다.

集傳

尤, 怨, 違, 背也.

우(尤)는 원망함이고, 위(違)는 위배함이다.

詳說

○ 音佩, 下同.

'배(背)'는 음이 '패(佩)'로 아래에서도 같다.

集傳

周公歎思言. 召公已嘗曰, 是在我而已,

주공이 탄식하고 말한 것이다. 소공이 이미 일찍이 "이는 우리들에게 달려 있을 뿐이다."라고 말씀하니,

詳說

○ 新安陳氏曰 : "其責在我."

신안 진씨(新安陳氏)가 말하였다 : "그 책임이 우리에게 있다는 것이다."[147]

---

147) 『서경대전(書經大全)』, 「주서(周書)」·「군석(君奭)」 : "신안 진씨가 말하였다 : '주공은 소공이 이전에 한 말을 들어 질정하며 말하기를 「군께서 이미 말한 것은 그 책임이 우리에게 있다.」는 것이다. 주공은 자신의 의도를 꾀하여 나 역시 감히 천명을 편안히 여겨 하늘의 위엄과 우리 백성이 원망하고 위배함이 없음을 길이 생각하지 않을 수 없다.」고 했다. 만약 정말 버리고 떠남에 가령 우리 후사와 자손들이 도움이 없어 크게 하늘을 공경하고 백성을 공경하지 않아 전인의 빛나는 업적을 끊고 잃어버리게 될 경우, 이때에 우리들이 늙음에 물러나 집에 있는 것으로 핑계를 대면, 천명이 보전하기 쉽지 않고 천은 신임할 수 없음을 몰랐다는 것이다. 명을 실추할 수도 있는 것은 사군(嗣君)의 섭력이 깊지 않아 경력해서 전인의 공손히 하고 밝힌 덕을 이어받지 못했기 때문이다. 내가 능히 바로잡음을 두지 못해 내가 인도함은 오직 전인의 광대한 덕으로우리 충자에게 베풀려하는 것일 뿐이다. 베푼다는 것은 『시경』에서 이른바 「자손에게 뻗히셨도다.」는 것과 같다. 여기 장에서의 대의는 오늘에 천명과 인심은 아직 견고하지 않고, 성왕의 경력이 아직 깊지 않으니, 이른바 전인의 빛남을 이어받는 것으로 보좌하고 세덕을 연장하며 천명을 확고하게 하려면 우리들이 머물러야 하고 떠나서는 안된다는 것이다. 여기 편의 어구에는 대부분 깨닫기 어려우니 오직 대의를 얻는 것만으로도 괜찮다.'(新安陳氏曰 : 周公舉召公前日之言以質之謂, 君昔已嘗言是其責在我矣. 周公自術己意, 謂我亦不敢安於天命, 而不永遠念天威, 及我民之無怨尤違背也. 若果委之而去, 使我後嗣子孫無所輔助, 將大不能敬天敬民, 而至於遏佚前人之光顯, 此時吾等可諉以退, 老在家, 而不知乎天命不易保天難諶信. 恐其墜命者, 以嗣君涉歷未深, 弗能經歷而嗣前人恭明之德故也. 我非能有正, 我所啟迪, 惟以前人光用之德, 施及於我冲子而已. 施, 如詩所謂施于孫子. 此章大意, 謂今日天命人心未為固, 成王經歷未為深, 所謂輔之以嗣前人之光, 延長世德, 凝固天命, 吾等當留而不當去也. 此篇語句, 多有難曉, 只得其大意可也.)"

集傳

周公謂我亦不敢苟安天命, 而不永遠念天之威, 於我民, 無尢怨背違之時也.

주공이 "나 또한 감히 구차히 천명(天命)을 편안히 여겨 하늘의 위엄이 우리 백성들에게 원망하고 위배하는 때가 없음을 길이 생각하지 않을 수 없다."라고 하였다.

詳說

○ 越.

'어(於)'는 경문에서 '월(越)'이다.

○ 朱子曰 : "及也."

주자가 말하였다 : "'급(及)'이다."

○ 按, 此與後節天越民之越字, 不當異同看耳.

살펴보건대, 여기와 뒤의 절에서 '천월민(天越民)'[148]에서의 '월(越)'은 일치하지 않는 것으로 보지 말아야 한다.

○ 罔.

'무(無)'는 경문에서 '망(罔)'이다.

集傳

天命民心, 去就無常,

천명(天命)과 민심(民心)은 거취가 일정하지 아니하여

詳說

○ 二句, 申釋.

두 구는 거듭 해석한 것이다.

---

[148] 『서경대전(書經大全)』, 「주서(周書)」·「군석-22(君奭-22)」: "공이 말씀하였다. '군(君)아! 내 이치에 순하지 못하고서 이와 같이 고하기를 많이 하겠는가! 나는 이것으로써 하늘과 백성을 걱정하노라.(公曰, 君, 予不惠, 若茲多誥. 予惟用閔于天越民.)"

集傳

實惟在人而已. 今召公乃忘前日之言, 翻然求去,
실로 사람에게 달려 있을 뿐이다. 이제 소공(召公)이 마침내 전일(前日)의 말을 잊고 번연(翻然)히 떠나기를 구하니,

詳說

○ 添二句.
두 구를 더하였다.

集傳

使在我
만일 우리

詳說

○ 我國家.
우리 국가이다.

集傳

後嗣子孫, 大不能敬天
후사의 자손에 있어 크게 하늘을 공경하고

詳說

○ 上.
하늘은 경문에서 '상(上)'이다.

集傳

敬民,
백성을 공경하지 못해서

詳說

○ 下.

백성은 경문에서 '하(下)'이다.

集傳

驕慢肆侈, 遏絶佚墜文武

교만하고 사치하여 문왕(文王)·무왕(武王)의

詳說

○ 前人.

문왕과 무왕은 경문에서 '전인(前人)'이다.

集傳

光顯, 可得謂在家而不知乎.

빛나는 업적을 끊고 실추한다면 집에 있으면서 모른다고 말할 수 있겠는가!

詳說

○ 新安陳氏曰 : "諉以退老."

신안 진씨(新安陳氏)가 말하였다 : "늙음에 물러난 것으로 핑계를 대는 것이다."149)

---

149) 『서경대전(書經大全)』, 「주서(周書)」·「군석(君奭)」 : "신안 진씨가 말하였다 : '주공은 소공이 이전에 한 말을 들어 질정하며 말하기를「군께서 이미 말한 것은 그 책임이 우리에게 있다.」는 것이다. 주공은 자신의 의도를 꾀하여 나 역시 감히 천명을 편안히 여겨 하늘의 위엄과 우리 백성이 원망하고 위배함이 없음을 길이 생각하지 않을 수 없다.」고 했다. 만약 정말 버리고 떠남에 가령 우리 후사와 자손들이 도움이 없어 크게 하늘을 공경하고 백성을 공경하지 않아 전인의 빛나는 업적을 끊고 잃어버리게 될 경우, 이때에 우리들이 늙음에 물러나 집에 있는 것으로 핑계를 대면, 천명이 보전하기 쉽지 않고 천은 신임할 수 없음을 몰랐다는 것이다. 명을 실추할 수도 있는 것은 사군(嗣君)의 섭력이 깊지 않아 경력해서 전인의 공손히 하고 밝힌 덕을 이어받지 못했기 때문이다. 내가 능히 바로잡음을 두지 못해 내가 인도함은 오직 전인의 광대한 덕으로우리 충자에게 베풀려하는 것일 뿐이다. 베푼다는 것은 『시경』에서 이른바「자손에게 뻗치셨도다.」는 것과 같다. 여기 장에서의 대의는 오늘에 천명과 인심은 아직 견고하지 않고, 성왕의 경력이 아직 깊지 않으니, 이른바 전인의 빛남을 이어받는 것으로 보좌하고 세덕을 연장하며 천명을 확고하게 하려면 우리들이 머물러야 하고 떠나서는 안된다는 것이다. 여기 편의 어구에는 대부분 깨닫기 어려우니 오직 대의를 얻는 것만으로도 괜찮다.'(新安陳氏曰 : 周公舉召公前日之言以質之謂, 君昔已嘗言是其責在我矣. 周公自術己意, 謂我亦不敢安於天命, 而不永遠念天威, 及我民之無怨尤違背也. 若果委之而去, 使我後嗣子孫無所輔助, 將大不能敬天敬民, 而至於遏佚前人之光顯, 此時吾等可諉以退, 老在家, 而不知乎天命不易保天難諶信. 恐其墜命者, 以嗣君涉歷未深, 弗能經歷而嗣前人恭明之德故也. 我非能有正, 我所啟迪, 惟以前人光明之德, 施及於我冲子而已. 施, 如詩所謂施于孫子. 此章大意, 謂今日天命人心未為固, 成王經歷未為深, 所謂輔之以嗣前人之光, 延長世德, 凝固天命, 吾等當留而不當去也. 此篇語句, 多有難曉, 只得其大意可也.)"

[11-4-16-4]
>天命不易, 天難諶, 乃其墜命, 弗克經歷嗣, 前人恭明德.

천명은 보전하기가 쉽지 않아 하늘을 믿기 어려우니, 천명을 실추함은 전인이 공손히 하고 밝힌 덕을 경력하여 계승하지 못하기 때문이다.

詳說
○ 易, 去聲, 諶, 諺音誤.
  '이(易)'은 거성이고, '심(諶)'은 『언해』의 음이 잘못되었다.

集傳
天命不易, 猶詩
천명불이(天命不易)는 『시경(詩經)』에서

詳說
○ 敬之.
  「경지(敬之)」이다.

集傳
曰命不易哉. 命不易保, 天難諶信乃, 其墜失天命者, 以不能經歷繼嗣前人之恭明德也.
"명(命)은 보전하기가 쉽지 않다."는 것과 같다. 천명(天命)은 보존하기가 쉽지 않아 하늘을 믿기 어려우니, 천명(天命)을 실추하는 것은 전인(前人)이 공손히 하고 밝힌 덕(德)을 경력(經歷)하여 계승하지 못하기 때문이다.

詳說
○ 躬行而體驗之.
  '경력(經歷)'은 궁행하고 몸소 체험한 것이다.

○ 新安陳氏曰:"恭明之德也."
  신안 진씨(新安陳氏)가 말하였다 : "공손히 하고 밝힌 덕이다."[150]

○ 添以字.
'이(以)'자를 더하였다.

集傳
吳氏曰, 弗克恭
오씨(吳氏)가 말하였다. "능히 공손하지 못하기

詳說
○ 上節.
위의 절이다.

集傳
故不能嗣前人之恭德, 遏佚前人光,
때문에 전인의 공손한 덕을 잇지 못하고, 전인의 빛나는 업적을 끊고 실추하기

詳說
○ 上節.
위의 절이다.

---

150) 『서경대전(書經大全)』, 「주서(周書)」·「군석(君奭)」 : "신안 진씨가 말하였다 : '주공은 소공이 이전에 한 말을 들어 질정하며 말하기를 「군께서 이미 말한 것은 그 책임이 우리에게 있다.」는 것이다. 주공은 자신의 의도를 꾀하여 나 역시 감히 천명을 편안히 여겨 하늘의 위엄과 우리 백성이 원망하고 위배함이 없음을 길이 생각하지 않을 수 없다.」고 했다. 만약 정말 버리고 떠남에 가령 우리 후사와 자손들이 도움이 없어 크게 하늘을 공경하고 백성을 공경하지 않아 전인의 빛나는 업적을 끊고 잃어버리게 될 경우, 이때에 우리들이 늙음에 물러나 집에 있는 것으로 핑계를 대면, 천명이 보전하기 쉽지 않고 천은 신임할 수 없음을 몰랐다는 것이다. 명을 실추할 수도 있는 것은 사군(嗣君)의 섭력이 깊지 않아 경력해서 전인의 공손하고 밝힌 덕을 이어받지 못했기 때문이다. 내가 능히 바로잡음을 두지 못해 내가 인도함은 오직 전인의 광대한 덕으로우리 충자에게 베풀려하는 것일 뿐이다. 베푼다는 것은 『시경』에서 이른바 「자손에게 뻗치셨도다.」는 것과 같다. 여기 장에서의 대의는 오늘에 천명과 인심은 아직 견고하지 않고, 성왕의 경력이 아직 깊지 않으니, 이른바 전인의 빛남을 이어받는 것으로 보좌하고 세덕을 연장하며 천명을 확고하게 하려면 우리들이 머물러야 하고 떠나서는 안된다는 것이다. 여기 편의 어구에는 대부분 깨닫기 어려우니 오직 대의를 얻는 것만으로도 괜찮다.'(新安陳氏曰 : 周公舉召公前日之言以質之謂, 君昔已嘗是是其責在我矣. 周公自術己意, 謂我亦不敢安於天命, 而不永遠念天威, 及我民之無怨尤違背也. 若果委之而去, 使我後嗣子孫無所輔助, 將大不能敬天敬民, 而至於遏佚前人之光顯, 此時吾等可諉以退, 老在家, 而不知乎天命不易保天難諶信. 恐其墜命者, 以嗣君涉歷未深, 弗能經歷而嗣前人恭明之德故也. 我非能有正, 我所啟迪, 惟以前人光明之德, 施及於我冲子而已. 施, 如詩所謂施于孫子. 此章大意, 謂今日天命人心未為固, 成王經歷未之深, 所謂輔之以嗣前人之光, 延長世德, 凝固天命, 吾等當留而不當去也. 此篇語句, 多有難曉, 只得其大意可也.)"

集傳

故不能嗣前人之明德.
때문에 전인의 밝은 덕을 잇지 못하는 것이다."

詳說

○ 論也.
경문의 의미 설명이다.

[11-4-16-5]

在今予小子旦, 非克有正. 迪, 惟前人光. 施于我冲子.

지금 나 소자(小子) 단(旦)에 있어서 능히 바로잡음을 두지 못하였다. 인도함은 오직 전인(前人)의 광대함으로 우리 충자(冲子)에게 베풀려 할 뿐이다."

集傳

吳氏曰, 小子, 自謙之辭也, 非克有正, 亦自謙之辭也. 言在今我小子旦, 非能有所正也, 凡所開導,
오씨(吳氏)가 말하였다. "소자(小子)는 스스로 겸손히 하는 말이며, 능히 바로잡음을 두지 못했다는 것도 또한 스스로 겸손히 하는 말이다. '지금 나 소자(小子) 단(旦)에 있어 능히 바로잡은 바가 있지 못하고, 대개 개도(開導)함은

詳說

○ 迪.
개도(開導)함은 경문에서 '적(迪)'이다.

集傳

惟以前人光大之德
오직 전인의 광대한 덕(德)을

詳說

○ 添德字.

'덕(德)'자를 더하였다.

集傳
使益焜耀,

더욱 빛나게 하여

詳說
○ 胡本反.

'혼(焜)'은 음이 '호(胡)'와 '본(本)'의 반절이다.

集傳
而付于冲子而已,

충자(冲子)에게 맡겨주려 할 뿐이다.'라고 하였으니,

詳說
○ 施.

'부(付)'는 경문에서 '시(施)'이다.

○ 新安陳氏曰 : "如詩所謂施于孫子."

신안 진씨(新安陳氏)가 말하였다 : "『시경』에서 이른바 '자손에게 뻗치셨도다.'151)라는 것과 같다."152)

---

151) 『시경』「대아(大雅)」「황의(皇矣)」: "그 덕음(德音)을 고요하게 하시니, 그 덕이 능히 밝으셨다. 능히 이치를 밝게 아시고 같은 종류에 통하시며 어른 노릇하시고 군주 노릇하시며 이 큰 나라에 왕 노릇하사 능히 순히 하고 능히 친히 하시더니, 문왕(文王)에 이르러 그 덕에 뉘우칠 만한 점이 없으시니, 이미 상제의 복을 받아 자손에게 뻗치셨도다.(莫其德音, 其德克明. 克明克類, 克長克君, 王此大邦, 克順克俾, 俾于文王, 其德靡悔. 既受帝祉, 施于孫子.)"

152) 『서경대전(書經大全)』, 「주서(周書)」·「군석(君奭)」: "신안 진씨가 말하였다 : '주공은 소공이 이전에 한 말을 들어 질정하며 말하기를「군께서 이미 말한 것은 그 책임이 우리에게 있다.」는 것이다. 주공은 자신의 의도를 꾀하여 나 역시 감히 천명을 편안히 여겨 하늘의 위엄과 우리 백성이 원망하고 위배함이 없음을 길이 생각하지 않을 수 없다.」고 했다. 만약 정말 버리고 떠남에 가령 우리 후사와 자손들이 도움이 없어 크게 하늘을 공경하고 백성을 공경하지 않아 전인의 빛나는 업적을 끊고 잃어버리게 될 경우, 이때에 우리들이 늙음에 물러나 집에 있는 것으로 핑계를 대면, 천명이 보전하기 쉽지 않고 천은 신임할 수 없음을 몰랐다는 것이다. 명을 실추할 수도 있는 것은 사군(嗣君)의 섭력이 깊지 않아 경력해서 전인의 공손히 하고 밝은 덕을 이어받지 못했기 때문이다. 내가 능히 바로잡음을 두지 못해 내가 인도함은 오직 전인의 광대한 덕으로 우리 충자에게 베풀하는 것일 뿐이다. 베푼다는 것은 『시경』에서 이른바 「자손에게 뻗치

集傳

以前言後嗣子孫遏佚前人光而言也

앞에서 '후사(後嗣) 자손(子孫)들이 전인의 빛나는 업적을 끊고 실추한다.'153)고 말했으므로 말한 것이다."

詳說

○ 因也.

'이(以)'는 '인(因)'이다.

○ 此句, 論也.

여기의 구는 경문의 의미 설명이다.

[11-4-16-6]

又曰, 天不可信, 我道, 惟寧王德, 延, 天不庸釋于文王受命.

또 말씀하였다. "하늘은 믿을 수 없으나 우리의 도리는 오직 영왕(寧王)의 덕을 연장하여 하늘이 문왕께서 받으신 명을 놓지 않게 하는 것이다."

集傳

又曰者, 以上文言天命不易天難諶, 此又申言天不可信,

우왈(又曰)은 위의 글에서 "천명(天命)은 보전하기가 쉽지 않아 하늘을 믿기 어렵

셨도다."는 것과 같다. 여기 장에서의 대의는 오늘에 천명과 인심은 아직 견고하지 않고, 성왕의 경력이 아직 깊지 않으니, 이른바 전인의 빛남을 이어받는 것으로 보좌하고 세덕을 연장하며 천명을 확고하게 하려면 우리들이 머물러야 하고 떠나서는 안된다는 것이다. 여기 편의 어구에는 대부분 깨닫기 어려우니 오직 대의를 얻는 것만으로도 괜찮다.'(新安陳氏曰 : 周公舉召公前日之言以質之謂, 君昔已嘗言是其責在我矣. 周公自術己意, 謂我亦不敢安於天命, 而不永遠念天威, 及我民之無怨尤違背也. 若果委之而去, 使我後嗣子孫無所輔助, 將大不能敬天敬民, 而至於遏佚前人之光顯, 其時吾等可諉以退, 老在家, 而不知乎天命不易保天難諶信. 恐其墜命者, 以嗣君涉歷未深, 弗能經歷而嗣前人恭明之德故也. 我非能有正, 我所啟迪, 惟以前人光明之德, 施及於我冲子而已. 施, 如詩所謂施于孫子. 此章大意, 謂今日天命人心未久固, 成王經歷未久深, 所謂輔之以嗣前人之光, 延長世德, 擬固天命, 吾等當留而不當去也. 此篇語句, 多有難曉, 只得其大意可也.)

153) 『서경대전(書經大全)』, 「주서(周書)」·「군석3(君奭3)」 : "아! 군(君)이 이미 '이는 우리들에게 달려 있다'라고 하였으니, 나 또한 감히 상제의 명을 편안히 여겨 하늘의 위엄이 우리 백성들에게 원망하고 위배하는 때가 없음을 길이 생각하지 않을 수 없나니, 이는 사람에게 달려 있을 뿐이다. 우리 후사의 자손에 있어 크게 상하를 공경하지 못하여 전인(前人)의 빛나는 업적을 끊고 실추하면 집에 있으면서 모른다고 하겠는가!(嗚呼, 君已曰, 時我, 我亦不敢寧于上帝命, 弗永遠念天威, 越我民罔尤違, 惟人. 在我後嗣子孫, 大弗克恭上下, 遏佚前人光, 在家不知.)"

다."154)고 말하고, 여기에서는 또 "하늘은 믿을 수 없다."고 거듭 말하였기

詳說

○ 以字釋於此.
'이(以)'자는 여기까지 해석한다.

集傳

故曰, 又曰.
때문에 우왈(又曰)이라고 말한 것이다.

詳說

○ 句.
구두해야 한다.

集傳

天固不可信, 然在我之道, 惟以延長武王之德,
하늘은 진실로 믿을 수 없으나 우리에게 있는 도리는 오직 무왕(武王)의 덕(德)을 연장하여

詳說

○ 寧王.
'무왕(武王)'은 경문에서 '영왕(寧王)'이다.

集傳

使天不容捨文王所受之命也.
하늘이 문왕께서 받으신 명을 놓지 않게 하는 것이다.

詳說

---

154) 『서경대전(書經大全)』, 「주서(周書)」·「군석4(君奭4)」: "천명은 보전하기가 쉽지 않아 하늘을 믿기 어려우니, 천명을 실추함은 전인이 공손히 하고 밝힌 덕을 경력하여 계승하지 못하기 때문이다.(天命不易, 天難諶, 乃其墜命, 弗克經歷嗣, 前人恭明德.)"

○ 添使字.
　'사(使)'자를 더하였다.

○ 庸.
　'용(容)'은 경문에서 '용(庸)'이다.

○ 釋.
　'사(捨)'는 경문에서 '석(釋)'이다.

○ 新安陳氏曰 : "吾等當留, 而不當去也."
　신안 진씨(新安陳氏)가 말하였다 : "우리들이 머물러야 하고 떠나서는 안된다는 것이다."155)

[11-4-16-7]

公曰, 君奭, 我聞, 在昔成湯旣受命, 時則有若伊尹, 格于皇天, 在太甲時, 則有若保衡, 在太戊時, 則有若伊陟臣扈, 格于上帝, 巫咸乂王家, 在祖乙時, 則有若巫賢, 在武丁時, 則有若甘盤.

---

155) 『서경대전(書經大全)』, 「주서(周書)」·「군석(君奭)」 : "신안 진씨가 말하였다 : '주공이 소공이 이전에 한 말을 들어 질정하며 말하기를 「군께서 이미 말한 것은 그 책임이 우리에게 있다.」는 것이다. 주공은 자신의 의도를 꾀하여 나 역시 감히 천명을 편안히 여겨 하늘의 위엄과 우리 백성이 원망하고 위배함이 없음을 길이 생각하지 않을 수 없다.」고 했다. 만약 정말 버리고 떠남에 가령 우리 후사와 자손들이 도움이 없어 크게 하늘을 공경하고 백성을 공경하지 않아 전인의 빛나는 업적을 끊고 잃어버리게 될 경우, 이때에 우리들이 늙음에 물러나 집에 있는 것으로 핑계를 대면, 천명이 보전하기 쉽지 않고 천은 신임할 수 없음을 몰랐다는 것이다. 명을 실추할 수도 있는 것은 사군(嗣君)의 섭력이 깊지 않아 경력해서 전인의 공손히 하고 밝힌 덕을 이어받지 못했기 때문이다. 내가 능히 바로잡음을 두지 못해 내가 인도함은 오직 전인의 광대한 덕으로우리 충자에게 베풀려는 것일 뿐이다. 베푼다는 것은 『시경』에서 이른바 「자손에게 뻗치셨다.」는 것과 같다. 여기 장에서의 대의는 오늘에 천명과 인심은 아직 견고하지 않고, 성왕의 경력이 아직 깊지 않으니, 이른바 전인의 빛남을 이어받는 것으로 보좌하고 세덕을 연장하며 천명을 확고하게 하려면 우리들이 머물러야 하고 떠나서는 안된다는 것이다. 여기 편의 어구에는 대부분 깨닫기 어려우니 오직 대의를 얻는 것만으로도 괜찮다.'(新安陳氏曰 : 周公擧召公前日之言以質之謂, 君昔已嘗言是其責在我矣. 周公自術己意, 謂我亦不敢安於天命, 而不永遠念天威, 及我民之無怨尤違背也. 若果委之而去, 使我後嗣子孫無所輔比, 將大不能敬天敬民, 而至於遏佚前人之光顯, 此時吾等可諉以退, 老年在家, 而不知乎天命不易保天難諶信. 恐其墜命者, 以嗣君涉歷未深, 弗能經歷而嗣前人恭明之德故也. 我非能有正, 我所啟迪, 惟以前人光明之德, 施及於我冲子而已. 施, 如詩所謂施于孫子. 此章大意, 謂今日天命人心未為固, 成王經歷未為深, 所謂輔之以嗣前人之光, 延長世德, 凝固天命, 吾等當留而不當去也. 此篇語句, 多有難曉, 只得其大意可也..)"

공(公)이 말씀하였다. "군석아! 내 들으니, 옛날 성탕이 이미 천명을 받으셨는데 이 때에는 이윤 같은 이가 있어 황천에 이르렀으며, 태갑 때에는 보형 같은 이가 있었으며, 태무 때에는 이척과 신호 같은 이가 있어 상제에 이르렀으며, 무함이 왕가를 다스렸으며, 조을 때에는 무현 같은 이가 있었으며, 무정 때에는 감반 같은 이가 있었다.

集傳

時則有若者, 言當其時有如此人也. 保衡, 卽伊尹也, 見說命.
시칙유약(時則有若)은 그 당시에 이와 같은 사람들이 있었다는 말이다. 보형(保衡)은 곧 이윤(伊尹)으로 「열명(說命)」에 보인다.156)

詳說

○ 音現, 下並同.
'현(見)'은 음이 '현(現)'으로 아래에서도 모두 같다.

○ 悅同下並同
'열(說)'은 음이 '열(悅)'과 같고 아래에서도 모두 같다.

○ 臨川吳氏曰 : "太甲始立, 是號以尊伊尹而不名."
임천 오씨(臨川吳氏)가 말하였다. "태갑이 처음 즉위했을 때에 바로 호로 이윤을 존경해서 이름으로 부르지 않았다."157)

---

156) 『서경대전(書經大全)』, 「상서(商書)」·열명하-10(說命下-10)」 : "옛날 선정(先正)인 보형(保衡)이 우리 선왕을 진작하여 '내 군주가 요순 같은 군주가 되도록 하지 못하여 마음에 부끄러워하여 시장에서 종아리를 맞는 듯이 여겼으며, 한 지아비라도 제 살 곳을 얻지 못하면 이는 나의 잘못이다.'라고 하면서 나의 열조(烈祖)를 도와서 공(功)이 황천(皇天)에 이르렀으니, 너는 부디 나를 밝게 보좌하여 아형(阿衡)이 상나라에 아름다움을 독차지하게 하지 말라.(昔先正保衡, 作我先王, 乃曰, 予弗克厥后, 惟堯舜, 其心愧恥, 若撻于市, 一夫不獲, 則曰時予之辜, 佑我烈祖, 格于皇天, 爾尚明保予, 罔俾阿衡, 專美有商.)"

157) 『서경대전(書經大全)』, 「주서(周書)」·「군석(君奭)」 : "임천 오씨가 말하였다 : '주공이 상나라의 왕가가 창업하고 수정하며 중흥할 수 있었음을 거론한 것은 모두 대신을 얻어 왕을 위해 보좌하는 것으로 소공이 아직 떠나서는 안됨을 드러낸 것이다. 성탕의 때에 그 신하로 이윤 같은 이가 탕을 도와 황천에 이르게 할 수 있었으니, 탕이 성군일지라도 이윤의 도움에 의지했던 것이다. 탕의 손자 태갑의 때에 신하로 보형 같은 이가 있었다. 보형은 곧 이윤으로 왕의 몸을 보호해서 천하의 일에 모두 화평하게 함을 취하였기 때문에 보형이라고 하였다. 대개 태갑이 처음 즉위해서 호로 이윤을 존경하고 이름을 부르지 않았다. 태갑의 손자 태무의 때에는 이윤의 아들 척과 신호같은 이가 있어 또한 왕가의 일을 다스릴 수 있었다. 무현은 무함의 자식이다. 보형과 무현과 감반의 아래는 그 일을 말하지 않았으니, 대개 지정해서 말할 것이 없었기 때문이다.'(臨川吳氏曰 : 周公擧商家所以能創業守成中興者, 皆得大臣爲之輔相以見召公未可去也. 成湯之時, 其臣有如伊尹, 能相湯以格于皇天, 湯雖聖, 亦賴伊尹之助也. 湯孫太甲之時, 有臣有如保衡. 保衡即伊尹, 以其保護王躬而天下之事, 皆取平暢, 故曰保衡. 蓋太甲始立, 是號以尊伊尹而不名. 太甲孫太戊之時, 則有如伊尹之子陟與臣扈, 亦能治王家之事. 巫賢, 巫咸子. 保衡巫賢甘盤之下, 不言其事, 蓋無可指定而言者也.)"

○ 猶太公之稱尚父.
태공에 대해 상보라고 칭한 것과 같다.

集傳
太戊, 太甲之孫,
태무(太戊)는 태갑(太甲)의 손자이고,

詳說
○ 中宗.
중종이다.

集傳
伊陟, 伊尹之子. 臣扈, 與湯時臣扈,
이척(伊陟)은 이윤(伊尹)의 아들이다. 신호(臣扈)는 성탕(成湯) 때의 신호(臣扈)와

詳說
○ 見書序.
「서서(書序)」에 보인다.

集傳
二人而同名者也.
동명이인(同名異人)인 자이다.

詳說
○ 陳氏曰 : "詩有家父, 春秋又有家父, 亦此類."
진씨(陳氏)가 말하였다 : "『시경』에 가보가 있고 『춘추』에 또 가보가 있으니, 또한 이와 같은 것이다."158)

---

158) 『서경대전(書經大全)』, 「주서(周書)」·「군석(君奭)」: "진씨가 말하였다 : '탕이 처음 하나라를 이겼을 때 이미 신호가 있었다. 탕에서 태무까지는 130년이니 반드시 신하로 있었으나 이름이 같은 것이다. 『시경』에 가보가 있고 『춘추』에 또 가보가 있으니, 또한 이와 같은 것이다.'(陳氏曰 : 湯初勝夏, 已有臣扈. 湯至太戊, 百三十年, 必有臣扈而名同也. 詩有家父, 春秋又有家父, 亦此類.)"

> 集傳

巫, 氏, 咸, 名. 祖乙, 太戊之孫, 巫賢, 巫咸之子也. 武丁, 高宗也. 甘盤, 見說命. 呂氏曰, 此章序商六臣之烈, 蓋勉召公匹休於前人也.

무(巫)는 씨(氏)이고, 함(咸)은 이름이다. 조을(祖乙)은 태무(太戊)의 손자이고, 무현(巫賢)은 무함(巫咸)의 아들이다. 무정(武丁)은 고종(高宗)이다. 감반(甘盤)은 「열명(說命)」에 있다.159) 여씨(呂氏)가 말하였다. "이 장(章)은 상(商)나라의 여섯 신하의 공렬(功烈)을 차례로 서술하였으니, 소공(召公)에게 전인(前人)의 아름다움에 짝할 것을 권면한 것이다."

> 詳說

○ 匹休, 見洛誥.

'아름다움에 짝한다[匹休]'는 것은 「낙고(洛誥)」에 보인다.160)

> 集傳

伊尹佐湯, 以聖輔聖, 其治化與天無間,

이윤(伊尹)이 성탕(成湯)을 보좌한 것은 성인(聖人)으로서 성군(聖君)을 보좌하여 그 치화(治化)가 하늘과 간격이 없고,

> 詳說

○ 去聲.

'간(間)'은 거성이다.

○ 陳氏雅言曰 : "格皇天者, 無間於天之辭, 與天爲一者也."

진씨 아언(陳氏雅言)161)이 말하였다 : "'황천에 이르렀다.'는 것은 하늘과 간격

---

159) 『서경대전(書經大全)』, 「상서(商書)」·「열명하1(說命下1)」: "왕이 말씀하였다. '이리 오라. 부열아! 나 소자는 옛날에 감반에게 배웠는데 이윽고 황야로 물러갔으며, 하수(河水)에 들어가 살았으며, 하수에서 박(亳)으로 가서 마칠 때까지 드러나지 못하였노라.'(王曰, 來汝說, 台小子舊學于甘盤, 既乃遯于荒野, 入宅于河, 自河徂亳, 暨厥終, 罔顯.)"
160) 『서경대전(書經大全)』, 「주서(周書)」·「낙고4(洛誥4)」: "왕이 배수계수(拜手稽首)하여 말씀하였다. '공이 감히 하늘의 아름다움을 공경하지 않을 수 없으시어 와서 집터를 살펴보시니, 주나라에 짝할 만한 아름다운 땅을 만드셨습니다. 공이 이미 집터를 정하시고 사람을 보내 와서 나에게 점괘가 아름다워 항상 길함을 보여주시니, 우리 두 사람이 함께 마땅할 것입니다. 공이 나로써 만억년을 하늘의 아름다움을 공경하게 하시기에 배수계수(拜手稽首)하여 가르쳐주신 말씀에 경의를 표합니다.'(王拜手稽首曰, 公不敢不敬天之休, 來相宅, 其作周匹休. 公旣定宅, 伻來來視予卜休恒吉, 我二人共貞. 公其以予萬億年敬天之休, 拜手稽首誨言.)"

이 없다는 말로 하늘과 하나가 되는 것이다."162)

○ 臨川吳氏曰 : "能相湯以格于皇天."
임천 오씨(臨川吳氏)가 말하였다 : "탕을 도와 황천에 이를 수 있었던 것이다."163)

○ 格, 至也.
'격(格)'은 이르다는 것이다.

集傳

伊陟臣扈之佐太戊, 以賢輔賢, 其治化克厭天心.

---

161) 진아언(陳雅言, 1318~1385)은 원말명초 때 강서(江西) 영풍(永豊) 사람이다. 원나라 말에 무재(茂材)로 천거되었지만 나가지 않았다. 명나라 초 홍무(洪武) 연간에 영풍현 향교(鄕校)에서 학생을 가르쳤다. 당시 호구(戶口)와 토전(土田)이 실상과 달라 현관(縣官)도 대처할 방법을 찾지 못했는데, 그가 계획을 내놓자 공사가 모두 편리해졌다. 저서에 『사서일람(四書一覽)』과 『대학관견(大學管窺)』, 『중용류편(中庸類編)』 등이 있었지만 전하지 않고, 지금은 『서의탁약(書義卓躍)』만 전한다.
162) 『서경대전(書經大全)』, 「주서(周書)」·「군석(君奭)」 : "진씨 아언이 말하였다 : '여기는 주공이 상나라의 여섯 신하의 공열을 서술해서 소공에게 고해 전인과 아름다움을 짝하라고 근면한 것이다. 이윤이 성탕을 돕고 보형이 태갑을 보좌하며, 이척과 신호와 무함이 태무를 돕고, 무현이 조을을 보좌하며, 감반이 무정을 도왔으니, 그 군신에 성현의 구분이 있고 치화에 천심의 차이가 있지만 모두 한 세대의 군신이다. 「황천에 이르렀다.」는 것은 하늘과 간격이 없다는 말로 하늘과 하나가 되는 것이다. 「상제에 이르렀다.」는 것은 하늘에 충족했다는 말로 여전히 하늘과는 둘이라는 것이다. 「왕가를 다스렸다.」는 것은 공이 백성들에게 드러났다는 말로 소공이 여기에서 위로 이윤과 나란히 하면 사양할 것이 없고, 다음에 이척과 신호와 무함과 나란히 하면 여유가 있으며, 아래로 무현과 감반과 나란히 하면 멀리 지나친다. 이제 떠나기를 구한다면 은나라의 백성들이 반측하는 것에 미안하고, 성왕이 수성하는 것에 도움이 없으니, 상나라의 여러 신하들에게 어찌 부끄럽지 않겠는가? 이것이 주공이 힘써 만류하는 뜻이다. 주공의 이 말은 소공을 만류하는 것을 주로 해서 드러내어 인물의 평론을 위한 것이 아닐지라도 그 주장을 내세우는 의도는 고하를 억누르고 고양하는 것이 본래 이와 같은 것이다.'(陳氏雅言曰 : 此周公叙商六臣之烈, 以告召公, 而勉其匹休於前人也. 伊尹之佐成湯, 保衡之佐太甲, 伊陟臣扈巫咸之佐太戊, 巫賢之佐祖乙, 甘盤之佐武丁, 雖其君臣有聖賢之分, 治化有淺深之異, 然皆為一代之名臣. 格皇天者, 無間於天之辭, 與天為一者也. 格于帝者, 克厭於天之辭, 與天猶二者也. 又王家者, 功著於民之辭, 召公於此, 上比伊尹, 而無所讓, 次比伊陟臣扈巫咸而有餘, 下比巫賢甘盤而遠過之. 今而求去, 則殷民反側之未安, 成王守成之無助, 寧不愧於商之諸臣乎. 此周公所以勉留之意也. 周公此言, 雖主於留召公而發, 非為人物評論, 然其立言之意, 抑揚高下, 自是如此.)"
163) 『서경대전(書經大全)』, 「주서(周書)」·「군석(君奭)」 : "임천 오씨가 말하였다 : '주공이 상나라의 왕가가 창업하고 수정하며 중흥할 수 있었음을 거론한 것은 모두 대신을 얻어 왕을 위해 보좌하는 것으로 소공이 아직 떠나서는 안됨을 드러낸 것이다. 성탕의 때에 그 신하로 이윤 같은 이가 탕을 도와 황천에 이르게 할 수 있었으니, 탕이 성군일지라도 이윤의 도움에 의지했던 것이다. 탕의 손자 태갑의 때에 신하로 보형 같은 이가 있었다. 보형은 곧 이윤으로 왕의 몸을 보호해서 천하의 일에 모두 화평하게 함을 취하였기 때문에 보형이라고 하였다. 대개 태갑이 처음 즉위해서 호로 이윤을 존경하고 이름을 부르지 않았다. 태갑의 손자 태무의 때에는 이윤의 아들 척과 신호같은 이가 있어 또한 왕가의 일을 다스릴 수 있었다. 무현은 무함의 자식이다. 보형과 무현과 감반의 아래는 그 일을 말하지 않았으니, 대개 지정해서 말할 것이 없었기 때문이다.'(臨川吳氏曰 : 周公舉商家所以能創業守成中興者, 皆得大臣為之輔相以見召公未可去也. 成湯之時, 其臣有如伊尹, 能相湯以格于皇天, 湯雖聖, 亦賴伊尹之助也. 湯孫太甲之時, 有臣有如保衡. 保衡卽伊尹, 以其保護王躬而天下之事, 皆取平焉, 故曰保衡. 蓋太甲始立, 是號以尊伊尹而不名. 太甲孫太戊之時, 則有如伊尹之子陟與臣扈, 亦能治王家之事. 巫賢, 巫咸子. 保衡巫賢甘盤之下, 不言其事, 蓋無可指定而言者也.)"

이척(伊陟)과 신호(臣扈)가 태무(太戊)를 보좌한 것은 현자(賢者)로서 현군(賢君)을 보좌하여 그 치화(治化)가 능히 천심(天心)에 충족하였다.

詳說

○ 於涉反.
'염(厭)'은 음이 '어(於)'와 '섭(涉)'의 반절이다.

○ 陳氏雅言曰 : "格上帝者, 克厭上天之辭, 與天猶二者也."
진씨 아언(陳氏雅言)이 말하였다 : "'상제에 이르렀다.'는 것은 하늘에 충족했다는 말로 여전히 하늘과는 둘이라는 것이다."164)

集傳

自其徧覆言之, 謂之天, 自其主宰言之, 謂之帝, 書或稱天或稱帝, 各隨所指, 非有重輕. 至此章, 對言之, 則聖賢之分, 而深淺見矣. 巫咸止言其乂王家者, 咸之爲治功, 在王室, 精微之蘊, 猶有愧於二臣也.
두루 덮어줌으로 말하면 천(天)이라 이르고, 주재(主宰)함으로 말하면 제(帝)라 이르니, 『서경(書經)』에 혹 천(天)이라 칭하고 혹 제(帝)라 칭한 것은 각기 가리킨 바에 따른 것이고 경중(輕重)이 있는 것이 아니다. 그러나 이 장(章)에 이르러서 상대하여 말한 것은 성(聖)·현(賢)의 구분으로 깊고 얕음이 나타난 것이다. 무함(巫咸)에 있어서 단지 왕가(王家)를 다스린다고만 말한 것은 무함(巫咸)이 다스린 것은 공(功)이 왕실에만 있어서 정미한 쌓임이 오히려 두 신하에게 부끄러움이 있어

---

164) 『서경대전(書經大全)』, 「주서(周書)」·「군석(君奭)」 : "진씨 아언이 말하였다 : '여기는 주공이 상나라의 여섯 신하의 공열을 서술해서 소공에게 고해 전인과 아름다움을 짝하라고 근면한 것이다. 이윤이 성탕을 돕고 보형이 태갑을 보좌하며, 이척과 신호와 무함이 태무를 돕고, 무현이 조을을 보좌하며, 감반이 무정을 도왔으니, 그 군신에 성현의 구분이 있고 치화에 천심의 차이가 있지만 모두 한 세대의 군신이다. 「황천에 이르렀다.」는 것은 하늘과 간격이 없다는 말로 하늘과 하나가 되는 것이다. 「상제에 이르렀다.」는 것은 하늘에 충족했다는 말로 여전히 하늘과는 둘이라는 것이다. 「왕가를 다스렸다.」는 것은 공이 백성들에게 드러났다는 말로 소공이 여기에서 위로 이윤과 나란히 하면 사양할 것이 없고, 다음에 이척과 신호와 무함과 나란히 하면 여유가 있으며, 아래로 무현과 감반과 나란히 하면 멀리 지나친다. 이제 떠나기를 구한다면 은나라의 백성들이 반측하는 것에 미안하고, 성왕이 수성하는 것에 도움이 없으니, 상나라의 여러 신하들에게 어찌 부끄럽지 않겠는가? 이것이 주공이 힘써 만류하는 뜻이다. 주공의 이 말은 소공을 만류하는 것을 주로 해서 드러내어 인물의 평론을 위한 것이 아닐지라도 그 주장을 내세우는 의도는 고하를 억누르고 고양하는 것이 본래 이와 같은 것이다.'(陳氏雅言曰 : 此周公叙商六臣之烈, 以告召公, 而勉其匹休於前人也. 伊尹之佐成湯, 保衡之佐太甲, 伊陟臣扈巫咸之佐太戊, 巫賢之佐祖乙, 甘盤之佐武丁, 雖其君臣有聖賢之分, 治化有淺深之異, 然皆為一代之名臣. 格皇天者, 無間於天之辭, 與天為一者也. 格于帝者, 克厭於天之辭, 與天猶二者也. 乂王家者, 功著於民之辭, 召公於此, 上比伊尹, 而無ûn讓, 次比伊陟臣扈巫咸而有餘, 下比巫賢甘盤而遠過之. 今而求去, 則殷民反側之未安, 成王守成之無助, 寧不愧於商之諸臣者乎. 此周公所以勉留之意也. 周公此言, 雖主於留召公而發, 非為人物評論, 然其立言之意, 抑揚高下, 自是如此.)"

서이다.

> 詳說

○ 未能格帝.
상제에게 이를 수 없는 것이다.

> 集傳

亾書
없어진 책에

> 詳說

○ 逸書.
일서(逸書)이다.

> 集傳

有咸乂四篇,
「함예(咸乂)」 네 편이 있으니,

> 詳說

○ 見書序.
「서서(書序)」에 보인다.

> 集傳

其乂王家之實歟. 巫賢甘盤, 而無指言者, 意必又次於巫咸也.
아마도 왕가를 다스린 실상일 것이다. 무현(巫賢)과 감반(甘盤)에 있어서 가리켜 말함이 없는 것은 짐작컨대 반드시 또 무함(巫咸) 다음이기 때문일 것이다.

> 詳說

○ 以論釋之.
경문의 의미 설명으로 해석하였다.

○ 臨川吳氏曰 : "保衡巫賢甘盤, 蓋無可指定而言者也."
임천 오씨(臨川吳氏)가 말하였다 : "보형과 무현과 감반은 대개 지정해서 말할 것이 없었다."165)

○ 按, 保衡, 蓋蒙上格天之文.
살펴보건대, 보형(保衡)은 대개 위로 이어받아 하늘에 이른다는 문식이다.

○ 陳氏雅言曰 : "此雖主於留召公而發, 非爲人物評論, 然其立言之意, 抑揚高下, 自是如此."
진씨 아언(陳氏雅言)이 말하였다 : "이것은 소공을 만류하는 것을 주로 해서 드러내어 인물의 평론을 위한 것이 아닐지라도 그 주장을 내세우는 의도는 고하를 억누르고 고양하는 것이 본래 이와 같은 것이다."166)

---

165) 『서경대전(書經大全)』, 「주서(周書)」·「군석(君奭)」 : "임천 오씨가 말하였다 : '주공이 상나라의 왕가가 창업하고 수정하며 중흥할 수 있었음을 거론한 것은 모두 대신을 얻어 왕을 위해 보좌하는 것으로 소공이 아직 떠나서는 안됨을 드러낸 것이다. 성탕의 때에 그 신하로 이윤 같은 이가 탕을 도와 황천에 이르게 할 수 있었으니, 탕이 성군일지라도 이윤의 도움에 의지했던 것이다. 탕의 손자 태갑의 때에 신하로 보형 같은 이가 있어서, 보형은 곧 이윤으로 왕의 몸을 보호해서 천하의 일에 모두 화평하게 함을 취하였기 때문에 보형이라고 하였다. 대개 태갑이 처음 즉위해서 호로 이윤을 존경하고 이름을 부르지 않았다. 태갑의 손자 태무의 때에는 이윤의 아들 척과 신호같은 이가 있어 또한 왕가의 일을 다스릴 수 있었다. 무현은 무함의 자식이다. 보형과 무현과 감반의 아래는 그 일을 말하지 않았으니, 대개 지정해서 말할 것이 없었기 때문이다.'(臨川吳氏曰 : 周公擧商家所以能創業守成中興者, 皆得大臣爲之輔相以見召公未可去也. 成湯之時, 其臣有如伊尹, 能相湯以格于皇天, 湯雖聖, 亦賴伊尹之助也. 湯孫太甲之時, 有臣有如保衡. 保衡卽伊尹, 以其保護王躬而天下之事, 皆取平焉, 故曰保衡. 蓋太甲始立, 是號以尊伊尹而不名. 太甲孫太戊之時, 則有如伊尹之子陟與臣扈, 亦能治王家之事. 巫賢, 巫咸子. 保衡巫賢甘盤之下, 不言其事, 蓋無可指定而言者也.)"

166) 『서경대전(書經大全)』, 「주서(周書)」·「군석(君奭)」 : "진씨 아언이 말하였다 : '여기는 주공이 상나라의 여섯 신하의 공열을 서술해서 소공에게 고해 전인과 아름다움을 짝하라고 근면한 것이다. 이윤이 성탕을 돕고 보형이 태갑을 보좌하며, 이척과 신호와 무현이 태무를 돕고, 무현이 조을을 보좌하며, 감반이 무정을 도왔으니, 그 군신에 성현의 구분이 있고 치화에 천심의 차이가 있지만 모두 한 세대의 군신이다. 「황천에 이르렀다.」는 것은 하늘과 간격이 없다는 말로 하늘과 하나가 되는 것이다. 「상제에 이르렀다.」는 것은 하늘에 충족했다는 말로 여전히 하늘과는 둘이라는 것이다. 「왕가를 다스렸다.」는 것은 공이 백성들에게 드러났다는 말로 소공이 여기에서 위로 이윤과 나란히 하면 사양할 것이 없고, 다음에 이척과 신호와 무현과 나란히 하면 여유가 있으며, 아래로 무현과 감반과 나란히 하면 멀리 지나친다. 이제 떠나기를 구한다면 은나라의 백성들이 반측하는 것에 미안하고, 성왕이 수성하는 것에 도움이 없으니, 상나라의 여러 신하들에게 어찌 부끄럽지 않겠는가? 이것이 주공이 힘써 만류하는 뜻이다. 주공의 이 말은 소공을 만류하는 것을 주로 해서 드러내어 인물의 평론을 위한 것이 아닐지라도 그 주장을 내세우는 의도는 고하를 억누르고 고양하는 것이 본래 이와 같은 것이다.'(陳氏雅言曰 : 此周公叙商六臣之烈, 以告召公, 而勉其匹休於前人也. 伊尹之佐成湯, 保衡之佐太甲, 伊陟臣扈巫咸之佐太戊, 巫賢之佐祖乙, 甘盤之佐武丁, 雖其君臣有聖賢之分, 治化有淺深之異, 然皆爲一代之名臣. 格皇天者, 無間於天之辭, 與天爲一者也. 格于帝者, 充厭於天之辭, 與天猶二者也. 乂王家者, 功著於民之辭, 召公於此, 上比伊尹, 無所讓, 次比伊陟臣扈巫咸而有餘, 下比巫賢甘盤而遠過之. 今而求去, 則殷民反側之未安, 成王守成之無助, 寧不愧於商之諸臣者乎. 此周公所以勉留之意也. 周公此言, 雖主於留召公而發, 非爲人物評論, 然其立言之意, 抑揚高下, 自是如此.)"

집傳
○ 蘇氏曰, 殷有聖賢之君七,
소씨(蘇氏)가 말하였다. "은(殷)나라에는 어질고 성(聖)스러운 군주가 7명이 있었는데,

詳說
○ 見孟子公孫丑.
『맹자』「공손추」에 보인다.

集傳
此獨言五, 下文云, 殷禮陟配天, 豈配祀于天者, 止此五王, 而其臣偕配食于廟乎.
여기서는 단지 5명을 말하고, 아래의 글에서 "은(殷)나라가 예(禮)로 올려 하늘에 짝했다."고 말하였으니, 아마도 하늘에 짝하여 제사하는 자는 단지 이 다섯 왕 뿐이고, 그 신하들을 함께 사당에 배향한 것일 것이다.

詳說
○ 所以謂之格天格帝云爾, 則四人不言格, 又何哉.
황천에 이르렀고 상제에 이르렀다고 말할 뿐이라면, 네 사람에 대해서는 이르렀다고 말하지 않은 것이니, 또 무엇 때문이겠는가?

集傳
在武丁時, 不言傅說, 豈傅說不配食於配天之王乎. 其詳不得而聞矣.
무정(武丁) 때에 있어 부열(傅說)을 말하지 않았으니, 어찌 부열(傅說)은 하늘에 짝하는 왕에게 배향하지 않은 것이겠는가? 그 자세한 것을 들을 수 없다."

詳說
○ 呂氏曰 : "捨說言盤, 盤, 源也, 說, 委也."
여씨(呂氏)가 말하였다 : "부열을 버리고 감반을 말한 것이다. 반(盤)은 근원이고, 열(說)은 맡긴다는 것이다."[167]

○ 復齋董氏曰 : "言盤者, 高宗舊學之臣也."
복재 동씨(復齋董氏)가 말하였다 : "반(盤)을 말한 것은 고종(高宗)이 옛날에 배웠던 신하이기 때문이다."168)

○ 鄒氏季友曰 : "六賢, 皆舊臣. 說則高宗所自擧, 故不及之."
추씨 계우(鄒氏季友)가 말하였다 : "육현은 모두 옛날의 신하이다. 부열을 고종이 스스로 들었기 때문에 언급하지 않은 것이다."

○ 息齋余氏曰 : "卽下文不言尙父之意."
식재 서씨(息齋余氏)가 말하였다 : "곧 아래의 글에서 상보를 말하지 않은 의미이다."169)

[11-4-16-8]
率惟茲有陳, 保乂有殷. 故殷禮陟配天, 多歷年所.
이것을 따르고 생각하며 진열한 공이 있어 은(殷)나라를 보존하여 다스렸다. 그러므로 은(殷)나라가 예(禮)로 올라가 하늘에 짝하여 연소(年所)를 많이 지나게 되었다.

集傳

陟, 升遐也.
척(陟)은 올라감이다.

詳說

○ 與舜典之陟同.
「순전(舜典)」에서의 '척(陟)'과 같다.170)

---

167) 『서경대전(書經大全)』, 「주서(周書)」·「군석(君奭)」 : "여씨가 말하였다 : '부열을 버리고 감반을 말한 것이다. 반(盤)은 근원이고, 열(說)은 맡긴다는 것이다.'(呂氏曰 : 捨傅說, 言甘盤. 盤, 源也, 說, 委也.)"
168) 『서경대전(書經大全)』, 「주서(周書)」·「군석(君奭)」 : "복재 동씨가 말하였다 : '감반(甘盤)을 말한 것은 고종(高宗)이 옛날에 배웠던 신하이기 때문이다.'(復齋董氏曰 : 言甘盤者, 高宗舊學之臣.)"
169) 『서경대전(書經大全)』, 「주서(周書)」·「군석(君奭)」 : "식재 서씨가 말하였다 : '부열을 말하지 않은 것은 곧 아래의 글에서 상보를 말하지 않은 의미이다.'(息齋余氏曰 : 不言說, 卽下文不言尙父之意.)"
170) 『서경대전(書經大全)』, 「우서(虞書)」·「순전3(舜典)」"제요(帝堯)가 말씀하기를 '이리 오라! 순(舜)아. 일을 도모하고 말을 상고하건대 너의 말이 공적을 이룰 수 있음을 본 것이 3년이니, 네가 제위에 오르라.'라고 하였다. 순(舜)은 덕이 있는 사람에게 사양하고 이어받지 않으셨다.(帝曰, 格. 汝舜. 詢事考言, 乃言 底可績 三載, 汝陟帝位. 舜讓于德, 弗嗣.)"

集傳
言六臣循惟此道, 有陳列之功,
여섯 신하가 이 도를 따르고 생각하며 진열한 공이 있어

詳說
○ 率.
'순(循)'은 경문에서 '솔(率)'이다.

○ 思也, 諺釋略之
경문에서 '유(惟)'는 '생각한다[思]'는 것인데, 『언해』에서는 생략했다.

○ 添功字.
'공(功)'자를 더했다.

集傳
以保乂有殷, 故殷先王
은나라를 보존하여 다스렸기 때문에 은나라 선왕들이

詳說
○ 添二字.
두 글자를 더했다.

集傳
終以德配天
마침내 덕(德)으로써 하늘에 짝하여

詳說
○ 陟.
'종(終)'은 올랐다는 것이다.

○ 禮.

'덕(德)'은 경문에서 '예(禮)'이다.

○ 葉氏曰 : "以其祭上陟而配天, 猶言郊祀后稷以配天, 宗祀文王
於明堂以配上帝."

섭씨(葉氏)가 말하였다 : "그 제사가 위로 올라가 하늘을 짝했다는 것은 후직에
교제사를 지내 하늘에 짝하고 명당에서 문왕에게 종제사를 지내 상제를 짝했다
고 말하는 것과 같다."171)

集傳

而享國長久也.
향국(享國)이 장구했던 것이다.

詳說

○ 唐孔氏曰 : "多歷年之次所."

당의 공씨(孔氏)가 말하였다 : "해의 차소를 많이 지나게 된 것이다."172)

[11-4-16-9]

**天惟純佑命, 則商實, 百姓王人, 罔不秉德明恤, 小臣屛侯甸,
矧咸奔走. 惟茲惟德, 稱用乂厥辟. 故一人有事于四方, 若卜
筮, 罔不是孚.**

하늘이 도와 명하심이 순수하였으니, 상나라가 충실하여 백성과 왕인(王人)들이 덕을 잡고
근심을 밝히지 않은 이가 없었고, 소신(小臣)과 번병(藩屛)의 후전(侯甸)들이 하물며 모두 분
주함에 있어서랴. 이 덕을 칭송하여 써 그 군주를 다스리게 하였다. 그러므로 한 사람이 사
방에 일함이 있으면 마치 거북점과 시초점 같이 여겨서 이것을 믿지 않은 이가 없었다."

---

171) 『서경대전(書經大全)』, 「주서(周書)」·「군석(君奭)」 : "섭씨가 말하였다 : '그 제사가 위로 올라가 하늘을
짝했다는 것은 후직에 교제사를 지내 하늘에 짝하고 명당에서 문왕에게 종제사를 지내 상제를 짝했다고
말하는 것과 같다.'(葉氏曰 : 以其祭上陟而配天, 猶言郊祀后稷以配天, 宗祀文王於明堂以配上帝.)"

172) 『서경대전(書經大全)』, 「주서(周書)」·「군석(君奭)」 : "당의 공씨가 말하였다 : '해의 차소를 많이 지나게
된 것이다.'(孔氏曰 : 多歷年之次所)"

詳說

○ 屛, 音丙.

'병(屛)'은 음이 '병(丙)'이다.

集傳

佑, 助也. 實, 虛實之實. 國有人則實, 孟子

우(佑)는 도움이다. 실(實)은 허실(虛實)의 실이다. 나라에 훌륭한 인물이 있으면 나라가 충실해지니, 맹자(孟子)가

詳說

○ 盡心.

「진심」이다.

集傳

言不信仁賢, 則國空虛, 是也.

"인현(仁賢)을 믿지 않으면 나라가 텅 빈다."[173]고 말씀한 것이 이것이다.

詳說

○ 以虛證實.

비었다는 것으로 실증하였다.

集傳

稱, 擧也, 亦秉持之義.

칭(稱)은 듦이니, 또한 잡는다는 뜻이다.

詳說

○ 承上句秉字.

위의 구에서 '병(秉)'자를 이어받았다.

---

173) 『맹자』「진심하(盡心下)」에 "인현(仁賢)을 믿지 않으면 나라가 텅 비고, 예의(禮義)가 없으면 상하가 혼란하며, 정사(政事)가 없으면 재용(財用)이 넉넉하지 못하다.(不信仁賢, 則國空虛, 無禮義, 則上下亂, 無政事, 則財用不足.)"

○ 擧以人言, 秉以己言.
듦은 남으로 말하였고, 잡음은 자신으로 말하였다.

集傳
事, 征伐會同之類. 承上章六臣輔君, 格天致治,
사(事)는 정벌(征伐)과 회동(會同)의 따위이다. 위의 장에서 여섯 신하가 군주를 보좌하여 하늘에 이르고 훌륭한 정치를 이룩한 것을 이어서

詳說
○ 去聲.
'치(治)'는 거성이다.

集傳
遂言天佑命有商純一而不雜.
마침내 말하기를 "하늘이 상나라를 도와 명함이 순일하고 잡되지 않았다.

詳說
○ 諺釋泥於註, 與後節之釋, 異同, 恐非文勢.
『언해』의 해석은 주와 뒷 절의 해석에 구애되어 다르니, 어투가 아닌 것 같다.

○ 孔氏曰 : "純, 大也."
공씨(孔氏)가 말하였다 : "'순(純)'은 '대(大)'이다.

集傳
故商國有人而實, 内之百官著姓, 與夫王臣之微者,
그러므로 상나라에 훌륭한 사람이 있어 나라가 충실해져서 안으로는 백관(百官)과 저성(著姓) 및 왕신(王臣)의 미천한 자들이

詳說
○ 音扶, 下同.

'부(夫)'는 음이 '부(扶)'로 아래에서도 같다.

集傳

無不秉持其德, 明致其憂,
덕을 잡고 근심을 밝게 이루지 않음이 없었으며,

詳說

○ 憂勤.
근심하며 부지런히 한 것이다.

集傳

外之小臣, 與夫藩屛侯甸,
밖으로는 소신(小臣)과 번병의 후전(侯甸)들이

詳說

○ 陳氏雅言曰 : "大而藩屛侯甸."
진씨 아언(陳氏雅言)이 말하였다 : "크면 변방과 후전이다."174)

---

174) 『서경대전(書經大全)』, 「주서(周書)」・「군석(君奭)」 : "진씨 아언이 말하였다 : '주공이 위의 글에서 여섯 신하에게는 임금을 보필한 공이 있을 뿐만 아니라 하늘이 상나라에 대해 돕고 명을 내림이 순일하고 둘로 하지 않았기 때문에 상나라에 현재들이 많아 충실할 수 있었다고 말하였다. 나라는 사람이 있는 것으로 충실하다는 말이다. 이 때문에 당시에 안에서는 크면 백관으로 백성을 드러내고 작으면 왕신의 미미함으로 덕을 잡고 근심을 밝히지 않음이 없으니, 이것이 안에 있는 자들이 모두 현명한 것이다. 밖에서는 미미하면 소신으로 크면 번병과 후전으로 분부하게 복역하지 않음이 없으니, 이것이 밖에 있는 자들이 모두 현명한 것이다. 하늘이 돕고 명을 내림이 순수한 연고 때문에 임금이 사람을 씀에 덕이 있는 자를 천거한 것이고, 이것이 중현의 많음으로 모두 임금의 일을 다스릴 수 있어 임금과 이치를 함께 한 것이다. 이것이 상나라의 현재가 등용됨에 내외 없이 이처럼 많고 여러 신하들이 임금을 돕는 공이 있다. 그러므로 임금은 백성을 교화시키는 효과가 있어 한 사람이 천하에 명령하면 천하의 백성들이 점을 경청하듯이 믿지 않음이 없는 것이다. 주공의 이 말은 아마도 상나라에서 현명하고 성스러운 임금이 그 처음에 대여섯의 보좌하는 대신을 얻었기 때문에 하늘이 돕고 명령하는 순수함을 얻었다는 것이다. 이 때문에 여러 현인들이 때맞춰 나와 내외와 대소의 물음 없이 상나라에서 사람들을 얻는 충실함은 대여섯의 대신이 사람을 얻는 것으로 말미암음을 밝혔다. 주공의 이 뜻은 확실히 우리 두 사람의 진퇴에 국체(國體)가 달린 것이 이와 같음을 알게 하려는 것이니, 어찌 성대하고 가득하게 어렵게 있는 것을 두렵게 여겨 물러남을 구함에 과감해야 한다는 것이겠는가!'(陳氏雅言曰 : 周公言不特上文六臣能有輔君之功, 天之於商, 其佑命之也, 純一而不二, 故商國賢才衆多而能實. 言國以有人爲實也. 是以當時在內, 則大而百官著姓, 小而王臣之徵, 莫不秉德明恤, 此其在內者之皆賢也. 在外則微而小臣, 大而藩屛侯甸者, 又莫不奔走服役, 此其在外者之皆賢也. 惟天佑命之純之故, 故君之用人, 惟有德者是擧, 而此衆賢之多, 皆能治君之事, 以與君共理也. 是則商之賢才登庸, 無間內外, 其衆多如此, 羣臣有輔君之功. 故君有化民之效. 一人有所命令於天下, 天下之民, 如敬聽於卜筮, 而無不孚信也. 周公此言, 意謂商賢聖之君, 其始以得五六大臣佐佑之助, 故能得天佑命之純. 是以衆賢維時而出, 無內外大小之問, 明商之得人實, 由於五六大臣之得人也. 周公此意, 政欲召公知吾二人其進退, 係於國體者, 如此, 豈可以盛滿難居爲懼, 而果於求退也.)"

集傳
矧皆奔走服役.
하물며 모두 분주히 복역함에 있어서랴.

詳說
○ 添二字.
두 자를 더하였다.

集傳
惟此之故
이 때문에

詳說
○ 添故字.
'고(故)'자를 더하였다.

集傳
惟德是舉
덕(德)을 들어

詳說
○ 孔氏曰 : "惟有德者舉."
공씨가 말하였다 : "덕이 있는 자는 천거하는 것이다."[175]

○ 亦自秉己之德.

---

[175] 『상서찬전(尚書纂傳)』, 「주서(周書)」·「군석(君奭)」: "한의 공씨가 말하였다 : '왕이 여전히 덕을 잡고 신하들을 근심하는데, 하물며 신하들이 아래로 모두 분주하지 않을 수 있겠는가? 왕은 이것을 일로 하며, 덕이 있는 자는 천거하고 등용해서 임금의 일을 다스리니, 임금과 신하가 덕에 힘쓰는 것이다. 그러므로 사방에 일이 있어도 천하가 교화되어 복종하는 것이 마치 점을 쳐서 옳게 여기며 믿지 않음이 없는 것과 같다. 채씨가 「칭(稱)은 드는 것이다.」라고 한 것도 잡아서 지킨다는 의미이다.'(漢孔氏曰 : 王猶秉德憂臣, 況臣下得不皆奔走. 惟王此事, 惟有德者, 舉用治其君事, 君臣務德. 故有事于四方, 而天下化服, 如卜筮無不是而信之. 蔡氏曰稱舉也, 亦秉持之義.)"

또한 스스로 자신을 잡는 덕이다.

集傳
用乂其君
이것으로써 그 군주를 다스리게 하였기

詳說
○ 陳氏雅言曰 : "治君之事."
　　진씨 아언(陳氏雅言)이 말하였다 : "임금의 일을 다스리는 것이다."176)

集傳
故君
때문에 군주가

詳說
○ 一人.
　　'군(君)'은 경문에서 '일인(一人)'이다.

---

176) 『서경대전(書經大全)』, 「주서(周書)」·「군석(君奭)」: "진씨 아언이 말하였다 : '주공이 위의 글에서 여섯 신하에게는 임금을 보필한 공이 있을 뿐만 아니라 하늘이 상나라에 대해 돕고 명을 내림이 순일하고 둘로 하지 않았기 때문에 상나라에 현재들이 많아 충실할 수 있었다고 말하였다. 나라는 사람이 있는 것으로 충실하다는 말이다. 이 때문에 당시에 안에서는 크면 백관으로 백성을 드러내고 작으면 왕신의 미미함으로 덕을 잡고 근심을 밝히지 않음이 없으니, 이것은 안에 있는 자들이 모두 현명한 것이다. 밖에서는 미미하면 소신으로 크면 번병과 후전으로 분주하게 복역하지 않음이 없으니, 이것은 밖에 있는 자들이 모두 현명한 것이다. 하늘이 돕고 명을 내림이 순수한 연고 때문에 임금이 사람을 씀에 덕이 있는 자를 천거한 것이고, 이것이 중현의 많음으로 모두 임금의 일을 다스릴 수 있어 임금과 이치를 함께 한 것이다. 이것은 상나라의 현재가 등용됨에 내외 없이 이처럼 많고 여러 신하들이 임금을 돕는 공이 있다. 그러므로 임금은 백성들을 교화시키는 효과가 있어 한 사람이 천하에 명령하면 천하의 백성들이 점을 경청하듯이 믿지 않음이 없는 것이다. 주공의 이 말은 아마도 상나라에서 현명하고 성스러운 임금이 그 처음에 대여섯의 보좌하는 대신을 얻었기 때문에 하늘이 돕고 명령하는 순수함을 얻었다는 것이다. 이 때문에 여러 현인들이 때맞춰 나와 내외와 대소의 물음 없이 상나라에서 사람들을 얻는 충실함은 대여섯의 대신이 사람을 얻는 것으로 말미암았음을 밝혔다. 주공의 이 뜻은 확실히 우리 두 사람의 진퇴에 국체(國體)가 달린 것이 이와 같음을 알게 하려는 것이니, 어찌 성대하고 가득하게 어렵게 있는 것을 두렵게 여겨 물러남을 구함에 과감해야 한다는 것이겠는가!'(陳氏雅言曰 : 周公言不特上文六臣能有輔君之功, 天之於商, 其佑命之也, 純一而不二, 故商國賢才衆多而能實. 言國以有人為實也. 是以當時在內, 則大而百官著姓, 小而王臣之微, 莫不秉德明恤, 此其在內者之皆賢也. 在外則微而小臣, 大而藩屛侯甸者, 又莫不奔走服役, 此其在外者之皆賢也. 惟天佑命之純之故, 故君之用人, 惟有德者是擧, 而此衆賢之多, 皆能治君之事, 以與君共理也. 是則商之賢才登庸, 無間內外, 其衆多如此, 羣臣有輔君之功. 故君有化民之效. 一人有所命令於天下, 天下之民, 如敬聽於卜筮, 而無不孚信也. 周公此言, 意謂商賢聖之君, 其始以得五六大臣佐佑之助, 故能得天佑命之純. 是以衆賢維時而出, 無內外大小之問, 明商之得人實, 由於五六大臣之得人也. 周公此意, 政欲召公知吾二人其進退, 係於國體者, 如此, 豈可以盛滿難居為懼, 而果於求退也.)"

集傳

有事于四方, 如龜之卜, 如蓍之筮, 天下無不敬信之也.

사방에 일함이 있으면 거북점과 시초점처럼 여겨서 천하가 공경하고 믿지 않음이 없는 것이다.

詳說

○ 陳氏雅言曰 : "商之得人實, 由於五六大臣之得人, 召公豈可果於求退也."

진씨 아언(陳氏雅言)이 말하였다 : "상나라에서 사람들을 얻는 충실함은 대여섯의 대신이 사람을 얻는 것으로 말미암았으니, 소공이 어찌 물러남을 구함에 과감해서야 되겠는가!"[177]

[11-4-16-10]

公曰, 君奭. 天壽平格. 保乂有殷, 有殷嗣天滅威, 今汝永念, 則有固命, 厥亂明我新造邦.

공(公)이 말씀하였다. "군석(君奭)아! 하늘은 공평하여 하늘에 통하는 자를 수(壽)하게 해서

---

[177] 『서경대전(書經大全)』, 「주서(周書)」·「군석(君奭)」: "진씨 아언이 말하였다 : '주공이 위의 글에서 여섯 신하에게는 임금을 보필할 공이 있을 뿐만 아니라 하늘이 상나라에 대해 돕고 명을 내림이 순일하고 둘로 하지 않았기 때문에 상나라에 현재들이 많아 충실할 수 있었다고 말하였다. 나라는 사람이 있는 것으로 충실하다는 말이다. 이 때문에 당시에 안에서는 크면 백관으로 백성을 드러내고 작으면 왕신의 미미함으로 덕을 잡고 근심을 밝히지 않음이 없으니, 이것은 안에 있는 자들이 모두 현명한 것이다. 밖에서는 미미하면 소신으로 크면 번병과 후전으로 분부하게 복역하지 않음이 없으니, 이것은 밖에 있는 자들이 모두 현명한 것이다. 하늘이 돕고 명을 내림이 순수한 연고 때문에 임금이 사람을 씀에 덕이 있는 자를 천거한 것이고, 이것이 중현의 많음으로 모두 임금의 일을 다스릴 수 있어 임금과 이치를 함께 한 것이다. 이것은 상나라의 현재가 등용됨에 내외 없이 이처럼 많고 여러 신하들이 임금을 돕는 공이 있다. 그러므로 임금은 백성들을 교화시키는 효과가 있어 한 사람이 천하에 명령하면 천하의 백성들이 점을 경청하듯이 믿지 않음이 없는 것이다. 주공의 이 말은 아마도 상나라에서 현명하고 성스러운 임금이 그 처음에 대여섯의 보좌하는 대신을 얻었기 때문에 하늘이 돕고 명령하는 순수함을 얻었다는 것이다. 이 때문에 여러 현인들이 때맞춰 나와 내외와 대소의 물음 없이 상나라에서 사람들을 얻는 충실함은 대여섯의 대신이 사람을 얻는 것으로 말미암았음을 밝혔다. 주공의 이 뜻은 확실히 우리 두 사람의 진퇴에 국체(國體)가 달린 것이 이와 같음을 알게 하려는 것이니, 어찌 성대하고 가득하게 어렵게 있는 것을 두렵게 여겨 물러남을 구함에 과감해야 한다는 것이겠는가!'(陳氏雅言曰 : 周公言不特上文六臣能有輔君之功, 天之於商, 其佑命之也, 純一而不二, 故商國賢才衆多而能實. 言國以有人爲實也. 是以當時在內, 則大而百官著姓, 小而王臣之微, 莫不秉德明恤, 此其在內者之皆賢也. 在外則微而小臣, 大而藩屛侯甸者, 又莫不奔走服役, 此其在外者之皆也. 惟天佑命之純之故, 故君之用人, 惟有德者是擧, 而此衆賢之多, 皆能治君之事, 以與君共理也. 是則商之賢才登庸, 無間內外, 其衆多如此, 羣臣有輔君之功. 故君有化民之效. 一人有所命令於天下, 天下之民, 如敬聽於卜筮, 而無不孚信也. 周公此言, 意謂商賢聖之君, 其始以得六五大臣佐佑之助, 故能得天佑命之純. 是以衆賢維時而出, 無內外大小之問, 明商之得人實, 由於五六大臣之得人也. 周公此意, 政欲召公知吾二人其進退, 係於國體者, 如此, 豈可以盛滿難居爲懼, 而果於求退也.)"

은(殷)나라를 보존하여 다스리게 하였는데, 은(殷)나라가 하늘을 이어받았다가 멸망하는 위엄에 걸렸으니, 이제 네가 이것을 길이 생각하면 하늘의 견고한 명을 소유하여 그 다스림이 우리 새로 만든 나라에 밝게 드러낼 것이다."

集傳
呂氏曰 : 坦然無私之謂平. 格者, 通徹三極,
여씨(呂氏)가 말하였다. "평탄하여 사(私)가 없음을 평(平)이라 한다. 격(格)은 삼극(三極)을 통하여

詳說
○ 易註曰 : 三才.
『역경』의 주석에서 말하였다 : "삼재이다."

集傳
而無間者也.
간격이 없는 것이다.

詳說
○ 去聲.
'간(間)'은 거성이다.

集傳
天無私壽, 惟至平通格于天者,
하늘은 사사로이 수(壽)하게 함이 없어 오직 지극히 공평하여 하늘을 통하는 자이면,

詳說
○ 即前節之格天格帝.
곧 앞의 절에서 '황천에 이르고 상제에 이르는 것이다.178)

---

178) 『서경대전(書經大全)』, 「주서(周書)」·「군석7(君奭7)」 : "공(公)이 말씀하였다. '군석아! 내 들으니, 옛날 성탕이 이미 천명을 받으셨는데 이 때에는 이윤 같은 이가 있어 황천에 이르렀으며, 태갑 때에는 보형 같은

{集傳}
則壽之, 伊尹而下六臣, 能盡平格之實.
수(壽)하게 하니, 이윤(伊尹) 이하 여섯 신하가 능히 평격(平格)의 실제를 다하였다.

{詳說}
○ 添二句.
두 구를 더하였다.

{集傳}
故能保乂有殷,
그러므로 능히 은(殷)나라를 보존하여 다스려서

{詳說}
○ 篇中再用此句, 以致丁寧之意.
편 가운에서 이 구를 거듭 사용해서 정녕의 뜻을 이루었다.

{集傳}
多歷年所.
역년(歷年)이 장구하였다.

{詳說}
○ 能壽國.
나라를 장수할 수 있게 하는 것이다.

○ 照前節而添此句.
앞의 절을 참조해서 이 구를 더한 것이다.

이가 있었으며, 태무 때에는 이척과 신호 같은 이가 있어 상제에 이르렀으며, 무함이 왕가를 다스렸으며, 조을 때에는 무현 같은 이가 있었으며, 무정 때에는 감반 같은 이가 있었다.'(公曰, 君奭, 我聞, 在昔成湯旣受命, 時則有若伊尹, 格于皇天, 在太甲 時, 則有若保衡, 在太戊時, 則有若伊陟臣扈, 格于上帝, 巫咸乂王家, 在祖乙時, 則有若巫賢, 在武丁時, 則有若甘盤.)"

集傳
至于殷紂, 亦嗣天位
그런데 은(殷)나라 주왕(紂王)에 이르러는 또한 천자의 지위를 이어

詳說
○ 添位字.
'위(位)'자를 더하였다.

集傳
乃驟罹滅亡之威,
갑자기 멸망하는 위엄에 걸렸으니,

詳說
○ 添二字
'취리(驟罹)' 두 글자를 더하였다.

集傳
天曾不私壽之也.
하늘은 일찍이 사사로이 수(壽)하게 하지 않는다.

詳說
○ 添此句.
여기의 구를 더하였다.

集傳
固命者, 不墜之天命也. 今召公勉爲周家久永之念,
고명(固命)은 실추하지 않는 천명(天命)이다. 이제 소공(召公)이 힘써 주(周)나라를 영구히 할 생각을 한다면,

詳說

○ 添勉爲字, 諺釋泥此註.
'면위(勉爲)'자를 더하였는데, 『언해』의 해석은 여기의 주에 구애되었다.

○ 臨川吳氏曰 : "天不壽紂者, 無賢臣輔之以格天故爾, 今汝永念及此."
임천 오씨(臨川吳氏)가 말하였다 : "하늘이 주(紂)를 장수하지 못하게 한 것은 현신이 보좌해서 하늘에 이름이 없었기 때문일 뿐이니, 이제 너는 영원히 여기에 미치기를 생각하라."179)

集傳
則有天之固命, 其治
하늘의 고명(固命)을 소유하여 다스림의

詳說
○ 亂.
'치(治)'는 경문에서 '난(亂)'이다.

集傳
效, 亦赫然明著於我新造之邦, 而身與國俱顯矣.
효험이 또한 혁혁하게 우리 새로 만든 나라에 밝게 드러나서 몸과 나라가 모두 나타날 것이다.

詳說
○ 添此句.

---

179) 『서경대전(書經大全)』, 「주서(周書)」·「군석(君奭)」 : "임천 오씨가 말하였다 : '「공평하게 통한다.」는 것은 어느 일이라도 하늘과 통하지 않음이 없는 것을 말한다. 마음이 하늘에 통하면 반드시 장수를 얻는다. 이윤 이하 여섯 신하는 그 임금을 도울 수 있어 하늘에 공평하게 통했기 때문에 은나라를 보존해서 다스리고 역년이 길었다. 은나라의 주에 와서도 천위를 이어받았으나 바로 갑자기 멸망하는 위엄에 걸렸으니, 하늘이 장수하지 않게 한 것이 무엇 때문이겠는가? 현신이 보좌해서 하늘에 이름이 없었기 때문일 뿐이니, 이제 네가 영원히 여기에 미치기를 생각하면, 우리 주나라에 확고하게 실추되지 않는 명이 있고 항상 다스려서 우리가 새로 만든 주나라를 드러낼 수 있을 것이다.'(臨川吳氏曰 : 平格, 謂無一事不與天通者也. 心通乎天, 必得其壽. 伊尹而下六臣, 能相其君, 以平格于天, 故能保乂有殷, 多歷年. 所至于殷紂, 亦嗣天位, 乃驟罹滅亡之威, 天不壽之者, 何哉. 蓋無賢臣輔之以格于天故爾. 今汝永念及此, 則我周可有堅固不墜之命, 其能常治而顯明我新造之周邦歟.)"

여기의 구를 더하였다.

[11-4-16-11]
公曰, 君奭. 在昔上帝割, 申勸寧王之德, 其集大命于厥躬.

공(公)이 말씀하였다. "군석(君奭)아! 옛날 상제께서 바로잡아 무왕의 덕을 거듭 권면하여 대명(大命)을 그 몸에 모으게 하셨다.

集傳
申, 重,
신(申)은 거듭함이고,

詳說
○ 去聲.
'중(重)'은 거성이다.

集傳
勸, 勉也. 在昔上帝降割于殷,
권(勸)은 권면함이다. 옛날 상제가 은나라에 바로잡음을 내리고

詳說
○ 二字, 見大誥.
'강할(降割)' 두 글자는 「대고」에 보인다.[180]

○ 添殷字.
'은(殷)'자를 더하였다.

---

[180] 『서경대전(書經大全)』, 「주서(周書)」·「대고1(大誥1)」 : "왕(王)이 대략 다음과 같이 말씀하였다. '아! 너희 많은 나라와 너희 어사(御事)들에게 크게 고하노라. 하늘로부터 구휼을 받지 못하여 하늘이 우리나라에 해를 내려 조금도 기다려 주지 않으신다. 크게 생각하건대 나같이 어린 사람이 끝없이 큰 역복(歷服)을 이어서 명철함에 나아가 백성들을 편안한 곳으로 인도하지 못하였는데, 하물며 천명을 연구하여 안다고 말할 수 있겠는가!'(王若曰, 猷, 大誥爾多邦, 越爾御事. 弗弔天, 降割于我家, 不少延. 洪惟我幼冲人, 嗣無疆大歷服, 弗造哲, 迪民康, 矧曰其有能格知天命.)"

集傳

申勸武王之德, 而集大命於其身, 使有天下也.
무왕의 덕을 거듭 권면하여 대명(大命)을 그 몸에 모아 천하를 소유하게 하였다.

詳說

○ 新安陳氏曰 : "寧王, 孔注以爲文王, 蔡傳以爲武王. 果武王, 則下接文王尚克修和, 必有缺文."
신안 진씨가 말하였다 : "영왕은 공주(孔注)에서는 문왕으로 여겼고, 채전(蔡傳)에서는 무왕으로 여겼다. 과연 무왕이라면 아래로 '문왕이 거의 능히 닦고 화하게 했다.'[181]는 말과 이어져야 하니, 반드시 결문이 있는 것이다."[182]

[11-4-16-12]

惟文王, 尚克脩和我有夏, 亦惟有若虢叔, 有若閎夭, 有若散宜生, 有若泰顚, 有若南宮括.

문왕(文王)이 거의 능히 우리가 소유한 유하(有夏)를 닦고 화하게 하신 것은 또한 괵숙(虢叔)과 굉요(閎夭)와 산의생(散宜生)과 태전(泰顚)과 남궁괄(南宮括) 같은 사람이 있었기 때문이다."

詳說

○ 虢, 郭獲反. 夭, 平聲. 散, 素亶反.
'괵(虢)'은 '곽(郭)'과 '획(獲)'의 반절이다. '요(夭)'는 평성이다. '산(散)'은 '소(素)'와 '단(亶)'의 반절이다.

集傳

---

181) 『서경대전(書經大全)』, 「주서(周書)」·「군석-12(君奭-12)」 : "문왕(文王)이 거의 능히 우리가 소유한 유하(有夏)를 닦고 화하게 하신 것은 또한 괵숙(虢叔)과 굉요(閎夭)와 산의생(散宜生)과 태전(泰顚)과 남궁괄(南宮括) 같은 사람이 있었기 때문이다.(惟文王, 尚克脩和我有夏, 亦惟有若虢叔, 有若閎夭, 有若散宜生, 有若泰顚, 有若南宮括.)"
182) 『서경대전(書經大全)』, 「주서(周書)」·「군석(君奭)」 : "신안 진씨가 말하였다 : '영왕은 공주(孔注)에서는 문왕으로 여겼고, 채전(蔡傳)에서는 무왕으로 여겼다. 과연 무왕이라면 아래로 「문왕이 거의 능히 우리가 소유한 유하를 닦고 화하게 했다.」는 말과 이어져야 하니, 반드시 결문이 있는 것이다.(新安陳氏曰 : 寧王, 孔註以爲文王, 蔡傳以爲武王. 果武王也, 則下接惟文王尚克脩和我有夏, 必有缺文矣.)"

虢叔, 文王弟. 閎散泰南宮, 皆氏, 夭㝋生顚括, 皆名. 言文王庶幾能修治燮和我所有諸夏者, 亦惟有虢叔等五人爲之輔也.
괵숙(叔)은 문왕(文王)의 아우이다. 굉(閎)·산(散)·태(泰)·남궁(南宮)은 모두 씨(氏)이고, 요(夭)·의생(宜生)·전(顚)·괄(括)은 모두 이름이다. 문왕(文王)이 거의 능히 우리가 소유한 제하(諸夏)를 수치(修治)하고 섭화(燮和)하였던 것도 괵숙(叔) 등 다섯 신하가 그를 위해 보좌했기 때문임을 말한 것이다.

詳說
○ 添此句.
이 구를 더하였다.

集傳
康誥, 言一二邦以修, 無逸, 言用咸和萬民, 卽文王修和之實也.
「강고(康誥)」에 "한두 나라가 다스려졌다."[183]라고 하였고, 「무일(無逸)」에 "써 모두 만민을 화하게 하였다."[184]라는 것이 곧 문왕이 다스리고 화하게 한 실제이다.

詳說
○ 論也.
경문의 의미 설명이다.

[11-4-16-13]
又曰, 無能往來茲, 迪彛敎, 文王蔑德降于國人.

---

183) 『서경대전(書經大全)』, 「주서(周書)」·「강고4(康誥4)」: "감히 홀아비와 과부를 업신여기지 않으시며, 등용하여야 할 사람을 등용하고 공경하여야 할 사람을 공경하고 위엄을 보여야 할 사람에게 위엄을 보이시어 덕이 백성들에게 드러나시어 우리 구하(區夏)[중국(中國)]를 조조(肇造)[창조(創造)]하시자, 우리 한두 나라가 닦여지며 우리 서토(西土)가 이에 믿고 무릅써서 상제(上帝)에게 알려지시니, 상제(上帝)가 아름답게 여기셨다. 하늘이 마침내 문왕(文王)을 크게 명하여 은(殷)나라를 쳐서 멸하게 하시므로 그 명을 크게 받으시니, 그 나라와 백성들이 이에 펴지므로 네 과형(寡兄)이 힘썼다. 그러므로 너 소자(小子) 봉(封)이 이 동토(東土)에 있게 되었다.(不敢侮鰥寡, 庸庸, 祇祇, 威威, 顯民, 用肇造我區夏, 越我一二邦, 以修 我西土, 惟時怙冒, 聞于上帝, 帝休. 天乃大命文王, 殪戎殷, 誕受厥命, 越厥邦厥民, 惟時叙, 乃寡兄勖. 肆汝小子封, 在茲東土.)"
184) 『서경대전(書經大全)』, 「주서(周書)」·「무일-10(無逸-10)」: "아름답게 부드럽고 아름답게 공손하시어 소민(小民)들을 품어 보호하시고, 환과(鰥寡)들에게 은혜를 입혀서 생기가 나게 하시며, 아침부터 해가 중천에 뜰 때와 해가 기울 때에 이르도록 한가히 밥먹을 겨를도 없으시며 만민들을 모두 화합하게 하셨습니다.(徽柔懿恭, 懷保小民, 惠鮮鰥寡, 自朝, 至于日中昃, 不遑暇食, 用咸和萬民.)"

또 말씀하였다. "이 다섯 신하가 능히 이곳에 왕래하며 떳떳한 가르침을 인도함이 없었더라면, 문왕께서도 덕이 국인(國人)에게 내려짐이 없었을 것이다.

> 集傳
>
> 蔑, 無也. 夏氏曰, 周公前旣言文王之興, 本此五臣,

멸(蔑)은 없음이다. 하씨(夏氏)가 말하였다. "주공(周公)이 앞에서 이미 문왕(文王)의 일어남이 이 다섯 신하에 근본하였다[185]고 말하였기

> 詳說
>
> ○ 正說.

똑바로 말한 것이다.

> 集傳
>
> 故又反前意而言

때문에 다시 앞의 뜻을 뒤집어 말씀하기를

> 詳說
>
> ○ 反說.

반대로 말한 것이다.

> 集傳
>
> 曰, 若此五臣者, 不能爲文王, 往來奔走於此,

'만약 이 다섯 신하들이 문왕을 위하여 이 곳에 왕래하며 분주하게

> 詳說
>
> ○ 去聲.

'위(爲)'는 거성이다.

---

[185] 『서경대전(書經大全)』, 「주서(周書)」·「군석-12(君奭-12)」: "문왕(文王)이 거의 능히 우리가 소유한 유하(有夏)를 닦고 화하게 하신 것은 또한 괵숙(虢叔)과 굉요(閎夭)와 산의생(散宜生)과 태전(泰顚)과 남궁괄(南宮括) 같은 사람이 있었기 때문이다.(惟文王, 尙克脩和我有夏, 亦惟有若虢叔, 有若閎夭, 有若散宜生, 有若泰顚, 有若南宮括.)"

集傳

導迪其常敎, 則文王, 亦無德降及於國人矣. 周公反覆

떳떳한 가르침을 계도하지 못하였더라면 문왕도 덕이 국인(國人)에게 내려 미치지 못했을 것이다'라고 한 것이다." 주공(周公)이 반복하며

詳說

○ 音福.

'복(覆)'은 음이 '복(福)'이다.

集傳

以明其意, 故以又曰更端發之.

그 뜻을 밝혔기 때문에 '우왈(又曰)'로 단서를 바꿔 발한 것이다."

詳說

○ 平聲.

'경(更)'은 평성이다.

○ 二句, 論也.

두 구는 경문의 의미 설명이다.

[11-4-16-14]

亦惟純佑, 秉德迪知天威, 乃惟時昭文王, 迪見冒, 聞于上帝. 惟時受有殷命哉.

또한 하늘이 순수하게 도와준 것은 덕(德)을 잡은 이들이 실천하고 하늘의 위엄을 알며 이에 문왕을 밝히고 계도하며 나타나고 덮여지게 해서 상제에게 알려졌기 때문이다. 이에 은나라의 천명을 받으신 것이다.

詳說

○ 見, 音現.

'현(見)'은 음이 '현(現)'이다.

> 集傳

言文王有此五臣者, 故亦如殷爲天純佑命, 百姓王人罔不秉德也.
문왕(文王)에게 이 다섯 신하들이 있었으므로 또한 하늘이 은(殷)나라를 순수하게 도와주고 명한 것처럼 백성과 왕인(王人)들이 덕(德)을 잡지 않음이 없었던 것이다.

> 詳說

○ 照前節.
앞의 절을 참조하라.186)

> 集傳

上旣反言, 文王若無此五臣爲迪彝敎,
위에서 이미 뒤집어 말하기를 "문왕(文王)이 만약 이 다섯 신하들이 떳떳한 가르침을 계도함이 없었더라면,

> 詳說

○ 去聲.
'위(爲)'는 거성이다.

> 集傳

則亦無德下及國人. 故此又正言, 亦惟天乃純佑文王, 蓋以如是秉德之臣,
또한 덕(德)이 아래로 국인에게 미치지 못했을 것이다."라고 하였다. 그러므로 여기에서는 또 바로 말하기를 "또한 하늘이 문왕(文王)을 순수하게 도와준 것은 이와 같이 덕(德)을 잡은 신하들이

> 詳說

---

186) 『서경대전(書經大全)』, 「주서(周書)」·「군석9(君奭9)」 : "하늘이 도와 명하심이 순수하였으니, 상나라가 충실하여 백성과 왕인(王人)들이 덕을 잡고 근심을 밝히지 않은 이가 없었고, 소신(小臣)과 번병(藩屛)의 후전(侯甸)들이 하물며 모두 분주함에 있어서랴. 이 덕을 칭송하여 써 그 군주를 다스리게 하였다. 그러므로 한 사람이 사방에 일함이 있으면 마치 거북점과 시초점 같이 여겨서 이것을 믿지 않은 이가 없었다.(天惟純佑命, 則商實, 百姓王人, 罔不秉德明恤, 小臣屛侯甸, 矧咸奔走. 惟茲惟德, 稱用乂厥辟. 故一人有事于四方, 若卜筮, 罔不是孚.)"

○ 添二字.
두 글자를 더하였다.

集傳
蹈履至到
실천하여 이르러서

詳說
○ 迪.
경문에서 '적(迪)'이다.

集傳
實知天威. 以是昭明文王, 啓迪其德,
진실로 하늘의 위엄을 알았다. 이 때문에 문왕을 밝혀 그 덕을 계도해서

詳說
○ 添二字.
두 글자를 더하였다.

○ 二節, 三迪字, 其釋各異.
두 절에서 세 번의 '유(迪)'[187]자는 그 해석이 각기 다르다.

集傳
使著見於上,
위에 나타나고

詳說
○ 朝廷.

---

187) 『서경대전(書經大全)』, 「주서(周書)」·「군석-13(君奭-13)」: "또 말씀하였다. "이 다섯 신하가 능히 이곳에 왕래하며 떳떳한 가르침을 인도함이 없었더라면, 문왕께서도 덕이 국인(國人)에게 내려짐이 없었을 것이다.(又曰, 無能往來玆, 迪彝教, 文王蔑德降于國人.)"

위는 조정이다.

○ 迪見, 諺釋誤.
실천한 것이 나타나니, 『언해』의 해석은 잘못되었다.

집전(集傳)
覆冒於下
아래에 덮여지게 해서

상설(詳說)
○ 天下.
아래는 천하이다.

집전(集傳)
而升聞于上帝.
상제에게 알려졌다.

상설(詳說)
○ 陳氏雅言曰 : "卽上章秉德用乂之意."
진씨 아언(陳氏雅言)이 말하였다 : "곧 위의 장에서 '덕을 잡고 … 써 다스리게 하였다.'[188]는 의미이다."[189]

---

188) 『서경대전(書經大全)』, 「주서(周書)」·「군석9(君奭9)」: "하늘이 도와 명하심이 순수하였으니, 상나라가 충실하여 백성과 왕인(王人)들이 덕을 잡고 근심을 밝히지 않은 이가 없었고, 소신(小臣)과 번병(藩屛)의 후전(侯甸)들이 하물며 모두 분주함에 있어서랴. 이 덕을 칭송하여 써 그 군주를 다스리게 하였다. 그러므로 한 사람이 사방에 일함이 있으면 마치 거북점과 시초점 같이 여겨서 이것을 믿지 않은 이가 없었다.(天惟純佑命, 則商實, 百姓王人, 罔不秉德明恤, 小臣屛侯甸, 矧咸奔走. 惟茲惟德, 稱用乂厥辟, 故一人有事于四方, 若卜筮, 罔不是孚.)"
189) 『서경대전(書經大全)』, 「주서(周書)」·「군석(君奭)」: "진씨 아언에서 말하였다 : 「또한 순수하게 도움을 준다.」는 것은 곧 위의 장에서 「하늘이 도와 명하심이 순수하다.」는 말이다. 「덕을 잡은 이들이 실천하고 하늘의 위엄을 알며, 이에 문왕을 밝히고 계도하며 나타나고 덮여지게 해서 상제에게 알려졌기 때문이다.」는 것은 위의 장에서 「덕을 잡고 근심을 밝히지 않은 이가 없었고, … 이 덕을 칭송하여 써 그 군주를 다스리게 하였다.」는 의미이다.위의 장에서 상나라의 현성은 모두 이미 명을 받은 임금이라고 말하였다. 「그러므로 한 사람이 사방에 일함이 있으면 마치 거북점과 시초점 같이 여겨서 이것을 믿지 않은 이가 없었다.」는 것으로 말하였으니, 그 효과가 백성들을 교화시키기에 충분하다는 것이다. 여기에서는 문왕은 처음 명을 받은 임금이라고 말하였다. 그러므로 「이에 은나라의 천명을 받으신 것이다.」는 것으로 말하였으니, 그 효과는 하늘에서 얻음이 있다는 말이다. 명을 받았기 때문에 문왕의 덕일지라도 다섯 신하의 도움이라는 것이다. 주공이 이것을 말한 것은 아마 문왕이 이 다섯 신하의 도움을 얻은 것도 상나라의 여러 임금이

集傳

惟是之故,
이 때문에

詳說

○ 添故字.
'고(故)'자를 더하였다.

集傳

遂能受有殷之天命也.
마침내 은나라의 천명을 받게 된 것이다."라고 한 것이다.

詳說

○ 陳氏雅言曰 : "上章商賢聖, 皆已受命之君, 故言有事是孚, 其效足以化民也. 文王始受命之君. 故言其效有以得於天也, 所以受命, 雖文王之德, 亦五臣之助也. 周公此言, 主於留召公, 故皆歸重於臣. 召公縱不以商之六臣爲念, 獨不以周之五臣爲意乎."

진씨 아언(陳氏雅言)[190]이 말하였다 : "위의 장에서 상나라의 현성은 모두 이미 명을 받은 임금이다. 그러므로 '일함이 있으면 이것을 믿는다.'[191]고 말하였으

위의 여섯 신하의 도움을 얻은 것과 같으니, 다섯 신하가 주나라를 도울 것은 여섯 신하가 상나라를 도운 것과 다름이 없기 때문에 주나라에 도와 명하심의 순수함은 옛날에 상나라에 순수함과 차이가 없는 것이다. … 문왕이 은나라의 천명을 받았기 때문에 문왕의 덕일지라도 다섯 신하의 도움이다. 주공의 이 말은 소공을 머무르게 함을 위주로 하기 때문에 모두 중요함을 신하에게로 돌리는 말이다. 소공이 설령 상나라의 여섯 신하를 염두에 두지 않을지라도 어찌 주나라의 다섯 신하를 생각하지 않겠는가?'((陳氏雅言曰 : 亦惟純佑者, 即上章天惟純佑命之謂也. 秉德迪知天威, 乃惟時昭文王, 迪見冒聞于上帝者, 即上章罔不秉德明恤, 惟茲惟德, 稱用乂厥辟之意也. 上章言商賢聖, 皆已受天命之君也. 故以一人有事於四方, 若卜筮罔不是孚言之, 言其效足以化民也. 此言文王始受天命之君也, 故以惟時受有殷命哉言之, 言其效有以得於天也. 周公言此, 意謂文王得此五臣之助, 亦如商之衆君, 得上六臣之助, 五臣之輔周, 無異於六臣之輔商. 故佑命之純於周, 無異於昔之純於商也. … 文王之所以受有殷命之, 故雖文王之德也, 亦五臣之助也. 周公此言, 主於留召公, 故皆歸重於臣之辭, 召公縱不以商之六臣為念, 獨不以周之五臣為意乎.))

190) 진아언(陳雅言, 1318~1385)은 원말명초 때 강서(江西) 영풍(永豊) 사람이다. 원나라 말에 무재(茂材)로 천거되었지만 나가지 않았다. 명나라 초 홍무(洪武) 연간에 영풍현 향교(鄕校)에서 학생을 가르쳤다. 당시 호구(戶口)와 토전(土田)이 실상과 달라 현관(縣官)도 대처할 방법을 찾지 못했는데, 그가 계획을 내놓자 공사가 모두 편리해졌다. 저서에 『사서일람(四書一覽)』과 『대학관견(大學管窺)』, 『중용류편(中庸類編)』 등이 있었지만 전하지 않고, 지금은 『서의탁약(書義卓躍)』만 전한다.

니, 그 효과가 백성들을 교화시키기에 충분하다는 것이다. 문왕은 처음 명을 받은 임금이다. 그러므로 그 효과는 하늘에서 얻음이 있다는 것이고, 명을 받았기 때문에 문왕의 덕일지라도 다섯 신하의 도움이라는 말이다. 주공의 이 말은 소공을 머무르게 함을 위주로 하기 때문에 모두 중요함을 신하에게로 돌렸다. 소공이 설령 상나라의 여섯 신하를 염두에 두지 않을지라도 어찌 주나라의 다섯 신하를 생각하지 않겠는가?"192)

[11-4-16-15]

武王, 惟茲四人, 尚迪有祿, 後暨武王, 誕將天威, 咸劉厥敵,
惟茲四人, 昭武王惟冒, 丕單稱德.

무왕은 이 네 사람이 거의 인도하여 천록(天祿)을 소유하였는데, 뒤에 무왕과 함께 크게 하늘의 위엄을 받들어 그 적을 모두 죽였으니, 이 네 사람이 무왕의 덕을 밝힘이 천하에 덮여져서 크게 모두 덕을 일컫게 되었다.

---

191) 『서경대전(書經大全)』, 「주서(周書)」·「군석9(君奭9)」 : "하늘이 도와 명하심이 순수하였으니, 상나라가 충실하여 백성과 왕인(王人)들이 덕을 잡고 근심을 밝히지 않은 이가 없었고, 소신(小臣)과 번병(藩屏)의 후전(侯甸)들이 하물며 모두 부주함에 있어서랴. 이 덕을 칭송하여 써 그 군주를 다스리게 하였다. 그러므로 한 사람이 사방에 일함이 있으면 마치 거북점과 시초점 같이 여겨서 이것을 믿지 않은 이가 없었다.(天惟純佑命, 則商實, 百姓王人, 罔不秉德明恤, 小臣屛侯甸, 矧咸奔走. 惟茲惟德, 稱用乂厥辟. 故一人有事于四方, 若卜筮, 罔不是孚.)"

192) 『서경대전(書經大全)』, 「주서(周書)」·「군석(君奭)」 : "진씨 아언에서 말하였다 : 「또한 순수하게 도움을 준다.」는 것은 곧 위의 장에서 「하늘이 도와 명하심이 순수하다.」는 말이다. 「덕을 잡은 이들이 실천하고 하늘의 위엄을 알며, 이에 문왕을 밝히고 계도하며 나타나고 덮여지게 해서 상제에게 알려졌기 때문이다.」는 것은 위의 장에서 「덕을 잡고 근심을 밝히지 않은 이가 없었고, … 이 덕을 칭송하여 써 그 군주를 다스리게 하였다.」는 의미이다. 위의 장에서 상나라의 현성은 모두 이미 명을 받은 임금이라고 말하였다. 「그러므로 한 사람이 사방에 일함이 있으면 마치 거북점과 시초점 같이 여겨서 이것을 믿지 않은 이가 없었다.」는 것으로 말하였으니, 그 효과가 백성들을 교화시키기에 충분하다는 것이다. 여기에서는 문왕은 처음 명을 받은 임금이라고 말하였다. 그러므로 「이에 은나라의 천명을 받으신 것이다.」는 것으로 말하였으니, 그 효과는 하늘에서 얻음이 있다는 말이다. 명을 받았기 때문에 문왕의 덕일지라도 다섯 신하의 도움이라는 것이다. 주공이 이것을 말한 것은 아마 문왕이 이 다섯 신하의 도움을 얻은 것도 상나라의 여러 임금이 위의 여섯 신하의 도움을 얻은 것과 같으니, 다섯 신하가 주나라를 도움 것은 여섯 신하가 상나라를 도운 것과 다름이 없기 때문에 주나라에 도움 명하심의 순수함은 옛날에 상나라에 순수함과 차이가 없는 것이다. … 문왕이 은나라의 천명을 받았기 때문에 문왕의 덕일지라도 다섯 신하의 도움이다. 주공의 이 말은 소공을 머무르게 함을 위주로 하기 때문에 모두 중요함을 신하에게로 돌리는 말이다. 소공이 설령 상나라의 여섯 신하를 염두에 두지 않을지라도 어찌 주나라의 다섯 신하를 생각하지 않겠는가?'(陳氏雅言曰 : 亦惟純佑者, 即上章天惟純佑命之謂也. 秉德迪知天威, 乃後時昭文王, 迪見冒聞于上帝, 即上章罔不秉德明恤, 惟茲惟德, 稱用乂厥辟之意也. 上章言商賢聖之君, 皆已受天命之君也. 故以一人有事于四方, 若卜筮罔不是孚言之, 言其效足以化民也. 此言文王始受天命之君也, 故以後時受有殷命哉言之, 言其效有以得於天也. 周公言此, 意謂文王得此五臣之助, 亦如商之衆君, 得上六臣之助, 五臣之輔周, 無異於六臣之輔商. 故佑命之純於周, 無異於昔之純於商也. … 文王之所以受有殷命之, 故雖文王之德也, 亦五臣之助也. 周公此言, 主於留召公, 故皆歸重於臣之辭, 召公縱不以商之六臣爲念, 獨不以周之五臣爲意乎.)"

|詳說|

○ 單, 殫通.
　'단(單)'은 '탄(殫)'과 통한다.

|集傳|

虢叔先死, 故曰四人. 劉, 殺也. 單, 盡也. 武王, 惟此四人, 庶幾迪有天祿,
괵숙(虢叔)이 먼저 죽었으므로 네 사람이라고 말하였다. 유(劉)는 죽임이다. 단(單)은 모두이다. 무왕은 이 네 사람이 거의 계도하여 천록(天祿)을 소유하였는데,

|詳說|

○ 導武王使有天祿.
　무왕을 인도해서 천록을 소유하게 했다.

|集傳|

其後暨武王,
그 후에 무왕과 함께

|詳說|

○ 大奉天威.
　크게 하늘의 위엄을 받들었다.

|集傳|

盡殺其敵. 惟此四人, 能昭武王,
적을 모두 죽였다. 이 네 사람이 능히 무왕을 밝혀

|詳說|

○ 與上節昭文王, 相照應.
　위의 절에서 '문왕을 밝힌다.'는 것과 서로 호응한다.[193]

---

193) 『서경대전(書經大全)』, 「주서(周書)」·「군석-14(君奭-14)」: "또한 하늘이 순수하게 도와준 것은 덕(德)을 잡은 이들이 실천하고 하늘의 위엄을 알며 이에 문왕을 밝히고 계도하며 나타나고 덮여지게 해서 상제에게 알려졌기 때문이다. 이에 은나라의 천명을 받으신 것이다.(亦惟純佑, 秉德迪知天威, 乃惟時昭文王, 迪

集傳

遂覆冒天下,
마침내 덕이 천하에 덮여져서

詳說

○ 與上節之冒, 相照應.
위의 절에서 '덮어지다'194)는 것과 서로 호응한다.

集傳

天下大盡稱武王之德,
천하가 크게 모두 무왕의 덕을 일컫게 되었으니,

詳說

○ 添天下字.
'천하(天下)'라는 글자를 더하였다.

○ 稱字, 與前節德稱之稱同. 或曰, 稱, 頌也.
일컫게 되었다는 것은 앞의 절에서 '덕을 칭송한다.'195)고 할 때의 '칭송한다.'는 것과 같다. 어떤 이는 "일컫게 되었다는 것은 기린다는 것이다."라고 하였다.

○ 陳氏雅言曰 : "卽立政, 所謂義德容德之士歟."
진씨 아언(陳氏雅言)이 말하였다 : "곧 「입정(立政)」에서 이른바 '의덕(義德)과 용덕(容德)'196)의 선비일 것이다."197)

見冒, 聞于上帝. 惟時受有殷命哉.)"
194) 『서경대전(書經大全)』, 「주서(周書)」·「군석-14(君奭-14)」 : "또한 하늘이 순수하게 도와준 것은 덕(德)을 잡은 이들이 실천하고 하늘의 위엄을 알며 이에 문왕을 밝히고 계도하며 나타나고 덮여지게 해서 상제에게 알려졌기 때문이다. 이에 은나라의 천명을 받으신 것이다.(亦惟純佑, 秉德迪知天威, 乃惟時昭文王, 迪見冒, 聞于上帝. 惟時受有殷命哉.)"
195) 『서경대전(書經大全)』, 「주서(周書)」·「군석9(君奭9)」 : "하늘이 도와 명하심이 순수하였으니, 상나라가 충실하여 백성과 왕인(王人)들이 덕을 잡고 근심을 밝히지 않은 이가 없었고, 소신(小臣)과 번병(藩屛)의 후전(侯甸)들이 하물며 모두 분주함에 있어서랴. 이 덕을 칭송하여 써 그 군주를 다스리게 하였다. 그러므로 한 사람이 사방에 일함이 있으면 마치 거북점과 시초점 같이 여겨서 이것을 믿지 않은 이가 없었다.(天惟純佑命, 則商寶, 百姓王人, 罔不秉德明恤, 小臣屛侯甸, 矧咸奔走. 惟茲惟德, 稱用乂厥辟. 故一人有事于四方, 若卜筮, 罔不是孚.)"

集傳

謂其達聲敎于四海也.

성교(聲敎)를 사해에 도달하게 하였다는 말이다.

詳說

○ 添此句.

여기의 구를 더하였다.

○ 見禹貢.

「우공」에 보인다.

集傳

文王冒西土而已, 丕單稱德, 惟武王爲然. 於文王言命, 於武王言祿者, 文王但受天命, 至武王, 方富有天下也. 呂氏曰, 師尙父

문왕은 서토(西土)에 미쳤을 뿐이니, 크게 모두 덕을 일컬은 것은 오직 무왕만이 그러하다. 문왕에서는 명을 말하고 무왕에서는 녹(祿)을 말한 것은 문왕은 단지 천명을 받았을 뿐이며, 무왕에 와서 비로소 부유함이 천하를 소유하였기 때문이다. 여씨(呂氏)가 말하였다. "사부(師傅)인 상보(尙父)가

詳說

○ 音甫.

'보(父)'는 음이 '보(甫)'이다.

集傳

---

196) 『서경대전(書經大全)』, 「주서(周書)」·「입정-15(立政-15)」: "또한 무왕은 문왕의 편안히 한 공을 따르시어 감히 의덕(義德)이 있는 자들을 버리지 않으셨으며, 문왕의 계책을 따르시어 용덕(容德)이 있는 자들을 따라 함께 이 크고 큰 기업을 받으셨습니다.(亦越武王, 率惟敉功, 不敢替厥義德, 率惟謀, 從容德, 以並受此丕丕基.)"

197) 『서경대전(書經大全)』, 「주서(周書)」·「군석(君奭)」: "진씨 아언이 말하였다 : '무왕은 혼란을 안정시켰고, 문왕은 다스림을 이루었다. 무왕의 흥성함은 모두 여기 네 신하에 의지한 공으로 네 신하의 재덕을 겸하여 온전하고 지려가 중정해서 출정하면 장군이 될 수 있고, 들어오면 재상이 될 수 있어 불가한 것이 없음을 여기에서 알 수 있으니, 곧 「입정(立政)」에서 이른바 「의덕(義德)과 용덕(容德)」의 선비일 것이다.'(陳氏雅言曰 : 武以定亂, 文以致治. 武王之興, 皆賴此四臣之功也, 四臣之才德兼全, 志慮中正, 出之可以爲將, 入之可以爲相, 無所不可, 於此可見, 其卽立政, 所謂義德容德之士也歟.)"

之事文武, 烈功也, 莫盛焉, 不與五臣之列,
문왕(文王)·무왕(武王)을 섬긴 것은 공렬(功烈)이 그보다 더 성할 수가 없는데 이 다섯 신하의 열에 참여되지 않았으니,

[詳說]

○ 去聲.
'여(與)'는 거성이다.

[集傳]

蓋一時議論或詳或略, 隨意而言, 主於留召公, 而非欲爲人物評也.
한 때의 의론이 혹은 상세하기도 하고 혹은 소략하기도 한 것은 뜻에 따라 말해서 소공(召公)을 만류함을 위주로 한 것이고, 인물평을 하려고 한 것이 아니기 때문이다."

[詳說]

○ 臨川吳氏曰:"周公所擧, 皆世臣舊德, 故武丁世不及傅說, 文武世不及太公."
임천 오씨(臨川吳氏)가 말하였다:"주공이 거론한 것은 모두 세신의 구덕이기 때문에 무정의 세대에서는 부열을 언급하지 않은 것이고, 문무의 세대에서는 태공을 언급하지 않은 것이다."[198]

○ 文王, 以下, 論也.
문왕 이하는 경문의 의미 설명이다.

[11-4-16-16]

今在予小子旦, 若游大川, 予往, 曁汝奭, 其濟. 小子, 同未在

---

198)『서경대전(書經大全)』,「주서(周書)」·「군석(君奭)」: "임천 오씨가 말하였다 : '임씨가 말하였다 :「문왕과 무왕의 좌명원공(佐命元功)은 많은데, 곽숙 등의 다섯 사람만 칭한 것은 …. 주공이 거론한 것은 모두 세신의 구덕이기 때문에 무정의 세대에서는 부열을 언급하지 않은 것이고, 문무의 세대에서는 태공을 언급하지 않은 것이다. 이제 주공과 소공은 바로 은의 여섯 신하와 문왕과 무왕의 다섯 신하와 같은데 어찌 떠날 수 있겠는가?'(林川吳氏曰 : 林氏云, 文武佐命元功多矣, 獨稱虢叔等五人者, …. 周公所擧, 皆世臣舊德, 故武丁世不及傅說, 文武世不及太公. 今周公與召公, 正如殷之六臣, 文武之五臣, 豈可去乎.)"

位, 誕無我責. 收罔勖不及, 耇造德不降, 我則鳴鳥不聞, 矧曰其有能格.

이제 나 소자(小子) 단(旦)에 있어서는 마치 큰 냇물을 헤엄쳐감과 같으니, 내가 감에 너 석(奭)과 함께 건너리라. 소자(小子)는 아직 재위하지 않은 것과 같으니, 크게 우리의 책임이 없겠는가! 거두어서 미치지 못함을 돕지 아니하여 노성(老成)한 사람의 덕(德)이 내리지 않으면 우리는 우는 봉황새소리도 듣지 못할 것인데, 하물며 능히 감동시킴이 있다고 하겠는가!"

集傳

小子旦, 自謙之稱也.
소자(小子) 단(旦)은 스스로 겸손히 하는 칭호이다.

詳說

○ 已見前節, 蓋明其非下句小子, 故又特訓之.
이미 앞의 편에 있는데, 아래 구에서 소자가 아님을 밝히기 때문에 또 특별히 설명한 것이다.

集傳

浮水曰游. 周公言, 承文武之業,
물에 떠가는 것을 유(游)라 한다. 주공이 말씀하기를 "문왕·무왕의 기업을 이어

詳說

○ 承上四節.
위의 네 절을 이어받았다.

集傳

懼不克濟, 若浮大川, 罔知津涯,
능히 이루지 못할까 두려워해서 마치 큰 냇물을 헤엄쳐감에 나루터와 물가를 알지 못함과 같으니,

詳說
○ 二字, 見微子.
'진애(津涯)' 두 글자는 「미자」에 보인다.[199]

集傳
豈能獨濟哉.
어찌 홀로 건너겠는가?

詳說
○ 添此句.
여기의 구를 더했다.

集傳
予往與汝召公, 其共濟可也.
내가 감에 너 소공과 함께 건너야 할 것이다.

詳說
○ 孔氏曰 : "共濟成王."
공씨(孔氏)가 말하였다 : "함께 성왕을 돕는 것이다."[200]

集傳
小子, 成王也, 成王幼冲, 雖已卽位, 與未卽位同. 誕, 大也.
소자는 성왕(成王)이니, 성왕이 어려 비록 이미 즉위하였으나 즉위하지 않은 것과 같은 것이다. 탄(誕)은 큼이다.

---

199) 『서경대전(書經大全)』, 「상서(商書)」·「미자2(微子2)」 : "은나라는 작은 사람이나 큰 사람이나 가릴 것 없이 좀도둑질과 위법을 좋아하고, 경사(卿士)들은 법도가 아닌 것을 서로 본받습니다. 죄 있는 자들이 떳떳이 죄를 받지 않으니, 소민(小民)들이 막 일어나 서로 대적하여 원수가 되고 있습니다. 지금 은나라가 빠져 망함은 큰물을 건넘에 나루터와 물가가 없는 것과 같으니, 은나라가 마침내 망함이 지금에 이르게 되었습니다. 殷罔不小大, 好草竊姦宄, 卿士師師非度. 凡有辜罪乃罔恒獲, 小民方興 相爲敵讐. 今殷其淪喪, 若涉大水, 其無津涯, 殷遂喪越至于今.)"
200) 『서경대전(書經大全)』, 「주서(周書)」·「군석(君奭)」 : "공씨가 말하였다 : '내가 감에 너 백과 함께 하면, 함께 성왕을 돕는 것이다.'(孔氏曰 : 我往與汝奭, 其共濟渡成王.)"

詳說

○ 並該上節.
함께 위의 절까지 풀이한 것이다.

集傳

大無我責上, 疑有缺文.
'크게 우리의 책임이 없겠는가![大無我責]'라는 말의 위에 빠진 글이 있는 듯하다.

詳說

○ 夏氏曰 : "大無盡責於我一人."
하씨(夏氏)가 말하였다 : "나 한 사람에게 크게 다 책함이 없는 것이다."201)

○ 董氏鼎曰 : "文王時五人, 武王時四人, 今又惟我二人而已. 君若求去, 豈我一人所能戡哉."
동씨 정(董氏鼎)이 말하였다 : "문왕 때에는 다섯 사람이고, 무왕 때에는 네 사람이었는데, 지금에는 단지 우리 두 사람뿐이다. 군이 갈 것 같으면 어찌 나 혼자 감당할 수 있겠는가!"

集傳

收罔勖不及, 未詳.
수망욱불급(收罔勖不及)은 미상이다.

詳說

○ 息齋余氏曰 : "召公若收斂退藏, 罔勖勉成王之所不逮."
식재서씨(息齋余氏)가 말하였다 : "소공이 수렴하고 퇴장해서 성왕이 미치지 못함을 힘쓰게 하지 못하는 것이다."202)

---

201) 『서경대전(書經大全)』, 「주서(周書)」·「군석(君奭)」 : "하씨가 말하였다 : '나 한 사람에게 크게 모두 책함이 없는 것이다.'(夏氏曰 : 大無盡責於我一人.)"
202) 『서경대전(書經大全)』, 「주서(周書)」·「군석(君奭)」 : "식재서씨가 말하였다 : '소공이 수렴하고 퇴장해서 성왕이 미치지 못함을 힘쓰게 하지 못한다는 것도 통한다.'(息齋余氏曰 : 召公若收斂退藏, 罔勖勉成王之所不逮, 亦通.)"

集傳

耈造德不降, 言召公去, 則耈老成人之德, 不下於民,
'[노성(老成)한 사람의 덕(德)이 내리지 않는다.[耈造德不降]'는 것은 소공이 떠나가면 노성한 사람들의 덕이 백성에게 내려지지 아니하여

詳說

○ 造.
'성(成)'은 경문에서 '조(造)'이다.

○ 去聲.
'하(下)'는 거성이다.

○ 添二字.
두 글자를 더하였다.

集傳

在郊之鳳
교외에 있는 봉황새의 우는 소리를

詳說

○ 百鳥之長, 故只曰鳥.
흰 새의 으뜸이기 때문에 단지 '운다.'고만 했다.

集傳

將不復得聞其鳴矣, 況敢言進此
다시 얻어듣지 못할 것인데, 하물며 감히 이보다 나아가

詳說

○ 去聲.
'부(復)'는 거성이다.

○ 過於此.

이보다 나아간 것이다.

集傳

而有感格乎.

하늘에 감격(感格)함이 있다고 말하겠는가!"라는 말이다.

詳說

○ 王氏炎曰 : "如伊陟臣扈之格天格帝."

왕씨 염(王氏炎)203)이 말하였다 : "이척과 신호가 황천에 이르고 상제에 이른 것204)과 같다."205)

○ 新安陳氏曰 : "此實聱牙難通, 惟留召公之意, 猶可認耳."

신안 진씨(新安陳氏)가 말하였다 : "이것은 실로 글이 어려워 이해하기 어렵지만 소공을 만류하는 뜻은 여전히 알 수 있다."206)

---

203) 왕염(王炎, 1137 ~ 1218) : 송나라 휘주(徽州, 강서성) 무원(婺源) 사람으로 자는 회숙(晦叔) 또는 회중(晦仲)이고, 호는 쌍계(雙溪)이다. 효종(孝宗) 건도(乾道) 5년(1169) 진사(進士)가 되었다. 장식(張栻)이 강릉(江陵)을 다스릴 때 그의 현명함을 듣고 막부(幕府)에 들게 했다. 담주교수(潭州敎授)를 지냈고, 임상지주(臨湘知州)로 옮겼다. 영종(寧宗) 경원(慶元) 연간에 호주지주(湖州知州)에 올랐는데, 호족이나 귀척(貴戚)을 두려워하지 않았다. 군기소감(軍器少監)까지 올랐다. 경사(經史)에 정통했고, 주희(朱熹)와 절친했다. 시문에도 뛰어났으며, 저서가 대단히 많았다. 저서에 『쌍계집(雙溪集)』과 『독역필기(讀易筆記)』, 『상서소전(尙書小傳)』 등이 있었고, 『역해(易解)』를 저술하다가 마치지 못하고 죽었다.
204) 『서경대전(書經大全)』, 「주서(周書)」·「군석7(君奭7)」 : "공(公)이 말씀하였다. '군석아! 내 들으니, 옛날 성탕이 이미 천명을 받으셨는데 이 때에는 이윤 같은 이가 있어 황천에 이르렀으며, 태갑 때에는 보형 같은 이가 있었으며, 태무 때에는 이척과 신호 같은 이가 있어 상제에 이르렀으며, 무함이 왕가를 다스렸으며, 조을 때에는 무현 같은 이가 있었으며, 무정 때에는 감반 같은 이가 있었다.'(公曰, 君奭, 我聞, 在昔成湯旣受命, 時則有若伊尹, 格于皇天, 在太甲時, 則有若保衡, 在太戊時, 則有若伊陟臣扈, 格于上帝, 巫咸乂王家, 在祖乙時, 則有若巫賢, 在武丁時, 則有若甘盤.)"
205) 『서경대전(書經大全)』, 「주서(周書)」·「군석(君奭)」 : "왕씨 염이 말하였다 : '문왕이 흥성함에 봉이 기산에서 울어 주나라가 천명을 받은 길조가 되었고, 소공이 구차하게 떠나려고 하는 것은 진실로 다섯 신하가 문왕을 도와 주는 봉의 상서로움을 듣는 것과 같을 수 없다. 하물며 이척과 신호가 황천에 이르고 상제에 이르렀음에야 말해 무엇 하겠는가!(王氏炎曰 : 文王之興, 鳳鳴岐山, 爲周受命之符. 召公苟去, 固不能如五臣輔文王, 以聞鳴鳳之祥. 況能如伊陟臣扈之格天格帝乎.)"
206) 『서경대전(書經大全)』, 「주서(周書)」·「군석(君奭)」 : "신안 진씨가 말하였다 : '나에게만 따질 것은 크게 없다. 소공이 구차하게 수렴하고 퇴장해서 왕이 미치지 못함에 힘쓰지 못하는데, 노성한 덕으로 자처하면 나는 우는 봉의 상서로움을 다시 들을 수 없는 것이 두렵다. 하물며 옛 사람들이 황천에 이르고 상제에 이르렀음과 같을 수 있었다고 함에야 말해 무엇 하겠는가! 그러나 여기의 구는 실로 글이 어려워 이해하기 어렵지만, 다만 소공을 만류하는 뜻은 여전히 알 수 있다.(新安陳氏曰 : 大無專責於我. 召公苟收斂退藏, 不勉王所不及, 以老成之德自居, 我恐鳴鳳之祥, 不復聞矣. 況曰其有能如古人之格天格帝乎. 然此等句, 實聱牙難通, 唯挽留召公之意, 猶可詔耳.)"

> 集傳

是時周方隆盛, 鳴鳳在郊, 卷阿
이때에 주나라가 막 융성하여 우는 봉황새가 교외에 있었으니, 「권아(卷阿)」에서

> 詳說

○ 音權
'권(卷)'은 음이 '권(權)'이다.

○ 詩篇名
「권아(卷阿)」는 『시경(詩經)』의 편명이다.

> 集傳

鳴于高岡者, 乃詠其實. 故周公云爾也.
"높은 산에서 울었다."는 것이 바로 그 실상을 읊은 것이다. 그러므로 주공이 이렇게 말씀한 것이다.

> 詳說

○ 卷阿, 是召公作, 故因其詩而責之.
「권아」는 소공이 지은 것이기 때문에 그 시에 따라 따진 것이다.

○ 是, 以下, 論也.
'시(是)' 이하가 경문의 의미 설명이다.

[11-4-16-17]

公曰, 嗚呼, 君肆其監于茲. 我受命, 無疆惟休, 亦大惟艱, 告君乃猷裕, 我不以後人迷.

공이 말씀하였다. "아! 군(君)아. 크게 이것을 살펴볼지어다. 우리가 천명을 받은 것은 끝이 없는 아름다움이나 또한 큰 어려움이니, 군에게 마음을 너그럽게 할 것을 꾀함을 고하노니, 나는 후인들이 혼미해짐을 바라지 않노라.

集傳

肆, 大, 猷, 謀也. 玆, 指上文所言, 周公歎息, 欲召公大監視上文所陳也. 我文武

사(肆)는 큼이고, 유(猷)는 꾀함이다. 자(玆)는 위의 글에서 말한 것을 가리키니, 주공이 탄식하며 소공이 위의 글에서 말한 것을 크게 살펴보게 하고자 한 것이다. 우리 문왕·무왕이

詳說

○ 添二字.
두 글자를 더하였다.

集傳

受命, 固有無疆之美矣, 然迹其積累締造
천명을 받은 것은 진실로 끝이 없는 아름다움이나 또한 그 쌓고 쌓아 얽어 만든 것을 자취해보면,

詳說

○ 上聲.
'누(累)'는 상성이다.

○ 添此句.
여기의 구를 더하였다.

集傳

蓋亦艱難之大者, 不可不相與竭力保守之也.
또한 어려움이 크니, 서로 더불어 힘을 다하여 보수하지 않으면 안 된다.

詳說

○ 添此句.
여기의 구를 더하였다.

集傳

告君謀所以寬裕之道, 勿狹隘求去.
군(君)에게 관대하게 하고 너그럽게 하는 도를 꾀할 것을 고하노니, 마음을 좁게 먹어 떠나가기를 구하지 말라.

詳說

○ 添此句.
여기의 구를 더하였다.

集傳

我不欲後人迷惑, 而失道也.
나는 후인들이 미혹되어서 도를 잃기를 바라지 않는다.

詳說

○ 呂氏曰 : "使後人迷."
여씨(呂氏)가 말하였다 : "가령 후인들이 혼미하게 된다는 것이다."207)

○ 新安陳氏曰 : "留而啓迪成王, 是不以後人迷也."
신안 진씨(新安陳氏)가 말하였다 : "머물며 성왕을 가르쳐 인도하는 것이 후인이 혼미하게 되지 않게 하는 것이다."208)

集傳

○ **呂氏曰 : 大臣之位, 百責所萃, 震撼擊撞**
여씨(呂氏)가 말하였다. "대신(大臣)의 지위는 온갖 책망이 모이니, 진동하고 부딪히며 침은

---

207) 『서경대전(書經大全)』, 「주서(周書)」·「군석(君奭)」: "여씨가 말하였다 : '주공은 내가 끝내 혼자 선하지 않을 것이라고 스스로 말하고, 가령 후인들이 혼미하면 떠나지 않겠다고 스스로 말하는 것으로 소공을 힘쓰게 한 것이다.'(呂氏曰 : 周公自言我終不獨善, 而使後人迷惑, 自言所以不去者, 以勉召公也.)"
208) 『서경대전(書經大全)』, 「주서(周書)」·「군석(君奭)」: "신안 진씨가 말하였다 : '후인이 혼미하게 되지 않게 한다는 것은 그 임금이 패왕이 되어 그 임금이 드러나게 하는 것과 같으니, 머물며 성왕을 밝게 보호하고 가르쳐 인도하는 것이 후인이 혼미하게 되지 않게 하는 것이다. 떠나서 혼미하고 미혹함에 대해 듣는 것은 후인을 혼미하게 한 것이다.'(新安陳氏曰 : 不以後人迷, 如以其君霸以其君顯之, 以留而明保啓迪成王, 是不以後人迷也. 去而聽其迷惑, 是以後人迷也.)"

> 詳說

○ 音頷.

'감(撼)'은 음이 '함(頷)'이다.

○ 傳江反

'당(撞)'은 음이 '전(傳)'과 '강(江)'의 반절이다.

> 集傳

欲其鎭定, 辛甘燥濕,
진정시켜야 하고, 맵고 달고 건조하고 습함은

> 詳說

○ 指上句, 下並同.

'기(其)'는 위의 구를 가리키니, 아래에서도 모두 같다.

> 集傳

欲其調齊
조화로워야 하고,

> 詳說

○ 才詣反

'제(齊)'는 음이 '재(才)'와 '예(詣)'의 반절이다.

> 集傳

盤錯棼結
서로 엉켜있고 어지럽게 맺혀있는 것은

> 詳說

○ 音分.

'분(棼)'은 음이 '분(分)'이다.

集傳
欲其解紓, 黯闇汙濁
풀어야 하고, 어둡고 더러움은

詳說
○ 音烏.
'오(汙)'는 음이 '오(烏)'이다.

集傳
欲其茹納. 自非曠度洪量, 與夫患失,
받아들여야 한다. 스스로 넓고 큰 도량과 벼슬을 잃을까 걱정하고

詳說
○ 去聲.
'량(量)'은 거성이다.

○ 上智.
상지(上智)이다.

○ 音扶.
'부(夫)'는 음이 '부(扶)'이다.

○ 出論語陽貨.
'환실(患失)'은 『논어』 「양화」가 출처이다.

集傳
乾沒者,
'간몰(乾沒)'하는 자가 아니면,

詳說

書集傳詳說 卷之十一 203

○ 音干.
'간(乾)'은 음이 '간(干)'이다.

○ 史記註曰 : "乾沒, 隨勢浮沈也."
『사기』의 주에서 말하였다 : "'간몰(乾沒)'은 세력에 따라 부침하는 것이다."

○ 蘇氏鶚曰 : "與陸沈同."
소씨 악(蘇氏鶚)이 말하였다 : "은거[陸沈]와 같다."209)

○ 下愚.
하우(下愚)이다.

集傳
未嘗無翩然捨去之意. 況召公親遭大變,
일찍이 번연(翩然)히 놓아버리고 떠나가려는 뜻이 없지 않다. 더구나 소공(召公)은 친히 큰 변고를 만나

詳說
○ 周公流言之變.
주공에게 유언비어의 변고이다.

集傳
破斧缺斨
'도끼를 부수고 모난 도끼를 망가뜨릴[破斧缺斨]'

詳說
○ 音鏘.
'장(斨)'은 음이 '장(鏘)'이다.

---

209) 『서전회선(書傳會選)』, 「주서(周書)」·「군석(君奭)」 : "소씨 악(蘇氏鶚)이 말하였다 : 「간몰(乾沒)」은 「은거[陸沈]」와 같은 의미이다.'(唐蘇鶚云, 乾沒與陸沉同義. ….)"

○ 見詩破斧.
『시경』「파부(破斧)」에 보인다.210)

|集傳|
之時, 屈折
때에 몸을 굽혀

|詳說|
○ 屈身折心.
몸을 굽히고 마음을 꺾는 것이다.

|集傳|
調護, 心勞力瘁, 又非平時大臣之比, 顧以成王未親政, 不敢乞身爾. 一旦政柄有歸, 浩然去志,
돌보았으니, 마음이 수고롭고 힘이 파리한 것이 또 평상시의 대신에 비할 바가 아니었는데, 다만 성왕이 아직 친정(親政)하지 아니하여 감히 몸을 빌어 떠나가지 못했을 뿐이다. 하루아침에 정권이 돌아감이 있으니, 호연(浩然)히 떠나갈 뜻을 품는 것은

|詳說|
○ 四字, 出孟子公孫丑.
네 글자는 『맹자』「공손추」가 출처이다.211)

|集傳|
固人情之所必至. 然思文武王業之艱難, 念成王守成之無助, 則召公義未可

---

210) 『시경』「빈풍(豳風)」「파부(破斧)」는 유언비어를 퍼뜨리며 반란을 일으킨 관숙(管叔)과 채숙(蔡叔)의 죄를 다스리기 위해 동정(東征)한 주공(周公)의 노고를 노래한 것인데, 그 첫머리에 "이미 내 도끼 부서졌고, 또 다른 도끼도 이 빠졌네.(旣破我斧, 又缺我斨.)"라고 한 말을 줄인 것이다.
211) 『맹자(孟子)』「공손추상(公孫丑上)」: "'감히 묻겠습니다. 부자(夫子)께서는 어디에 장점이 계십니까?' 맹자가 말하였다 : '나는 말을 알며, 나는 나의 호연지기(浩然之氣)를 잘 기르노라.'(問, 夫子, 惡乎長. 曰. 我知言, 我善養吾浩然之氣.)"; 『맹자(孟子)』「공손추하(公孫丑下)」: "맹자가 말하였다 : '아니다. 숭(崇)땅에서 내 왕(王)을 만나 뵙고 물러 나와 떠날 마음을 두었으니, 이 마음을 변하고자 하지 않았으므로, 녹(祿)을 받지 않은 것이다.'(曰 : 非也. 於崇, 吾得見王, 退而有去志, 不欲變, 故不受也.)"

去也. 今乃汲汲然求去之不暇, 其迫切已甚矣. 盍謀所以寬裕之道, 圖功攸終,

진실로 인정에 반드시 이르는 바이다. 그러나 문왕(文王)과 무왕(武王)의 왕업이 어려움을 생각하고 성왕(成王)이 수성(守成)함에 돕는 이가 없음을 생각한다면, 소공(召公)은 의리상 떠나갈 수가 없는 것이다. 그런데 이제 급급하게 떠나가기를 구하여 겨를이 없으니, 그 박절함이 너무 심하다. 어찌 마음을 관유(寬裕)하게 하는 도(道)를 꾀하고 공(功)의 마칠 바를 도모하며,

詳說

○ 四字, 見大誥.
네 글자는 「대고」에 보인다.212)

集傳

展布四體, 爲久大規模, 使君德開明,
사체(四體)를 펴고 장구하고 원대한 규모를 행하며, 군주의 덕(德)을 열어 밝히지 않겠는가!

詳說

○ 盍字義, 止此.
'합(盍)'자의 의미는 여기까지이다.

集傳

未可捨去, 而聽後人之迷惑也.
버리고 떠나가서 후인들이 미혹되도록 내버려두어서는 안되는 것이다.

---

212) 『서경대전(書經大全)』, 「주서(周書)」·「대고-10(大誥-10)」: "왕이 말씀하였다. '너희들은 옛사람들이다. 너희들은 크게 멀리 살필 수 있으니, 너희들은 영왕(寧王)이 이와 같이 근로함을 알 것이다. 하늘이 막고 어렵게 함은 우리가 공을 이룰 수 있는 기회이니, 내 감히 영왕이 도모하신 일을 지극히 마치지 않을 수 없다. 그러므로 내 크게 우리 우방의 군주들을 교화하고 달래노니, 하늘이 돕되 정성스런 말씀으로 함은 우리 백성을 살펴보면 알 수 있으니, 내 어찌 전녕인(前寧人)의 공을 마칠 것을 도모하지 않겠는가! 하늘이 또한 우리 백성들을 수고롭게 하고 어렵게 하며 마치 병이 있을 때에 치료하듯이 하시니, 내 어찌 전녕인이 받으신 아름다운 명을 끝까지 마치지 않겠는가!'(王曰, 爾惟舊人, 爾丕克遠省, 爾知寧王若勤哉. 天閟毖, 我成功所, 予不敢不極卒寧王圖事. 肆予大化誘我友邦君, 天棐忱辭, 其考我民, 予曷其不于前寧人圖功攸終. 天亦惟用勤毖我民, 若有疾, 予曷敢不于前寧人攸受休畢.)"

詳說

○ 猶任也.

'청(聽)'은 '임(任)'과 같다.

[11-4-16-18]

公曰, 前人敷乃心, 乃悉命汝, 作汝民極, 曰汝明勗偶王, 在亶乘茲大命, 惟文王德, 丕承無疆之恤.

공(公)이 말씀하였다. "전인(前人)이 자기 마음을 펴시어 모두 너에게 명하고 너를 백성의 극(極)으로 삼으시며 '너는 밝게 힘써 왕을 돕고 서로 믿으며 이 대명(大命)을 싣고 문왕의 덕을 생각해서 무강(無疆)한 근심을 크게 받들라.' 라고 하셨다."

集傳

偶, 配也. 蘇氏曰, 周公與召公, 同受武王顧命輔成王.

우(偶)는 짝함이다. 소씨(蘇氏)가 말하였다. "주공과 소공이 함께 무왕의 고명(顧命)을 받아 성왕을 보필하였다.

詳說

○ 先總提.

먼저 총괄해서 제시하였다.

集傳

故周公言, 前人

그러므로 주공(周公)이 '전인(前人)이

詳說

○ 武王.

무왕이다.

集傳

敷乃心腹, 以命汝召公
심복(心腹)을 펴고 너 소공(召公)에게 명하여

> 詳說
> ○ 詳悉命汝.
> 상세하게 모두 너에게 명한 것이다.

集傳
位三公以爲民極
삼공(三公)의 지위에 있게 해서 백성의 극(極)을 삼으시며,

> 詳說
> ○ 人臣之極.
> 신하의 표준이다.

集傳
且曰, 汝當明勉輔孺子, 如耕之有偶也, 在於相信,
또 말씀하기를 「너는 마땅히 밝게 힘써 유자(孺子)를 도와서 밭가는 자에게 짝이 있는 것과 같이 하고, 서로 믿음에 있음이

> 詳說
> ○ 亶.
> '신(信)'은 경문에서 '단(亶)'이다.

集傳
如車之有馭也
수레에 마부가 있는 것과 같이 하며,

> 詳說
> ○ 從乘字, 而添此句.

'승(乘)'자에 따라 이 구를 더하였다.

集傳
幷力一心, 以載天命,
힘을 합하고 마음을 하나로 하며 천명을 실어서

詳說
○ 去聲.
'병(幷)'은 거성이다.

○ 乘.
'재(載)'는 경문에서 '승(乘)'이다.

○ 陳氏曰 : "乘, 猶負荷也."
진씨(陳氏)가 말하였다 : "'승(乘)'은 '부담한다.'는 것과 같다."213)

集傳
念文考之舊德, 以丕承無疆之憂,
문고(文考)의 옛 덕을 생각하여 무강(無疆)한 근심을 크게 이으라.」라고 하였다.'라고 하였으니,

詳說
○ 惟
'념(念)'은 경문에서 '유(惟)'이다.

○ 與成王之顧命, 大略相類.
성왕의 고명과 대략 서로 비슷하다.

集傳

---

213) 『서경대전(書經大全)』, 「주서(周書)」·「군석(君奭)」 : '진씨(陳氏)가 말하였다 : 「'승(乘)'은 「싣는다.」는 것이니 「부담한다.」는 것과 같다.'(陳氏曰 : 乘, 載也, 猶負荷也.)"

武王之言如此, 而可以去乎.
무왕의 말씀이 이와 같은데도 떠나갈 수 있겠는가!"

詳說

○ 補二句.
두 구를 더하였다.

○ 呂氏曰 : "洛誥, 周公之復留, 實以文武之故, 今召公欲去, 周公復擧文武, 以感動之."
여씨가 말하였다 : "「낙고」는 주공이 다시 머무는 것이 실로 문왕과 무왕의 연고이니, 이제 소공이 떠나려고 함에 주공이 다시 문왕과 무왕을 들어 감동시키는 것이다."214)

[11-4-16-19]

公曰, 君. 告汝朕允. 保奭. 其汝, 克敬以予, 監于殷喪大否, 肆念我天威.

공(公)이 말씀하였다. "군(君)아! 너에게 짐의 정성을 고하노라. 태보(太保)인 석(奭)아! 너는 능히 나의 말을 공경하고 은나라가 망한 큰 어지러움을 살펴보며 크게 우리 하늘의 위엄을 생각하라.

詳說

○ 喪, 去聲, 否, 音鄙.
'상(喪)'은 거성이고, '비(否)'는 음이 '비(鄙)'이다.

集傳

大否, 大亂也. 告汝以我之誠, 呼其官, 而名之言, 汝能敬以我所言,

---

214) 『서경대전(書經大全)』, 「주서(周書)」·「군석(君奭)」 : "여씨가 말하였다 : '…. 또 문왕이 권우(眷遇)한 덕을 추념하도록 하는 것은 우리 주나라가 무궁한 근심과 질책을 크게 받으라는 것이다. 「낙고」는 주공이 다시 머무는 것이 실로 문왕과 무왕의 연고이니, 이제 소공이 떠나려고 함에 주공이 다시 문왕과 무왕을 들어 감동시키는 것이다.'(呂氏曰 : …. 又欲其追念文王眷遇之德, 爲我周大受無窮之憂責. 洛誥, 周公之復留, 實以文武之故, 今召公欲去, 周公復擧文武, 以感動之.)"

대부(大否)는 대란(大亂)이다. "너에게 나의 정성을 고한다." 하고, 그 관직을 부르고 이름하여 "너는 나의 말을 공경하고

詳說
○ 添二字.
두 자를 더하였다.

集傳
監視殷之喪凡大亂, 可不大念我天威之可畏乎.
은나라의 망한 대란(大亂)을 살펴볼 것이니, 우리 하늘의 위엄이 크게 두려울 만함을 크게 생각하지 않을 수 있겠는가."라고 한 것이다.

詳說
○ 肆.
'대(大)'는 경문에서 '사(肆)'이다.

○ 新安陳氏曰 : "我天威, 如召誥言我受天命. 大臣與國同體, 天命天威, 皆以我負荷之."
신안 진씨(新安陳氏)가 말하였다 : "'우리 하늘의 위엄'은 「소고」에서 '우리가 천명을 받았다.'[215]고 말하는 것과 같다. 대신은 나라와 몸을 함께 하니, 천명과 하늘의 위엄은 모두 우리가 부담해야 하는 것이다."[216]

[11-4-16-20]

予不允, 惟若茲誥. 予惟曰, 襄我二人, 汝有合哉. 言曰在時二

---

215) 『서경대전(書經大全)』, 「주서(周書)」·「소고-23(召誥-23)」 : "상하(上下)가 근로하고 기약하며 '우리가 천명을 받음이 크게 하나라의 역년과 같으며 은나라의 역년을 폐하지 말라.'라고 하니, 왕께서는 소민들을 거느리고 하늘의 영원한 명을 받기를 바랍니다.(上下勤恤, 其曰, 我受天命, 丕若有夏歷年, 式勿替有殷歷年, 欲王以小民受天永命.)"
216) 『서경대전(書經大全)』, 「주서(周書)」·「군석(君奭)」 : "신안 진씨가 말하였다 : '우리 하늘의 위엄'은 「소고」에서 '우리가 천명을 받았다.'고 말하는 것과 같다. 대신은 나라와 몸을 함께 하니, 천명과 하늘의 위엄은 모두 우리가 부담해야 하고, 감히 자신에게 절실하지 않은 것으로 보아서는 안된다.'(新安陳氏曰 : 我天威, 如召誥言我受天命. 大臣與國同體, 天命天威, 皆以我負荷之, 不敢以不切己視之也.)"

|人, 天休滋至, 惟時二人弗戡, 其汝克敬德, 明我俊民, 在讓後人于丕時.|

내가 성실하지 못하고서 이와 같이 고하겠는가! 내가 '돕는 것은 우리 두 사람뿐이다'라고 하노니, 너는 여기에 합함이 있을 것이다. 말하기를 '이 두 사람에게 있어 하늘의 아름다움이 불어나 이르거든 우리 두 사람이 감당할 수 없을 것이니, 너는 능히 덕을 공경하여 우리의 준걸스런 백성을 밝혀야 할 것이고, 크게 성할 때에 후인들에게 사양함이 있어야 할 것이다.'

|集傳|

戡, 勝也.
감(戡)은 이겨냄이니,

|詳說|

○ 平聲, 下同.
'승(勝)'은 평성으로 아래에서도 같다.

|集傳|

戡堪, 古通用. 周公言, 我不信於人, 而若此告語乎.
감(戡)과 감(堪)은 옛날에 통용되었다. 주공(周公)이 말씀하기를 "내가 남에게 성실하지 못하고서 이와 같이 고하겠는가!

|詳說|

○ 去聲.
'어(語)'는 거성이다.

○ 新安陳氏曰 : "告汝朕允, 與予不允, 惟若玆誥, 下文予不惠若玆多誥, 語皆相應."
신안 진씨(新安陳氏)가 말하였다 : "'너에게 짐의 정성을 고하노라.'217)라는 말

---

217) 『서경대전(書經大全)』, 「주서(周書)」·「군석-19(君奭-19)」 : "공(公)이 말씀하였다. "군(君)아! 너에게 짐의 정성을 고하노라. 태보(太保)인 석(奭)아! 너는 능히 나의 말을 공경하고 은나라가 망한 큰 어지러움을 살펴보며 크게 우리 하늘의 위엄을 생각하라.(公曰, 君. 告汝朕允. 保奭. 其汝, 克敬以予, 監于殷喪大否, 肆

과 '내가 성실하지 못하고서 이와 같이 고하겠는가!'라는 말은 아래의 글에서 '내가 이치에 순하지 못하고서 이와 같이 고하기를 많이 하는가!'218)라는 말과 모두 서로 호응한다."219)

集傳
予惟曰王業
내 이르기를 '왕업의

詳說
○ 添二字.
두 글자를 더하였다.

集傳
之成,
이룸이

詳說
○ 襄, 成也.
경문에서 '양(襄)'이 '성(成)'이다.

集傳
在我與汝而已,
나와 너에게 달려 있을 뿐이다.'라고 하노니,

念我天威.)"
218) 『서경대전(書經大全)』, 「주서(周書)」·「군석-22(君奭-22)」 : "공이 말씀하였다. '군(君)아! 내 이치에 순하지 못하고서 이와 같이 고하기를 많이 하겠는가! 나는 이것으로써 하늘과 백성을 걱정하노라.(公曰, 君, 予不惠, 若玆多誥. 予惟用閔于天越民.)"
219) 『서경대전(書經大全)』, 「주서(周書)」·「군석(君奭)」 : "신안 진씨가 말하였다 : '「너에게 짐의 정성을 고하노라.」라는 말과 「내가 성실하지 못하고서 이와 같이 고하겠는가!」라는 말은 아래의 글에서 「내가 이치에 순하지 못하고서 이와 같이 고하기를 많이 하는가!」라는 말과 모두 서로 호응한다. 너에게 고하는 것은 모두 내가 진실로 믿는 마음이니, 내가 어찌 믿지 않고 이와 같이 고하여 말하겠는가? ….'(新安陳氏曰 : 告汝朕允, 與予不允, 惟若玆誥, 下文予不惠若玆多誥, 語皆相應. 告汝, 皆我允信之心也, 我豈不信而惟若此誥語乎. ….)"

詳說

○ 添在字.

'재(在)'자를 더하였다.

集傳

汝聞我言

너는 내 말을 듣고

詳說

○ 添三字.

세 자를 더하였다.

集傳

而有合哉. 亦曰在是二人

합함이 있을 것이다."라고 하였다. 또한 말하기를 "이 우리 두 사람에게 있어

詳說

○ 汝亦當曰, 在我二人

너도 "우리 두 사람에게 있다."고 말해야 한다.

集傳

但天休滋至,

다만 하늘의 아름다움이 불어나 이르거든

詳說

○ 益也.

'자(滋)'는 '더한다.'는 것이다.

集傳

惟是我二人將不堪勝,

우리 두 사람이 장차 감당할 수 없을 것이니,

詳說
○ 休與戚, 其不堪勝, 均也.
아름다움과 슬픔을 감당하지 못하는 것은 같다.

集傳
汝若以盈滿爲懼,
네가 만약 영만(盈滿)함을 두려워하거든

詳說
○ 添此句.
여기의 구를 더하였다.

集傳
則當能自敬德, 益加寅畏, 明揚俊民, 布列庶位, 以盡大臣之職業, 以答滋至之天休, 毋徒惴惴, 而欲去爲也.
스스로 덕(德)을 공경하여 더욱 공경하고 두려워해서 준민(俊民)을 밝게 드러내고 여러 지위에 포열하며 대신(大臣)의 직업을 다하여 불어나 이르는 하늘의 아름다움에 보답해야 할 것이고, 한갓 두려워하고 두려워하여 떠나가고자 하지 말라.

詳說
○ 添三句.
세 구를 더하였다.

集傳
他日在汝推遜後人于大盛之時
후일 너에게 있어 크게 성할 때에 후인들에게 미루어 사양하고

詳說

○ 吐回反.
'추(推)'는 음이 '토(吐)'와 '회(回)'의 반절이다.

○ 丕.
'대성(大盛)'은 경문에서 '비(丕)'이다.

集傳
超然肥遯,
초연히 여유롭게 은둔한다면,

詳說
○ 二字, 出易遯卦.
'비둔(肥遯)' 두 글자는 『주역』「둔괘」가 출처이다.220)

集傳
誰復
누가 다시

詳說
○ 去聲.
'부(復)'는 거성이다.

集傳
汝禁. 今豈汝辭位之時乎.
너를 금하겠는가. 지금이 어찌 네가 벼슬을 사양할 때이겠는가."라고 하였다.

詳說
○ 補三句.
세 구를 보완하였다.

---

220) 『주역』「둔괘(遯卦)」 상구(上九) "살찌는 은둔이니 이롭지 않음이 없다.(肥遯, 無不利)"

○ 陳氏經曰 : "今未有賢俊, 可讓召公, 未可去也. 有賢者, 可讓, 則身可以退. 蕭何且死, 必引曹參, 管仲不能薦賢, 所以不免於議也."

진씨 경(陳氏經)221)이 말하였다 : "지금은 아직 현준도 없으니, 소공에게 사양해도 되지만 떠나서는 아직 안된다. 현자가 있어 사양할 수 있으면 자신이 물러나도 된다. 소하가 이에 죽으면서 반드시 조참을 인도했으나, 관중은 현자를 천거하지 못했기 때문에 의론을 면하지 못하는 것이다."222)

[11-4-16-21]

嗚呼, 篤棐, 時二人, 我式克至于今日休, 我咸成文王功于不怠, 丕冒, 海隅出日, 罔不率俾.

아! 군주를 도와 도울 자는 이 우리 두 사람이니, 내 써 능히 금일의 아름다움에 이르렀으나 내 모두 문왕의 공을 게으르게 하지 않음에 이루어서 덕이 크게 입혀져 바다 귀퉁이의 해가 나오는 곳까지 따르지 않음이 없게 하여야 할 것이다."

集傳

周公復

주공이 다시

詳說

○ 去聲.

'부(復)'는 거성이다.

---

221) 진경(陳經, ?~?) : 송나라 길주(吉州) 안복(安福) 사람으로 자는 현지(顯之) 또는 정보(正甫)이다. 영종(寧宗) 경원(慶元) 5년(1199)에 진사(進士)가 되어 봉의랑(奉議郎)과 천주박간(泉州泊幹)을 지냈다. 평생 독서를 좋아했고, 후학을 많이 계도했다. 저서에 『상서상해(尙書詳解)』와 『시강의(詩講義)』, 『존재어록(存齋語錄)』 등이 있다.
222) 『서경대전(書經大全)』, 「주서(周書)」·「군석(君奭)」 : "진씨 경이 말하였다 : '지금의 때는 아직 성대하게 되지 않았고 현준도 없으니, 소공에게 사양해도 되지만 떠나서는 아직 안된다. 대신의 진퇴는 언제나 사람을 얻는 것으로 생각을 해야 하니, 현자가 있어 사양할 수 있으면 자신이 물러나도 된다. 소하가 이에 죽으면서 반드시 조참을 인도했으나, 관중은 현자를 천거하지 못했기 때문에 의론을 면하지 못하는 것이다.'(陳氏經曰 : 今時未至盛大, 未有賢俊, 可讓召公, 未可去也. 大臣進退, 常以得人爲慮. 有賢者, 可以讓, 則身可以退. 蕭何且死, 必引曹參, 管仲不能薦賢, 所以不免於議也.)"

集傳
歎息言篤於輔君者,
탄식하고 말씀하기를 "군주를 보필하기를 돈독히 하는 자는

詳說
○ 棐.
  '보(輔)'는 경문에서 '비(棐)'이다.

○ 蘇氏曰 : "厚輔之."
  소씨(蘇氏)가 말하였다 : "우리 두 사람이 두텁게 돕는 것이다."223)

集傳
是我二人, 我用能至于今日休盛,
이 우리 두 사람이니, 내 이것으로써 능히 금일의 아름답고 성함에 이르렀으나

詳說
○ 式.
  '용(用)'은 경문에서 '식(式)'이다.

集傳
然我欲與召公
내 소공(召公)과 함께

詳說
○ 添四字.
  네 글자를 더하였다.

---

223) 『서경대전(書經大全)』, 「주서(周書)」·「군석(君奭)」 : "소씨가 말하였다 : '우리 두 사람이 두텁게 돕기 때문에 주나라 왕실이 이에 금일의 아름다움이 있는 것이다. 그러나 금일의 아름다움은 만족해서는 안되는 것이다. 오직 일월이 비치는 곳에서 어느 곳에서도 따르고 복종하지 않는 이가 없게 되어야 멈춰야 하는 것이다.'(蘇氏曰 : 以我二人厚輔之, 故周室乃有今日之休. 然今日之休, 未可以爲足也. 惟至於日月所照, 莫不率服, 乃己耳.)"

集傳

共成文王功業于不怠,
모두 문왕의 공업을 게으르게 하지 않고 이루어서

> 詳說
>
> ○ 咸
>
> '공(共)'은 경문에서 '함(咸)'이다.

集傳

大覆冒斯民
크게 이 백성들에게 입혀져

> 詳說
>
> ○ 添二字.
>
> 두 글자를 더하였다.
>
> ○ 至此, 凡三言冒.
>
> 여기까지 모두 세 번 '모(冒)'를 말하였다.[224]

集傳

使海隅日出之地無不臣服
바다 모퉁이의 해가 나오는 지역이 신복(臣服)하지 않음이 없게

> 詳說
>
> ○ 罔不率俾, 已見武成.
>
> '따르지 않는 이가 없게 한다.'는 것은 이미 「무성」에 있었다.[225]

---

224) 『서경대전(書經大全)』, 「주서(周書)」·「군석-14(君奭-14)」: "또한 하늘이 순수하게 도와준 것은 덕(德)을 잡은 이들이 실천하고 하늘의 위엄을 알며 이에 문왕을 밝히고 계도하며 나타나고 덮여지게 해서 상제에게 알려졌기 때문이다. 이에 은나라의 천명을 받으신 것이다.(亦惟純佑, 秉德迪知天威, 乃惟時昭文王, 迪見冒, 聞于上帝. 惟時受有殷命哉.)"; 「군석-15(君奭-15)」: "왕은 이 네 사람이 거의 인도하여 천록(天祿)을 소유하였는데, 뒤에 무왕과 함께 크게 하늘의 위엄을 받들어 그 적을 모두 죽였으니, 이 네 사람이 무왕의 덕을 밝힘이 천하에 덮어져서 크게 모두 덕을 일컫게 되었다.(武王, 惟玆四人, 尙迪有祿, 後暨武王, 誕將天威, 咸劉厥敵, 惟玆四人, 昭武王惟冒, 丕單稱德.)"

集傳

然後可也.
한 뒤에야 가(可)하다."라고 한 것이다.

詳說

○ 補此句.
여기의 구를 보완하였다.

○ 新安陳氏曰 : "前以商六臣周五臣四臣留之, 末以文武與身留之. 諄切至此, 召公得不留哉."
신안 진씨(新安陳氏)가 말하였다 : "앞에서는 상나라의 여섯 신하와 주나라의 다섯 신하 네 신하가 머물렀고, 끝에서는 문왕과 무왕과 자신이 머물렀다는 것이다. 정성과 절실함이 여기까지 이르렀는데 소공이 머무르지 않을 수 있겠는가?"226)

集傳

周都西土, 去東爲遠, 故以日出言. 吳氏曰, 周公未嘗有其功, 以其留召公, 故言之, 蓋敍其所已然, 而勉其所未至, 亦人所說而從者也.
주나라는 서쪽 지방에 도읍하여 동쪽과 거리가 멀므로 해가 나옴을 말한 것이다. 오씨(吳氏)가 말하였다. "주공(周公)이 일찍이 자신의 공을 소유하지 않았는데 소

---

225) 『서경대전(書經大全)』, 「주서(周書)」·「무성6(武成6)」 : "상나라의 죄를 지극히 하여 황천과 후토와 지나가는 곳의 명산·대천에 고유(告由)하여 말씀하셨다. "도가 있는 사람의 증손인 발(發)은 상나라에 크게 바로잡음이 있을 것이니, 이제 상왕(商王) 수(受)가 무도하여 하늘이 내린 물건을 함부로 버리며, 증민(烝民)들을 해치고 포학하게 하며, 천하에 도망한 자들의 주인이 되어 마치 못과 숲에 모이듯 합니다. 나 소자(小子)는 이미 어진 사람을 얻어 감히 상제를 공경히 받들어서 어지러운 꾀를 막으니, 화하(華夏)와 만맥(蠻貊)이 모두 따르지 않는 자가 없습니다.(底商之罪, 告于皇天后土, 所過名山大川, 曰, 惟有道曾孫周王發, 將有大正于商, 今商王受無道, 暴殄天物, 害虐烝民, 爲天下逋逃主, 萃淵藪. 予小子, 旣獲仁人, 敢祇承上帝, 以遏亂略, 華夏蠻貊, 罔不率俾.)"

226) 『서경대전(書經大全)』, 「주서(周書)」·「군석(君奭)」 : "신안 진씨가 말하였다 : '「너에게 짐의 정성을 고하노라.」라는 말과 「내가 성실하지 못하고서 이와 같이 고하겠는가!」라는 말은 아래의 글에서 「내가 이치에 순하지 못하고서 이와 같이 고하기를 많이 하는가!」라는 말과 모두 서로 호응한다. 너에게 고하는 것은 모두 내가 진실로 믿는 마음이니, 내가 어찌 믿지 않고 이와 같이 고하여 말하겠는가? 내 어찌 서로 순하게 하지 않고 이와 같이 많이 고하겠는가? ···. 앞에서는 상나라의 여섯 신하와 주나라의 다섯 신하 네 신하가 머물렀고, 끝에서는 문왕과 무왕과 자신이 머물렀다는 것이다. 정성과 절실함이 여기까지 이르렀는데 소공이 머무르지 않을 수 있겠는가?'(新安陳氏曰 : 告汝朕允, 與予不允, 惟若兹誥, 下文予不惠若兹多誥, 語皆相應. 告汝, 皆我允信之心也, 我豈不信而惟若此誥語乎. 我豈不相惠順, 而若此多誥乎. ···. 前以商六臣周五臣四臣留之, 末以文武與身留之, 諄切至此, 召公得不留哉.)"

공(召公)을 만류하려 하였기 때문에 말씀한 것이니, 이미 그러함을 서술하고 아직 이르지 않은 것을 권면하는 것도 사람들이 기뻐하여 따르는 바이다.

詳說

○ 悅同.
'열(說)'은 '열(悅)'과 같다.

○ 周都, 以下, 論也.
주도(周都) 이하는 경문의 의미 설명이다.

[11-4-16-22]
公曰, 君, 予不惠, 若茲多誥. 予惟用閔于天越民.

공이 말씀하였다. "군(君)아! 내 이치에 순하지 못하고서 이와 같이 고하기를 많이 하겠는가! 나는 이것으로써 하늘과 백성을 걱정하노라."

集傳

周公言我不順於理,
주공(周公)이 말씀하기를 "내 이치에 순하지 못하고서

詳說

○ 惠.
'순(順)'은 경문에서 '혜(惠)'이다.

集傳

而若茲諄複之多誥耶. 予惟用憂天命之不終, 及斯民之無賴也.
이와 같이 순복(諄複)하여 고하기를 많이 하겠는가! 나는 천명의 끝마치지 못함과 이 백성의 의뢰함이 없음을 근심한다."라고 한 것이다.

詳說

○ 閔.

○ 越.
'급(及)'은 경문에서 '월(越)'이다.

○ 添不終無賴字.
'부종(不終)'과 '무뢰(無賴)'라는 글자를 더하였다.

○ 陳氏大猷曰 : "民生失所
진씨 대유(陳氏大猷)227)가 말하였다 : "백성들이 삶에서 제 자리를 잃는 것이다."228)

集傳

韓子言, 畏天命而悲人窮, 亦此意. 前言若兹誥, 故此言若兹多誥, 周公之告召公, 其言語之際, 亦可悲矣.
한자(韓子)가 "천명(天命)을 두려워하고 백성들의 곤궁함을 슬퍼한다."라고 한 것도 이런 뜻이다. 앞에서 "이와 같이 고한다."라고 말하였기 때문에 여기에 "이와 같이 고하기를 많이 한다."라고 한 것이니, 주공이 소공에게 고함에 그 말의 때가 또한 슬퍼할 만하다.

詳說

○ 韓子, 以下, 論也.
'한자(韓子)' 이하는 경문의 의미 설명이다.

---

227) 진씨 대유(陳氏大猷, ?~?) : 송나라 남강군(南康軍) 도창(都倉) 사람으로 자는 문헌(文獻)이고, 호는 동재(東齋)다. 이종(理宗) 개경(開慶) 원년(1259) 진사(進士)가 되고, 종정랑(從政郞)과 황주군(黃州軍) 판관(判官) 등을 지냈다. 『서경』에 조예가 깊었다. 저서에 『상서집전혹문(尙書集傳或問)』과 『상서집전회통(尙書集傳會通)』 등이 있다.
228) 『서경대전(書經大全)』, 「주서(周書)」·「군석(君奭)」 : "진씨 대유가 말하였다 : '소공이 떠나면 천명이 쇠퇴해서 백성들이 삶에서 제 자리를 잃을 것이니, 이것을 주공이 근심하는 것이다.'(陳氏大猷曰 : 召公去, 則天命將替, 民生失所, 此周公所閔也.)"

[11-4-16-23]

公曰, 嗚呼, 君. 惟乃知民德, 亦罔不能厥初, 惟其終, 祗若茲, 往敬用治.

공(公)이 말씀하였다. "아! 군(君)아! 네가 백성의 덕을 아니, 또한 그 처음을 잘하지 않음이 없으나 그 끝을 생각하여야 할 것이니, 나의 이 말을 공경하고 순히 하여 가서 공경히 다스리도록 하라."

集傳

上章, 言天命民心, 而民心, 又天命之本也. 故卒章, 專言民德以終之.
위의 장에서 천명(天命)과 민심(民心)을 말하였는데 민심(民心)은 또 천명의 근본이다. 그러므로 마지막 장에서는 오로지 백성의 덕을 말하여 끝마친 것이다.

詳說

○ 先立論.
먼저 입론하였다.

集傳

周公歎息謂, 召公踐歷諳練之久,
주공(周公)이 탄식하고 이르기를 "소공(召公)이 천력(踐歷)하고 알고 익힘이 오래여서

詳說

○ 烏含反.
'암(諳)'은 음이 '오(烏)'와 '함(含)'의 반절이다.

集傳

惟汝知民之德, 民德, 謂民心之嚮順. 亦罔不能其初, 今日固罔尤違矣,
오직 너만이 백성의 덕을 아니, 백성의 덕은 민심이 향하고 순함을 이른다. 그런데 또한 그 처음을 잘하지 않음이 없으니, 금일은 진실로 허물과 어김이 없으나

詳說
○ 照前節.
앞의 절을 참조하라.

集傳
當思其終,
당연히 그 끝을 생각하면

詳說
○ 惟.
'사(思)'는 경문에서 '유(惟)'이다.

集傳
則民之難保者, 尤可畏也.
보전하기 어려운 백성들이 더욱 두려워할 만하다.

詳說
○ 添此句.
여기의 구를 더하였다.

集傳
其祗順此誥,
이 말을 공경하고 순히 하여

詳說
○ 若.
'순(順)'은 경문에서 '약(若)'이다.

○ 添誥字.
'고(誥)'자를 더하였다.

> [集傳]

往敬用治, 不可忽也. 此召公已留, 周公飭遣, 就職之辭. 厥後召公旣相成王
가서 공경히 다스릴 것이고, 소홀히 하지 말라." 한 것이다. 이것은 소공이 이미 머묾에 주공이 경계하고 보내어서 직책에 나아가게 한 말씀이다. 그 후에 소공(召公)은 이미 성왕을 돕고

> [詳說]

○ 去聲, 下同.
'상(相)'은 거성으로 아래에서도 같다.

> [集傳]

又相康王, 再世猶未釋其政, 有味於周公之言也夫.
또 강왕(康王)을 도와서 두 세대에 여전히 정사를 놓지 않았으니, 이는 주공(周公)의 말씀에 완미함이 있어서일 것이다.

> [詳說]

○ 音扶.
'부(夫)'는 음이 '부(扶)'이다.

○ 此召, 以下, 論也.
'차소(此召)' 이하는 경문의 의미 설명이다.

○ 董氏鼎曰 : "一書中, 首言憂國之心, 非人所知. 次言天民可畏, 惟人是賴, 又次言殷先王與我文武, 得人之助. 憂之深, 是以留之切, 留之切, 是以言之詳, 召公同功一體之人, 均有忠君愛國之心, 安能不油然而感, 幡然而留哉."
동씨 정(董氏鼎)[229]이 말하였다 : "한 책 중에서 처음에 나라를 근심하는 마음을 말하였으니, 사람들이 알 것이 아니다. 다음에 하늘과 백성은 두려워해야 함

---

229) 동정(董鼎, ?~?) 원나라 요주(饒州) 파양(鄱陽) 사람으로 자는 계형(季亨)이고, 별호는 심산(深山)이다. 동몽정(董夢程)의 먼 친척이고, 주희(朱熹)의 재전제자(再傳弟子)다. 황간(黃幹), 동수(董銖)를 사숙했다. 저서에 『서전집록찬소(書傳輯錄纂疏)』와 『효경대의(孝經大義)』가 있다. 『서전집록찬소』는 여러 학자의 설을 두루 모아 어느 한 사람의 설에만 얽매이지 않았다고 평가된다.

을 말하였으니, 사람들이 의지하는 것이다. 또 다음에 은나라의 선왕과 우리 문왕과 무왕은 사람들의 도움을 얻었음을 말하였다. 근심함이 깊으니 이 때문에 머무르게 함이 절실하고, 머무르게 함이 절실하니, 이 때문에 말이 자세하다. 소공과 공을 함께 하고 일체인 사람은 모두 임금에게 충성하고 임금을 사랑하는 마음이 있는 것이니, 어찌 유연히 감동하지 않겠으며 번연히 머무르지 않겠는가?"230)

---

230) 『서경대전(書經大全)』, 「주서(周書)」·「군석(君奭)」: "동씨 정이 말하였다 : '한 책 중에서 처음에 나라를 근심하는 마음을 말하였으니, 사람들이 알 것이 아니다. 다음에 하늘과 백성을 두려워해야 함을 말하였으니, 사람들이 의지하는 것이다. 또 다음에 은나라의 선왕과 우리 문왕과 무왕이 사람들이 깊이 도움을 얻었지만, 문왕 때에는 다섯 사람이었고, 무왕 때에 와서는 네 사람이었으며 지금에는 또 우리 두 사람 뿐이니, 군이 만약 떠난다면 어찌 내 한 사람이 감당할 수 있겠냐고 말하였다. 근심함이 깊으니 이 때문에 머무르게 함이 절실하고, 머무르게 함이 절실하니, 이 때문에 말이 자세하다. 소공과 공을 함께 하고 일체인 사람은 모두 임금에게 충성하고 임금을 사랑하는 마음이 있는 자들이니, 어찌 유연히 감동하지 않겠으며 번연히 머무르지 않겠는가?'(董氏鼎曰 : 一書之中, 首言憂國之心, 非人所知, 次言天命可畏, 惟人是賴. 又次言殷先王與我文武得人之助, 然文王時五人, 至武王時四人, 今又惟我二人而已. 君若求去, 豈我一人所能戡哉. 憂之深, 是以留之切, 留之切, 是以言之詳. 召公同功一體之人, 均有忠君愛君之心者也, 安得不油然而感, 幡然而留哉.)"

[11-4-17]
「채중지명(蔡仲之命)」

集傳

蔡, 國名, 仲, 字, 蔡叔之子也. 叔沒, 周公以仲賢, 命諸成王,
채(蔡)는 국명이고 중(仲)은 자(字)이니, 채숙(蔡叔)의 아들이다. 채숙(蔡叔)이 죽자 주공은 채중(蔡仲)이 어질다 하여 성왕에게 명하여

> **詳說**
> ○ 言於成王, 而使命之.
> 성왕께 말하여 명하게 한 것이다.

集傳

復封之蔡,
다시 채(蔡)나라에 봉하니,

> **詳說**
> ○ 去聲.
> '부(復)'는 거성이다.

集傳

此其誥命之辭也.
이것이 그 고명(誥命)한 말이다.

> **詳說**
> ○ 一作詞.
> '사(辭)'는 어떤 판본에는 '사(詞)'로 되어 있다.

集傳

今文無, 古文有. ○ 按此篇次敍, 當在洛誥之前.
금문에는 없고 고문에는 있다. ○ 살펴보건대, 이 편의 차서는 마땅히「낙고(洛誥)」의 앞에 있어야 한다.

詳說

○ 周公在鎬, 位冢宰時也.
주공이 호경에서 총재의 지위로 있을 때이다.

[11-4-17-1]

惟周公, 位冢宰, 正百工, 羣叔流言. 乃致辟管叔于商, 囚蔡叔于郭鄰, 以車七乘, 降霍叔于庶人, 三年不齒. 蔡仲克庸祗德, 周公以爲卿士, 叔卒 乃命諸王, 邦之蔡.

주공이 총재(冢宰)의 지위로 있으면서 백공(百工)을 바로잡자, 군숙(群叔)들이 유언비어를 퍼뜨렸다. 이에 관숙(管叔)을 상나라에서 주륙하고 채숙(蔡叔)을 곽린(郭隣)에 가두되 수레 일곱 대를 따르게 하고, 곽숙(霍叔)을 서인으로 강등시켜 3년 동안 끼지 못하게 하였다. 채중(蔡仲)이 능히 떳떳이 덕을 공경하므로 주공이 경사(卿士)를 삼았는데, 채숙(蔡叔)이 죽자 왕에게 명하여 채(蔡)에 나라를 소유하게 하였다.

詳說

○ 辟, 婢亦反. 乘, 去聲. 霍, 諺音誤.
'벽(辟)'은 음이 '비(婢)'와 역(亦)의 반절이다. '승(乘)'은 거성이다. '곽(霍)'은 『언해』의 음이 잘못되었다.

集傳

周公位冢宰, 正百工,
주공(周公)이 총재로 있으면서 백관을 바로잡은 것은

詳說

○ 百官.

'백공(百工)'은 백관이다.

集傳

武王崩時也. 郭鄰, 孔氏曰, 中國之外地名, 蘇氏曰, 郭虢也
무왕(武王)이 승하하였을 때이다. 곽린(郭鄰)은 공씨(孔氏)가 이르기를 "중국 밖의 지명이다."라고 하였고, 소씨(蘇氏)는 "곽(郭)은 괵(虢)이다.

詳說

○ 春秋有郭公.
『춘추』에 곽공이 있다.

集傳

周禮
『주례(周禮)』의

詳說

○ 族師.
「족사(族師)」이다.

集傳

六遂五家爲鄰.
육수(六遂)에서 '다섯 집을 인(鄰)이라는 것이다."라고 하였다.

詳說

○ 蘇說止此.
소씨의 설명은 여기까지이다.

集傳

管霍, 國名.
관(管)과 곽(霍)은 국명이다.

詳說
○ 唐孔氏曰 : "管在滎陽京縣."
당의 공씨(孔氏)가 말하였다 : "관은 경양의 경현에 있다."231)

○ 霍在河東彘縣.
'곽(霍)'은 하동의 체현에 있다.

集傳
武王崩, 成王幼, 周公居冢宰, 百官總己以聽者,
무왕이 승하함에 성왕이 어려 주공이 총재에 거하니, 백관들이 자기의 직책을 총괄하여 총재에게 명령을 들은 것은

詳說
○ 見伊訓.
「이훈」에 보인다.232)

集傳
古今之通道也. 當是時, 三叔以主少
고금(古今)에 통행되는 도이다. 이 때를 당하여 삼숙(三叔)은 군주가 어리고

詳說
○ 去聲.
'소(少)'는 거성이다.

集傳

---

231) 『서경대전(書經大全)』, 「주서(周書)」·「채중지명(蔡仲之命)」 : "당의 공씨가 말하였다 : '관은 경양의 경현 동북에 있다. 관숙의 후사를 세우지 않은 것은 죄가 많거나 자식이 없거나 있어도 현명하지 않기 때문일 것이다.'(唐孔氏曰 : 管在滎陽京縣東北, 不立管叔之後者, 罪重, 或無子, 或有而不賢也.)"
232) 『서경대전(書經大全)』, 「상서(商書)」·「이훈1(伊訓1)」 : "원사(元祀) 12월 을축일(乙丑日)에 이윤(伊尹)이 선왕에게 제사할 적에 사왕(嗣王)을 받들어 공경히 할아버지를 뵈었는데, 이때 후복(侯服)과 전복(甸服)의 여러 제후들이 모두 있었으며 백관들이 자기의 직책을 총괄하여 총재에게서 명령을 들었다. 이에 이윤이 열조가 이룩하신 덕을 분명히 말하여 왕에게 다음과 같이 훈계하였다.(惟元祀十有二月乙丑, 伊尹祠于先王, 奉嗣王, 祗見厥祖, 侯甸羣后咸在, 百官總己, 以聽冢宰. 伊尹乃明言烈祖之成德, 以訓于王.)"

國疑, 乘商人之不靖,
나라가 의심스러우므로 상(商)나라 사람들이 안정되지 못함을 틈타

> 詳說
> ○ 如字
> '승(乘)'은 본래의 음 대로 읽는다.

> 集傳
> 謂可惑以非義, 遂相與流言
> 의롭지 않은 것으로 유혹할 수 있다고 생각하였고, 마침내 서로 함께 유언비어를 퍼뜨려

> 詳說
> ○ 諺釋渾淪.
> 『언해』의 해석은 명확하지 않다.

> 集傳
> 倡亂以搖之,
> 난을 창도해서 동요하니,

> 詳說
> ○ 去聲.
> '창(倡)'은 거성이다.

> 集傳
> 是豈周公一身之利害, 乃欲傾覆社稷
> 이것이 어찌 주공 한 몸의 이해이겠는가? 바로 사직을 전복시키고

> 詳說
> ○ 音福.

'복(覆)'은 음이 '복(福)'이다.

集傳

塗炭生靈, 天討所加, 非周公所得已也. 故致辟管叔于商
생령(生靈)백성]을 도탄에 빠뜨린 것이어서 하늘의 토벌이 가해진 것이니, 주공이 그만둘 수 있는 바가 아니었다. 그러므로 관숙(管叔)을 상(商)나라에서 치벽(致)하였으니,

詳說

○ 名鮮.
'관숙(管叔)'은 이름이 '선(鮮)'이다.

○ 特著商字, 所以明其罪之與武庚等也.
특히 '상(商)'자를 드러낸 것은 그 죄가 무경과 함께 했음을 밝히기 위한 것이다.

集傳

致辟云者, 誅戮之也. 囚蔡叔于霍鄰, 以車七乘, 囚云者, 制其出入,
치벽(致)은 주륙하는 것이다. 채숙(蔡叔)을 곽린(郭隣)에 가두되 수레 7승(乘)을 따르게 하였으니, 수(囚)는 출입을 제한하되

詳說

○ 使不得妄出入.
함부로 출입할 수 없게 한 것이다.

集傳

而猶從以七乘之車也.
여전히 7승의 수레를 따르게 한 것이다.

詳說

○ 去聲.
'종(從)'은 거성이다.

集傳
降霍叔于庶人
곽숙(叔)을 서인으로 강등시켜

詳說
○ 名處
'곽숙(霍叔)'은 이름이 '처(處)'이다.

集傳
三年不齒,
3년 동안 끼지 못하게 하였으니,

詳說
○ 不齒列於兄弟及朝臣.
형제와 조정의 신하들에게 나란히 나열되지 못하는 것이다.

集傳
三年之後方齒錄, 以復其國也. 三叔刑罰之輕重因, 其罪之大小而已. 仲, 叔之子, 克常敬德,
3년 뒤에야 비로소 끼고 기록하여 그 나라를 회복하게 한 것이다. 삼숙(三叔)에 대한 형벌의 경중은 그 죄의 크고 작음에 따랐을 뿐이다. 채중(蔡仲)은 채숙(蔡叔)의 아들인데 능히 떳떳이 덕을 공경해서

詳說
○ 孔氏曰 : "能用敬德."
공씨(孔氏)가 말하였다 : "능히 덕을 공경한 것이다."[233]

---

233) 『서경대전(書經大全)』, 「주서(周書)」·「채중지명(蔡仲之命)」 : "공씨가 말하였다 : '채중이 능히 덕을 공경

集傳

周公以爲卿士,
주공(周公)이 경사(卿士)로 삼았고,

詳說

○ 魏氏了翁曰 : "左定四年云, 周公舉之以爲己卿士, 己字極好玩味."

위씨 료옹(魏氏了翁)234)이 말하였다 : "『좌전』정공 4년에 '주공이 그를 천거해서 자신의 경사로 삼았다.'고 했으니, '자신의'라는 말이 아주 좋음을 완미해야 한다."235)

集傳

叔卒, 乃命之成王而封之蔡也.
채숙이 죽자 성왕(成王)에게 명하여 채(蔡)에 봉하였다.

詳說

○ 蘇氏曰 : "叔未卒, 仲無君國之理, 所以封仲, 必在叔卒之後也.."

소씨(蘇氏)가 말하였다 : "숙이 아직 죽지 않았으면 중이 나라에 임금이 될 이

했다는 것은 그 어짊을 칭한 것이다. 왕의 법을 밝힘에 아비를 죽이고 자식을 등용한 것은 지극히 공평하다는 말이다. 숙을 봉한 것은 기내의 채이고, 중을 봉한 것은 회수(淮水)·여수(汝水)의 사이인데, 기내의 채는 이름이 이미 사라졌기 때문에 그 이름을 가지고 새 나라에 이름을 붙였으니, 경계하고자 한 것이다.' (孔氏曰 : 蔡仲能用敬德, 稱其賢也. 明王之法, 誅父用子, 言至公也. 叔之所封, 圻內之蔡, 仲之所封, 淮汝之間, 圻內之蔡, 名已滅, 故取其名以名新國, 欲其戒之.)

234) 위료옹(魏翁, 1178 ~ 1237) : 공주(邛州) 포강(蒲江) 사람으로 자는 화부(華父)이고, 호는 학산(鶴山)이다. 남송(南宋) 시기의 학자이자 철학가, 문학가, 정치가이다. 경원(慶元) 5년(1199)의 진사(進士) 출신으로 벼슬은 비서성정자(秘書省正字), 교서랑(校書郎), 지미주(知眉州), 지노주(知瀘州), 지동천부(知潼川府), 공부시랑(工部侍郎), 예부상서(禮部尚書), 직학사원(直學士院), 단명전학사(端明殿學士) 등을 역임했다. 사후에 진국공(秦國公)으로 추증되었고, 시호는 문정(文靖)이다. 불교과 도교를 반대하고 주희(朱熹)의 성리학을 추숭했다. 단지 주희의 경전 주석 일부에 대해서 회의심을 제기했다. 저서로『학산집(鶴山集)』,『구경요의(九經要義)』,『고금고(古今考)』,『경사잡초(經史雜鈔)』,『사우아언(師友雅言)』,『학산장단구(鶴山長短句)』가 있다.

235)『서경대전(書經大全)』,「주서(周書)」·「채중지명(蔡仲之命)」: "위씨 료옹이 말하였다 :『좌전』정공 4년에「채중이 행위를 고쳐 덕을 따름에 주공이 그를 천거해서 자신의 경사로 삼았다.」고 했다.「자신의」라는 말이 아주 좋음을 완미하면, 주공이 큰 성인임을 알 수 있다. 채숙이 죄를 죄어 가두었으나 자식 중에 덕을 공경하니, 자신의 경사로 삼았다면 진실로 천지와 그 큼을 함께 하는 것이다.'(魏氏了翁曰 : 左傳定公四年云, 蔡仲改行率德, 周公舉之以爲己卿士. 己字極好玩味, 可見周公大聖人. 蔡叔有罪而囚之, 有子仲祗德, 則以爲己卿士, 真與天地同其大也.)"

치가 없기 때문에 중을 봉한 것은 반드시 숙이 죽은 다음일 것이다."236)

집傳

周公留佐成王
주공은 주나라에 머물면서 성왕을 보좌하여

詳說

○ 不就封於魯.
노나라로 가서 봉지를 받지 않은 것이다.

집傳

食邑於圻內, 圻內諸侯, 孟仲二卿.
기내(圻內)에 식읍을 두었으니, 기내(圻內)의 제후는 맹(孟)과 중(仲) 두 경(卿)이다.

詳說

○ 見禮記王制注.
『예기』「왕제」의 주에 보인다.

집傳

故周公用仲爲卿, 非魯之卿也. 蔡左傳
그러므로 주공(周公)이 채중(蔡仲)을 경(卿)으로 등용한 것이니, 노(魯)나라의 경이 아니다. 채(蔡)는 『좌전(左傳)』에서

詳說

○ 哀元年.
애공 원년이다.

---

236) 『서경대전(書經大全)』, 「주서(周書)」·「채중지명(蔡仲之命)」: "소씨가 말하였다 : '숙이 아직 죽지 않았으면 중이 나라에 임금이 될 이치가 없다. 괴외가 있는데 첩이 위나라 즉위한 것은 어지러운 것이니, 중을 봉한 것은 반드시 숙이 죽은 다음일 것이다.'(蘇氏曰 : 蔡叔未卒, 仲無君國之理, 蒯聵在而輒立衛, 所以亂, 所以封仲, 必在叔卒之後也.)"

集傳

在淮汝之間, 仲不別封, 而命邦之蔡者, 所以不絶叔於蔡也,

"회수(淮水)·여수(汝水) 사이에 있다."는 것인데, 채중(蔡仲)을 별도로 봉하지 않고 채(蔡)에 나라를 소유하게 한 것은 채숙(蔡叔)을 채(蔡)나라에서 끊지 않기 위한 것이니,

詳說

○ 孔氏曰 : "蔡本圻內國名, 取其名以名新國也."

공씨(孔氏)가 말하였다 : "채는 본시 기내의 나라 이름인데, 그 이름을 가지고 새 나라에 이름을 붙인 것이다."[237]

集傳

封仲以他國, 則絶叔於蔡矣

채중(蔡仲)을 타국에 봉하면 채숙(蔡叔)을 채(蔡)에서 끊은 것이다.

詳說

○ 以論釋之.

경문의 의미 설명으로 해석했다.」

○ 此一篇之本序也.

이것은 한 편의 본서(本序)이다.

○ 唐孔氏曰 : "不立管叔之後者, 罪重, 或無子, 或有而不賢也."

당의 공씨(孔氏)가 말하였다 : "관숙의 후사를 세우지 않은 것은 죄가 많거나 자식이 없거나 있어도 현명하지 않기 때문일 것이다."[238]

---

[237] 『서경대전(書經大全)』, 「주서(周書)」·「채중지명(蔡仲之命)」 : "공씨가 말하였다 : '채중이 능히 덕을 공경했다는 것은 그 어짊을 칭한 것이다. 왕의 법을 밝힘에 아비를 죽이고 자식을 등용한 것은 지극히 공평하다는 말이다. 숙을 봉한 것은 기내의 채이고, 중을 봉한 것은 회수(淮水)·여수(汝水)의 사이인데, 기내의 채는 이름이 이미 사라졌기 때문에 그 이름을 가지고 새 나라에 이름을 붙였으니, 경계하고자 한 것이다.' (孔氏曰 : 蔡仲能用敬德, 稱其賢也. 明王之法, 誅父用子, 言至公也. 叔之所封, 圻內之蔡, 仲之所封, 淮汝之間, 圻內之蔡, 名已滅, 故取其名以名新國, 欲其戒之.)"

[238] 『서경대전(書經大全)』, 「주서(周書)」·「채중지명(蔡仲之命)」 : "당의 공씨가 말하였다 : '관은 경양의 경현 동북에 있다. 관숙의 후사를 세우지 않은 것은 죄가 많거나 자식이 없거나 있어도 현명하지 않기 때문일 것이다.'(唐孔氏曰 : 管在滎陽京縣東北, 不立管叔之後者, 罪重, 或無子, 或有而不賢也.)"

集傳

呂氏曰, 象欲殺舜,

여씨(呂氏)가 말하기를 "상(象)이 순(舜)을 죽이고자 한 것은

詳說

○ 見孟子萬章.

『맹자』「만장」에 보인다.239)

集傳

舜在側微

순이 미천할 때여서

詳說

○ 猶側陋也

'측미(側微)'는 '측루(側陋)'과 같다.

集傳

其害止於一身, 故舜得遂其友愛之心, 周公之位, 則繫于天下國家, 雖欲遂友愛於三叔, 不可得也, 舜與周公易地, 皆然

그 해가 한 몸에 그쳤으므로 순이 우애하는 마음을 이룰 수 있었던 것이고, 주공의 지위는 천하와 국가에 관계되는데, 비록 삼숙(三叔)에게 우애하는 마음을 이루고자 하나 될 수가 없었으니, 순(舜)과 주공(周公)이 처지를 바꿔놔도 다 그러하였을 것이다."라고 하였다.

詳說

○ 四字, 出孟子離婁.

네 글자는 『맹자』「이루」가 출처이다.240)

---

239) 『맹자(孟子)』「만장상(萬章上)」: "만장(萬章)이 물었다. '상(象)이 날마다 순(舜)을 죽이는 것으로 일을 삼았거늘, 순이 즉위하여 천자가 되셔서는 그를 추방한 것은 어째서입니까?' 맹자가 말하였다. '그를 봉해 주셨는데, 혹자가 추방했다.'고 하는 것이다.'(萬章問曰, 象日以殺舜爲事, 立爲天子, 則放之, 何也. 子曰, 封之也. 或曰放焉.)"
240) 『맹자(孟子)』「이루하(離婁下)」: "'우왕(禹王)과 후직(后稷)과 안자(顔子)가 처지를 바꾸면 다 그러하셨을

集傳

史臣先書, 惟周公位冢宰, 正百工, 而繼以羣叔流言, 所以結正三叔之罪也, 後言, 蔡仲克庸祗德, 周公以爲卿士, 叔卒卽命之王, 以爲諸侯, 以見周公蹙然於三叔之刑, 幸仲克庸祗德, 則亟擢用分封之也.

사신(史臣)이 먼저 "주공이 총재로 있으면서 백관을 바로잡았다."고 쓰고, 뒤이어 "군숙(群叔)들이 유언비어를 퍼뜨렸다."고 말한 것은 삼숙(三叔)의 죄를 끝맺어 바로잡은 것이며, 뒤에 "채중(蔡仲)이 능히 떳떳이 덕을 공경하므로 주공이 경사(卿士)로 삼았는데, 채숙(蔡叔)이 죽자 성왕(成王)에게 명하여 제후로 삼았다."고 말한 것은 주공이 삼숙(三叔)을 형벌한 것에 대해 편치 못하였는데, 다행히 채중(蔡仲)이 능히 떳떳이 덕(德)을 공경하므로 급히 탁용하여 분봉(分封)함을 나타낸 것이다.

詳說

○ 音現

'현(見)'은 음이 '현(現)'이다.

○ 爲卿

'탁용(擢用)'은 경사로 삼은 것이다.

○ 葉氏曰 : "舜殛鯀而擧禹, 周公囚叔而命仲, 一也."

섭씨(葉氏)가 말하였다 : "순이 곤을 죽이고 우를 천거하고 주공이 숙을 가두고 중에게 명한 것은 한 가지이다."[241]

集傳

吳氏曰, 此所謂冢宰正百工, 與詩

오씨(吳氏)가 말하였다. "여기에서 말한 총재로서 백공(百工)을 바로잡았다는 것과

것이다. ….' 맹자가 말하였다 : '증자(曾子)와 자사(子思)는 도(道)가 같으니, 증자(曾子)는 스승이며 부형(父兄)이었고, 자사(子思)는 신하이며 미천하였으니, 증자(曾子)와 자사(子思)께서 처지를 바꾼다면 다 그러하셨을 것이다.'禹稷顔子, 易地則皆然. …. 孟子曰, 曾子子思同道, 曾子師也, 父兄也, 子思臣也微也, 曾子子思易地, 則皆然. ….)"

[241] 『서경대전(書經大全)』, 「주서(周書)」·「채중지명(蔡仲之命)」: "섭씨(葉氏)가 말하였다 : '순이 곤을 죽이고 우를 일으키고 주공이 숙을 가두고 중에게 명한 것은 한 가지이다.'(葉氏曰 : 舜殛鯀而興禹, 周公囚蔡叔而命仲, 一也.)"

『시경(詩經)』에서

> 詳說

○ 狼跋序.

「낭발(狼跋)」의 서(序)이다.

> 集傳

所謂攝政, 皆在成王諒闇之時,

말한 섭정(攝政)은 모두 성왕(成王)이 양암(諒闇)에 있었을 때이니,

> 詳說

○ 音梁菴.

'양암(諒闇)'은 음이 양암이다.

> 集傳

非以幼冲而攝, 而其攝也, 不過位冢宰之位而已, 亦非如荀卿所謂攝天子位之事也. 三年之喪二十五月而畢, 方其畢時, 周公固未嘗攝, 亦非有七年而後, 還政之事也.

어리기 때문에 섭정한 것이 아니고, 그 섭정한 것이 총재의 지위에 있음에 지나지 않을 뿐이었으니, 또한 순경(荀卿)이 말한 "천자의 지위의 일을 섭행했다."는 것과 같은 것이 아니다. 3년상은 25개월에 마치니, 상을 마쳤을 때에 주공이 진실로 일찍이 섭정한 적이 없으니, 또한 7년 후에 정사를 돌려준 일이 있지 않다."

> 詳說

○ 鄒氏季友曰：" 蔡傳於洛誥首章, 及此篇, 旣言周公無攝位之事, 亦無七年還政之事, 而康誥傳云, 周公攝政七年之三月. 召誥傳云, 洛邑旣成, 成王始政, 則自相牴牾矣. 蓋成王免喪之後, 祭祀朝覲, 雖已親之, 而政由周公出, 至營洛之年, 成王年二十, 方始卽政, 則謂之七年還政, 亦其事也."

추씨 계우(鄒氏季友)[242]가 말하였다：" 채전(蔡傳)에서는 「낙고」의 첫 장[243]과

여기의 편에서 이미 주공이 섭위한 일이 없고, 또한 7년에 환정한 일이 없음을 말했는데,「강고」의 전에서 주공이 섭정한 7년의 3월이라고 말하고,244)「소고」의 전에서 낙읍이 이미 완성되어 성왕이 비로소 정사했다.245)고 하였으니, 서로 모순되는 것이다. 대개 성왕이 상복을 벗은 다음에 제사하고 조근한 것은 비록 이미 친히 했을지라도 정사가 주공에게서 나온 것은 낙읍을 경영할 때까지이고, 성왕의 나이 20에 비로소 바로 정사를 했으니, 7년이 지나 정사를 돌려주었다고 한 것도 그 일이다."

集傳

百官總己以聽冢宰, 未知其所從始, 如殷之高宗已然,
백관이 자기의 직책을 총괄하여 총재에게 명령을 듣는 것은 그 어느 때로부터 시작되었는지는 알 수 없으나 은(殷)나라의 고종(高宗)과 같은 이가 이미 그러하였고,

詳說

○ 見論語憲問.

『논어』「헌문」에 보인다.246)

---

242) 『서경대전(書經大全)』,「상서(商書)」·「중훼지고(仲虺之誥)」에는 황보밀(皇甫謐)의 말로 되어 있다. 황보밀(皇甫謐, 215년 ~ 282년)은 서진(西晉) 안정(安定) 조나(朝那) 사람으로 자는 사안(士安)이고, 어릴 때 이름은 정(靜)이며, 자호는 현안선생(玄晏先生)이다. 황보숭(皇甫嵩)의 증손이다. 젊었을 때 거침없이 방탕하여 사람들이 미치광이라고 여겼다. 20살 무렵부터 부지런히 공부해 게으르지 않았다. 집이 가난해 직접 농사를 지었는데, 책을 읽으면서 밭갈이를 함으로써 수많은 서적들을 통독했다. 나중에 질병에 걸렸는데도 손에서 책을 놓지 않고 저술에 전심하느라 밥 먹는 것도 잊어버려 사람들이 서음(書淫)이라 했다. 무제(武帝) 때 부름을 받았지만 나가지 않았다. 무제가 책 한 수레를 하사했다. 자신의 병을 고치려고 의학서를 읽어 가장 오랜 침구 관련서인 『침구갑을경(鍼灸甲乙經)』을 편찬했다. 역사에도 조예가 깊어 『제왕세기(帝王世紀)』와 『연력(年歷)』, 『고사전(高士傳)』, 『일사전(逸士傳)』, 『열녀전(列女傳)』, 『현안춘추(玄晏春秋)』 등을 지었다.
243) 『서경대전(書經大全)』,「주서(周書)」·「낙고1(洛誥1)」: "주공이 배수계수(拜手稽首)하고 말씀하였다. "나는 그대 밝은 군주께 복명하노이다.(周公拜手稽首曰, 朕復子明辟.)"
244) 『서경대전(書經大全)』,「주서(周書)」·「강고1(康誥1)」: "3월 재생백(哉生魄)에 주공이 처음 터전을 잡아 새로운 대읍(大邑)을 동국(東國)인 낙(洛)에 만드셨다. 사방의 백성들이 크게 화합하여 모이자, 후(侯)·전(甸)·남(男)·방(邦)·채(采)·위(衛)와 백공(百工)들이 인화(人和)를 전파하여 주나라에 와서 뵙고 일하였다. 주공이 모두 수고함에 크게 다스림을 고하셨다.(惟三月哉生魄, 周公初基, 作新大邑于東國洛. 四方民大和會, 侯甸男邦采衛, 百工播民和, 見士于周, 周公咸勤, 乃洪大誥治.)"; 주자의 주: "3월은 주공(周公)이 섭정(攝政)한 7년의 3월이다.(三月, 周公攝政七年之三月也.)"
245) 『서경대전(書經大全)』,「주서(周書)」·「소고(召誥)」, 주자의 주: "낙읍(洛邑)이 이루어진 다음에 성왕(成王)이 처음 정사(政事)를 하였다.(洛邑旣成, 成王始政.)"
246) 『논어(論語)』「헌문(憲問)」: "자장(子張)이 말하였다. '『서경(書經)』에 이르기를 「고종(高宗)이 양음(諒陰)에서 삼년(三年) 동안 말하지 않았다.」하니, 무엇을 말합니까.'(子張曰, 書云, 高宗諒陰三年不言, 何謂也.)"

集傳

不特周公行之, 此皆論周公者, 所當先知也.
단지 주공만이 행한 것이 아니니, 이것은 모두 주공을 논하는 자가 마땅히 먼저 알아야 할 것이다.

詳說

○ 呂氏, 以下, 論也.
'여씨(呂氏)' 이하는 경문의 의미 설명이다.

[11-4-17-2]

王若曰, 小子胡, 惟爾率德改行, 克愼厥猷. 肆予命爾, 侯于東土, 往卽乃封, 敬哉.

왕이 대략 다음과 같이 말씀하였다. "소자(小子)인 호(胡)야! 너는 할아버지의 덕을 따르고 네 아버지의 행실을 고쳐서 능히 도를 삼았다. 그러므로 나는 너에게 명하여 동토(東土)에 제후가 되게 하노니, 가서 너의 봉국(封國)에 나아가 공경할지어다.

詳說

○ 行, 去聲.
'행(行)'은 거성이다.

集傳

胡, 仲名. 言仲循祖文王之德,
호(胡)는 채중(蔡仲)의 이름이다. 채중이 할아버지인 문왕의 덕을 따르고

詳說

○ 率.
'순(循)'은 경문에서 '솔(率)'이다.

集傳

改父蔡叔之行,
아버지인 채숙(蔡叔)의 행실을 고쳐서

> 詳說
> ○ 添祖父字.
>   '조(祖)'자와 '부(父)'자를 더하였다.

集傳
能謹其道. 故我命汝爲侯於東土,
능히 그 도를 삼갔다. 그러므로 내 너를 명하여 동토(東土)에 제후를 삼노니,

> 詳說
> ○ 肆.
>   '고(故)'는 경문에서 '사(肆)'이다.

集傳
往就汝所封之國, 其敬之哉.
가서 네가 봉해진 나라에 나아가 공경할지어다.

> 詳說
> ○ 卽.
>   '취(就)'는 경문에서 '즉(卽)'이다.

集傳
呂氏曰, 敬哉者, 欲其無失此心也, 命書之辭, 雖稱成王, 實周公之意.
여씨(呂氏)가 말하였다. "'공경할지어다,'라는 말은 이 마음을 잃지 않고자 한 것이니, 명한 글의 말은 비록 성왕(成王)을 칭했으나 실제는 주공(周公)의 뜻이다."

> 詳說
> ○ 命書, 以下, 論也.

'명서(命書)' 이하는 경문의 의미 설명이다.

[11-4-17-3]
爾尚蓋前人之愆, 惟忠惟孝, 爾乃邁迹自身, 克勤無怠, 以垂憲乃後, 率乃祖文王之彝訓, 無若爾考之違王命.

네가 거의 전인(前人)의 잘못을 덮을 수 있는 것은 충(忠)과 효(孝)이니, 네 자취를 매진하되 네 자신부터 하여 너는 능히 부지런히 하고 게을리 하지 말아서 네 후손에게 법을 드리워 네 할아버지인 문왕(文王)의 떳떳한 가르침을 따르고 네 아버지처럼 왕명을 어기지 말도록 하라.

詳說
○ 無, 毋通.
'무(無)'는 '무(毋)'와 통한다.

集傳
蔡叔之罪, 在於不忠不孝. 故仲能掩前人之愆者,
채숙(蔡叔)의 죄가 불충(不忠)과 불효(不孝)에 있었다. 그러므로 채중(蔡仲)이 전인의 허물을 가리울 수 있는 것은

詳說
○ 尚, 猶能也. 或曰, 尚, 庶幾也, 期之之辭.
'상(尚)'은 '능(能)'과 같다. 어떤 이는 "'상(尚)'은 바란다는 것으로 기약한다는 말이다."라고 하였다.

○ 西山眞氏曰 : "當思所以盖之."
서산 진씨(西山眞氏)가 말하였다 : "덮을 것을 생각해야 한다는 것이다."[247]

---

247) 『서경대전(書經大全)』, 「주서(周書)」·「채중지명(蔡仲之命)」: "서산 진씨가 말하였다 : '살펴보건대, 『서경』 「채중지명」에서 네가 전인의 잘못을 덮을 수 있는 것은 충과 효라는 것이다. 사람의 자식으로 불행한 것은 이를테면 대우가 곤이 이어받고, 채중이 채숙을 이어받는 것이니, 또 덮을 것을 생각해야 하는 것이다. 그러므로 치수로 성공해서 곤이 하교(夏郊)에 짝했고, 덕을 행동을 고쳐서 채숙이 대대로 제사지냈으니, 어찌 효자의 위대함이 아니겠는가! 후세에 이르자면 심충 같은 배반한 신하가 그의 아들 경이 사절(死節)로 드러났고, 이의보 같은 간신이 그의 아들 담이 충의로 알려졌으니, 경과 담과 같다면, 그 아비의 잘못을 덮었다고 할 수 있다.'(西山眞氏曰 : 按, 書蔡仲之命, 爾尚蓋前人之愆, 惟忠惟孝. 人子不幸, 如大禹之

> 集傳

惟在於忠孝而已.

오직 충효(忠孝)에 있을 뿐이다.

> 詳說

○ 新安陳氏曰 :"子能改父惡, 則孝矣, 忠本於孝也."

신안 진씨(新安陳氏)가 말하였다 :"자식이 아비의 악을 고칠 수 있는 것은 효이니, 충은 효에 근본한다."248)

> 集傳

叔違王命, 仲無所因,

채숙(蔡叔)이 왕명을 어겼으니, 채중(蔡仲)이 인습할 것이 없기

> 詳說

○ 席籍.

자리로 빌리는 것이다.

> 集傳

故曰邁迹自身

때문에 자취를 매진하되 자신으로부터 하라고 한 것이다.

> 詳說

○ 呂氏曰 :"始封之祖, 自我作古."

여씨(呂氏)가 말하였다 "처음 봉해진 조상은 자신에게서 옛날로 된다."249)

承鯀, 蔡仲之承蔡叔, 又當思所以蓋之. 故治水成功, 而鯀配夏郊, 率德改行, 而蔡叔世祀, 豈非孝之大乎. 後世, 如沈充叛臣也, 其子勁以死節著, 若李義甫姦臣也, 其子湛以忠義聞, 若勁與湛, 可謂能蓋其父之愆矣.)"

248) 『서경대전(書經大全)』, 「주서(周書)」·「채중지명(蔡仲之命)」 : "신안 진씨가 말하였다 : '자식이 아비의 악을 고치고 선을 행할 수 있는 것은 효이다. 자식이 되어 효를 하는 것은 신하가 되어 충을 하는 것이니, 옛 사람들은 「효자의 가문에서 충신을 구하라.」라고 했으니, 충이 효에 근본하기 때문이다. 「능히 부지런히 해서 네 후손에게 법을 드리운다.」는 것은 곧 이른바 「네 자취를 매진하되 네 자신부터 한다.」는 것이니, 여기의 한 마디는 굳이 구분할 필요가 없다.'(新安陳氏曰 : 子能改父之惡, 而為善則考矣, 為子而孝, 斯為臣而忠. 古人云, 求忠臣於孝子之門, 是惟忠本於惟孝也. 克勤無怠以垂憲乃後, 即所謂邁迹自身, 此一語不必分也.)"

249) 『서경대전(書經大全)』, 「주서(周書)」·「채중지명(蔡仲之命)」 : "여씨가 말하였다 '자식의 새로운 선이 나타

集傳

克勤無怠, 所謂自身也, 垂憲乃後, 所謂邁迹也,
능히 부지런히 하고 게을리 하지 않음은 이른바 자신으로부터 한다는 것이고, 너의 후손에게 법을 드리움은 이른바 자취를 매진한다는 것이며,

詳說

○ 新安陳氏曰 : ", 卽所謂邁迹自身, 此一語不必分也."
신안 진씨가 말하였다 : "'능히 부지런히 해서 법을 드리운다.'는 것은 곧 이른바 '네 자취를 매진하되 네 자신부터 한다.'250)는 것이니, 여기의 한 마디는 굳이 구분할 필요가 없다."251)

集傳

率乃祖文王之彝訓, 無若爾考之違王命, 上文所謂率德改行也.
네 할아버지인 문왕(文王)의 떳떳한 가르침을 따르고 네 아버지처럼 왕명을 어기지 말라는 것은 위의 글에서 이른바 '덕(德)을 따르고 행실을 고치라'는 것이다.

詳說

○ 陳氏傅良曰 : "舜命禹, 未嘗戒以鯀, 周公命微子, 未嘗及武庚. 今命仲而尤其父者, 於越人疏之, 於其兄戚之也. 有禹, 故鯀得以配郊, 有安世延年, 故張湯杜周, 得不列於酷吏."
진씨 부량(陳氏傅良)252)이 말하였다 : "순이 우에게 명했으나 곤을 경계한 적이

나면 아비의 옛 잘못은 거의 가려진다. 채숙의 악함은 이미 자손에게 미치지 못해 채중이 바로 한 나라에서 처음 봉하는 시조이니, 창업해서 혈통을 내리는 책임이 그에게 달려 있다. 어찌 모방해서 자신에게서 옛날로 하지 않겠는가?'처음 봉해진 조상은 자신에게는 옛날로 된다.(呂氏 : 子之新善著, 則父之舊愆, 庶乎可掩. 蔡叔之惡, 旣無以貽子孫, 仲乃一國始封之祖, 創業垂統之責繫焉. 盍進其步武, 自我作古. ….)"

250) 『서경대전(書經大全)』, 「주서(周書)」·「채중지명3(蔡仲之命3)」 : "네가 거의 전인(前人)의 잘못을 덮을 수 있는 것은 충(忠)과 효(孝)이니, 네 자취를 매진하되 네 자신부터 하여 너는 능히 부지런히 하고 게을리 하지 말아서 네 후손에게 법을 드리워 네 할아버지인 문왕(文王)의 떳떳한 가르침을 따르고 네 아버지처럼 왕명을 어기지 말도록 하라.(爾尙蓋前人之愆 惟忠惟孝 爾乃邁迹自身 克勤無怠 以垂憲乃後 率乃祖文王之彝訓 無若爾考之違王命.)"

251) 『서경대전(書經大全)』, 「주서(周書)」·「채중지명(蔡仲之命)」 : "신안 진씨가 말하였다 : '자식이 아비의 악을 고치고 선을 행할 수 있는 것은 효이다. 자식이 되어 효를 하는 것은 신하가 되어 충을 하는 것이니, 옛 사람들은 「효자의 가문에서 충신을 구하라.」라고 했으니, 충이 효에 근본하기 때문이다. 「능히 부지런히 해서 네 후손에게 법을 드리운다.」는 것은 곧 이른바 「네 자취를 매진하되 네 자신부터 한다.」는 것이니, 여기의 한 마디는 굳이 구분할 필요가 없다.(新安陳氏曰 : 子能改父之惡, 而為善則孝矣, 為子而孝, 斯為臣而忠. 古人云, 求忠臣於孝子之門, 是惟忠本於惟孝也. 克勤無怠以垂憲乃後, 卽所謂邁迹自身, 此一語不必分也.)"

없고, 주공이 미자에게 명했으나 무경을 언급한 적이 없다. 이제 채중에게 명령하면서 그 아비를 책망하는 것은 월인에게는 소원하게 하고 그 형에게는 슬퍼하는 것이다. 우가 있기 때문에 곤이 교에 짝할 수 있었고, 안세가 연년이 있기 때문에 장탕과 두주가 혹리에 나열되지 않았다."253)

○ 西山眞氏曰 :"沈充, 叛臣也, 其子勁以死節著, 李義甫姦臣也, 其子湛以忠義聞."
서산 진씨가 말하였다 :"심충은 배반한 신하이지만 그의 아들 경은 사절(死節)로 드러났고, 이의부는 간신이지만 그의 아들 담은 충의로 알려졌다."254)

[11-4-17-4]

皇天無親, 惟德是輔, 民心無常, 惟惠之懷. 爲善不同, 同歸于治, 爲惡不同, 同歸于亂, 爾其戒哉.

황천(皇天)은 친한 사람이 없어 덕(德)이 있는 사람을 도와주시며, 민심(民心)은 일정함이 없

---

252) 진부량(陳傅良, 1137 ~ 1203) : 남송 온주(溫州) 서안(瑞安)의 사람으로 자는 군거(君擧)이고, 호는 지재(止齋)이며, 시호는 문절(文節)이다. 문장으로 당대 이름을 크게 떨쳤고, 장식(張栻), 여조겸(呂祖謙)과 교유했다. 효종(孝宗) 건도(乾道) 8년(1172) 진사(進士)가 되고, 복주통판(福州通判)을 거쳐 이부원외랑(吏部員外郞)에 올랐다. 윤대(輪對)에서 민력(民力)을 아끼는 것을 근본으로 삼아야 한다고 강력하게 주장했다. 광종(光宗) 소희(紹熙) 4년(1193) 기거사인겸권중서사인(起居舍人兼權中書舍人)이 되었다. 영종(寧宗)이 즉위하자 불러 중서사인 겸 시독(侍讀)에 오르고, 학사원(學士院)에 있으면서 실록원편수(實錄院編修)를 지냈다. 비서소감(秘書少監)을 거쳐 보모각대제(寶謨閣待制)까지 역임했다. 영가학파(永嘉學派)의 창시자 설계선(薛季宣)과 정백웅(鄭伯熊)에게 수학했다. 학문 성향은 성리(性理)에 대해 공리공담하는 것을 반대하고 경세치용을 중시했다. 저서에 『주례설(周禮說)』과 『춘추후전(春秋後傳)』, 『좌씨장지(左氏章旨)』, 『모시해고(毛詩解詁)』, 『지재론조(止齋論祖)』, 『지재문집(止齋文集)』, 『건륭편(建隆編)』 등이 있다.
253) 『서경대전(書經大全)』, 「주서(周書)」·「채중지명(蔡仲之命)」 : "진씨 부량이 말하였다 : '순이 우에게 명했으나 곤을 경계한 적이 없고, 주공이 미자에게 명했으나 무경을 언급한 적이 없다. 이제 채중에게 명령하면서 그 아비를 책망하는 것은 월인에게는 소원하게 하고 그 형에게는 슬퍼하는 것이다. 부자와 형제의 사이에는 여전히 숨기고 감히 다 말할 수 없는 것이 있으면, 이것이 더욱 소원한 것이다. 성왕은 채중에게 친한 이에게 친하게 하는 도였다. 우가 있기 때문에 곤이 교에 짝할 수 있었고, 안세가 연년이 있기 때문에 장탕과 두주가 혹리에 나열되지 않았다. ….'(陳氏傅良曰 : 舜命禹, 未嘗戒以鯀, 周公命微子, 未嘗及武庚. 今命仲而尤其父子, 於越人疏之, 於其兄戚之也. 父子兄弟之間, 猶有諱而不敢盡言, 是愈疎矣. 成王於仲, 親親之道也. 有禹, 故鯀得以郊, 有安世延年, 故張湯杜周, 得不列於酷吏. ….)"
254) 『서경대전(書經大全)』, 「주서(周書)」·「채중지명(蔡仲之命)」 : "서산 진씨가 말하였다 : '살펴보건대, 『서경』 「채중지명」에서 네가 전인의 잘못을 덮을 수 있는 것은 충과 효라는 것이다. 사람의 자식으로 불행한 것은 이를테면 대우가 곤을 이어받고, 채중이 채숙을 이어받는 것이니, 또 덮을 것을 생각해야 하는 것이다. 그러므로 치수에 성공해서 곤이 하교(夏郊)에 짝했고, 덕을 행동을 고쳐서 채숙이 대대로 제사지냈으니, 어찌 효자의 위대함이 아니겠는가! 후세에 이를테면 심충 같은 배반한 신하가 그의 아들 경이 사절(死節)로 드러났고, 이의부 같은 간신이 그의 아들 담이 충의로 알려졌으니, 경과 담과 같다면, 그 아비의 잘못을 덮었다고 할 수 있다.'(西山眞氏曰 : 按, 書蔡仲之命, 爾尙蓋前人之愆, 惟忠惟孝. 人子不幸, 如大禹之承鯀, 蔡仲之承蔡叔, 又當思所以蓋之. 故治水成功, 而鯀配夏郊, 率德改行, 而蔡叔世祀, 豈非孝之大乎. 後世, 如沈充叛臣也, 其子勁以死節著, 若李義甫姦臣也, 其子湛以忠義聞, 若勁與湛, 可謂能蓋其父之愆矣.)"

어 은혜롭게 하는 이를 그리워하느니라. 선(善)을 함이 똑같지 않으나 똑같이 다스림으로 돌아가고, 악(惡)을 함이 똑같지 않으나 똑같이 혼란함으로 돌아가니, 너는 경계할지어다.

詳說

○ 治, 去聲.
'치(治)'는 거성이다.

集傳

此章, 與伊尹申誥太甲之言,
여기의 장에서는 이윤(伊尹)이 태갑(太甲)에게 거듭 고한 말과

詳說

○ 見太甲.
「태갑」에 보인다.255)

集傳

相類
서로 유사한데,

詳說

○ 無常, 謂無常懷也.
일정함이 없다는 것은 일정하게 그리워하는 것이 없다는 말이다.

集傳

而有深淺不同者,
깊고 얕음에 똑같지 않음이 있는 것은

---

255) 『서경대전(書經大全)』, 「상서(商書)」·「태갑하1(太甲下1)」 : "이윤이 다시 왕에게 다음과 같이 거듭 고하였다. '아! 하늘은 친히 하는 사람이 없어 능히 공경하는 자를 친하시며, 백성들은 일정하게 그리워하는 사람이 없어 어짊이 있는 이를 그리워하며, 귀신은 일정하게 흠향함이 없어 능히 정성스러운 자에게 흠향하니, 천자의 지위가 어렵습니다.'(伊尹申誥于王曰, 嗚呼, 惟天無親, 克敬惟親, 民罔常懷, 懷于有仁, 鬼神無常享. 享于克誠, 天位艱哉.)"

[詳說]
○ 敬仁深, 德惠淺.

경인(敬仁)은 깊고 덕혜(德惠)가 얕은 것이다.

[集傳]
太甲蔡仲之有間也.

태갑(太甲)과 채중(蔡仲)이 간격이 있기 때문이다.

[詳說]
○ 去聲.

'간(間)'은 거성이다.

○ 仲之賢, 有遜於太甲.

중의 현명함은 태갑보다 못하다.

○ 論也.

경문의 의미 설명이다.

[集傳]
善固不一端, 而無不可行之善, 惡亦不一端, 而無可爲之惡, 爾其可不戒之哉.

선(善)은 진실로 한 가지가 아니나 행할 수 없는 선이 없고, 악(惡)은 진실로 한 가지가 아니나 할 만한 악이 없으니, 너는 경계하지 않을 수 있겠는가!

[11-4-17-5]
愼厥初, 惟厥終, 終以不困, 不惟厥終, 終以困窮.

그 처음을 삼가되 끝마침을 생각하여야 끝내 곤궁하지 않을 것이니, 끝마침을 생각하지 않으면 마침내 곤궁할 것이다.

[集傳]

惟, 思也. 窮, 困之極也. 思其終者, 所以謹其初也.
유(惟)는 생각함이다. 궁(窮)은 곤함이 지극한 것이다. 그 끝마침을 생각함은 그 처음을 삼가는 것이다.

詳說
○ 呂氏曰 : "謹始慮終, 竭兩端之敎也."
여씨(呂氏)가 말하였다 : "처음을 삼가고 끝마침을 생각하는 것은 양단의 가르침을 다하는 것이기 때문이다."256)

[11-4-17-6]
懋乃攸績, 睦乃四鄰, 以蕃王室, 以和兄弟, 康濟小民.

너는 세워야 할 공적을 힘쓰고 너는 사방 이웃들과 화목하며, 왕실의 울타리가 되고 형제들과 화합하며 소민(小民)들을 편안히 구제하라.

詳說
○ 蕃, 藩同.
'번(蕃)'은 '번(藩)'과 같다.

集傳
勉汝所立之功,
너의 세워야 할 공을 힘쓰고

詳說
○ 懋.
'면(勉)'은 경문에서 '무(懋)'이다.

---

256) 『서경대전(書經大全)』, 「주서(周書)」·「채중지명(蔡仲之命)」 : "여씨가 말하였다 : '건국의 처음에 반드시 그 처음을 살피고 그 끝마침을 생각해야 하니, 끝마침과 처음을 모두 든 다음에 오래 가고 크게 될 수 있으면서 곤궁하게 되지 않는 것이다. 처음만 삼가고 그 끝마침을 생각하지 않으면 끝에 반드시 곤궁하게 되니, 두려워하며 근심할지라도 무익하다. 처음을 삼가는 것으로 말하고 바로 끝마침을 생각하는 것으로 가르친 것은 양단의 가르침을 다하는 것이기 때문이다.'(呂氏曰 : 建國之始, 必審其始, 而思其終, 終始具擧, 然後可久可大, 而不至於困. 徒謹初, 而不思其終, 則終必困窮, 雖慼然憂懼無益也. 語以謹始, 而即教以慮終, 竭兩端之敎也.)"

○ 添立字.
'립(立)'자를 더하였다.

集傳
親汝四鄰之國,
너의 사방 이웃의 나라들과 친하게 지내며,

詳說
○ 睦.
'친(親)'은 경문에서 '목(睦)'이다.

○ 添國字.
'국(國)'자를 더하였다.

集傳
蕃屛王家
왕실에 울타리가 되고

詳說
○ 音丙.
'병(屛)'은 음이 '병(丙)'이다.

集傳
和協同姓, 康濟小民, 五者諸侯職之所當盡也.
동성(同姓)들과 화합하고 소민(小民)들을 편안히 구제하여야 하니, 이 다섯 가지는 제후의 직책에서 극진하게 해야 하는 것이다.

詳說
○ 此句, 論也.
여기의 구는 경문의 의미 설명이다.

[11-4-17-7]

率自中, 無作聰明, 亂舊章, 詳乃視聽, 罔以側言, 改厥度, 則予一人, 汝嘉.

따르기를 중도(中道)로부터 하고, 총명을 일으켜 옛 법을 어지럽히지 말며, 너의 보고 들음을 상세히 하고 편벽된 말로 법도를 고치지 않으면 나 한 사람이 너를 가상히 여길 것이다.

集傳
率, 循也. 無, 毋同.
솔(率)은 따름이다. 무(無)는 무(毋)와 같다.

詳說
○ 下節同.
아래의 절에서도 같다.

集傳
詳, 審也.
상(詳)은 살핌이다.

詳說
○ 錯訓.
섞어서 가르친 것이다.

集傳
中者, 心之理, 而無過不及之差者也. 舊章者, 先王之成法, 厥度者, 吾身之法度, 皆中之所出者.
중(中)은 마음의 이치로 과(過)와 불급(不及)의 잘못이 없는 것이다. 구장(舊章)은 선왕(先王)이 이루어놓은 법이고 궐도(厥度)는 내 몸의 법도이니, 모두 중(中)이 나오는 것이다.

|詳說|

○ 出於中.
중에서 나온 것이다.

|集傳|

作聰明, 則喜怒好惡,
총명을 일으키면 기뻐하고 노여워하고 좋아하고 미워함이

|詳說|

○ 並去聲.
'호(好)'와 '오(惡)'는 모두 거성이다.

|集傳|

皆出於私, 而非中矣, 其能不亂先王之舊章乎. 戒其本於己者, 然也. 側言, 一偏之言也, 視聽不審, 惑於一偏之說, 則非中矣, 其能不改吾身之法度乎. 戒其徇於人者, 然也. 仲能戒是, 則我一人汝嘉矣.
모두 사사로움에서 나와 중(中)이 아닐 것이니, 선왕(先王)의 옛 법을 어지럽히지 않을 수 있겠는가? 이는 자기에게 근본한 것을 경계함이 그러한 것이다. 측언(側言)은 한쪽의 편벽된 말로 보고 들음을 살피지 아니하여 한쪽의 편벽된 말에 미혹되면 중(中)이 아니니, 내 몸의 법도를 고치지 않을 수 있겠는가? 이는 남을 따름을 경계함이 그러한 것이다. 채중이 이것을 경계하면 나 한 사람이 너를 가상히 여길 것이다.

|詳說|

○ 汝之嘉矣.
네가 가상하게 한 것이다.

|集傳|

呂氏曰, 作聰明者, 非天之聰明,
여씨(呂氏)가 말하였다. "총명을 일으킨다는 것은 하늘의 총명이 아니고

詳說

○ 見皐陶謨.
「고요모」에 있다.257)

集傳

特沾沾
단지 경박한

詳說

○ 之廉的協二反, 輕薄貌.
'첨(沾)'은 음이 '지(之)'와 '렴(廉)'의 반절이고, '적(的)'과 '협(協)'의 반절이다.

集傳

小智耳, 作與不作, 而天人判焉.
작은 지혜일 뿐이니, 일으키느냐 일으키지 않느냐에 천연(天然)과 인위(人爲)가 나뉘진다."

詳說

○ 論也.
경문의 의미 설명이다.

[11-4-17-8]

王曰, 嗚呼, 小子胡. 汝往哉, 無荒棄朕命.

왕(王)이 말씀하였다. "아! 소자인 호(胡)야. 너는 가서 짐의 명령을 함부로 버리지 말라."

集傳

---

257) 『서경대전(書經大全)』, 「우서(虞書)」·「고요모7(皐陶謨7)」 : "하늘의 듣고 봄이 우리 백성의 듣고 봄으로부터 하며, 하늘이 선한 자를 밝혀고 악한 자를 두렵게 함이 우리 백성의 밝혀 주고 두렵게 함으로부터 해서 상하에 통달하니, 공경할지어다! 땅을 소유한 군주들이여.(天聰明, 自我民聰明, 天明畏, 自我民明威라 達于上下, 敬哉有土.)"

飭往就國, 戒其毋廢棄我命汝所言也.
삼가 가서 네 나라에 나아가 내가 네게 명하여 말한 바를 폐기하지 말라고 경계한 것이다.

詳說

○ 荒.
'페(廢)'는 경문에서 '황(荒)'이다.

○ 董氏鼎曰 : "此篇大體, 與微子之命, 相似, 而微子之辭, 溫厚, 蔡仲之辭, 嚴厲."
동씨 정(董氏鼎)258)이 말하였다 : "여기 편의 대체는 「미자지명」과 서로 비슷한데, 미자에서의 말은 따뜻하고 두터우며, 채중에서의 말은 엄하고 사납다."259)

---

258) 동정(董鼎. ?~?) 원나라 요주(饒州) 파양(鄱陽) 사람으로 자는 계형(季亨)이고, 별호는 심산(深山)이다. 동몽정(董夢程)의 먼 친척이고, 주희(朱熹)의 재전제자(再傳弟子)다. 황간(黃幹), 동수(董銖)를 사숙했다. 저서에 『서전집록찬소(書傳輯錄纂疏)』와 『효경대의(孝經大義)』가 있다. 『서전집록찬소』는 여러 학자의 설을 두루 모아 어느 한 사람의 설에만 얽매이지 않았다고 평가된다.
259) 『서경대전(書經大全)』, 「주서(周書)」·「채중지명(蔡仲之命)」: "동씨 정이 말하였다 : '여기 편의 대체는 「미자지명」과 서로 비슷한데, 미자에서의 말은 따뜻하고 두터우며, 채중에서의 말은 엄하고 사납다. 대개 미자는 선대의 후예로 주나라에서 손으로 대접하고 신하로 여기지 않았으니, 또 본래 현인이기 때문이다. ….'(董氏鼎曰 : 此篇大體, 與微子之命, 相似, 而微子之辭, 溫厚, 蔡仲之辭, 嚴厲. 蓋微子先代之後, 周賓而不臣, 又本賢人也. ….)"

서집전상설 12권
書集傳詳說 卷之十二

[12-4-18]
「다방(多方)」

集傳
成王卽政,
성왕이 정사에 나아가자,

> **詳說**
> ○ 親政.
> 직접 정사를 한 것이다.

集傳
奄與淮夷又叛, 成王滅奄歸, 作此篇. 按費誓,
엄(奄)나라와 회이(淮夷)가 다시 배반하니 성왕이 엄나라를 멸하고 돌아와 이 편을 지었다. 「비서(費誓)」를 살펴보면,

> **詳說**
> ○ 平聲. 下並同.
> '엄(奄)'은 평성으로 아래에서도 같다.
>
> ○ 音秘.
> '(費)'는 음이 '비(秘)'이다.

集傳
言茲淮夷徐戎竝興, 卽其事也. 疑當時扇亂, 不特殷人
"지난번에 회이(淮夷)와 서융(徐戎)이 함께 일어났다."260)고 말한 것이 바로 이 일이다. 의심컨대 당시에 난을 선동한 것이 비단 은(殷)나라 사람만이 아니고,

> **詳說**

---

260) 『서경대전(書經大全)』, 「주서(周書)」·「비서1(費誓1)」: "공(公)이 말씀하였다. '아! 사람들아. 떠들지 말고서 나의 명령을 들으라. 지난번에 회이(淮夷)와 서융(徐戎)들이 함께 일어났다.(公曰, 嗟人, 無譁聽命. 徂茲淮夷徐戎, 並興.)"

○ 通武庚及殷遺民言.
무경과 은나라 유민을 합해서 말한 것이다.

|集傳|

如徐戎淮夷四方, 容或有之. 故及多方
서융(徐戎)과 회이(淮夷) 등 사방에 혹 있었던 듯하다. 그러므로 '많은 지방[多方]'에 미친 것이니,

|詳說|

○ 唐孔氏曰:"雖普告多方, 意在殷之舊國."
당의 공씨(孔氏)가 말하였다 : "여러 지방에 널리 공했을지라도 의도는 은의 옛 나라에 있다."261)

○ 呂氏曰 : 多士多方辭旨, 相出入, 多士既遷殷民, 而獨告新民也, 故視多方爲略. 多方既踐奄, 而徧告庶邦, 故視多士爲詳. 破羣疑, 深絕亂根, 兵寢刑措者, 四十餘年, 其亦訓誥之助歟.
여씨(呂氏)가 말하였다 : "「다사」와 「다방」의 말과 의미는 서로 출입하는데, 「다사」는 은나라의 백성을 이미 옮기고서 오직 새로운 백성들에게 고한 것이기 때문에 「다방」보다 간략하다. 「다방」은 이미 엄나라를 지키고서 여러 나라에 널리 고한 것이기 때문에 「다사」보다 자세하다. 여러 의심을 깨고 깊이 혼란의 근원을 끊으며 병란이 없어지고 형벌이 끊어진 것이 사십 여년이니, 그 또한 가르친 도움일 것이다."262)

|集傳|

---

261) 『서경대전(書經大全)』, 「주서(周書)」·「다방(多方)」 : "당의 공씨(孔氏)가 말하였다 : '여러 지방에 널리 공했을지라도 의도는 은의 옛 나라에 있다.'(唐孔氏曰 : 雖普告多方, 意在殷之舊國.)"
262) 『서경대전(書經大全)』, 「주서(周書)」·「다방(多方)」 : "여씨가 말하였다 : '…. 주나라 팔백년의 기업을 이룬 것을 여기에서 점칠 수 있다. 「다사」와 「다방」의 말과 의미는 서로 출입하는데, 「다사」는 은나라의 백성을 이미 옮기고서 오직 새로운 백성들에게 고한 것이기 때문에 「다방」보다 간략하다. 「다방」은 이미 엄나라를 지키고서 여러 나라에 널리 고한 것이기 때문에 「다사」보다 자세하다.'(呂氏曰 : …. 成周八百年之基業, 可於此占之. 多士多方辭旨, 相出入, 多士既遷殷民, 而獨告新民也, 故視多方爲略. 多方既踐奄, 而徧告庶邦, 故視多士爲詳.)"; 『서경대전(書經大全)』, 「주서(周書)」·「다방(多方)」 : "여씨가 말하였다 : '사방에 두루 고한 것은 무엇 때문인가? …. 여러 의심을 크게 깨고 깊이 혼란의 근원을 끊은 것이 여기에 근본한다. 병란이 없어지고 형벌이 끊어진 것이 사십 여년이니, 그 또한 가르친 도움일 것이다.'(呂氏曰 : 徧告四方者, 何也. …. 大破羣疑, 深絕亂根, 蓋本於是. 兵寢刑措者, 四十餘年, 其亦訓誥之助歟.)"

亦誥體也. 今文古文, 皆有.
또한 고체(誥體)이다. 금문과 고문에 모두 있다.

集傳
蘇氏曰, 大誥康誥, 酒誥梓材, 召誥洛誥, 多士多方, 八篇, 雖所誥不一, 然大略, 以殷人心不服周而作也. 予讀泰誓武成, 常怪周取殷之易,
소씨(蘇氏)가 말하였다. "「대고(大誥)」·「강고(康誥)」·「주고(酒誥)」·「재재(梓材)」·「소고(召誥)」·「낙고(洛誥)」·「다사(多士)」·「다방(多方)」 여덟 편은 비록 가르친 내용이 똑같지 않으나 대략은 은(殷)나라 사람들이 마음으로 주(周)나라에 복종하지 않기 때문에 지은 것이다. 나는 「태서(泰誓)」와 「무성(武成)」을 읽고는 항상 주(周)나라가 은(殷)나라를 취하기 쉬웠음을 이상하게 여겼는데,

詳說
○ 去聲.
'이(易)'는 거성이다.

集傳
及讀此八篇, 又怪周安殷之難也. 多方所誥, 不止殷人, 乃及四方之士, 是紛紛焉, 不心服者, 非獨殷人也. 予乃今, 知湯已下七王之德,
이 여덟 편을 읽고는 또 주나라가 은나라를 안정시키기 어려움을 괴이하게 여겼다. 「다방(多方)」에서 가르친 것은 은나라 사람뿐만 아니라 마침내 사방의 선비에게 미쳤으니, 분분하여 마음으로 복종하지 않은 자가 다만 은나라 사람뿐만이 아니었다. 나는 지금에야 탕왕 이하 일곱 왕의 덕이 안 것이

詳說
○ 賢聖之君六七.
현명하고 성스러운 임금이 예닐곱이다.

集傳
深矣. 方殷之虐,
깊어졌다. 은(殷)나라가 학정(虐政)을 할 때에는

詳說
○ 句.
구두해야 한다.

集傳
人如在膏火中, 歸周如流, 不暇念先王之德, 及天下粗定,
사람들이 기름불 속에 있는 것처럼 여겨서 주(周)나라로 돌아오기를 물이 아래로 흘러가듯이 하여 선왕의 덕을 생각할 겨를이 없었는데, 천하가 다소 안정되어

詳說
○ 坐五反.
'조(粗)'는 음이 '좌(坐)'와 '오(五)'의 반절이다.

集傳
人自膏火中出, 卽念殷先七王, 如父母, 雖以武王
사람들이 기름불 속에서 나오자, 은나라의 일곱 선왕을 생각하기를 부모와 같이 하여 비록 무왕(武王)·

詳說
○ 誥三.
가르친 것이 세 번이다.

集傳
周公
주공(周公) 같은

詳說
○ 誥五.
가르친 것이 다섯 번이다.

集傳

之聖, 相繼撫之, 而莫能禦也. 夫以西漢道德,
성인이 서로 이어가며 어루만졌으나 아무도 막을 수 없었다. 서한(西漢)의 도덕을

詳說

○ 音扶.
'부(夫)'는 음이 '부(扶)'이다.

集傳

比之殷, 猶之珷玞與美玉,
은나라에 비교하면, 옥돌이 아름다운 옥을 상대하는 것과 같은데도

詳說

○ 音武夫, 石似玉
'무부(珷玞)'는 음이 '무부(武夫)'로 돌이 옥과 비슷한 것이다.

集傳

然王莽公孫述隗囂,
왕망(王莽)과 공손술(公孫述)·외효(隗囂)의

詳說

○ 五罪反.
'외(隗)'는 음이 '오(五)'와 '죄(罪)'의 반절이다.

集傳

之流, 終不能使人忘漢, 光武成功, 若建瓴.
무리가 끝내 사람들이 한(漢)나라를 잊지 못하게 해서 광무제(光武帝)의 성공을 물동이 세우듯이 하게 하였다.

詳說

○ 音瓴.

'령(瓴)'은 음이 '령(零)'이다.

集傳

然使周無周公이런들 則亦殆矣리니 此周公之所以畏而不敢去.

그런데 가사 주(周)나라에 주공(周公)이 없었더라면 또한 위태로웠을 것이니, 이는 주공이 두려워하여 감히 떠나가지 못한 이유이다."

詳說

○ 建瓴, 出史記高祖紀.

'물동이를 세웠다.'는 것은 『사기(史記)』「고조기(高祖紀)」가 출처이다.

○ 留洛.

낙읍에 머문 것이다.

[12-4-18-1]
惟五月丁亥. 王來自奄, 至于宗周

5월 정해일(丁亥日)에 성왕(成王)이 엄(奄)나라로부터 와서 종주(宗周)에 이르렀다.

詳說

○ 奄, 平聲.

'엄(奄)'은 평성이다.

集傳

成王卽政

성왕이 정사에 나아간

詳說

○ 孔氏曰 : "周公歸政."

공씨(孔氏)가 말하였다 : "주공이 복귀해서 정사한 것이다."263)

集傳
之明年, 商奄又叛,
다음해에 상엄(商奄)이 다시 배반해서

詳說
○ 奄與殷民叛.
엄과 은나라 백성들이 배반했다.

集傳
成王征滅之.
성왕(成王)이 정벌해서 멸망시킨 것이다.

詳說
○ 親征.
직접 정벌했다.

○ 孔氏曰 : "魯征淮夷, 作費誓."
공씨(孔氏)가 말하였다 : "노나라가 회이를 정벌하고 「비서」를 지었다."264)

集傳
杜預云, 奄不知所在.
두예(杜預)는 이르기를 "엄(奄)은 어느 곳에 있는지 알지 못한다."라고 하였다.

---

263) 『서경대전(書經大全)』·「주서(周書)」·「다방(多方)」: "공씨(孔氏)가 말하였다 : '주공이 복귀해서 정사한 다음 해에 회이와 엄이 또 배반해서 노나라가 회이를 정벌하고 「비서」를 지었으며, 왕이 엄을 정벌해서 멸하고 오월에 호경으로 돌아왔다.'(孔氏曰 : 周公歸政之明年, 淮夷奄又叛, 魯征淮夷, 作費誓, 王征庵滅之, 五月還鎬京.)"
264) 『서경대전(書經大全)』·「주서(周書)」·「다방(多方)」: "공씨(孔氏)가 말하였다 : '주공이 복귀해서 정사한 다음 해에 회이와 엄이 또 배반해서 노나라가 회이를 정벌하고 「비서」를 지었으며, 왕이 엄을 정벌해서 멸하고 오월에 호경으로 돌아왔다.'(孔氏曰 : 周公歸政之明年, 淮夷奄又叛, 魯征淮夷, 作費誓, 王征庵滅之, 五月還鎬京.)"

詳説

○ 左傳注曰, "嬴姓國."
　『좌전』의 주에서 말하였다 : "영성(嬴姓)의 나라이다."

○ 林氏曰 : "卽淮夷之一種, 總言則謂之淮夷. 周公攝政時, 嘗與三監同叛, 多士曰, 昔朕來自奄, 已嘗征之. 今成王卽政奄, 又叛王滅之."
　임씨(林氏)가 말하였다 : "곧 회이의 일종으로 총괄해서 말하면 회이라고 하니, 주공이 섭정할 때에 일찍이 삼감과 함께 배반했던 것이다. 「다사」에서 '옛날 짐(朕)이 엄(奄)에서 올 적에'265)라고 말한 것은 이미 정벌한 것이다. 이제 성왕이 곧 엄을 정벌한 것은 또 배반해서 왕이 멸한 것이다."266)

○ 新安陳氏曰 : "多士作於成王, 卽政之年三月曰, 昔朕來自奄, 是述東征時事, 乃自武王誅紂伐奄後, 第二叛也. 多方作於卽政之明年五月, 成王政序曰, 成王遂踐奄, 多士序曰, 王歸自奄, 乃奄之第三叛, 以去年十二月戊辰晦算之, 則次年五月丁亥, 非二十日, 卽二十一日也."
　신안 진씨(新安陳氏)가 말하였다 : "「다사」가 성왕에게서 지어졌다면 곧 정사를 한 삼월에 '옛날 짐(朕)이 엄(奄)에서 올 적에'267)라고 한 것은 동정했을 때의 일을 기술한 것이니 바로 무왕이 주(紂)를 주벌하고 엄을 친 다음에서 두 번째로 배반한 것이다. 「다방」이 곧 정사한 명년 오월에 지어졌다면, 성왕의 정서

---

265) 『서경대전(書經大全)』, 「주서(周書)」·「다사-21(多士-21)」 : "왕(王)이 말씀하였다. "다사(多士)들아. 옛날 짐(朕)이 엄(奄)에서 올 적에 나는 너희들의 형벌을 크게 강등하여 너희 사국(四國)의 백성들의 목숨을 살려주었다. 그리하여 내 단지 밝게 천벌을 이루고 너희들을 먼 곳으로 옮겨서 우리 종주(宗周)의 공손함이 많은 자를 가까이 섬겨 신하 노릇하게 한 것이다.(王曰, 多士, 昔朕, 來自奄, 予大降爾, 四國民命. 我乃明致天罰, 移爾遐逖, 比事臣我宗多遜.)"
266) 『서경대전(書經大全)』, 「주서(周書)」·「다방(多方)」 : "임씨가 말하였다 : '엄은 곧 회이의 일종으로 총괄해서 말하면 회이라고 하니, 『춘추』에서 적적(赤狄)에 로씨(潞氏)와 갑씨(甲氏)가 있는 것과 같다. 주공이 섭정할 때에 엄이 일찍이 삼감과 함께 배반했던 것이고, 「다사」에서 '옛날 짐(朕)이 엄(奄)에서 올 적에'라고 말한 것은 이미 정벌한 것이다. 이제 성왕이 곧 엄을 바로 잡았는데 또 배반해서 성왕이 멸하고 호경으로 돌아온 것이다. …'.(林氏曰 : 奄, 卽淮夷之一種, 總言則謂之淮夷, 如春秋赤狄之有潞氏甲氏也. 周公攝政時, 奄嘗與三監同叛, 多士曰, 昔朕來自奄, 已嘗征之. 今成王卽政奄, 又叛, 成王滅之, 而歸鎬京. ….)"
267) 『서경대전(書經大全)』, 「주서(周書)」·「다사-21(多士-21)」 : "왕(王)이 말씀하였다. "다사(多士)들아. 옛날 짐(朕)이 엄(奄)에서 올 적에 나는 너희들의 형벌을 크게 강등하여 너희 사국(四國)의 백성들의 목숨을 살려주었다. 그리하여 내 단지 밝게 천벌을 이루고 너희들을 먼 곳으로 옮겨서 우리 종주(宗周)의 공손함이 많은 자를 가까이 섬겨 신하 노릇하게 한 것이다.(王曰, 多士, 昔朕, 來自奄, 予大降爾, 四國民命. 我乃明致天罰, 移爾遐逖, 比事臣我宗多遜.)"

(政序)에서 '성왕이 마침내 엄을 지킨 것이다.'라고 하고, 「다사」의 서에서 '왕이 엄에서 돌아왔다.'고 한 것은 바로 엄이 세 번째로 배반한 것이니, 지난 해 십이월 무진 그믐으로 계산하면 , 다음해 오월 정해이니 이십일이 아니면 바로 이십일일이다."268)

集傳
宗周鎬京也. 呂氏曰, 王者定都, 天下之所宗也. 東遷之後, 定都于洛, 則洛亦謂之宗周. 衛孔悝

종주(宗周)는 호경(鎬京)이다. 여씨(呂氏)가 말하였다. "왕자(王者)가 도읍을 정하면 천하가 종주(宗主)로 삼는다. 동천(東遷)한 뒤에 낙양(洛陽)에 도읍을 정하니, 낙양을 또한 종주(宗周)라 일렀다. 위(衛)나라 공회(孔悝)의

詳說
○ 枯回反.

'리(悝)'는 음이 '고(枯)'와 '회(回)'의 반절이다.

集傳
之鼎銘曰, 隨難于漢陽,

정명(鼎銘)에 이르기를 '한양(漢陽)으로 난(難)을 따르고

詳說
○ 去聲.

'난(難)'은 거성이다.

---

268) 『서경대전(書經大全)』, 「주서(周書)·다방(多方)」: "신안 진씨가 말하였다 : 「낙고」의 무진은 왕이 새읍에 있을 때로 공씨의 주에서 12월 무진 그믐이고, 여기는 칠년 12월 곧 무왕이 바로 정사한 해이다. 「다사」가 이 해 삼월에 지어졌고, 「옛날 짐(朕)이 엄(奄)에서 올 적에」라고 했으니, 동정했을 때의 일을 기술한 것으로 바로 무왕이 주(紂)를 주벌하고 엄을 친 다음에서 두 번째로 배반한 것이다. 「다방」이 곧 정사한 명년 오월에 지어졌다면, 성왕의 정서(政序)에서 「성왕이 마침내 엄을 지킨 것이다.」라고 하고, 「다사」의 서에서 「왕이 엄에서 돌아왔다.」고 하며, 『서경』에서 「왕이 엄에서 왔다.」라고 한 것은 바로 엄이 세 번째로 배반한 것이니, 왕이 그 땅을 무너뜨리고 군(君)을 옮기고, 또 그 때문에 여러 지방에 고한 것이다. 지난 해 십이월 무진 그믐으로 계산하면 , 다음해 오월 초하루 ⋯. 무진 정해이니, 이십일이 아니면 바로 이십일일이다.'(新安陳氏曰 : 洛誥戊辰, 王在新邑. 孔註十二月戊辰晦, 此七年之十二月, 即成王即政之年也. 多士作于是年三月, 曰昔朕來自奄, 是述東征時事, 乃自武王誅紂伐奄後, 第二畨叛也. 多方作於即政之明年五月, 成王政序曰, 成王遂踐奄, 多方序曰, 王歸自奄, 書曰王來自奄, 乃庵之第三畨叛. 王隳其地遷其君, 又因以告多方也. 以去年十二月戊辰晦算之, 則次年正月朔, 己巳五月朔, 非丁卯, 則戊辰丁亥, 非二十日, 即二十一日也. 多士與多方之作先後, 蓋一年有三月云.)"

集傳

卽宮于宗周,

종주(宗周)에 나아가 집을 정했다.'라고 하였는데,

詳說

○ 見禮記祭統.

『예기(禮記)』「제통(祭統)」에 보인다.

集傳

是時鎬已封秦, 宗周, 蓋指洛也. 然則宗周初無定名, 隨王者所都而名耳.

이때에 호경을 이미 진(秦)나라에 봉했으니, 종주(宗周)는 낙양(洛陽)을 가리킨 것이다. 그렇다면 종주(宗周)는 애당초 정한 이름이 없고, 왕자(王者)의 도읍한 곳에 따라 이름한 것일 뿐이다."

詳說

○ 東遷, 以下, 論也.

동천(東遷) 이하는 경문의 의미 설명이다.

[12-4-18-2]

周公曰, 王若曰猷, 告爾四國多方. 惟爾殷侯尹民 .我惟大降爾命, 爾罔不知.

주공 말씀하였다. "왕이 대략 이렇게 말씀하였다. '아! 너희 네 나라와 여러 지방에 고하노라. 너희 은후로서 백성을 맡은 자들아! 내가 크게 죄를 강등하여 너희 목숨을 살려주었으니, 너희들은 알지 않음이 없어야 할 것이다.

集傳

呂氏曰 : 先曰周公曰, 而復

여씨(呂氏)가 말하였다. "먼저 '주공왈(周公曰)'을 말하고 다시

詳說
○ 去聲.
'부(復)'는 거성이다.

集傳
曰王若曰, 何也. 明周公傳王命, 而非周公之命也. 周公之命誥, 終於此篇. 故發例於此以見大誥諸篇,
'왕약왈(王若曰)'이라고 말한 것은 어째서인가? 주공이 왕명을 전한 것이어서 주공의 명이 아님을 밝힌 것이다. 주공의 명고(命誥)가 이 편에서 끝났으므로 여기에서 사례를 비롯해서 「대고(大誥)」 등 여러 편에서

詳說
○ 音現.
'현(見)'은 음이 '현(現)'이다.

○ 康誥酒誥梓材三篇, 武王之誥, 不在此中.
「강고」·「주고」「재재」세 편은 무왕이 고(誥)로 여기의 가운데는 있지 않다.

集傳
凡稱王曰者, 無非周公傳成王之命也.
모두 '왕왈(王曰)'이라고 칭한 것은 모두 주공이 성왕(成王)의 명을 전한 것임을 나타낸 것이다."

詳說
○ 以論釋之.
경문의 의미 설명으로 해석했다.

集傳
成王滅奄之後
성왕(成王)이 엄(奄)나라를 멸한 뒤에

詳說

○ 承上節.
위의 절을 이어받았다.

集傳

告諭四國殷民,
사국(四國)의 은(殷)나라 백성에게 고유(告諭)하고

詳說

○ 管蔡奄商.
사국(四國)은 '관(管)·채(蔡)·엄(奄)·상(商)이다.

集傳

而因以曉天下也,
그것에 따라 천하를 깨우친 것이니,

詳說

○ 多方.
천하는 여러 지방이다.

集傳

所主殷民, 故又專提殷侯之正民者,
주장한 바가 은(殷)나라 백성이므로 또 오로지 은후(殷侯)로서 백성을 바로잡는 자들을 제기하여

詳說

○ 舊爲侯, 今仍之者.
옛날에 후여서 이제 그대로 따른 것이다.

集傳

告之. 言殷民罪應
고한 것이다. 은나라 백성들은 죄가 모두

> 詳說
> ○ 平聲.
> '응(應)'은 평성이다.

集傳
誅戮
주륙을 당하여야 할 터인데,

> 詳說
> ○ 添此句.
> 여기의 구를 더하였다.

集傳
我大降宥爾命,
내가 크게 죄를 강등하여 너희 목숨을 용서하였으니,

> 詳說
> ○ 殷民.
> '이(爾)'는 은나라 백성이다.

集傳
爾宜無不知也.
너희들은 마땅히 알지 않음이 없어야 한다고 말한 것이다.

> 詳說
> ○ 殷侯.
> '이(爾)'는 은후(殷侯)이다.

[12-4-18-3]

洪惟圖天之命, 弗永寅念于祀.

크게 하늘의 명(命)을 도모하여 길이 공경히 생각해서 제사를 보존하지 못하였다.

集傳

圖, 謀也. 言商奄大惟私意, 圖謀天命,

도(圖)는 도모함이다. 상엄(商奄)이 크게 사사로운 의도로 하늘의 명을 도모하여

詳說

○ 指叛.

배반함을 가리킨다.

集傳

自厎滅亡

스스로 멸망에 이르러서

詳說

○ 致也.

'지(厎)'는 이르는 것이다.

○ 添此句.

여기의 구를 더하였다.

集傳

不深長敬念以保其祭祀.

심장(深長)하게 공경히 생각해서 그 제사를 보존하지 못했음을 말한 것이다.

詳說

○ 寅.

'경(敬)'은 경문에서 '인(寅)'이다.

○ 添保字.
'보(保)'자를 더하였다.

○ 諺釋泥註, 而失本文之勢.
『언해』에서의 주에 구애되어 본문의 어투를 잃었다.

集傳
呂氏曰, 天命可受,
여씨(呂氏)가 말하기를 "천명은 받을 수는 있으나

詳說
○ 與則受.
주면 받는 것이다.

集傳
而不可圖, 圖則人謀之私, 而非天命之公矣. 此蓋深示以天命不可妄干,
도모할 수는 없으니, 도모한다면 사람이 도모한 사사로움이어서 하늘이 명한 공평함이 아니다."라고 하였다. 이것은 천명을 함부로 요구할 수 없음을 깊이 보여준 것이니,

詳說
○ 求也,
'간(干)'은 구함이다.

集傳
乃多方一篇之綱領也. 下文引夏商所以失天命受天命者, 以明示之.
바로「다방(多方)」한 편의 강령(綱領)이다. 아래의 글에서 하(夏)나라와 상(商)나라가 천명을 잃고 천명을 받은 것을 인증하여 분명히 보여주었다.

詳說

○ 呂氏, 以下, 論也.
여씨(呂氏) 이하는 경문의 의미 설명이다.

[12-4-18-4]

惟帝, 降格于夏, 有夏, 誕厥逸, 不肯慼言于民, 乃大淫昏, 不克終日勸于帝之迪, 乃爾攸聞.

상제가 하나라에 내려와 이르셨는데 하(夏)나라가 크게 방일(放逸)하여 백성을 근심하는 말을 즐겨하지 않고, 마침내 크게 음혼(淫昏)하여 능히 종일토록 상제의 인도함에 힘쓰지 않았음은 네가 들어서 아는 바이다.

集傳

言帝降災異以譴告桀
상제(上帝)가 재이(災異)를 내려서 걸왕(桀王)에게 견책하여 고하였으나

詳說

○ 王氏曰 : "與多士降格同意."
왕씨(王氏)가 말하였다 : "「다사」에서의 '강림하여 이르렀다.'는 것269)과 같은 의미이다."270)

○ 諺釋, 與多士異同, 何也.
『언해』의 해석이 「다사」에서와 다른 것은 무엇 때문인가?

集傳

---

269) 『서경대전(書經大全)』, 「주서(周書)」·「다사5(多士5)」: "내가 들으니 상제께서 편안함으로 인도하셨는데도 하나라가 편안함으로 나아가지 않자, 상제가 강림하여 이르러 이 하나라에 의향을 보이셨는데 능히 상제를 따르지 않고 크게 음일하고 변명하는 말을 하였다. 이에 하늘이 생각하고 들은 체하지 않으시고는 그 큰 명을 폐하여 벌을 내리셨다.(我聞, 曰上帝引逸, 有夏不適逸, 則惟帝降格, 嚮于時夏, 弗克庸帝, 大淫泆有辭. 惟時天, 罔念聞, 厥惟廢元命, 降致罰.)"

270) 『서경대전(書經大全)』, 「주서(周書)」·「다방(多方)」: "왕씨가 말하였다 : '상제가 하나라에 내려와 이르셨다.'는 것은 「다사」에서의 '상제가 강림하여 이르러 이 하나라에 의향을 보이셨다.'는 것과 같은 의미이다.'(王氏曰: 惟帝降格于夏, 與多士則惟帝降格嚮于時夏, 同意.)"

桀不知戒懼, 乃大
걸왕(桀王)은 경계하고 두려워할 줄을 모르고 마침내 크게

> 詳說
> ○ 誕.
> '대(大)'는 경문에서 '탄(誕)'이다.

集傳
肆逸豫憂民之言,
일예(逸豫)하여 백성을 근심하는 말도

> 詳說
> ○ 慼.
> '우(憂)'는 경문에서 '척(慼)'이다.

集傳
尙不肯出諸口,
오히려 입에서 내기를 즐겨하지 않았으니,

> 詳說
> ○ 諺釋泥註, 而失文勢.
> 『언해』의 해석은 주에 구애되어 어투를 잃었다.

集傳
況望其有憂民之實乎.
하물며 백성을 근심하는 실제가 있기를 바라겠는가!

> 詳說
> ○ 添此句.
> 여기의 구를 더하였다.

> 集傳

勸, 勉也. 迪, 啓迪也, 視聽動息, 日用之間, 洋洋乎, 皆上帝所以啓迪開導斯人者. 桀乃大肆淫昏, 終日之間, 不能少勉於是,

권(勸)은 힘씀이다. 적(迪)은 열어 인도함이니, 보고 듣고 동하고 그치는 일상생활하는 사이는 양양(洋洋)히 모두 상제(上帝)가 이 사람들을 계적(啓迪)하여 개도(開導)하는 것이다. 걸왕(桀王)은 마침내 크게 음혼(淫昏)하여 종일의 사이에 조금도 이에 힘쓰지 않았으니,

> 詳說

○ 句.
구두해야 한다.

> 集傳

天理或幾乎息矣.
천리(天理)가 혹 거의 종식된 것이다.

> 詳說

○ 五字, 出易繫辭.
다섯 글자는 『주역』「계사」가 출처이다.[271]

> 集傳

況望有惠迪,
하물며 인도함에 순종하여

> 詳說

○ 二字, 見大禹謨.
두 글자는 「대우모」에 있다.[272]

---

271) 『주역(周易)』「계사전상(繫辭傳上)」: "건곤이 무너지면 역을 볼 수 없고, 역을 볼 수 없으면 건곤이 혹 거의 종식될 것이다.(乾坤毀, 則无以見易, 易不可見, 則乾坤或幾乎息矣.)"

272) 『서경대전(書經大全)』, 「우서(虞書)」·「대우모5(大禹謨5)」: "우(禹)가 말씀하였다. '도(道)를 순히 하면 길(吉)하고 역(逆)을 따르면 흉(凶)한 것은 그림자와 메아리 같습니다.'(禹曰, 惠迪, 吉, 從逆, 凶, 猶影響.)"

集傳
而不違乎.
어기지 않음이 있기를 바라겠는가!

> ### 詳說
> ○ 無間斷.
> 간단이 없는 것이다.
>
> ○ 添此句.
> 여기의 구를 더하였다.

集傳
此乃爾之所聞, 欲其因桀, 而知紂也.
이것은 바로 너희들이 들은 것이니, 이는 걸왕(桀王)을 말미암아 주왕(紂王)을 알고자 한 것이다.

> ### 詳說
> ○ 補此句.
> 여기의 구를 더하였다.

集傳
厥逸與多士引逸不同者, 猶亂之爲亂爲治耳. 逸豫以民言, 淫昏以帝言,
궐일(厥逸)이 「다사(多士)」의 인일(引逸)과 같지 않은 것은 난(亂)이 혼란함이 되고 다스림이 되는 것과 같다. 일예(逸豫)는 백성에게 말하고, 음혼(淫昏)은 상제에게 말한 것은

> ### 詳說
> ○ 以, 猶於也.
> '이(以)'는 '어(於)'와 같다.

集傳

各以其義也

각기 그 의(義)에 따른 것이다.

> #### 詳說
> ○ 義之所近.
> 의(義)가 가까이 하는 것이다.

集傳

此章上疑有缺文.

여기 장(章)의 위에 빠진 글이 있는 듯하다.

> #### 詳說
> ○ 一作闕.
> '결(缺)'은 어떤 판본에는 '궐(闕)'로 되어 있다.
>
> ○ 上下節, 文不相承.
> 상하의 절에서 글이 서로 이어지지 않는다.

[12-4-18-5]

厥圖帝之命, 不克開于民之麗, 乃大降罰, 崇亂有夏, 因甲于內亂, 不克靈承于旅, 罔丕惟進之恭, 洪舒于民, 亦惟有夏之民, 叨懫日欽, 劓割夏邑.

상제(上帝)의 명을 도모하고 능히 백성들이 붙어서 사는 것을 열어주지 못하며, 크게 벌을 내려 하(夏)나라에 난을 숭상하니, 말미암음이 안의 혼란함에서 비롯되어 능히 무리들을 잘 받들지 못하고, 크게 공손함에 나아가 크게 백성들을 펴주지 못하며, 또한 하(夏)나라의 백성 중에 탐욕스럽고 분(忿)해 하는 자들을 날로 공경하며 하읍(夏邑)을 해쳐서이다.

> #### 詳說

○ 麗, 音離, 下同. 叨, 他刀反, 憸, 陟利反.
'리(麗)'는 음이 '리(離)'로 아래에서도 같다. '도(叨)'는 음이 '타(他)'와 '도(刀)'의 반절이다. '치(憸)'는 음이 '척(陟)'과 '리(利)'의 반절이다.

集傳
此章文, 多未詳.
여기 장의 글에는 자세하지 못한 것이 많다.

詳說
○ 先總提.
먼저 총괄해서 제시했다.

集傳
麗, 猶日月麗乎天之麗,
리(麗)는 해와 달이 하늘에 붙어 있다는 리(麗)와 같은 것으로

詳說
○ 見易離彖傳.
『주역』「리괘」 단전에 보인다.273)

集傳
謂民之所依以生者也, 依於土依於衣食之類. 甲, 始也. 言桀矯誣上天,
백성들이 의지하여 사는 것을 이르니, 땅에 의지하고 의식(衣食)에 의지하는 따위이다. 갑(甲)은 비롯함이다. 걸왕(桀王)이 상천(上天)을 칭탁하여 속이고

詳說
○ 見仲虺之誥.
「중훼지고」에 있다.274)

---

273) 『주역(周易)』「이괘(離卦)」 단전 : "이는 붙음이다. 일월은 하늘에 붙어 있고, 백곡과 초목은 흙에 붙어 있나니, 거듭 밝음으로써 바름에 붙어 천하를 화성하나니라.(離, 麗也. 日月麗乎天, 百穀草木麗乎土, 重明, 以麗乎正, 乃化成天下.)"

|集傳|

圖度帝命,
상제(上帝)의 명을 도모하며,

|詳說|

○ 入聲.
'탁(度)'은 입성이다.

○ 照應前節.
앞의 절을 참조하라.

|集傳|

不能開民衣食之原
백성들의 의식(衣食)의 근원을 열어주지 못하고,

|詳說|

○ 句.
구두해야 한다.

|集傳|

於民依恃以生者, 一皆抑塞遏絶之, 猶
백성들이 의지하여 믿고 사는 것을 한결같이 억제하고 막으며 끊으니, 오히려

|詳說|

○ 猶爲不足.
부족하게 하는 것과 같다.

|集傳|

---

274) 『서경대전(書經大全)』, 「상서(商書)」·「중훼지고3(仲虺之誥3)」: "하왕(夏王)이 죄가 있어 하늘을 사칭하고 가탁(假託)하여 아래에 명령을 펴니, 상제(上帝)께서 좋지 않게 여기시어 상(商)나라로써 천명(天命)을 받아 그 무리를 밝히게 하셨습니다.(夏王, 有罪, 矯誣上天, 以布命于下, 帝用不臧, 式商受命, 用爽厥師.)"

乃大降威虐于民
위엄과 사나움을 백성들에게 크게 내려서

詳說
○ 罰.
'위학(威虐)'은 경문에서 '벌(罰)'이다.

集傳
以增亂其國.
그 나라에 혼란을 더한다.

詳說
○ 崇.
'증(增)'은 경문에서 '숭(崇)'이다.

集傳
其所因, 則始于內嬖,
그 원인이 안의 총애함에서 비롯되어

詳說
○ 呂氏曰 : "末喜之嬖."
여씨(呂氏)가 말하였다 "말희를 총애함이다."275)

集傳
蠱其心敗其家,
그 마음을 혹하고 그 집을 망쳐

---

275) 『서경대전(書經大全)』, 「주서(周書)」·「다방(多方)」 : "여씨가 말하였다 : '그 원인을 근본으로 하는 것은 안의 혼란함에서 비롯되었으니, 말희를 총애함이 여기에 해당한다. 그 마음을 좀먹고 그 집을 망하게 한 다음에 독소를 국가와 천하로 흐르게 하니, 그 근원을 찾아 말한 것이다.'(呂氏曰 : 原其所因, 蓋始於內亂, 末喜之嬖, 是也. 蠱其心敗其家, 然後流毒於國與天下, 探其根而言之也.)"

詳說

○ 必邁反.
'패(敗)'는 음이 '필(必)'과 '매(邁)'의 반절이다.

○ 亂.
'가(家)'는 경문에서 '난(亂)'이다.

集傳
不能善承其衆
그 무리들을 잘 받들지 못하고,

詳說

○ 靈, 善也.
경문에서 '령(靈)'이 '선(善)'이다.

○ 猶將也
경문에서 '승(承)'은 '장(將)'과 같다.

○ 于.
'기(其)'는 경문에서 '우(于)'이다.

○ 旅.
'중(衆)'은 경문에서 '려(旅)'이다.

集傳
不能大進於恭
크게 공손함에 나아가

詳說
○ 丕.

'대(大)'는 경문에서 '비(丕)'이다.

○ 之.
'어(於)'는 경문에서 '지(之)'이다.

集傳
而大寬裕其民,
그 백성들에게 크게 너그럽게 대하지 못하며,

詳說
○ 洪.
'대(大)'는 경문에서 '홍(洪)'이다.

○ 舒.
'관유(寬裕)'는 경문에서 '서(舒)'이다.

詳說
○ 于.
'기(其)'는 경문에서 '우(于)'이다.

集傳
亦惟夏邑之民, 貪叨忿懫者, 則日欽崇而尊用之, 以戕害於其國也.
또한 하읍(夏邑)의 백성 중에 탐욕스럽고 분해서 화를 내는 자들을 날마다 공경하고 높여 등용해서 그 나라를 해쳤기 때문임을 말한 것이다.

詳說
○ 慈良反.
'장(戕)'은 음이 '자(慈)'와 '량(良)'의 반절이다.

○ 割.

'해(害)'는 경문에서 '할(割)'이다.

[12-4-18-6]
> 天惟時求民主, 乃大降顯休命于成湯, 刑殄有夏.

하늘이 이에 백성의 군주를 구하시어 드러나고 아름다운 명을 성탕(成湯)에게 크게 내리시고 하(夏)나라를 형벌하여 끊으신 것이다.

集傳
言天惟是
하늘이 이 때문에

詳說
○ 之故
'시(是)'는 '이 때문에'이다.

集傳
爲民求主耳.
백성을 위하여 훌륭한 군주를 구하였다.

詳說
○ 去聲.
'위(爲)'는 거성이다.

集傳
桀旣不能爲民之主,
걸왕(桀王)이 이미 백성의 군주가 될 수 없어

詳說
○ 添此句.
여기의 구를 더하였다.

集傳

天乃大降顯休命於成湯, 使爲民主, 而伐夏殄滅之也.
하늘이 마침내 드러나고 아름다운 명을 성탕(成湯)에게 크게 내려서 백성의 군주가 되게 하고 하(夏)나라를 쳐서 끊어 멸하게 하였음을 말한 것이다.

詳說

○ 刑.
'벌(伐)'은 경문에서 '형(刑)'이다.

集傳

○ **呂氏曰, 曰求曰降, 豈眞有求之降之者哉. 天下無統, 渙散漫流,**
여씨(呂氏)가 말하였다. "구한다 하고 내린다 함은 어찌 참으로 구하고 내림이 있겠는가? 천하에 기강이 없어 흩어지고 함부로 흐르면

詳說

○ 莫半反.
'만(漫)'은 음이 '莫(막)'과 '半(반)'의 반절이다.

集傳

勢不得不歸其所聚, 而湯之一德,
세(勢)가 모이는 곳으로 돌아가지 않을 수 없는데, 탕왕(湯王)의 한결같은 덕(德)은

詳說

○ 見咸有一德.
「함유일덕」에 보인다.[276]

---

[276] 『서경대전(書經大全)』, 「상서(商書)」·「함유일덕3(咸有一德3)」: "하나라 왕이 덕을 일정하게 하지 못하여 신(神)을 소홀히 하고 백성들에게 포악하게 하자, 황천(皇天)이 보호하지 않으시고 만방을 살펴보고는 천명이 있는 이를 인도하여 일덕(一德)을 돌아보고 찾으시어 백신(百神)의 주인이 되게 하였습니다. 저는 몸소 탕왕과 함께 모두 일덕을 소유하고 능히 천심(天心)에 합당하여 하늘의 명명(明命)을 받고 구주(九州)의 무리를 소유하여 이에 하나라의 정삭(正朔)을 바꿨습니다.(夏王, 弗克庸德, 慢神虐民, 皇天, 弗保, 監于萬方, 啓迪有命, 眷求一德, 俾作神主. 惟尹, 躬暨湯, 咸有一德, 克享天心, 受天明命, 以有九有之師, 爰革夏正.)"

> [集傳]
>
> 乃所謂顯休命之實, 一衆離

그야말로 이른바 바로 드러나고 아름다운 명의 실제이니, 여러 흩어진 것을 하나로 해서

> [詳說]
>
> ○ 衆之離者, 一之.

여럿으로 흩어진 것을 하나로 하는 것이다.

> [集傳]
>
> 而聚之者也. 民不得不聚於湯, 湯不得不受斯民之聚, 是豈人爲之私哉. 故曰天求之天降之也.

모으는 것이다. 백성들은 탕왕에게 모이지 않을 수 없고, 탕왕은 이 백성들이 모인 것을 받지 않을 수 없었으니, 이 어찌 인위(人爲)의 사사로움이겠는가! 그러므로 하늘이 구했다고 하고, 하늘이 내렸다고 한 것이다.

[12-4-18-7]

> 惟天不畀純, 乃惟以爾多方之義民, 不克永于多享, 惟夏之恭多士, 大不克明保享于民, 乃胥惟虐于民, 至于百爲, 大不克開.

하늘이 걸왕(桀王)에게 주지 않음이 큰 것은 바로 너희 다방(多方)의 의민(義民)들을 데리고 길이 복록을 많이 누리지 못하고, 하(夏)나라에서 공경하는 많은 선비들이 크게 백성들을 밝게 보존하여 누리지 못하고, 서로 백성들에게 포악히 하여 백 가지 행위에 이르기까지 크게 능히 열어주지 못해서였다.

> [集傳]
>
> 純, 大也, 義民, 賢者也. 言天不與桀者, 大

순(純)은 큼이고, 의민(義民)은 현자이다. 하늘이 걸왕에게 주지 않음은 큰 것이

> [詳說]

○ 畀.

'여(與)'는 경문에서 '비(畀)'이다.

○ 添桀字.

'걸(桀)'자를 더하였다.

○ 葉氏曰：“天佑之, 則曰純佑命, 不畀之, 則曰不畀純.”

섭씨(葉氏)가 말하였다 : "하늘이 돕우면, '도와 명하심이 순순하다.'277)고 하고, 도와주지 않으면, '주지 않음이 크다.'고 한다."278)

集傳

乃以爾多方賢者, 不克永于多享, 以至于亡也.

바로 너희 다방(多方)의 현자들을 데리고 복록을 많이 누림에 영원하지 못하여 멸망함에 이름을 말한 것이다.

詳說

○ 呂氏曰：“如負米而飢, 載泉而渴, 蓋哀之也.”

여씨(呂氏)가 말하였다 : "쌀을 짊어지고도 굶주리고, 샘 위에서 목마른 것과 같아 불쌍한 것이다."279)

集傳

言桀於義民, 不能用,

---

277) 『서경대전(書經大全)』, 「주서(周書)」·「군석9(君奭9)」 : "하늘이 도와 명하심이 순수하였으니, 상나라가 충실하여 백성과 왕인(王人)들이 덕을 잡고 근심을 밝히지 않은 이가 없었고, 소신(小臣)과 번병(藩屛)의 후전(侯甸)들이 하물며 모두 분주함에 있어서랴. 이 덕을 칭송하여 써 그 군주를 다스리게 하였다. 그러므로 한 사람이 사방에 일함이 있으면 마치 거북점과 시초점 같이 여겨서 이것을 믿지 않은 이가 없었다.(天惟純佑命, 則商實, 百姓王人, 罔不秉德明恤, 小臣屛侯甸, 矧咸奔走. 惟玆惟德, 稱用乂厥辟. 故一人有事于四方, 若卜筮, 罔不是孚.)"
278) 『서경대전(書經大全)』, 「주서(周書)」·「다방(多方)」 : "섭씨가 말하였다 : '하늘이 돕우면, 「도와 명하심이 순수하다.」고 하고, 도와주지 않으면, 「주지 않음이 크다.」고 한다.'(葉氏 : 天佑之, 則曰純佑命, 不畀之, 則曰不畀純.)"
279) 『서경대전(書經大全)』, 「주서(周書)」·「다방(多方)」 : "여씨가 말하였다 : '의민은 의로움을 아는 백성이다. 걸의 때에는 삼택에 의민이 없었으니, 의민이 아래에 많을지라도 어찌 너를 돕겠는가? 여러 지방의 의민들이 많은 복향(服享)을 오래도록 받을 수 없었으니, 쌀을 짊어지고도 굶주리고, 샘 위에서 목마른 것과 같아 불쌍한 것이다. ….'(呂氏曰 : 義民, 知義之民也. 桀之時, 三宅無義民, 義民在下, 雖多, 何補以爾. 多方之義民, 不能永受衆多之服享, 如負米而飢, 載泉而渴, 蓋哀之也. ….)"

걸왕(桀王)이 의민(義民)에 있어서는 등용하지 못해

詳說

○ 句.
구두해야 한다.

集傳

其所敬之多士, 率皆不義之民, 上文所謂叨懫日欽者,
공경하는 많은 선비들이 대체로 모두 의롭지 않은 백성이었으니, 위의 글에서 이른바 '탐욕스럽고 분해 하는 자들을 날로 공경했다.'[280]는 것이다.

詳說

○ 者也.
'자(者)'는 '자야(者也)'이다.

集傳

同惡相濟, 大不能明保享于民,
악을 함께 하여 서로 이루어서 크게 백성들을 밝게 보존하여 복록을 누리지 못하고,

詳說

○ 其民.
경문에서 '우민(于民)'은 '기민(其民)'이다.

○ 林氏曰 : "保享于民, 安民而以之享國長久也."
임씨(林氏)가 말하였다 : "백성들을 보존하여 복록을 누림은 백성들 편안하게

---

280) 『시경대전(書經人全)』, 「주서(周書)」·「다방5(多方5)」: "상제(上帝)의 명을 노보하고 능히 백성늘이 붙어서 사는 것을 열어주지 못하며, 크게 벌을 내려 하(夏)나라에 난을 숭상하니, 말미암이 안의 혼란함에서 비롯되어 능히 무리들을 잘 받들지 못하고, 크게 공손함에 나아가 크게 백성들을 펴주지 못하며, 또한 하(夏)나라의 백성 중에 탐욕스럽고 분(忿)해 하는 자들을 날로 공경하며 하읍(夏邑)을 해서서이다.(厥圖帝之命, 不克開于民之麗, 乃大降罰, 崇亂有夏, 因甲于內亂, 不克靈承于旅, 罔丕惟進之恭, 洪舒于民, 亦惟有夏之民, 叨懫日欽, 劓割夏邑.)"

하고 그것으로 나라를 누림이 장구한 것이다."281)

集傳
乃相與播虐于民, 民無所措其手足,
서로 더불어 사나움을 백성들에게 끼쳐서 백성들이 수족을 둘 곳이 없어

詳說
○ 此句, 見論語子路.
여기의 구는 『논어』「자로」에 있다.282)

集傳
凡百所爲, 無一能達,
모든 백 가지 행하는 바가 하나도 도달되지 못하였으니,

詳說
○ 開.
'달(達)'은 경문에서 '개(開)'이다.

集傳
上文所謂不克開于民之麗者.
위의 글에서 이른바 '능히 백성들이 붙어서 사는 것을 열어주지 못했다.'283)는 것

---

281) 『서경대전(書經大全)』,「주서(周書)」·「다방(多方)」: "임씨가 말하였다 : '여기의 편은 걸주의 상나라를 망하게 하여 주나라가 흥함은 모두 하늘에서 나왔음을 진술하였다. 하늘의 빼앗음은 사람의 힘으로 지탱할 수 있는 것이 아니고, 하늘의 줌은 사람의 힘으로 옮길 수 있는 것 아니니, 주고 빼앗음은 덕이 있고 그렇지 않은 것일 뿐이다. 너희 다방에서는 천명을 알아야 하고, 다른 뜻을 두어서는 안된다. 백성들을 보존하여 복록을 누림은 백성들 편안하게 하고 그것으로 나라를 누림이 장구한 것이다.'(林氏曰 : 此篇陳桀紂之亡商, 周之興, 皆出于天. 天之所奪, 非人力所能支, 天之所予, 非人力所能移, 而其所以爲予奪者, 以其德與不德耳. 爾多方, 當知天命, 不可有他志也. 保享于民, 安民而以之享國長久也.)"
282) 『논어(論語)』「자로(子路)」: "일이 이루어지지 못하면 예악(禮樂)이 일어나지 못하고, 예악(禮樂)이 일어나지 못하면 형벌(刑罰)이 알맞지 못하고, 형벌(刑罰)이 알맞지 못하면 백성들이 손발을 둘 곳이 없어진다. (事不成, 則禮樂不興, 禮樂不興, 則刑罰不中, 刑罰不中, 則民無所措手足.)"
283) 『서경대전(書經大全)』,「주서(周書)」·「다방5(多方5)」: "상제(上帝)의 명을 도모하고 능히 백성들이 붙어서 사는 것을 열어주지 못하며, 크게 벌을 내려 하(夏)나라에 난을 숭상하니, 말미암음이 안의 혼란함에서 비롯되어 능히 무리들을 잘 받들지 못하고, 크게 공손함에 나아가 크게 백성들을 펴주지 못하며, 또한 하(夏)나라의 백성 중에 탐욕스럽고 분(忿)해 하는 자들을 날로 공경하며 하읍(夏邑)을 해쳐서이다.(厥圖帝之命, 不克開于民之麗, 乃大降罰, 崇亂有夏, 因甲于內亂, 不克靈承于旅, 罔丕惟進之恭, 洪舒于民, 亦惟有夏之民, 叨懫日欽, 劓割夏邑.)"

이다.

> 詳說

○ 者也.

'자(者)'는 '자야(者也)'이다.

> 集傳

政暴民窮, 所以速其亡也.

정사가 포악하고 백성들이 곤궁함은 그 망함을 재촉한 것이다.

> 詳說

○ 補二句.

두 구를 보완하였다.

> 集傳

此雖指桀多士, 爾殷侯尹民, 嘗逮事紂者, 寧不惕然內愧乎.

이는 비록 걸왕(桀王)의 많은 선비들을 가리킨 것이나 너희 은후(殷侯)로서 백성을 맡은 자들은 일찍이 주왕(紂王)을 미처 섬긴 자들이니, 어찌 척연(惕然)히 안에 부끄럽지 않겠는가!

> 詳說

○ 此, 以下, 論也.

'차(此)' 이하는 경문의 의미 설명이다.

[12-4-18-8]

乃惟成湯, 克以爾多方簡, 代夏作民主.

이에 성탕(成湯)이 너희 다방(多方)의 간택에 따라 하(夏)나라를 대신하여 백성들의 군주가 되셨다.

> 集傳

簡, 擇也.
간(簡)은 간택함이니,

> 詳說
> ○ 葉氏曰 : "如簡在帝心之簡."
> 섭씨(葉氏)가 말하였다 : "'간택의 여부는 상제의 마음에 달려 있다.'284)고 할 때의 간택과 같다."285)

集傳
民擇湯而歸之.
백성들이 탕왕(湯王)을 간택하여 돌아온 것이다.

> 詳說
> ○ 作民主, 所以終前節, 求民主之事也.
> '백성들의 군주가 되셨다.'는 것은 앞의 절에서 백성들의 '군주를 구하는 일'286)을 끝마친 것이다.

[12-4-18-9]
愼厥麗, 乃勸, 厥民刑, 用勸.
그 붙어사는 것을 삼가 권면하시자, 백성들이 본받아 권면하였다.

集傳
湯深謹其所依,
탕왕(湯王)이 그 의지하는 바를 깊이 삼가

---

284) 『논어(論語)』「요왈(堯曰)」: "죄가 있는 자(桀)를 제가 감히 용서할 수 없었으며, 상제의 신하를 묻어둘 수 없어 제가 등용하였으니, 선택의 여부는 상제의 마음에 달려 있습니다.(有罪, 不敢赦, 帝臣不蔽, 簡在帝心.)"
285) 『서경대전(書經大全)』, 「주서(周書)」·「다방(多方)」: "섭씨가 말하였다 : '간택의 여부는 상제의 마음에 달려 있다고 할 때의 간택과 같다.'(葉氏曰, 簡, 如簡在帝心之簡.)"
286) 『서경대전(書經大全)』, 「주서(周書)」·「다방6(多方6)」: "하늘이 이에 백성의 군주를 구하시어 드러나고 아름다운 명을 성탕(成湯)에게 크게 내리시고 하(夏)나라를 형벌하여 끊으신 것이다.(天惟時求民主, 乃大降顯休于成湯, 刑殄有夏.)"

詳說

○ 與前節民之麗, 各是一事
앞의 절에서 "백성들이 붙어서 사는 것"287)과는 각기 하나의 일이다.

集傳

以勸勉其民.
그 백성들을 권면하였다.

詳說

○ 添二字.
두 글자를 더하였다.

○ 與前節桀之不克勸相反.
앞의 절에서 '걸이 힘쓰지 않음'288)과는 상반된다.

集傳

故民皆儀刑
그러므로 백성들이 모두 본받아서

詳說

○ 法之.
'의형(儀刑)'은 본받는 것이다.

集傳

而用勸勉也.

---

287) 『서경대전(書經大全)』, 「주서(周書)」·「다방5(多方5)」: "상제(上帝)의 명을 도모하고 능히 백성들이 붙어서 사는 것을 열어주지 못하며, 크게 벌을 내려 하(夏)나라에 난을 숭상하니, 말미암음이 안의 혼란함에서 비롯되어 능히 무리들을 잘 받들지 못하고, 크게 공손함에 나아가 크게 백성들을 펴주지 못하며, 또한 하(夏)나라의 백성 중에 탐욕스럽고 분(忿)해 하는 자들을 날로 공경하며 하읍(夏邑)을 해쳐서이다.(厥圖帝之命, 不克開于民之麗, 乃大降罰, 崇亂有夏, 因甲于內亂, 不克靈承于旅, 罔丕惟進之恭, 洪舒于民, 亦惟有夏之民, 叨懫日欽, 劓割夏邑.)"

288) 『서경대전(書經大全)』, 「주서(周書)」·「다방4(多方4)」: "상제가 하나라에 내려와 이르셨는데 하(夏)나라가 크게 방일(放逸)하여 백성을 근심하는 말을 즐겨하지 않고, 마침내 크게 음혼(淫昏)하여 능히 종일토록 상제의 인도함에 힘쓰지 않았음은 네가 들어서 아는 바이다.(惟帝, 降格于夏, 有夏, 誕厥逸, 不肯慼言于民, 乃大淫昏, 不克終日勸于帝之迪, 乃爾攸聞.)"

권면한 것이다.

詳說

○ 陳氏雅言曰 : "乃勸者, 上勸下也. 用勸者, 下自勸也. 亦克用勸者, 兼上下而言也
진씨 아언(陳氏雅言)289)이 말하였다 : "'권면하신다.'는 것은 위에서 아래에 권면하는 것이다. '권면하였다.'는 것은 저절로 권면하는 것이다. '또한 능히 권면하였다.'290)는 것은 상하를 아울러서 말한 것이다."291)

集傳

人君之於天下仁而已矣, 仁者, 君之所依也.
임금은 천하에서 인(仁)할 뿐이니, 인(仁)은 임금이 의지하는 것이다.

詳說

○ 依仁, 見論語述而.
인에 의지하는 것은 『논어』 「술이」에 보인다.292)

○ 此註以依訓麗, 又由依而說出仁字, 恐於本文爲遠.
여기의 주에서 '의지하는 것'으로 '리(麗)'를 풀이하고, 또 '의지하는 것'으로 말미암아 '인(仁)'자를 설명한 것은 본문과는 동떨어진 것 같다.

集傳

---

289) 진아언(陳雅言, 1318~1385)은 원말명초 때 강서(江西) 영풍(永豊) 사람이다. 원나라 말에 무재(茂材)로 천거되었지만 나가지 않았다. 명나라 초 홍무(洪武) 연간에 영풍현 향교(鄕校)에서 학생을 가르쳤다. 당시 호구(戶口)와 토전(土田)이 실상과 달라 현관(縣官)도 대처할 방법을 찾지 못했는데, 그가 계획을 내놓자 공사가 모두 편리해졌다. 저서에 『사서일람(四書一覽)』과 『대학관견(大學管窺)』, 『중용류편(中庸類編)』 등이 있었지만 전하지 않고, 지금은 『서의탁약(書義卓躍)』만 전한다.
290) 『서경대전(書經大全)』, 「주서(周書)」·「다방-10(多方-10)」: "제을(帝乙)에 이르기까지 덕을 밝히고 형벌을 삼가지 않음이 없어 또한 능히 권면하였다.(以至于帝乙, 罔不明德愼罰, 亦克用勸.)"
291) 『서경대전(書經大全)』, 「주서(周書)」·「다방(多方)」: "진씨 아언이 말하였다 : '인은 임금이 의지하는 것이다. …. 「권면하신다.」는 것은 위에서 아래에 권면하는 것이다. 「본받아 권면하였다.」는 것은 저절로 권면하는 것이다. 「또한 능히 권면하였다.」는 것은 상하를 아울러서 말한 것이다. ….'(陳氏言曰 : 仁者, 君之所依, …. 乃勸者, 上之勸下也. 刑用勸者, 下之自勸也, 亦克用勸者, 蓋兼上下而言也. ….)"
292) 『논어(論語)』「술이(述而)」: "공자(孔子)께서 말씀하셨다. '도(道)에 뜻을 두며, 덕(德)을 굳게 지키며, 인(仁)에 의지하며, 예(藝)에 노닐어야 한다.'(子曰 志於道, 據於德, 依於仁, 游於藝.)"

君仁則莫不仁矣.
임금이 인(仁)하면 인(仁)하지 않음이 없는 것이다.

詳說

○ 見孟子離婁.
『맹자』「이루」에 보인다.293)

○ 以論申釋之.
경문의 의미 설명으로 거듭해서 해석했다.

[12-4-18-10]
以至于帝乙, 罔不明德愼罰, 亦克用勸.
제을(帝乙)에 이르기까지 덕을 밝히고 형벌을 삼가지 않음이 없어 또한 능히 권면하였다.

集傳

明德, 則民愛慕之, 謹罰, 則民畏服之, 自成湯至于帝乙, 雖歷世
덕(德)을 밝히면 백성들이 사랑하여 사모하고, 형벌을 삼가면 백성들이 두려워하여 복종하니, 성탕(成湯)부터 제을(帝乙)까지 비록 지나온 대는

詳說

○ 世代.
'역세(歷世)'는 '세대(世代)'이다.

集傳

不同, 而皆知明其德謹其罰. 故亦能用以勸勉其民也. 明德謹罰, 所以謹厥麗也,

---

293) 『맹자(孟子)』「이루상(離婁上)」: "맹자가 말하였다 : '인물을 허물할 수 없으며, 정사를 흠잡을 수 없다. 오직 대인(大人)이어야 군주의 나쁜 마음을 바로잡을 수 있으니, 군주가 인(仁)해지면 인(仁)하지 않음이 없고, 군주가 의(義)로워지면 의(義)롭지 않음이 없고, 군주가 바르게 되면 바르지 않음이 없으니, 한 번 군주의 마음을 바루면 나라가 안정된다.'(子曰 : 人不足與適也, 政不足間也. 惟大人, 爲能格君心之非, 君仁, 莫不仁, 君義, 莫不義, 君正, 莫不正, 一正君而國定矣.)"

같지 않으나 모두 덕을 밝히고 형벌을 삼갈 줄 알았다. 그러므로 또한 능히 그 백성들을 권면한 것이다. 덕을 밝히고 형벌을 삼감은 그 붙어서 사는 것을 삼가는 것이니,

詳說

○ 照上節.
위의 절을 참조하라.294)

集傳

明德, 仁之本也, 謹罰, 仁之政也.
덕을 밝힘은 인(仁)의 근본이고, 형벌을 삼감은 인(仁)의 정사이다.

詳說

○ 照上註.
위의 주를 참조하라.

○ 三句, 論也.
세 구는 경문의 의미 설명이다.

○ 與文王明德愼罰, 其事同.
문왕이 덕을 밝히고 형벌을 삼간 것과 그 일이 같다.

[12-4-18-11]

要囚, 殄戮多罪, 亦克用勸, 開釋無辜, 亦克用勸.

요수(要囚)에서 죄가 많은 자를 끊어 죽임도 또한 능히 권면하는 것이며, 죄가 없는 자를 열어 석방함도 또한 능히 권면하는 것이다.

詳說

---

294) 『서경대전(書經大全)』, 「주서(周書)」·「다방9(多方9)」: "그 붙어사는 것을 삼가 권면하시자, 백성들이 본받아 권면하였다.(愼厥麗, 乃勸, 厥民刑, 用勸.)"

○ 要, 見康誥註.
  '요(要)'는 「강고」의 주에 보인다.295)

集傳
德明之而已, 罰有辟焉有宥焉.
덕은 밝힐 뿐이니, 형벌에는 죽임도 있고 용서함도 있다.

詳說
○ 辟, 亦反, 下並同.
  '벽(辟)'은 '비(婢)'와 '역(亦)'의 반절이다.

○ 承上節, 先立論.
  위의 절을 이어받아 먼저 입론하였다.

集傳
故再言辟而當罪
그러므로 다시 "죽여서 죄에 마땅하게 함은

詳說
○ 去聲.
  '당(當)'은 거성이다.

○ 要囚, 諺釋不當, 與後節異同.
  '요수(要囚)'은 『언해』의 해석이 합당하지 않아 뒤의 절과 다른 것이다.

集傳
亦能用以勸勉,
또한 능히 권면하는 것이며,

---

295) 『서경대전(書經大全)』, 「주서(周書)」·「강고-12(康誥-12)」: "또 말씀하였다. '요수(要囚)를 5~6일 동안 가슴속에 두고 생각하며, 열흘이나 한 철에 이르러서 요수(要囚)를 크게 결단하라.'(又曰, 要囚, 服念五六日, 至于旬時, 丕蔽要囚.)" 주자의 주, "요수(要囚)는 옥사(獄辭)의 요결(要結)이다."

詳說

○ 所謂生道殺民也.

이른바 살리는 도로 백성을 죽이는 것이다.296)

集傳

宥而赦過, 亦能用以勸勉, 言辟與宥, 皆足以使人勉於善也.

용서하여 잘못을 사면하는 것은 또한 능히 권면하는 것이다."라고 하였으니, 죽이고 용서함이 모두 사람이 선을 권면하도록 하는 것임을 말하였다.

詳說

○ 添善字.

'선(善)'자를 더하였다.

○ 呂氏曰 : "每語結之以勸者, 天下非可驅以智力束以法制. 惟勸化其民, 乃維持長久之道也."

여씨(呂氏)가 말하였다 : "매번 권면하는 것으로 말을 끝맺은 것은 천하는 지력으로 몰아가고 법제로 구속할 수 있는 것이 아니기 때문이다. 그 백성을 권면하는 것이 유지를 장구하게 하는 방법이다."297)

[12-4-18-12]

今至于爾辟, 弗克以爾多方, 享天之命.

이제 너희의 임금에 이르러 능히 너희 다방(多方)으로도 천명을 누리지 못하였다.

集傳

---

296) 『맹자(孟子)』 「진심상(盡心上)」 : "맹자가 말하기를, '편안하게 하려는 도로 백성을 부리면, 수고로워도 원망하지 않고, 살리려는 도로 백성을 죽게 하면 죽일지라도 죽게 한 사람을 원망하지 않을 것이다.'(以佚道使民, 雖勞不怨, 以生道殺民, 雖死不怨殺者.)"
297) 『서경대전(書經大全)』, 「주서(周書)」・「다방(多方)」 : "여씨가 말하였다 : '…. 매번 권면하는 것으로 말을 끝맺은 것은 천하는 지력으로 몰아가고 법제로 구속할 수 있는 것이 아니기 때문이다. 그 백성을 권면해서 항상 기쁘게 스스로 그만두지 못하게 하는 뜻을 갖게 하는 것이 바로 유지를 장구하게 하는 방법이다.'(呂氏曰 : …. 每語結之以勸者, 天下非可驅以智力束以法制, 惟勸化其民, 使常有欣欣不自己之意, 乃維持長久之道也.)"

呂氏曰, 爾辟, 謂紂也. 商先哲王, 世傳家法, 積累維持如此,
여씨(呂氏)가 말하였다. "너희 임금은 주왕(紂王)을 이른다. 상(商)나라의 선철왕(先哲王)들이 대대로 가법(家法)을 전하여 많이 쌓고 유지함이 이와 같았는데,

詳說

○ 上聲.
'루(累)'는 상성이다.

○ 承上四節
위의 네 절을 이어받았다.

集傳

今一朝至于汝君, 乃以爾全盛之多方, 不克坐享天命而凶之, 是誠可閔也.
이제 하루아침에 너희 군주에 이르러 마침내 너희 전성(全盛)한 다방(多方)으로써도 앉아서 천명을 누리지 못하고 망하였으니, 이는 진실로 민망해할 만한 것이다.

詳說

◌ 與上節桀以義民不永享, 相照應.
위의 절 걸왕이 '의민을 거느리고 길이 복록을 누리지 못했다.'298)는 것과 서로 호응한다.

集傳

天命至公, 操則存,
천명은 지극히 공정(公正)하여, 잡으면 보존되고

詳說

○ 平聲, 下同.

---

298) 『서경대전(書經大全)』, 「주서(周書)」·「다방7(多方7)」: "하늘이 걸왕(桀王)에게 주지 않음이 큰 것은 바로 너희 다방(多方)의 의민(義民)들을 데리고 길이 복록을 많이 누리지 못하고, 하(夏)나라에서 공경하는 많은 선비들이 크게 백성들을 밝게 보존하여 누리지 못하고, 서로 백성들에게 포악히 하여 백 가지 행위에 이르기까지 크게 능히 열어주지 못해서였다.(惟天不畀純, 乃惟以爾多方之義民, 不克永于多享, 惟夏之恭多士, 大不克明保享于民, 乃胥惟虐于民, 至于百爲, 大不克開.)"

'조(操)'는 평성으로 아래에서도 같다.

集傳
舍則亡.
놓으면 망한다.

詳說
○ 上聲, 下同.
'사(舍)'는 상성으로 아래에서도 같다.

○ 此出孟子告子.
이것은 『맹자』「고자」가 출처이다.299)

集傳
以商先王之多, 基圖之大, 紂曾不得席其餘蔭, 其亡忽焉,
상나라 선왕의 많음과 터를 닦고 도모함의 큼으로도 주왕(紂王)이 일찍이 그 음덕을 얻지 못해서 그 망함이 갑작스러웠으니,

詳說
○ 四字, 出左莊十一年.
네 글자는 『좌전』 장공 11년이 출처이다.

集傳
危微
위미(危微)와

詳說
○ 見大禹謨.

---

299) 『맹자(孟子)』「고자상(告子上)」: "잡으면 보존되고 놓으면 없어지고, 출입에 시간과 없어 아무도 그 방향을 알 수 없는 것은 마음을 말하는 것이다.(操則存, 舍則亡, 出入無時, 莫知其鄕, 惟心之謂與.)"

'위미(危微)'는 「대우모」에 보인다.300)

集傳
操舍之幾, 周公所以示天下深矣. 豈徒曰慰解之而已哉
잡고 놓는 기미를 주공이 천하에 보여주심이 깊다. 어찌 다만 위로하여 풀뿐이라고 말하겠는가!"

詳說
○ 天命至公, 以下, 論也.
'천명지공(天命至公)' 이하는 경문의 의미 설명이다.

○ 王氏曰 : "此言殷之興甚詳, 言其亾甚略. 蓋對殷遺民不忍痛言其失也
왕씨(王氏)가 말하였다 : "여기에서 은나라의 흥함을 말함은 아주 자세하고 그 망함을 말함은 아주 간략하다. 은나라의 유민에 대해서는 그 잘못을 차마 아프게 말하지 못하였다."301)

[12-4-18-13]
嗚呼, 王若曰. 誥告爾多方. 非天庸釋有夏, 非天庸釋有殷.

아! 왕이 이렇게 말씀하였다. '너희 다방(多方)에게 가르침으로 고하노라. 하늘이 하나라를 버리려는데 뜻을 둔 것이 아니며, 하늘이 은나라를 버리려는데 뜻을 둔 것이 아니다.

集傳
先言嗚呼, 而後言王若曰者, 唐孔氏曰, 周公先自歎息, 而後稱王命以誥之也.
먼저 오호(嗚呼)를 말하고 뒤에 '왕약왈(王若曰)'을 말한 것에 대해 당(唐)나라 공

---

300) 『서경대전(書經大全)』, 「우서(虞書)」 「대우모-15(大禹謨-15)」 : "인심(人心)은 위태롭고 도심(道心)은 은미하니, 정(精)하게 하고 한결같이 하여야 진실로 그 중도(中道)를 잡을 것이다.(人心惟危, 道心惟微, 惟精惟一, 允執厥中.)"

301) 『서경대전(書經大全)』, 「주서(周書)」・「다방(多方)」 : "왕씨가 말하였다 : '여기에서 은나라의 흥함을 말함은 아주 자세하고 그 망함을 말함은 아주 간략하다. 은나라의 유민에 대해서는 그 잘못을 차마 아프게 말하지 못하였다.'(王氏曰 : 此言殷之興甚詳, 言其亡甚略. 蓋對殷遺民, 不忍痛言其失也.)"

씨(孔氏)가 "주공(周公)이 먼저 스스로 탄식한 뒤에 왕명을 칭하여 고한 것이다."라고 하였다.

詳說

○ 夏氏曰 : "誥告, 以誥辭告之也."

하씨(夏氏)가 말하였다 : "'고고(誥告)'는 가르치는 말로 고한 것이다."302)

集傳

庸, 用也, 有心之謂. 釋, 去之也. 上文言夏殷之亾, 因言非天有心於去夏, 亦非天有心於去殷, 下文

용(庸)은 씀이니, 마음을 둠을 이른다. 석(釋)은 버림이다. 상문(上文)에 하(夏)와 은(殷)의 망함을 말하고, 그것에 따라 하늘이 하나라를 버리려는데 마음이 있었던 것이 아니며, 또한 하늘이 은나라를 버리려는데 마음이 있었던 것이 아님을 말씀하고, 아래의 글에서

詳說

○ 三節.

세 절이다.

集傳

遂言乃惟桀紂自取亾滅也.

마침내 바로 걸(桀)·주(紂)가 스스로 멸망을 취하였음을 말씀하였다.

詳說

○ 一作滅亾

'망멸(亾滅)'은 어떤 판본에는 '멸망(滅亾)'으로 되어 있다.

○ 此句論也.

---

302) 『서경대전(書經大全)』, 「주서(周書)」·「다방(多方)」 : "하씨가 말하였다 : 「고고(誥告)」는 가르치는 말로 고한 것이다.'(夏氏曰 : 誥告以誥辭告之也.)"

여기의 구는 경문의 의미 설명이다.

集傳
○ 呂氏曰, 周公先自歎息, 而始宣布成王之誥告, 以見周公未嘗稱王也.
여씨(呂氏)가 말하였다. "주공(周公)이 먼저 스스로 탄식하고 비로소 성왕(成王)의 가르침으로 고함을 선포해서 주공이 일찍이 왕을 칭하지 않았음을 나타낸 것이다.

詳說
○ 音現.
'현(見)'은 음이 '현(現)'이다.

集傳
入此篇之始, 周公曰王若曰, 複語相承, 書無此體也. 至於此章, 先嗚呼而後王若曰, 書亦無此體也. 周公居聖人之變,
이 편의 처음에 들어와 '주공왈(周公曰)' '왕약왈(王若曰)'의 중복된 말이 서로 이어지는데, 『서경(書經)』에는 이러한 체재가 없다. 이 장(章)에 와서 '오호(嗚呼)'를 먼저 말하고 '왕약왈(王若曰)'을 뒤에 말하였는데, 『서경(書經)』에 또한 이러한 체재가 없다. 주공이 성인(聖人)의 변고에 대치하셨는데,

詳說
○ 攝政.
섭정하신 것이다.

集傳
史官預憂來世傳疑襲誤, 蓋有竊之爲口實矣.
사관(史官)이 미리 내세(來世)가 의심을 전하고 잘못됨을 이어서 이것을 훔쳐 구실로 삼는 자가 있을까 근심하였다.

詳說
○ 如王莽者.

왕망(王莽)과 같은 자이다.

> **集傳**
> 故於周公誥命終篇, 發新例二
> 그러므로 주공의 고명(誥命) 마지막 편에 새로운 예(例) 두 가지를 드러내어

> **詳說**
> ○ 句.
> 구두해야 한다.

> **集傳**
> 著周公實未嘗稱王, 所以別嫌明微,
> 주공이 일찍이 왕을 칭하지 않았음을 나타내었으니, 혐의를 분별하고 은미함을 밝혀서

> **詳說**
> ○ 彼列反.
> '별(別)'은 음이 '피(彼)'와 '렬(列)'의 반절이다.

> **集傳**
> 而謹萬世之防也.
> 만세(萬世)의 경계를 삼간 것이다.

> **詳說**
> ○ 與首節註叅看.
> 첫 절의 주와 함께 참고해서 보라.

[12-4-18-14]

乃惟爾辟, 以爾多方, 大淫圖天之命, 屑有辭.

마침내 너희 군주가 너희 다방(多方)으로써 크게 음탕하게 하늘의 명(命)을 도모해서 자질구레하게 말을 두었다.

集傳
紂以多方之富, 大肆淫泆
주왕(紂王)이 다방(多方)의 많음으로써 크게 음일(淫泆)하게

詳說
○ 與前節大淫昏, 相照應.
앞의 절에서 '크게 음혼(淫昏)하였다.'303)는 것과 서로 호응한다.

集傳
圖度天命,
천명을 도모해서

詳說
○ 入聲.
'탁(度)'은 입성이다.

○ 與前節圖命, 相照應.
앞의 절에서 '하늘의 명을 도모했다.'304)는 것과 서로 호응한다.

集傳
瑣屑有辭,
자질구레하게 말을 두었으니,

詳說

---

303) 『서경대전(書經大全)』, 「주서(周書)」·「다방4(多方4)」: "상제가 하나라에 내려와 이르셨는데 하(夏)나라가 크게 방일(放逸)하여 백성을 근심하는 말을 즐겨하지 않고, 마침내 크게 음혼(淫昏)하여 능히 종일토록 상제의 인도함에 힘쓰지 않았음은 네가 들어서 아는 바이다.(惟帝, 降格于夏, 有夏, 誕厥逸, 不肯慼言于民, 乃大淫昏, 不克終日勸于帝之迪, 乃爾攸聞.)"

304) 『서경대전(書經大全)』, 「주서(周書)」·「다방3(多方3)」: "크게 하늘의 명(命)을 도모하여 길이 공경히 생각해서 제사를 보존하지 못하였다.(洪惟圖天之命, 弗永寅念于祀.)"

○ 諺釋作有屑辭, 誤矣.
『언해』의 해석에서 '자질구레한 말을 두었다.'는 것은 잘못되었다.

○ 呂氏曰 : "惡之播於人口者, 謂之辭. 瑣屑之惡, 極口歷數, 一一有辭.)"
여씨(呂氏)가 말하였다 : "악함이 사람의 입에서 전파되는 것을 말이라고 한다. 자질구레한 악을 말하는 가운데 힘을 다해 낱낱이 열거하며 하나하나 말이 있는 것이다."305)

集傳
與多士言桀大淫泆有辭, 義同.
「다사(多士)」에 "걸왕(桀王)이 크게 음일하고 변명하는 말을 하였다."306)는 것과 뜻이 같다.

詳說
○ 論也.
경문의 의미 설명이다.

集傳
殷之亾, 非自取乎
은나라의 멸망은 스스로 취한 것이 아니겠는가!

詳說
○ 補此句.

---

305) 『서경대전(書經大全)』, 「주서(周書)」·「다방(多方)」 : "여씨가 말하였다 : '악함이 사람의 입에서 전파되는 것을 말이라고 한다. 악함이 아직 무르익어 크지 않은 것은 길에서 자질구레하게 전하는 경우에는 모두 들어서 악에 이르지는 않는다. 이미 무르익은 자질구레한 악은 말하는 가운데 힘을 다해 낱낱이 열거하며 하나하나 말이 있는 것이다.'(呂氏曰 : 惡之播於人口者, 謂之辭. 惡之未熟大者, 傳道瑣屑者, 未盡擧至惡. 已熟瑣屑之惡, 極口歷數, 一一有辭.)"
306) 『서경대전(書經大全)』, 「주서(周書)」·「다사5(多士5)」: "내가 들으니 상제께서 편안함으로 인도하셨는데도 하나라가 편안함으로 나아가지 않자, 상제가 강림하여 이르러 이 하나라에 의향을 보이셨는데 능히 상제를 따르지 않고 크게 음일하고 변명하는 말을 하였다. 이에 하늘이 생각하고 들은 체하지 않으시고는 그 큰 명을 폐하여 벌을 내리셨다.(我聞, 曰上帝引逸, 有夏不適逸, 則惟帝降格, 嚮于時夏, 弗克庸帝, 大淫泆有辭. 惟時天, 罔念聞, 厥惟廢元命, 降致罰.)"

여기의 구를 보완하였다.

> 集傳

以下二章推之, 此章之上, 當有闕文.
아래 두 장(章)을 가지고 미루어 보면 이 장(章)의 위에 마땅히 빠진 글이 있을 것이다.

> 詳說

○ 一作缺.
'궐(闕)'은 어떤 판본에는 '결(缺)'로 되어 있다.

○ 桀囚, 自取之事也. 或曰詳殷略夏者, 賓主之意也.
걸임금의 망함은 스스로 취한 일이다. 어떤 이는 "은나라는 상세히 하고 하나라는 간략히 한 것은 손님과 주인의 의미이다."라고 하였다.

○ 論也.
경문의 의미 설명이다.

[12-4-18-15]

乃惟有夏, 圖厥政, 不集于享, 天降時喪, 有邦間之.

바로 하(夏)나라가 정사를 도모하되 향유(享有)함에 모이지 못하자, 하늘이 이 망함을 내리시어 유방(有邦)으로 대신하신 것이다.

> 詳說

○ 喪, 去聲, 下同. 間, 去聲.
'상(喪)'은 거성으로 아래에서도 같다. '간(間)'은 거성이다.

> 集傳

集, 萃也. 享, 享有之享.
집(集)은 모임이다. 향(享)은 향유(享有)의 향(享)이다.

詳說

○ 享而有之.
향유하는 것이다.

集傳

桀圖其政,
걸왕(桀王)이 정사를 도모하되,

詳說

○ 謀也.
'도(圖)'는 '모(謀)'이다.

集傳

不集于享, 而集于凶. 故天降是喪亂, 而俾有殷代之.
향유함에 모이지 못하고 망함에 모였다. 그러므로 하늘이 이 상란(喪亂)을 내려서 은(殷)나라가 대신하게 한 것이니,

詳說

○ 間.
'대(代)'는 경문에서 '간(間)'이다.

○ 添俾字.
'비(俾)'자를 더하였다.

○ 唐孔氏曰 : "湯是夏諸侯, 故曰有邦."
당의 공씨(孔氏)가 말하였다 : "탕은 하나라의 제후이기 때문에 '유방(有邦)'이라고 하였다."307)

---

307)『서경대전(書經大全)』,「주서(周書)」·「다방(多方)」: "당의 공씨가 말하였다 : '탕은 하나라의 제후이기 때문에 「유방(有邦)」이라고 하였다.'(唐孔氏曰 : 湯是夏之諸侯, 故曰有邦.)"

集傳
夏之亡非自取乎
하(夏)나라의 망함은 스스로 취함이 아니겠는가!

詳說
○ 補此句.
여기의 구를 보완하였다.

[12-4-18-16]
乃惟爾商後王, 逸厥逸, 圖厥政, 不蠲烝, 天惟降是喪.
너희 상(商)나라의 후왕(後王)이 그 편안함을 편안하게 여겨 정사를 도모하되 깨끗하게 하지 못하고 나아가지 못하자, 하늘이 이 망함을 내리셨다.

詳說
○ 蠲, 音涓.
'견(蠲)'은 음이 '연(涓)'이다.

集傳
蠲, 潔. 烝, 進也. 紂以逸居逸
견(蠲)은 깨끗함이고, 증(烝)은 나아감이다. 주왕(紂王)은 편안함으로써 편안함에 있으며

詳說
○ 卽無逸註, 以逸爲逸之意也, 然諺釋合, 更商.
곧 「무일」의 주에서는 편안함을 편안함으로 여긴다는 의미이지만 『언해』의 해석이 합하는지는 다시 생각해 봐야 한다.

○ 陳氏曰 : "上逸, 過逸也, 下逸, 安逸也, 謂過逸其安逸."
진씨(陳氏)가 말하였다 : "위의 '일(逸)'은 지나치게 편안하다는 것이고, 아래의 '일(逸)'은 안일하다는 것이니, 그 안일함을 지나치게 편안하게 여긴다는 말이

다."308)

○ 林氏曰 : "逸厥逸, 甚言其逸也, 猶言醇乎醇."
　　임씨(林氏)가 말하였다 : "'그 편안함을 편안하게 여긴다.'는 것은 그 편안함을 심하게 말한 것이니, '순후한 가운데 순후하다.'309)고 말하는 것과 같다."310)

集傳
淫湎無度. 故其爲政, 不蠲潔而穢惡, 不丞進而怠惰, 天以是
음탕함에 빠져서 법도가 없었다. 그러므로 그 정사가 깨끗하지 아니하여 더럽고 나아가지 아니하여 게을리 하자, 하늘이 이 때문에

詳說
○ 一作是以
　　'이시(以是)'가 어떤 판본에는 '시이(是以)'로 되어 있다.

○ 此是字未必釋時字, 而諺釋泥焉, 恐誤, 且與上節之釋, 自相矛盾矣
　　여기의 '시(是)'자는 굳이 '시(時)'자로 해석하지 않아도 되는데, 『언해』의 해석은 여기에 구애되어 잘못된 것 같고, 또 위의 절의 해석과 스스로 서로 모순된 것이다.

集傳
降喪兦于殷, 殷之兦, 非自取乎.
상망(喪亡)을 은나라에 내리신 것이니, 은나라의 망함은 스스로 취한 것이 아니겠는가?

---

308) 『서경대전(書經大全)』, 「주서(周書)」·「다방(多方)」 : "진씨가 말하였다 : '위의 「일(逸)」은 지나치게 편안하다는 것이고, 아래의 「일(逸)」은 안일하다는 것이니, 그 안일함을 지나치게 편안하게 여긴다는 말로 위태로움을 편안하게 여긴다고 말하는 것과 같다.'(陳氏曰 : 上逸, 過逸也, 下逸, 安逸也, 謂過逸其安逸, 猶言安其危.)"
309) 한유(韓愈), 「독순자(讀荀子)」 "맹씨는 순후한 가운데 순후하고, 순자와 양웅(揚雄)은 크게 순후하면서도 약간 흠이 있다.(孟氏醇乎醇, 荀與揚大醇而少疵.)"
310) 『서경대전(書經大全)』, 「주서(周書)」·「다방(多方)」 : "임씨가 말하였다 : '「그 편안함을 편안하게 여긴다.」는 것은 그 편안함을 심하게 말한 것이니, 「순후한 가운데 취했다.」고 말하는 것과 같다.(林氏曰 : 逸厥逸, 甚言其逸也, 猶言醇乎醇.)"

詳說

○ 補此句.
여기의 구를 보완하였다.

集傳

此上三節, 皆應上文非天庸釋之語.
이 위의 세 절(節)은 모두 위의 글에서 '하늘이 버리려는 데 뜻을 둔 것이 아니다'라는 말에 응한 것이다.

詳說

○ 總論.
총괄해서 경문의 의미를 설명한 것이다.

[12-4-18-17]

惟聖罔念, 作狂, 惟狂克念, 作聖, 天惟五年, 須暇之子孫, 誕作民主, 罔可念聽.

성인(聖人)이라도 생각하지 않으면 광인(狂人)이 되고, 광인(狂人)이라도 능히 생각하면 성인(聖人)이 되니, 하늘이 5년 동안 자손에게 기다리고 여가를 주어 크게 백성의 군주가 되게 하였으나 생각하고 들으려고 함이 없었다.

集傳

聖, 通明之稱. 言聖而罔念, 則爲狂矣,
성(聖)은 통명(通明)함을 일컫는다. 성인(聖人)이라도 생각하지 않으면 광인(狂人)이 되고,

詳說

○ 此帶說.
이것은 부수적으로 설명한 것이다.

集傳
愚而能念, 則爲聖矣,
어리석은 자라도 능히 생각하면 성인(聖人)이 됨을 말한 것이니,

> ### 詳說
> ○ 此正意.
> 이것이 바른 의미이다.

集傳
紂雖昏愚, 亦有可改過遷善之理.
주왕(紂王)이 비록 혼우(昏愚)하나 또한 개과천선할 이치가 있었다.

> ### 詳說
> ○ 添二句.
> 두 구를 더하였다.
>
> ○ 呂氏曰 : "固無能改之事, 而有可改之理."
> 여씨(呂氏)가 말하였다 : "진실로 고칠 수 없는 일이지만 고쳐야 되는 이치는 있다."[311]

集傳
故天又未忍遽絶之, 猶五年之久,
그러므로 하늘이 또 차마 대번에 끊지 못하고, 오히려 5년의 오램을

> ### 詳說
> ○ 不曰祀而曰年者, 不與殷也.
> '사(祀)'라고 하지 않고 '년(年)'이라고 한 것은 은나라를 허여하지 않은 것이다.

集傳

---

311) 『서경대전(書經大全)』, 「주서(周書)」·「다방(多方)」 : "여씨가 말하였다 : '주 임금은 진실로 고칠 수 없는 일이지만 고쳐야 되는 이치는 있다.'(呂氏曰 : 紂固無能改之事, 而有可改之理. ….)"

須待暇寬於紂,
주왕(紂王)에게 기다리고 여가를 주어서

詳說

○ 之.
'어(於)'는 경문에서 '지(之)'이다.

○ 主湯而言子孫.
탕임금을 위주로 자손을 말한 것이다.

○ 呂氏曰 : "以商先王之故, 徘徊五年."
여씨(呂氏)가 말하였다 : "상나라의 선왕의 연고로 오년동안 배회하였던 것이다."[312]

集傳

覬其克念
능히 생각하여

詳說

○ 音冀.
'기(覬)'는 음이 '기(冀)'이다.

○ 添此句
여기의 구를 더하였다.

集傳

---

312) 『서경대전(書經大全)』, 「주서(周書)」·「다방(多方)」: "여씨가 말하였다 : '주 임금은 진실로 고칠 수 없는 일이지만 고쳐야 되는 이치는 있다. …. 주왕이 미쳐서 미혹되었을지라도 그가 능히 생각하도록 한다면, 성스럽게 되는 것을 누가 막겠는가? 고칠 수 있는 이치가 있으므로 상나라의 선왕의 연고로 오년동안 배회하면서 기다리고 관대하게 여가를 주었으니, 상왕의 자손에게 연연하며 고치기를 바랐던 것이다.'(呂氏曰 : 紂固無能改之事, 而有可改之理. 罔念克念之機所謂可改之理聖通明之稱周官六德聖居其一非大而化之聖也若大而化之寧有罔念又豈狂者一克念而遽可至哉然大而化之亦通明之極而至于化耳狂而克念亦大而化之之基也雖曰通明不念則狂雖曰狂惑克念則通其機惟在念不念之間耳. …. 紂雖狂惑, 使其克念, 則聖孰禦. 惟其有可改之理天, 故以商先王之故, 徘徊五年, 須待寬暇之, 依依於商王子孫, 而冀其改焉.)"

大爲民主,
크게 백성의 군주가 되기를 바랐는데,

> 詳說
> ○ 誕.
> '대(大)'는 경문에서 '탄(誕)'이다.

集傳
而紂無可念可聽者.
주왕(紂王)의 행실은 생각하고 들을 만한 것이 없었다.

> 詳說
> ○ 以下節註意觀之, 蓋謂天無可念可聽於紂之政者也.
> 이하의 절에서 주의 의미로 보면 하늘이 주임금의 정사에 대해 생각하고 들을 것이 없었다.

集傳
五年必有指實而言, 孔氏牽合歲月者,
5년은 반드시 실제를 가리켜 말한 것일 것이니, 공씨(孔氏)가 세월을 억지로 끌어다대어 부합시킨 것은

> 詳說
> ○ 武王服喪三年, 還師三年之說
> 무왕이 상복을 삼년동안 입으면서 군대를 삼년동안 돌려보냈다는 설명이다.

集傳
非是. 或曰, 狂而克念, 果可爲聖乎, 曰聖固未易爲也,
옳지 않다. 어떤 이가 "광인(狂人)이라도 능히 생각하면 과연 성인(聖人)이 될 수 있겠는가?"라고 하기에 다음과 같이 대답하였다. "성인(聖人)은 진실로 쉽게 될 수 없으나

詳說
○ 去聲.
'이(易)'는 거성이다.

集傳
狂而克念, 則作聖之功知所向方, 太甲其庶幾矣. 聖而罔念, 果至於狂乎.
광인(狂人)이라도 능히 생각하면, 성인(聖人)이 되는 공부에서 향방(向方)을 알 것이니, 태갑(太甲)이 이에 가까울 것이다." "성인(聖人)이라도 생각하지 않으면 과연 광인(狂人)에 되는가?"라고 하기에

詳說
○ 此二句, 亦蒙上或曰.
여기의 두 구절도 위를 이어 어떤 이가 말한 것이다.

集傳
曰, 聖固無所謂罔念也, 禹戒舜曰, 無若丹朱傲惟慢遊是好,
다음과 같이 대답하였다. "성인(聖人)은 진실로 이른바 '생각하지 않는다.'는 것이 없으나 우왕(禹王)이 순제(舜帝)를 경계하기를 '단주(丹朱)처럼 오만하여 태만히 노는 것을 좋아하지 말라.'라고 하였으니,

詳說
○ 去聲.
'호(好)'는 거성이다.

○ 見益稷.
「익직(益稷)」에 보인다.

集傳
一念之差, 雖未至於狂, 而狂之理, 亦在是矣.
한 생각의 잘못이 비록 광인(狂人)에 이르지는 않으나 광인이 되는 이치는 또한

여기에 있는 것이다.

> 詳說

○ 唐明皇近之.
　당의 명황(明皇)313)이 여기에 가깝다.

> 集傳

此人心惟危,
인심(人心)은 위태로운 것이니,

> 詳說

○ 見大禹謨.
　「대우모」에 보인다.314)

> 集傳

聖人拳拳告戒, 豈無意哉.
성인(聖人)이 권권(拳拳)히 고하여 경계한 것이 어찌 뜻이 없겠는가?"

> 詳說

○ 五年必, 以下, 論也.
　'오년필(五年必)' 이하는 경문의 의미 설명이다.

---

313) 현종(玄宗, 685년 ~ 762) : 중국 당조 제6대 황제(재위 712~756)로 성은 이(李) 명은 융기(隆基)로 예종(睿宗)의 제 3자이다. 그 치세는 개원(開元)(731~741), 천보(742~756)의 성당기로, 그 전반에는 기강을 숙정하고 선정에 의한 '개원(開元)의 치(治)'를 구현하여, 충실한 국력이 따르고, 국제색 풍부한 문화를 진흥하였다. 그러나 만년에 정치를 돌보지 않고 양귀비를 총애해 국정이 어지러워 안록산의 난(755)이 일어나자, 촉(蜀, 쓰촨성)으로 피해, 다음해 숙종(재위756~762)에게 양위하고 상황(上皇)이 되었다. 본인 자신이 문학, 미술, 음악을 애호했으며 특히 서는 예서(隸書)에 능해 대표작으로는 태학(太學)에 세운 『석대효경 石臺孝經(서안비림 西安碑林)』의 풍려한 예서가 알려지고, 행서로는 『척령송(鶺鴒頌)』이 유명하다. 또 현종을 주제로 한 고사산수(古事山水)의 화제에 명황행촉(明皇幸蜀)이나 양귀비에 얽힌 『태진승마(太眞乘馬)』가 있다.
314) 『서경대전(書經大全)』, 「우서(虞書)」「대우모-15(大禹謨-15)」: "인심(人心)은 위태롭고 도심(道心)은 은미하니, 정(精)하게 하고 한결같이 하여야 진실로 그 중도(中道)를 잡을 것이다.(人心惟危, 道心惟微, 惟精惟一, 允執厥中.)"

[12-4-18-18]

天惟求爾多方, 大動以威, 開厥顧天, 惟爾多方, 罔堪顧之.

하늘이 너희 다방(多方)에서 구하여 크게 위엄으로 움직여 하늘의 돌아보는 명을 받을 자를 개발하였는데, 너희 다방(多方)은 하늘의 돌아보는 명을 감당하지 못하였다.

集傳

紂旣罔可念聽.
주왕(紂王)은 이미 생각하고 들음이 없었다.

詳說
○ 承上節.
위의 절을 이어받았다.

集傳

天於是求民主於爾多方,
하늘이 이에 백성의 군주를 너희 다방(多方)에서 구하여

詳說
○ 承上節而添民主字.
위의 절을 이어받으면서 '민주(民主)'자를 더하였다.

集傳

大警動以祲祥譴告之威,
크게 재앙과 상서로 견고(譴告)하는 위엄을 가지고 경동(警動)해서

詳說
○ 音浸.
'침(祲)'은 음이 '침(浸)'이다.

○ 災也.
'상(祥)'는 '재(災)'이다.

○ 添四字.

'침상견고(寢祥譴告)'라는 네 글자를 더하였다.

> 集傳

以開發其能受眷顧之命者,

돌아보는 명을 받을 수 있는 자를 개발하였는데,

> 詳說

○ 天.

'명(命)'은 경문에서 '천(天)'이다.

○ 添受字.

'수(受)'자를 더하였다.

○ 顧天, 古語倒. 或曰, 如顧諟天之明命之義.

'고천(顧天)'은 옛날의 말로 도치된 것이다. 어떤 이는 '이 하늘의 밝은 명을 돌아본다는 의미와 같다.'고 하였다.

> 集傳

而爾多方之衆, 皆不足以堪眷顧之命也.

너희 다방(多方)의 무리가 모두 충분히 하늘의 돌아보는 명을 감당하지 못하였다.

> 詳說

○ 添命字.

'명(命)'자를 더하였다.

[12-4-18-19]

惟我周王, 靈承于旅, 克堪用德, 惟典神天, 天惟式敎我, 用休, 簡畀殷命, 尹爾多方.

우리 주왕(周王)이 무리를 잘 이어 능히 덕(德)을 이겨내며 써서 신(神)과 하늘을 주장하시기에 하늘이 우리를 가르치시되 써서 아름답게 하고, 간택해서 은(殷)나라의 명(命)을 주시며 너희 다방(多方)을 바로잡게 하셨다.

集傳
典, 主, 式, 用也. 克堪者, 能勝之謂也.
전(典)은 주장함이고, 식(式)은 씀이다. 극감(克堪)은 능히 이겨냄을 이른다.

詳說
○ 平聲, 下同.
'승(勝)'은 평성으로 아래에서도 같다.

集傳
德輶如毛,
덕(德)은 가볍기가 털과 같으나

詳說
○ 音由, 輕也.
'유(輶)'는 음이 '유(由)'로 가볍다는 것이다.

集傳
民鮮克擧之,
백성들이 능히 드는 이가 적으니,

詳說
○ 上聲.
'선(鮮)'은 상성이다.

○ 出詩烝民.
『시경』「증민」이 출처이다.[315]

集傳
言德舉者,
덕을 드는 자를

詳說
○ 德之爲物
'덕(德)'은 '덕이란 것'이라는 것이다.

集傳
莫能勝也.
아무도 이겨낼 수 없음을 말한 것이다.

詳說
○ 釋詩意.
『시경』의 뜻을 해석하였다.

集傳
文武, 善承其衆,
문왕(文王)과 무왕(武王)은 그 무리를 잘 이어서

詳說
○ 呂氏曰 : "前論夏之亾, 本於不克靈承于旅, 此論周之興, 亦曰靈承于旅."
여씨(呂氏)가 말하였다 : "앞에서는 하나라의 망함이 능히 무리를 잘 받들지 못함316)에 근원함을 논하였고, 여기에서는 주나라의 흥함이 또한 무리를 잘 이었

---

315) 『시경(詩經)』「대아(大雅)」「증민(烝民)」: "덕은 가볍기가 털과 같은데, 그것을 능히 드는 이가 적다.(德輶如毛, 民鮮克舉之.)"
316) 『서경대전(書經大全)』, 「주서(周書)」·「다방5(多方5)」: "상제(上帝)의 명을 도모하고 능히 백성들이 붙어서 사는 것을 열어주지 못하며, 크게 벌을 내려 하(夏)나라에 난을 숭상하니, 말미암음이 안의 혼란함에서 비롯되어 능히 무리들을 잘 받들지 못하고, 크게 공손함에 나아가 크게 백성들을 펴주지 못하며, 또한 하(夏)나라의 백성 중에 탐욕스럽고 분(忿)해 하는 자들을 날로 공경하며 하읍(夏邑)을 해쳐서이다.(厥圖帝之命, 不克開于民之麗, 乃大降罰, 崇亂有夏, 因甲于內亂, 不克靈承于旅, 罔丕惟進之恭, 洪舒于民, 亦惟有夏之民, 叨懫日欽, 劓割夏邑.)"

음이라고 말하였다."317)

|集傳|

克堪用德,
능히 덕(德)을 감당해서 쓰시니,

|詳說|

○ 呂氏曰 : "文武於德能勝而用之, 其力過孟賁遠矣."
여씨(呂氏)가 말하였다 : "문왕과 무왕은 덕을 이겨내며 썼으니, 그 힘은 맹분을 지나쳐서 멀리 간다."318)

○ 非若詩所言者.
『시경』에서 말한 것이 아니다.319)

○ 新安陳氏曰 : "克堪二字, 極有力, 非弘毅不能堪而用之."
신안진씨가 말하였다 : "'능히 이겨낸다[克堪]'는 말은 극도로 힘이 있는 것이지, 의지의 강함으로 이기지 못하는데도 쓰는 것이 아니다."320)

|集傳|

是誠可以爲神天之主矣. 故天式教文武
이는 진실로 신(神)과 하늘의 주장이 될 수 있었다. 그러므로 하늘이 그것으로써

---

317) 『서경대전(書經大全)』, 「주서(周書)」·「다방(多方)」 : "여씨가 말하였다 : '앞에서는 하나라의 망함이 능히 무리를 잘 받들지 못함에 근원함을 논하였고, 여기에서는 주나라의 흥함이 또한 무리를 잘 이었음이라고 말하였다. 문왕과 무왕은 덕을 이겨내며 썼으니, 그 힘은 맹분을 지나쳐서 멀리 간다. ….'(呂氏曰 : 前論夏之亡, 本於不克靈承于旅, 此論周之興, 亦曰靈承于旅. 文武於德能勝而用之, 其力過孟賁遠矣. ….)"
318) 『서경대전(書經大全)』, 「주서(周書)」·「다방(多方)」 : "여씨가 말하였다 : '앞에서는 하나라의 망함이 능히 무리를 잘 받들지 못함에 근원함을 논하였고, 여기에서는 주나라의 흥함이 또한 무리를 잘 이었음이라고 말하였다. 문왕과 무왕은 덕을 이겨내며 썼으니, 그 힘은 맹분을 지나쳐서 멀리 간다. ….'(呂氏曰 : 前論夏之亡, 本於不克靈承于旅, 此論周之興, 亦曰靈承于旅. 文武於德能勝而用之, 其力過孟賁遠矣. ….)"
319) 『시경(詩經)』 「대아(大雅)」·「증민(烝民)」 : "덕은 가볍기가 털과 같은데, 그것을 능히 더는 이가 적다.(德輶如毛, 民鮮克擧之.)"
320) 『서경대전(書經大全)』, 「주서(周書)」·「다방(多方)」 : "신안진씨가 말하였다 : '「능히 이겨낸다[克堪]」는 말은 극도로 힘이 있게 된 것이지, 어짊을 소유함을 자신의 책임으로 삼아 널리 죽음까지 아우른 이후에 자신의 굳셈으로는 이길 수 없는데도 쓰는 것이 아니다. 능히 이겨서 쓰는 것은 반드시 힘이 아닌 힘이 있는 것이니, 진실로 힘을 쌓기를 오래도록 한 힘과 같은 이후에 할 수 있는 것이다.'(新安陳氏曰 : 克堪二字, 下得極有力, 非有仁以爲己任之, 弘兼死而後, 己之毅, 不能堪而用之也. 克堪用之, 必有非力之力, 如眞積力久之力而後可.)"

문왕(文王)·무왕(武王)을 가르치시되

> 詳說
> ○ 我
> '문무(文武)'는 경문에서 '아(我)'이다.

> 集傳
> 用以休美
> 써서 아름답게 하고,

> 詳說
> ○ 用使休美之.
> 써서 아름답게 하는 것이다.

> 集傳
> 簡擇畀付殷命, 以正爾多方也.
> 간택해서 은나라의 명을 맡겨주며 너희 다방(多方)을 바로잡게 한 것이다.

> 詳說
> ○ 尹.
> '정(正)'은 경문에서 '윤(尹)'이다.

> 集傳
> 呂氏曰, 式敎用休者, 如之何而敎之也. 文武旣得乎天, 天德日新, 左右逢原
> 여씨(呂氏)가 말하였다. "가르치되 아름다움으로 하였다는 것은 어떻게 하여 가르친 것인가? 문왕(文王)·무왕(武王)이 이미 하늘에 명을 얻었으니, 천덕(天德)이 날로 새로워져 좌우에서 근원을 만나며

> 詳說
> ○ 四字, 見孟子離婁.

네 글자는 『맹자』「이루」에 보인다.321)

集傳

其思也若或起之, 其行也若或翼之, 乃天之所以敎, 而用以昌大休明者也, 非諄諄然而敎之也.

생각함에 혹 일으켜 주는 듯하고 행함에 혹 도와주는 듯 한 것은 바로 하늘이 가르쳐 주어서 창대(昌大)하고 휴명(休明)하게 한 것이고, 순순연(諄諄然)히 가르쳐 준 것이 아니다."

詳說

○ 此句, 見孟子萬章.

여기의 구는 『맹자』「만장」에 보인다.322)

集傳

此章, 深論天下向者, 天命未定, 眷求民主之時, 能者, 則得之, 孰有遏汝者. 乃無一能當天之眷,

이 장(章)은 천하가 지난번에 천명이 아직 정해지지 않아서 백성의 군주를 돌아보아 구할 때에 능한 자이면 얻을 수 있었으니, 어찌 너를 막는 자가 있었겠는가? 마침내 한 사람도 하늘의 돌아봄을 감당하는 자가 없다가

詳說

○ 照上節.

위의 절을 참조하라.323)

集傳

---

321) 『맹자(孟子)』「이루하(離婁下)」에 "군자가 도리에 깊이 나아가는 것은 스스로 체득하려는 것이다. 스스로 체득하면 거기에 편안하고, 거기에 편안하면 응용할 것이 많고, 응용할 것이 많으면 몸의 좌우에서 취해 그 근원을 만날 수 있게 된다.(君子深造之以道, 欲其自得之也, 自得之則居之安, 居之安則資之深, 資之深則取之左右, 逢其原.)"

322) 『맹자(孟子)』「만장상(萬章上)」: "하늘이 주었다는 것은 순순연(諄諄然)히 명한 것입니까?(天與之者, 諄諄然命之乎.)"

323) 『서경대전(書經大全)』, 「주서(周書)」·「다방-18(多方-18)」: "하늘이 너희 다방(多方)에서 구하여 크게 위엄으로 움직여 하늘의 돌아보는 명을 받을 자를 개발하였는데, 너희 다방(多方)은 하늘의 돌아보는 명을 감당하지 못하였다.(天惟求爾多方, 大動以威, 開厥顧天, 惟爾多方, 罔堪顧之.)"

今天旣命我周, 而定于一矣,
이제 하늘이 이미 우리 주(周)나라에게 명하여 하나로 정해졌는데

詳說
○ 此句, 見孟子梁惠王.
여기의 구는 『맹자』「양혜왕」에 보인다.324)

集傳
爾猶洶洶不靖, 欲何爲耶. 明指天命, 而讋服四海姦雄之心者
너희들이 오히려 흉흉하여 안정되지 않음은 무엇을 하고자 하는 것인가를 깊이 논한 것이다. 천명(天命)을 분명히 가리켜서 사해(四海)의 간웅(姦雄)들의 마음을 두렵게 하고 복종시킴이

詳說
○ 音慴.
'섭(讋)'은 음이 '섭(慴)'이다.

集傳
莫切於是.
이보다 간절한 것이 없다.

詳說
○ 呂氏, 以下, 論也.
'여씨(呂氏)' 이하는 경문의 의미 설명이다.

[12-4-18-20]
今我曷敢多誥. 我惟大降爾四國民命.

---

324) 『맹자(孟子)』「양혜왕상(梁惠王上)」 : "나와서 사람들에게 말씀하였다. '바라보아도 임금 같지 않고, 그 앞으로 나아가도 두려워할 만한 바를 발견할 수 없었는데, 갑자기 묻기를 「천하가 어디에 정해지겠습니까?」 하거늘, 내 대답하기를 「한 곳에 정해질 것입니다.」 하였노라.'(出語人曰, 望之不似人君, 就之而不見所畏焉, 卒然問曰, 天下惡乎定, 吾對曰, 定于一.)"

이제 내가 어찌 감히 많이 가르치겠는가? 나는 크게 죄를 강등하여 너희 사국의 백성들의 목숨을 살려주었다.

集傳
言今我何敢如此多誥. 我惟大降, 宥爾四國民命, 舉其宥過之恩, 而責其遷善之實也.
이제 내가 어찌 감히 이와 같이 많이 가르치겠는가? 나는 오직 크게 죄를 강등하여 너희 사국의 백성들의 목숨을 용서했다 하였으니, 허물을 용서한 은혜를 들어 개과천선의 실제를 책한 것이다.

詳說
○ 二句, 論也.
두 구는 경문의 의미 설명이다.

[12-4-18-21]
爾, 曷不忱裕之于爾多方. 爾, 曷不夾介乂我周王享天之命. 今爾尙宅爾宅畋爾田, 爾, 曷不惠王熙天之命.

너희는 어찌 너희 다방(多方)에게 성실하고 관유(寬裕)하지 않는가? 너희는 어찌 우리 주왕(周王)이 천명을 누리는 것을 협조하고 돕지 않는가? 지금 너희가 아직도 너희 집에 거주하고 너희 토지를 경작하니, 너희는 어찌 왕실에 순종하여 천명을 넓히지 않는가?

詳說
○ 夾諺音誤.
'협(夾)'은 『언해』의 음이 잘못되었다.

集傳
夾, 夾輔之夾,
협(夾)은 협보(夾輔)의 협(夾)이고,

詳說

○ 見左僖四年.
『좌전』 희공 4년에 보인다.

> 集傳

介, 賓介之介.
개(介)는 빈개(賓介)의 개(介)이다.

> 詳說

○ 見儀禮鄕飮酒禮.
『의례』「향음주례」에 보인다.

> 集傳

爾, 何不誠信
너희는 어찌 너희 다방(多方)에게 성신(誠信)하고

> 詳說

○ 忱.
'성신(誠信)'은 경문에서 '침(忱)'이다.

> 集傳

寬裕於爾之多方乎
관유(寬裕)하지 않는가?

> 詳說

○ 休.
'관유(寬裕)'는 경문에서 '휴(休)'이다.

> 集傳

爾, 何不夾輔介助我周王享天之命乎
너희는 어찌 우리 주왕(周王)이 천명을 누리는 것을 협보(夾輔)하고 개조(介助)하지 않는가?

詳說

○ 訓釋, 略乂字, 何也.
자구의 해석에서 '예(乂)'자를 생략한 것은 무엇 때문인가?

○ 陳氏大猷曰 : "乂我周王, 如用乂厥辟之乂, 謂治其君之事."
진씨 대유(陳氏大猷)325)가 말하였다 : "'우리 주왕을 돕는다.'는 것은 '써 그 군주를 다스리게 하였다.'326)고 할 때의 '다스리다.'는 것과 같으니, 그 임금의 일을 다스리는 것을 말한다."327)

集傳

爾之叛亂, 據法定罪, 則潴其宅,
너희의 반란을 법에 의거하여 죄를 단정하면 그 집에 못을 파고

詳說

○ 音諸.
'저(潴)'는 음이 '저(諸)'이다.

○ 見禮記檀弓.
『예기』「단궁」에 보인다.

集傳

---

325) 진씨 대유(陳氏大猷. ?~?) : 송나라 남강군(南康軍) 도창(都倉) 사람으로 자는 문헌(文獻)이고, 호는 동재(東齋)다. 이종(理宗) 개경(開慶) 원년(1259) 진사(進士)가 되고, 종정랑(從政郞)과 황주군(黃州軍) 판관(判官) 등을 지냈다. 『서경』에 조예가 깊었다. 저서에 『상서집전혹문(尙書集傳或問)』과 『상서집전회통(尙書集傳會通)』 등이 있다.
326) 『서경대전(書經大全)』, 「주서(周書)」·「군석9(君奭9)」 : "하늘이 도와 명하심이 순수하였으니, 상나라가 충실하여 백성과 왕인(王人)들이 덕을 잡고 근심을 밝히지 않은 이가 없었고, 소신(小臣)과 번병(藩屛)의 후전(侯甸)들이 하물며 모두 분주함에 있어서랴. 이 덕을 칭송하여 써 그 군주를 다스리게 하였다. 그러므로 한 사람이 사방에 일함이 있으면 마치 거북점과 시초점 같이 여겨서 이것을 믿지 않은 이가 없었다.(天惟純佑命, 則商實, 百姓王人, 罔不秉德明恤, 小臣屛侯甸, 矧咸奔走. 惟玆惟德, 稱用乂厥辟. 故一人有事于四方, 若卜筮, 罔不是孚.)"
327) 『서경대전(書經大全)』, 「주서(周書)」·「다방(多方)」 : "진씨 대유(陳氏大猷)가 말하였다 : 「우리 주왕을 돕는다.」는 것은 「써 그 군주를 다스리게 하였다.」고 할 때의 「다스리다.」는 것과 같으니, 그 임금의 일을 다스리는 것을 말한다.'(陳氏大猷曰 : 乂我周王, 如乂用厥辟之乂, 謂治其君之事.)"

収其田,
토지를 환수하는 것이

> [詳說]
> ○ 出孟子離婁.
> 『맹자』「이루」가 출처이다.328)

> [集傳]
> 可也, 今爾猶得居爾宅, 耕爾田,
> 옳은데, 이제 너희가 아직도 너희 집에 거주하고 너희 토지를 경작하니,

> [詳說]
> ○ 畋佃同, 治田也.
> '경(耕)'은 '전전(畋佃)'과 같으니, 농사를 짓는 것이다.

> [集傳]
> 爾, 何不順我王室,
> 너희는 어찌 우리 왕실에 순종하여

> [詳說]
> ○ 惠.
> '순(順)'은 경문에서 '혜(惠)'이다.

> [集傳]
> 各守爾典,
> 각각 너희 법을 지켜서

---

328) 『맹자(孟子)』「이루하(離婁下)」: "지금엔 신하가 되어 간하면 행하지 않으며 말하면 들어주지 아니하여 은택이 백성들에게 내려지지 못하고, 연고가 있어 떠나가면 군주가 그를 속박하며 또 그가 가는 곳에 곤궁하게 하고, 떠나는 날에 마침내 그의 전택(田宅)을 환수하니, 이것을 일러 원수라 하는 것이니, 원수에게 무슨 복을 입어줌이 있겠습니까?(今也爲臣, 諫則不行, 言則不聽, 膏澤不下於民, 有故而去, 則君搏執之, 又極之於其所往, 去之日, 遂收其田里, 此之謂寇讐, 寇讐, 何服之有.)"

詳說

○ 添此句.
여기의 구를 더하였다.

集傳

以廣天命乎.
천명을 넓히지 않는가?

詳說

○ 熙
'광(廣)'은 경문에서 '희(熙)'이다.

集傳

此三節
여기 세 절에서는

詳說

○ 三曷
세 번의 '갈(曷)'이 있는 것이다.

集傳

責其何不如此也
어찌하여 이와 같이 하지 않느냐고 책한 것이다.

詳說

○ 此句, 論也.
여기의 구는 경문의 의미 설명이다.

[12-4-18-22]

爾乃迪屢不靜, 爾心未愛. 爾乃不大宅天命. 爾乃屑播天命. 爾乃自作不典, 圖忱于正.

너희가 여러 번 안정하지 못함을 따르니, 너희 마음이 사랑하지 않는가? 너희는 천명을 크게 편안히 여기지 않는가? 너희는 천명을 하찮게 버리는가? 너희는 스스로 불법을 저지르면서 바름에 믿음을 받기를 도모하는가?

集傳

爾乃屢蹈不靜,
네가 여러 번 안정하지 못함을 따라

詳說

○ 鄒氏季友曰 : "與康誥迪屢異釋, 合從前說."

추씨 계우(鄒氏季友)329)가 말하였다 : "「강고」에서 '인도하기를 여러 번 하였다.'330)는 것과 해석이 다르지만 앞의 설명을 따르는 것과는 합한다."

集傳

自取爻滅,
스스로 멸망을 취하니,

---

329) 『서경대전(書經大全)』, 「상서(商書)」·「중훼지고(仲虺之誥)」에는 황보밀(皇甫謐)의 말로 되어 있다. 황보밀(皇甫謐, 215년 ~ 282년)은 서진(西晉) 안정(安定) 조나(朝那) 사람으로 자는 사안(士安)이고, 어릴 때 이름은 정(靜)이며, 자호는 현안선생(玄晏先生)이다. 황보숭(皇甫嵩)의 증손이다. 젊었을 때 거침없이 방탕하여 사람들이 미치광이라고 여겼다. 20살 무렵부터 부지런히 공부해 게으르지 않았다. 집이 가난해 직접 농사를 지었는데, 책을 읽으면서 밭갈이를 함으로써 수많은 서적들을 통독했다. 나중에 질병에 걸렸으면서도 손에서 책을 놓지 않고 저술에 전심하느라 밥 먹는 것도 잊어버려 사람들이 서음(書淫)이라 했다. 무제(武帝) 때 부름을 받았지만 나가지 않았다. 무제가 책 한 수레를 하사했다. 자신의 병을 고치려고 의학서를 읽어 가장 오랜 침구 관련서인 『침구갑을경(鍼灸甲乙經)』을 편찬했다. 역사에도 조예가 깊어 『제왕세기(帝王世紀)』와 『연력(年歷)』·『고사전(高士傳)』·『일사전(逸士傳)』·『열녀전(列女傳)』·『현안춘추(玄晏春秋)』 등을 지었다.

330) 『서경대전(書經大全)』, 「주서(周書)」·「강고-21(康誥-21)」: "왕(王)이 말씀하였다. '봉(封)아! 나는 살펴보지 않을 수 없다. 너에게 덕(德)의 말로 형벌을 행함을 고하노니, 지금 백성들이 안정하지 아니하고 나쁜 마음을 그치지 아니하여 인도하기를 여러 번 하였으나 똑같게 다스려지지 않는다. 밝게 생각하건대, 하늘이 우리들을 형벌하여 죽이실 것이니, 우리는 원망하지 못할 것이다. 그 죄는 큰데 있지 않고 또한 많은데 있지 않으니, 하물며 나쁜 소문이 드러나 하늘에 알려짐에 있어서야 말해 무엇 하겠는가!'(王曰, 封, 予惟不可不監. 告汝德之說于罰之行, 今惟民不靜, 未戾厥心, 迪屢未同. 爽惟, 天其罰殛我, 我其不怨. 惟厥罪, 無在大, 亦無在多, 矧曰其尙顯聞于天.)"

詳說

○ 添此句.
여기의 구를 더하였다.

集傳

爾心其未知所以自愛耶.
너희 마음이 스스로 사랑하는 바를 알지 못하는가?

詳說

○ 添自字.
'자(自)'자를 더하였다.

集傳

爾乃大不安天命耶.
너희는 스스로 천명을 크게 편안히 여기지 않는가?

詳說

○ 宅.
'안(安)'은 경문에서 '택(宅)'이다.

集傳

爾乃輕棄天命耶.
너희는 천명을 가볍게 버리는가?

詳說

○ 屑輕也.
경문에서 '설(屑)'이 '경(輕)'이다.

○ 播.
'기(棄)'는 경문에서 '파(播)'이다.

> 集傳

爾乃自爲不法,
너희는 스스로 불법을 저지르면서

>> 詳說

○ 作.
'위(爲)'는 경문에서 '작(作)'이다.

> 集傳

欲圖見信于正者, 以爲當然耶
바름에 믿겨짐을 받기를 도모하고자 하는 것을 당연하다고 여기는가?

>> 詳說

○ 陳氏大猷曰 : "自作亂綱常之事, 欲人信以爲正, 蓋四國從殷以求興, 復自以爲正義也."
진씨 대유(陳氏大猷)가 말하였다 : "스스로 강상을 어지럽히는 일을 하면서 사람들이 바르다고 믿기를 바라니, 네 나라가 은나라를 따라 부흥을 구하면서 다시 스스로 정의롭다고 여기는 것이다."331)

> 集傳

此四節
여기의 네 절에서는

>> 詳說

○ 四乃.
네 번의 '내(乃)'가 있는 것이다.

---

331) 『서경대전(書經大全)』, 「주서(周書)」·「다방(多方)」 : "진씨 대유가 말하였다 : '스스로 강상을 어지럽히는 일을 하면서 사람들이 바르다고 믿기를 바라니, 네 나라가 은나라를 따라 부흥을 구하면서 다시 스스로 정의롭다고 여기는 것이다.'(陳氏大猷曰 : 自作不典亂綱常之事, 苟欲人信以爲正. 蓋四國從殷以求興, 復自以爲正義也.)"

集傳

責其不可如此也

이와 같이 해서는 안됨을 책한 것이다.

詳說

○ 此句, 論也.

여기의 구는 경문의 의미 설명이다.

[12-4-18-23]

我惟時其教告之, 我惟時其戰要囚之, 至于再至于三. 乃有不用我降爾命, 我乃其大罰殛之, 非我有周秉德不康寧, 乃惟爾自速辜.

내가 이렇게 가르쳐 고하며, 내가 이렇게 두려워하여 죄수를 결단하되 재심에 이르고 삼심에 이르노라. 너희가 나의 목숨을 내려줌을 따르지 않으면 내 크게 형벌하여 죽일 것이니, 우리 주나라가 덕을 잡음이 강녕하지 않은 것이 아니라, 바로 너희 스스로 죄를 부르는 것이다.'

集傳

我惟是

내가 이렇게

詳說

○ 之故

'이렇게'는 '이런 연고로'이다.

集傳

教告而誨諭之, 我惟是戒懼

가르치고 타이르며, 내가 이렇게 계구(戒懼)하여

詳說

○ 戰.
'계구(戒懼)'는 경문에서 '전(戰)'이다.

集傳
而要囚之
죄수를 결단하되

詳說
○ 鄒氏季友曰 : "與康誥傳異矣."
추씨 계우가 말하였다 : "「강고」의 전(傳)과는 다르다."332)

集傳
今至于再至于三矣,
이제 재심에 이르고 삼심에 이르니,

詳說
○ 孔氏曰 : "再, 謂三監淮夷叛, 三, 謂卽政又叛."
공씨(孔氏)가 말하였다 : "재(再)는 삼감과 회이가 배반한 것이고, 삼(三)은 정사를 하자마자 또 배반한 것이다."333)

集傳
爾不用我降宥爾命
너희는 내가 죄를 강등하여 너희 목숨을 용서함을 따르지 않고

詳說
○ 猶從也

---

332) 『서경대전(書經大全)』, 「주서(周書)」·「강고-12(康誥-12)」 : "또 말씀하였다. '요수(要囚)를 5~6일 동안 가슴속에 두고 생각하며, 열흘이나 한 철에 이르러서 요수(要囚)를 크게 결단하라.'(又曰, 要囚, 服念五六日, 至于旬時, 丕蔽要囚.)" 주자주 : "요수(要囚)는 옥사(獄辭)의 요결(要結)이다.(要囚, 獄辭之要者也.)"
333) 『서경대전(書經大全)』, 「주서(周書)」·「다방(多方)」 : "공씨가 말하였다 : '⋯. 재(再)는 삼감과 회이가 배반한 것이고, 삼(三)은 왕이 바로 정사를 하자마자 또 배반한 것이니, 여러 번 안정하지 못함을 따랐다는 말이다.'(孔氏曰 : ⋯. 再, 謂三監淮夷叛, 三, 謂王即政, 又叛, 言屢迪不靜之事.)"

'용(用)'은 '종(從)'과 같다.

集傳
而猶狃於叛亂反覆,
오히려 반란과 반복을 익히면

詳說
○ 女九反.
'뉴(狃)'는 음이 '녀(女)'와 '구(九)'의 반절이다.

○ 音福
'복(覆)'은 음이 '복(福)'이다.

○ 添此句.
여기의 구를 더하였다.

集傳
我乃其大罰殛殺之, 非我有周持德不安靜, 乃惟爾自爲凶逆, 以速其罪爾.
내 크게 벌하여 죽일 것이니, 우리 주(周)나라가 덕(德)을 잡음이 안정하지 않은 것이 아니라, 바로 너희 스스로 흉역(凶逆)을 저질러서 그 죄를 부르는 것이다.

詳說
○ 一作耳.
'이(爾)'는 어떤 판본에는 '이(耳)'로 되어 있다.

[12-4-18-24]

王曰. 嗚呼, 猷告爾有方多士, 曁殷多士. 今爾奔走臣我監, 五祀.

왕(王)이 말씀하였다. "아! 너희 유방(有方)의 많은 선비와 은(殷)나라의 많은 선비에게 고

하노라. 이제 너희가 분주히 우리 감(監)에게 신하 노릇한 지가 5사(祀)이다.

> 詳說

○ 監, 平聲.
'감(監)'은 평성이다.

○ 有方多士, 一作有多方士.
'유방다사(有方多士)'는 어떤 판본에는 '유다방사(有多方士)'로 되어 있다.

> 集傳

監, 監洛邑之遷民者也, 猶諸侯之分民,
감(監)은 낙읍(洛邑)에 옮긴 백성을 감독하는 자인데, 제후가 백성을 나누어 다스리는 것과 같아서

> 詳說

○ 見漢書地理志.
『한서』「지리지」에 보인다.

> 集傳

有君道焉, 所以謂之臣我監也. 言商士遷洛, 奔走臣服我監, 於今五年矣. 不曰年而曰祀者, 因商俗而言也. 又按, 成周旣成, 而成王卽政, 成王卽政, 而商奄繼叛, 事皆相因, 纔一二年耳, 今言五祀. 則商民之遷, 固在作洛之前矣, 尤爲明驗.

군주의 도(道)가 있으니, 이 때문에 우리 감(監)에게 신하 노릇하였다고 말한 것이다. 상(商)나라 선비가 낙읍으로 옮겨와서 분주히 우리 감(監)에게 신하로 복종한 지가 지금 5년이 되었다고 말한 것이다. 연(年)이라 말하지 않고 사(祀)라고 말한 것은 상(商)나라의 풍속을 따라서 말한 것이다. 또 살펴보건대 성주(成周)가 이미 이루어지자 성왕(成王)이 바로 정사에 나아갔고, 성왕(成王)이 바로 정사에 나아가면서 상엄(商奄)이 이어 반란하였으니, 일이 모두 서로 이어져서 겨우 1~2년 사이인데, 이제 5사(祀)라고 말하였다. 그렇다면 상(商)나라 백성을 옮긴 것이 진실로 낙읍을 짓기 이전에 있었음이 더욱 분명한 증거이다.

詳說

○ 不曰, 以下論也. 而又, 以下, 又申多士篇題之說.

'불왈(不曰)' 이하는 경문의 의미 설명이고, '우(又)' 이하는 또 「다사」의 편제에 대한 설명을 거듭한 것이다.

[12-4-18-25]

越惟有胥伯小大多正, 爾罔不克臬.

서(胥)와 백(伯)과 대소(大小)의 많은 정(正)들아! 너희들은 일을 잘하지 않음이 없도록 할지어다.

詳說

○ 臬, 魚列反.

'얼(臬)'은 '어(魚)'와 '렬(列)'의 반절이다.

集傳

臬, 事也.

얼(臬)은 일이다.

詳說

○ 鄒氏季友曰 : "與康誥異釋, 何也."

추씨 계우(鄒氏季友)가 말하였다 : "「강고」의 해석과 다른 것은 무엇 때문인가?"334)

集傳

周官

주(周)나라 관직은

---

334) 『서경대전(書經大全)』, 「주서(周書)」·「강고-11(康誥-11)」 : "왕(王)이 말씀하였다. '외사(外事)에 너는 이 법을 진열하여 유사(有司)들이 이 은나라의 형벌 중에 조리가 있는 것을 본받게 하라.'(王曰, 外事, 汝陳時臬, 司師玆殷罰有倫.)" 주자의 주, "얼(臬)은 법(法)이니, 준한(準限)의 뜻이다.(臬, 法也, 爲準限之義.)"

|詳說|
○ 周禮之官
『주례』의 관이다.

|集傳|
多以胥以伯以正爲名, 胥伯小大衆多之正, 蓋殷多士, 授職於洛, 共長治遷民者也.
서(胥)와 백(伯)과 정(正)으로 이름을 삼은 것이 많으니, 서(胥)와 백(伯)과 대소(大小)의 많은 정(正)은 은(殷)나라의 많은 선비로 낙읍(洛邑)에서 직책을 주어 옮겨 온 백성들을 함께 다스리는 자이다.

|詳說|
○ 上聲.
'장(長)'은 상성이다.

|集傳|
其奔走臣我監, 亦久矣,
분주히 우리 감(監)에게 신하 노릇한 지가 또한 오래이니,

|詳說|
○ 承上節.
위의 절을 이어받았다.

|集傳|
宜相體悉, 竭力其職, 無或反側偸惰, 而不能事也.
마땅히 서로 체득하고 알아서 그 직책에 힘을 다할 것이고, 혹시라도 반측하고 게을리 하여 일을 잘하지 않음이 없어야 할 것이다.

[12-4-18-26]

自作不和, 爾惟和哉. 爾室不睦, 爾惟和哉. 爾邑克明, 爾惟克勤乃事.

스스로 불화(不和)를 저지르니, 너희가 화(和)하게 할지어다. 너희 왕실이 화목하지 못하니, 너희가 화목하게 할지어다. 너희 고을이 능히 밝아야 너희가 능히 너희 일을 부지런히 할 것이다.

集傳

心不安靜, 則身不和順矣, 身不安靜, 則家不和順矣.

마음이 안정되지 못하면 몸이 화순(和順)하지 못하고, 몸이 안정하지 못하면 집이 화순(和順)하지 못하다.

詳說

○ 睦.

'순(順)'은 경문에서 '목(睦)'이다.

集傳

言爾惟和哉者, 所以勸勉之也. 和其身睦其家, 而後能協于其邑, 驩然有恩以相愛, 粲然有文以相接,

너희가 화목하게 하라고 말한 것은 권면한 것이다. 그 몸을 화하게 하고 그 집안을 화목하게 한 뒤에야 그 고을을 화합하게 할 수 있으며, 환연(驩然)히 은혜로써 서로 사랑하고 찬연(粲然)히 문채로써 서로 접함이 있어

詳說

○ 是克明之事.

능히 밝아야 하는 일이다.

集傳

爾邑克明,

너희 고을이 능히 밝아야

> 詳說

○ 新安陳氏曰:"爾邑之敎化, 能修明."

신안 진씨(新安陳氏)가 말하였다 : "너희 고을의 교화가 능히 닦이고 밝아야 한다는 것이다."335)

> 集傳

始爲不負其職, 而可謂克勤乃事矣. 前旣戒以罔不克臬, 故以克勤乃事期之也.

비로소 그 직책을 저버리지 아니하여 너희 일을 부지런히 한다고 이를 수 있는 것이다. 앞에 이미 일을 잘하지 않음이 없어야 한다고 경계하였으므로 너희 일을 부지런히 하라는 것으로 기대한 것이다.

> 詳說

○ 二句, 論也.

두 구는 경문의 의미 설명이다.

[12-4-18-27]

爾尙不忌于凶德, 亦則以穆穆, 在乃位, 克閱于乃邑, 謀介.

너희는 부디 흉덕(凶德)을 두려워하지 아니하여 또한 목목(穆穆)함으로써 너희 지위에 거하며, 너희 고을에서 잘 간열(簡閱)하여 도와줄 사람을 도모하도록 하라.

> 詳說

○ 新安陳氏曰:"又告以和之之道."

신안 진씨(新安陳氏)가 말하였다 : "또 화하게 하는 도로 고한 것이다."336)

---

335) 『서경대전(書經大全)』, 「주서(周書)」·「다방(多方)」: "신안 진씨가 말하였다 : '너희가 능히 자신을 화하게 해서 집안에 미치고 너희 고을에 미치니, 너희 고을의 교화가 능히 닦이고 밝아야 너희가 너희의 일을 바야흐로 능히 부지런히 할 수 있다는 것이다. 또 화하게 하는 도로 고한 것이다.'(新安陳氏曰 : 爾能和身, 及家以及爾邑, 則爾邑之敎化能修明, 爾方爲能勤乃事矣. 又告以和之之道. ….)"

336) 『서경대전(書經大全)』, 「주서(周書)」·「다방(多方)」: "신안 진씨가 말하였다 : '너희가 능히 자신을 화하게 해서 집안에 미치고 너희 고을에 미치니, 너희 고을의 교화가 능히 닦이고 밝아야 너희가 너희의 일을 바

集傳

忌, 畏也. 穆穆, 和敬貌. 頑民, 誠可畏矣, 然如上文所言, 爾多士庶幾不至畏忌頑民凶德,

기(忌)는 두려워함이다. 목목(穆穆)은 화하고 공경하는 모양이다. 완악한 백성은 진실로 두려울 만하나 위의 글에서 말한 바와 같이 너희의 많은 선비들이 거의 완민(頑民)의 흉덕을 두려워함에 이르지 아니하여,

詳說

○ 添頑民字.

'완민(頑民)'이라는 글자를 더하였다.

○ 鄒氏季友曰 : "周公誥殷民, 未嘗以頑民稱之. 至畢命始有頑民之語, 宜易之以成周公忠厚之美."

추씨 계우(鄒氏季友)가 말하였다 : "주공이 은나라 백성들을 가르칠 때 완민(頑民)으로 칭한 적이 없다. 「필명」에서 비로소 완민이라는 말이 있는데,337) 당연히 그것을 바꿔 주공의 충후한 아름다움을 이루어야 하는 것이다."

集傳

亦則以穆穆和敬, 端處爾位

또한 목목(穆穆)히 화경(和敬)함으로써 너희 지위에 단정히 처해서

詳說

○ 上聲.

'처(處)'는 상성이다.

集傳

야흐로 능히 부지런히 할 수 있다는 것이다. 또 화하게 하는 도로 고한 것이다.'(新安陳氏曰 : 爾能和身, 及家以及爾邑, 則爾邑之教化能修明, 爾方爲能勤乃事矣. 又告以和之之道. ….)"
337) 『서경대전(書經大全)』, 「주서(周書)」・「필명3(畢命3)」: "주공이 선왕을 도와 집을 편안히 안정시키고, 은나라의 완악한 백성들을 삼가 낙읍으로 옮겨서 왕실에 가깝게 하셨다. 그 가르침에 교화되어 이미 3기(紀)가 지나 대(代)가 변하고 풍속이 바뀌어 사방에 근심이 없으니, 나 한 사람이 편안하노라.(惟周公, 左右先王, 綏定厥家, 毖殷頑民, 遷于洛邑, 密邇王室. 式化厥訓, 既歷三紀, 世變風移, 四方無虞, 予一人, 以寧.)"

以潛消其悍逆悖戾之氣,
한역(悍逆)하고 패려(悖戾)한 기운을 은근히 사라지게 하고,

詳說
○ 添此句.
여기의 구를 더하였다.

集傳
又能簡閱爾邑之賢者,
또 너희 고을의 현자(賢者)들을 잘 간열(簡閱)하여

詳說
○ 選也.
'간열(簡閱)'는 뽑는다는 것이다.

○ 添二字.
두 글자를 더하였다.

○ 諺釋, 略乃字, 何也.
『언해』의 해석에서 '내(乃)'자를 생략한 것은 무엇 때문인가?

集傳
以謀其助, 則民之頑者, 且革而化矣, 尚何可畏之有哉.
도와줄 사람을 도모하면 백성 중에 완악한 자들이 장차 고쳐서 교화될 것이니, 그러고도 어찌 두려워할 것이 있겠는가?

詳說
○ 補二句.
두 구를 보완하였다.

> 集傳

成王誘掖商士之善, 以化服商民之惡, 其轉移感動之機, 微矣哉.
성왕이 상나라 선비 중에 선한 자들을 인도하여 상(商)나라 백성 중에 악한 자들을 교화시키니, 전이(轉移)하고 감동하는 기틀이 은미하도다.

>> 詳說

○ 三句, 論也.
세 구는 경문의 의미 설명이다.

[12-4-18-28]

爾乃自時洛邑, 尚永力畋爾田, 天惟畀矜爾, 我有周, 惟其大介賚爾, 迪簡在王庭, 尚爾事. 有服在大僚.

너희가 이 낙읍으로부터 부디 길이 힘써서 너희 토지를 경작하면 하늘이 너희에게 주고 가엾게 여기실 것이며, 우리 주나라도 크게 너희를 믿고 가엾게 여겨 주어서 계적(啓迪)하고 간발(簡拔)하여 왕의 조정에 있게 할 것이니, 부디 너희의 일을 할지어다. 일함이 대료(大僚)에 있을 것이다."

> 集傳

爾乃自時洛邑
너희가 이 낙읍(洛邑)으로부터

>> 詳說

○ 之遷.
'낙읍의 옮김으로부터'이다.

> 集傳

庶幾可以保有其業,
거의 생업(生業)을 보유하여

詳說

○ 釋永意.

'영(永)'의 의미를 해석하였다.

集傳

力畋爾田,

힘써 너희 토지를 경작하면,

詳說

○ 新安陳氏曰：“長保田祿.”

신안 진씨(新安陳氏)가 말하였다 : "전록을 길이 보유하는 것이다."338)

○ 照前節, 言田以該宅.

앞의 절을 참조하면,339) 토지를 말해 집까지 갖춘 것이다.

集傳

天亦將畀予, 矜憐於爾,

하늘이 또한 너희에게 주고 가엾게 여길 것이고,

詳說

○ 音與.

'여(予)'는 음이 '여(與)'이다.

---

338) 『서경대전(書經大全)』, 「주서(周書)」·「다방(多方)」 : "신안 진씨가 말하였다 : '너희가 능히 자신을 화하게 해서 집안에 미치고 너희 고을에 미치니, 너희 고을의 교화가 능히 닦이고 밝아야 너희가 너희의 일을 바야흐로 능히 부지런히 할 수 있다는 것이다. 또 화하게 하는 도로 고한 것이다. …. 너희들이 과연 이것을 잘해 부디 낙읍에서 길이 전록을 보유하면, 어찌 이것들뿐이겠는가? ….'(新安陳氏曰 : 爾能和身, 及家以及爾邑, 則爾邑之教化能修明, 爾方為能勤乃事矣. 又告以和之之道. …. 爾果能此, 庶幾自此洛邑, 長保田祿, 豈惟此哉. ….)"

339) 『서경대전(書經大全)』, 「주서(周書)」·「다방21(多方-21)」 : "너희는 어찌 너희 다방(多方)에게 성실하고 관유(寬裕)하지 않는가? 너희는 어찌 우리 주왕(周王)이 천명을 누리는 것을 협조하고 돕지 않는가? 지금 너희가 아직도 너희 집에 거주하고 너희 토지를 경작하니, 너희는 어찌 왕실에 순종하여 천명을 넓히지 않는가?(爾, 曷不忱裕之于爾多方. 爾, 曷不夾介乂我周王享天之命. 今爾尚宅爾宅畋爾田, 爾, 曷不惠王熙天之命.)"

集傳

我有周, 亦將大介助賚錫於爾
우리 주(周)나라 역시 장차 너희를 크게 돕고 주어서

詳說

○ 新安陳氏曰:"豈惟天哉, 我周亦介助賚錫."
신안 진씨(新安陳氏)가 말하였다:"어찌 하늘뿐이겠는가? 우리 주나라도 크게 도와줄 것이다."340)

集傳

啓迪簡拔置之王朝矣,
계적(啓迪)하고 간발(簡拔)하여 왕조(王朝)에 둘 것이니,

詳說

○ 在.
'치지(置之)'는 경문에서 '재(在)'이다.

○ 音潮
'조(朝)'는 음이 '조(潮)'이다.

集傳

其庶幾勉爾之事.
부디 너희 일을 힘쓸지어다.

詳說

○ 添勉字.
'면(勉)'자를 더하였다.

---

340)『서경대전(書經大全)』,「주서(周書)」·「다방(多方)」:"신안 진씨가 말하였다:'너희가 능히 자신을 화하게 해서 집안에 미치고 너희 고을에 미치니, 너희 고을의 교화가 능히 닦이고 밝아야 너희가 너희의 일을 바야흐로 능히 부지런히 할 수 있다는 것이다. 또 화하게 하는 도로 고한 것이다. …. 하늘이 너희에게 주고 가엾게 여기실 것이니, 어찌 하늘뿐이겠는가? 우리 주나라도 너희를 크게 믿고 가엾게 여겨준다는 것이다. ….'(新安陳氏曰:爾能和身, 及家以及爾邑, 則爾邑之教化能修明, 爾方爲能勤乃事矣. 又告以和之之道. …. 天亦惟畀矜爾, 豈惟天哉, 我周亦大介助賚錫爾. ….)"

> [集傳]
>
> **有服在大僚, 不難至也.**
> 일함이 대료(大僚)에 있는 것이 이르기 어렵지 않을 것이다.

> [詳說]
>
> ○ 新安陳氏曰 : "自庶伯正, 而迪簡在王朝, 又將升在大僚, 此卽所謂大介賚也."
>
> 신안 진씨(新安陳氏)가 말하였다 : "많은 백과 정으로부터 계적하고 간발해서 왕의 조정에 있게 하고 또 올라가 대료에 있게 할 것이니, 이것이 곧 이른바 크게 믿고 가엽게 여겨준다는 것이다."341)

> [集傳]
>
> **多士篇商民, 嘗以夏迪簡在王庭, 有服在百僚爲言, 故此因以勸厲之也.**
> 「다사(多士)」에 상(商)나라 백성들이 일찍이 "하(夏)나라의 신하들이 계도하고 간발하여 왕(王)의 조정에 있었으며, 일하는 자들이 백료(百僚)에 있었다."고 말하였으므로 여기에서는 그것에 따라 권면한 것이다.

> [詳說]
>
> ○ 論也.
> 경문의 의미 설명이다.
>
> ○ 呂氏曰 : "多士, 則以大義裁之, 此乃以爲勸, 何也. 自其怨望而許之, 姑息之政也. 示以好惡而勸之, 磨厲之具也. 此周公御商士之開闔也."
>
> 여씨가 말하였다 : "「다사」에서는 대의로 제재했는데, 여기에서는 바로 권면한

---

341) 『서경대전(書經大全)』, 「주서(周書)」·「다방(多方)」 : "신안 진씨가 말하였다 : '너희가 능히 자신을 화하게 해서 집안에 미치고 너희 고을에 미치니, 너희 고을의 교화가 능히 닦이고 밝아야 너희의 일을 바야흐로 능히 부지런히 할 수 있다는 것이다. 또 화하게 하는 도로 고한 것이다. …. 하늘이 너희에게 주고 가엾게 여기실 것이니, 어찌 하늘뿐이겠는가? 우리 주나라도 너희를 크게 믿고 가엽게 여겨준다는 것이다. …. 또 여기 낙읍의 많은 백과 정으로부터 계적하고 간발해서 왕의 조정에 있게 하고 또한 너희의 직분과 일을 높이는 자가 있으면, 또 일함에 올라가 대료에 있게 할 것이니, 이것이 곧 이른바 크게 믿고 가엽게 여겨준다는 것이다. ….'(新安陳氏曰 : 爾能和身, 及家以及爾邑, 則爾邑之敎化能修明, 爾方爲能勤乃事矣. 又告以和之道. …. 天亦惟畀矜爾, 豈惟天哉, 我周亦大介助賫錫爾. …. 且將自此洛邑之胥伯正而迪簡在王朝矣, 又有尊尚爾職事者, 且將有事而升在大僚矣, 此卽所謂大介賚也. ….)"

것은 무엇 때문인가? 원망하는 것에서 받아들여 잠시 편하게 정책이다. 좋아하고 미워하는 것을 보여주어 권하게 하는 것으로 숫돌로 가는 도구이기 때문이다. 이것은 주공이 상나라의 선비들을 제어하며 열고 닫는 대용(大用)이다."342)

[12-4-18-29]

王曰, 嗚呼. 多士. 爾不克勸忱我命, 爾亦則惟不克享, 凡民惟曰不享, 爾乃惟逸惟頗, 大遠王命, 則惟爾多方, 探天之威. 我則致天之罰, 離逖爾土.

왕이 말씀하였다. "아! 많은 선비들아. 너희가 능히 나의 명을 권면하고 믿지 않으면, 너희가 또한 능히 윗사람을 받들지 못하는 것이어서 모든 백성들이 굳이 윗사람을 받들지 않아도 된다고 할 것이니, 너희가 마침내 안일하고 편벽되어 크게 왕명을 멀리하면 너희 많은 선비들이 하늘의 위엄을 취하는 것이다. 나는 하늘의 벌을 이루어서 너희가 살던 땅을 떠나 멀리 가게 할 것이다."

詳說

○ 頗, 音坡.

'파(頗)'는 음이 '파(坡)'이다.

集傳

誥告將, 終乃歎息言, 爾多士, 如不能相勸信我之誥命, 爾亦則惟不能享上, 凡爾之民, 亦惟曰上不必享矣, 爾乃放逸頗僻, 大違我命

가르쳐 말하는 것이 끝나려고 해서 마침내 탄식하고 말씀하기를 "너희 많은 선비들이 만일 나의 고명(誥命)을 서로 권면하고 믿지 않으면 너희가 또한 윗사람을 잘 받들지 못하는 것이다. 너희 백성들도 또한 말하기를 '윗사람을 굳이 받들 것

---

342)『서경대전(書經大全)』,「주서(周書)」·「다방(多方)」: "여씨가 말하였다: '「다사」에서는 …. 대의로 제재했는데, 여기에서는 바로 「계적(啓迪)하고 간발(簡拔)하여 왕의 조정에 있게 게 할 것이니, 부디 너희의 일을 할지어다. 일함이 대료(大僚)에 있을 것이다.」라는 것으로 권면한 것은 무엇 때문인가? 작위는 위에서 명하는 것이지 아래에서 구할 수 있는 것이 아니고, 원망하는 것에서 받아들여 잠시 편하게 하는 정책이다. 좋아하고 미워하는 것을 보여주어 권하게 하는 것으로 숫돌로 가는 도구이기 때문이다. 이것은 주공이 상나라의 선비들을 제어하며 열고 닫는 대용(大用)이다.'(呂氏曰 : 多士…, 則以大義裁之, 此乃以迪簡在王庭, 尙爾事, 有服在大僚爲勤, 何也. 爵位, 上之所命, 非下之可干, 自其怨望而許之, 姑息之政也. 示以好惡而勸之磨, 厲之具也. 此周公御商士之開闔大用也.)"

이 없다.'고 할 것이니, 너희가 방일(放逸)하고 파벽(頗僻)하여 나의 명령을 크게 어기면,

詳說

○ 遠.

'위(違)'는 경문에서 '원(遠)'이다.

集傳

則惟爾多士

너희 많은 선비가

詳說

○ 方

'사(士)'는 경문에서 '방(方)'이다.

集傳

自取天威.

스스로 하늘의 위엄을 취하는 것이다.

詳說

○ 探.

'취(取)'는 경문에서 '탐(探)'이다.

集傳

我亦致天之罰,

내가 또한 하늘의 벌을 이루어서

詳說

○ 則.

'역(亦)'은 경문에서 '즉(則)'이다.

> 集傳
>
> **播流蕩析, 俾爾離遠爾土矣,**
>
> 파류(播流)하고 탕석(蕩析)하여 너희가 너희 살던 땅을 떠나 멀리 가게 할 것이니,

> 詳說
>
> ○ 逖.
>
> '원(遠)'은 경문에서 '적(逖)'이다.

> 集傳
>
> **爾雖欲宅爾宅, 畋爾田, 尙可得哉.**
>
> 너희가 비록 너희 집에 거주하고 너희 토지를 경작하고자 하나 오히려 될 수 있겠는가?"라고 하였다.

> 詳說
>
> ○ 添二句.
>
> 두 구를 더하였다.

> 集傳
>
> **多方, 疑當作多士.**
>
> '다방(多方)'은 '다사(多士)'가 되어야 할 것 같다.

> 詳說
>
> ○ 乃正字誤.
>
> 바로 글자의 잘못을 바로 잡았다.

> 集傳
>
> **上章, 旣勸之以休, 此章, 則董之以威,**
>
> 위의 장에서는 이미 권면하기를 아름다움으로써 하였고, 여기의 장에서는 책하기를 위엄으로써 하였으니,

詳說

○ 見大禹謨.

「대우모」에 보인다.343)

集傳

商民, 不惟有所慕, 而不敢違越, 且有所畏, 而不敢違越矣.

상(商)나라 백성들이 오직 사모하는 바가 있어 감히 어기지 못할 뿐만 아니라, 또 두려워하는 바가 있어 감히 어기지 못할 것이다.

詳說

○ 上章, 以下, 論也.

'상장(上章)' 이하는 경문의 의미 설명이다.

[12-4-18-30]

王曰, 我不惟多誥, 我惟祗告爾命.

왕이 말씀하였다. "내가 많이 고하려는 것이 아니라, 나는 너희에게 명령을 공경히 고할 뿐이다."

集傳

我豈若是多言哉. 我惟敬告爾以上文勸勉之命而已.

내 어찌 이와 같이 말을 많이 하려는 것이겠는가? 나는 너희에게 위의 글에서 권면하는 명령을 공경히 고할 뿐이다.

詳說

○ 陳氏經曰 : "告以天命而已. 不知天命, 乃商民之病根, 故此篇

---

343) 『서경대전(書經大全)』, 「우서(虞書)」·「대우모7(大禹謨7)」: "우(禹)가 말씀하였다. '아! 황제여 생각하소서. 덕은 정사를 선하게 하고 정사는 백성을 기름에 있으니, 수(水)·화(火)·금(金)·목(木)·토(土)와 곡식이 잘 닦여지며, 정덕(正德)과 이용(利用)과 후생(厚生)이 화하여, 아홉 가지 공이 펴져서 아홉 가지 펴진 것을 노래로 읊거든 경계하고 깨우쳐서 아름답게 여기며 독책하여 두렵게 하며 권면하되 구가(九歌)로 하시어 무너지지 않게 하소서.'(禹曰, 於, 帝念哉. 德惟善政, 政在養民, 水火金木土穀, 惟修, 正德利用厚生, 惟和, 九功惟敍, 九敍惟歌, 戒之用休, 董之用威, 勸之以九歌, 勿壞.)"

言天命尤詳."
진씨 경(陳氏經)344)이 말하였다 : "천명으로 고할 뿐이다. 천명을 모르는 것이 바로 상나라 백성의 병의 뿌리이기 때문에 여기의 편에서는 천명을 말하는 것이 더욱 자세하다."345)

○ 張氏曰 : "稱天者, 二十一, 稱帝者三."
장씨(張氏)가 말하였다 : "하늘을 칭한 것은 21번이고, 상제를 칭한 것은 3번이다."346)

[12-4-18-31]

又曰, 時惟爾初, 不克敬于和, 則無我怨.

또 말씀하였다. "이는 너희가 처음 출발하는 것이니, 화(和)함에 공경하지 않으면 나를 원망하지 못할 것이다."

詳說

○ 無, 毋通
'무(無)'는 '무(毋)'와 통한다.

集傳

與之更始,
더불어 다시 시작하기 때문에

詳說

---

344) 진경(陳經, ?~?) : 송나라 길주(吉州) 안복(安福) 사람으로 자는 현지(顯之) 또는 정보(正甫)이다. 영종(寧宗) 경원(慶元) 5년(1199)에 진사(進士)가 되어 봉의랑(奉議郞)과 천주박간(泉州泊幹)을 지냈다. 평생 독서를 좋아했고, 후학을 많이 계도했다. 저서에 『상서상해(尙書詳解)』와 『시강의(詩講義)』, 『존재어록(存齋語錄)』 등이 있다.
345) 『서경대전(書經大全)』, 「주서(周書)」·「다방(多方)」: "진씨 경이 말하였다 : '내 어찌 말을 많이 해서 고하겠는가? 공경히 천명으로 고할 뿐이다. 천명을 모르는 것이 바로 상나라 백성의 병의 뿌리이기 때문에 여기의 편에서는 천명을 말하는 것이 더욱 자세하다.'(陳氏經曰 : 我豈欲多言以告. 惟敬告爾以天命而已. 不知天命, 乃商民之病根, 故此篇言天命尤詳.)"
346) 『서경대전(書經大全)』, 「주서(周書)」·「다방(多方)」: "장씨가 말하였다 : '하늘을 칭한 것은 대체로 20번이고, 상제를 칭한 것은 3번이다.'(張氏曰 : 稱天者, 無慮二十, 稱帝者三.)"

○ 平聲.

'갱(更)'은 평성이다.

集傳

故曰時惟爾初也.

"이는 너희가 처음 출발하는 것이다"고 말하였다.

詳說

○ 呂氏曰:"武王克討, 是維新之一初也, 遷洛, 又一初也. 今多方之誥, 又非一初乎."

여씨(呂氏)가 말하였다 : "무왕이 능히 토벌하는 것이 새롭게 하는 첫 출발이고, 낙읍으로 옮기는 것이 또 첫 출발이다. 이제 다방의 가르침이 또 첫 출발이 아니겠는가!"347)

集傳

爾民至此, 苟又不能敬于和, 猶復乖亂,

너희 백성들이 이에 이르러서도 만일 화함에 공경하지 아니하여 아직도 다시 괴란(乖亂)하면,

詳說

○ 去聲.

'부(復)'는 거성이다.

---

347) 『서경대전(書經大全)』, 「주서(周書)」·「다방(多方)」 : "여씨가 말하였다 : '이것이 또 너희가 단서를 바꾸는 것으로 선을 행하는 첫 출발이다. 대개 은나라 백성들이 주임금과 악을 함께 해서 무왕이 능히 토벌하는 것이 새롭게 하는 첫 출발이다. 할 수 없어 삼감의 배반을 따랐다면 이미 이 출발을 잃은 것이다. 낙읍으로 옮기는 것이 또 첫 출발이다. 다시 할 수 없어 여러 번 안정하지 못함을 따랐으니, 또 여기의 출발을 잃은 것이다. 이제 엄나라를 멸한 것에서 돌아와서 또 다방의 가르침을 하였으니 정녕 반복해서 깨우치게 한 것이다. 이는 너희가 처음 출발하는 것이니, 출발이 하나라도 지나치면 모두 씻어버린다. 지금의 선은 서로 함께 새롭게 해야 하는 것이니 어찌 또 첫 출발이 아니겠는가! 만약 또 이 출발을 잃어버리고, 화함에 공경으로 백성들을 들이지 못한다면, 영원히 바랄 것이 없다. 단이「나를 원망하지 못할 것이다.」라고 한 것은 스스로 주륙을 취한다는 의미를 말하지 않은 겉에 숨겨놓은 것이니, 주나라 왕가의 충후함이 어쩌면 이리도 지극한가!'(呂氏曰 : 是又爾更端, 為善之一初也. 蓋殷民與紂同惡, 武王克紂, 是維新之一初也. 不能而從三監之叛, 則既失此初矣. 遷洛, 又一初也. 復不能而屢迪不靜, 則又失此初矣. 今歸自滅庵, 而又為多方之誥, 丁寧反覆諭. 以時惟爾初, 初之過一, 皆洗滌. 今之善, 當相與維新, 豈非又一初乎. 若又失此初, 不能敬以納民于和, 則永無可望矣. 但曰則無我怨而自取誅戮之意, 隱然於不言之表, 周家忠厚, 何其至哉.)"

集傳

則自厎誅戮,
스스로 주륙(誅戮)에 이르는 것이니,

詳說

○ 添此句.
여기의 구를 더하였다.

集傳

毋我怨尤矣.
나를 원망하지 못할 것이다.

詳說

○ 呂氏曰 : "但曰無我怨, 而自取誅戮之意, 隱然於不言之表."
여씨가 말하였다 : "단이 '나를 원망하지 못할 것이다.'라고 한 것은 스스로 주륙을 취한다는 의미를 말하지 않은 겉에 숨겨놓은 것이다."348)

集傳

開其爲善, 禁其爲惡, 周家忠厚之意, 於是篇尤爲可見.
선을 하도록 열어주고 악을 함을 금하였으니, 주나라의 충후한 뜻을 이 편에서 더욱 볼 수 있다.

---

348)『서경대전(書經大全)』,「주서(周書)」·「다방(多方)」: "여씨가 말하였다 : '이것이 또 너희가 단서를 바꾸는 것으로 선을 행하는 첫 출발이다. 대개 은나라 백성들이 주임금과 악을 함께 해서 무왕이 능히 토벌하는 것이 새롭게 하는 첫 출발이다. 할 수 없어 삼감의 배반을 따랐다면 이미 이 출발을 잃은 것이다. 낙읍으로 옮기는 것이 또 첫 출발이다. 다시 할 수 없어 여러 번 안정하지 못함을 따랐으니, 또 여기의 출발을 잃은 것이다. 이제 엄나라를 멸한 것에서 돌아와서 또 다방의 가르침을 하였으니 정녕 반복해서 깨우치게 한 것이다. 이는 너희가 처음 출발하는 것이니, 출발이 하나라도 지나치면 모두 씻어버린다. 지금의 선은 서로 함께 새롭게 해야 하는 것이니 어찌 또 첫 출발이 아니겠는가! 만약 또 이 출발을 잃어버리고, 화함에 공경으로 백성들을 들이지 못한다면, 영원히 바랄 것이 없다. 단이「나를 원망하지 못할 것이다.」라고 한 것은 스스로 주륙을 취한다는 의미를 말하지 않은 겉에 숨겨놓은 것이니, 주나라 왕가의 충후함이 어쩌면 이리도 지극한가!'(呂氏曰 : 是又爾更端, 為善之一初也. 蓋殷民與紂同惡, 武王克紂, 是維新之一初也. 不能而從三監之叛, 則既失此初矣. 遷洛, 又一初也. 復不能屢迪不靜, 則又失此初矣. 今歸自滅庵, 而又為多方之誥, 丁寧反覆諭. 以時惟爾初, 初之過一, 皆洗滌. 今之善, 當相與維新, 豈非又一初乎. 若又失此初, 不能敬以納民于和, 則永無可望矣. 但曰則無我怨而自取誅戮之意, 隱然於不言之表, 周家忠厚, 何其至哉.)"

> [詳說]
> ○ 論也.
>> 경문의 의미 설명이다.

> [集傳]
> ○ 呂氏曰, 又曰二字, 所以形容, 周公之惓惓斯民,
>> 여씨(呂氏)가 말하였다. '우왈(又曰)' 두 글자는 주공(周公)이 이 백성들을 연연해하여,

> [詳說]
> ○ 音拳.
>> '권(惓)'은 음이 '권(拳)'이다.

> [集傳]
> 會已畢,
>> 모임이 이미 끝났는데도

> [詳說]
> ○ 誥必會民.
>> 가르침은 반드시 백성들을 모이게 한다.

> [集傳]
> 而猶有餘情, 話已終, 而猶有餘語, 顧眄之光, 猶曄然溢於簡冊也.
>> 오히려 남은 정이 있고 가르침이 이미 끝났는데도 오히려 남은 말이 있음을 형용한 것이니, 돌아보는 빛이 아직도 간책(簡冊)에 분명히 넘쳐흐른다.

> [詳說]
> ○ 謂可想見也.
>> 상상으로 볼 수 있다는 말이다.

[12-4-19]
「입정(立政)」

> 集傳
> 吳氏曰, 此書, 戒成王以任用賢才之道,

오씨(吳氏)가 말하였다. "이 글은 성왕에게 현재(賢才)를 임용하는 도를 경계한 것이니,

> 詳說
> ○ 孔氏曰 : "周公旣致政, 恐其怠忽, 故以爲戒."
>> 공씨(孔氏)가 말하였다 : "주공이 이미 정사를 이룸에 태만하고 소홀할 것을 염려했기 때문에 경계한 것이다."

> 集傳
> 而其旨意, 則又上戒成王專擇百官有司之長,

그 뜻은 또 위로 성왕(成王)에게 백관(百官)과 유사(有司)의 장(長)을 오로지 선택할 것을 경계한 것이니,

> 詳說
> ○ 上聲, 下同
>> 상성으로 아래에서도 같다.

> 集傳
> 如所謂常伯, 常任, 準人等云者.

이른바 상백(常伯)·상임(常任)·준인(準人) 등과 같은 것이다.

> 詳說
> ○ 皆當擇之.
>> 모두 간택해야 하는 것이다.

集傳

蓋古者, 外之諸侯, 一卿, 已命於君,
옛날에 밖의 제후(諸侯)와 한 경(卿)은 군주에게서 임명받고,

詳說

○ 見禮記王制, 三卿, 惟其二命於天子.
『예기』「왕제」에 있고, 삼향(三鄕)은 천자에게 두 번 명받은 것이다.

集傳

內之卿大夫, 則亦自擇其屬, 如周公以蔡仲爲卿士,
안의 경대부(卿大夫)는 또한 스스로 그 관속(官屬)을 가려 뽑았으니, 주공(周公)이 채중(蔡仲)을 경사(卿士)로 삼고,

詳說

○ 見蔡仲之命.
「채중지명」에 보인다.349)

集傳

伯冏謹簡乃僚之類.
백경(伯)이 관료를 삼가 간발한 것과 같은 따위이다.

詳說

○ 見冏命.
「경명」에 보인다.

---

349) 『서경대전(書經大全)』, 「주서(周書)」·「채중지명1(蔡仲之命1)」: "주공이 총재(冢宰)의 지위로 있으면서 백공(百工)을 바로잡자, 군숙(群叔)들이 유언비어를 퍼뜨렸다. 이에 관숙(管叔)을 상나라에서 주륙하고 채숙(蔡叔)을 곽린(郭鄰)에 가두되 수레 일곱 대를 따르게 하고, 곽숙(霍叔)을 서인으로 강등시켜 3년 동안 끼지 못하게 하였다. 채중(蔡仲)이 능히 떳떳이 덕을 공경하므로 주공이 경사(卿士)를 삼았는데, 채숙(蔡叔)이 죽자 왕에게 명하여 채(蔡)에 나라를 소유하게 하였다.(惟周公, 位冢宰, 正百工, 羣叔流言. 乃致辟管叔于商, 囚蔡叔于郭鄰, 以車七乘, 降霍叔于庶人, 三年不齒. 蔡仲克庸祗德, 周公以爲卿士, 叔卒 乃命諸王, 邦之蔡.)"

○ 皆自擇之.

모두 스스로 간택한 것이다.

集傳

其長旣賢, 則其所擧用, 無不賢者矣. 葛氏曰, 誥體也, 今文古文皆有.

그 장(長)이 이미 어질면 들어 쓰는 것은 현자가 아님이 없을 것이다." 갈씨(葛氏)는 "고체(誥體)이다."라고 하였다. 금문(今文)과 고문(古文)에 모두 있다.

詳說

○ 新安陳氏曰 : "此篇, 以用三宅爲立政用人之綱領. 立政二字, 每段多提掇之, 故以名篇."

신안 진씨(新安陳氏)가 말하였다 : "여기의 편에서는 삼택(三宅)을 등용하는 것으로 입정(立政)과 용인(用人)의 강령으로 삼았다. 입정 두 글자는 매 단락에서 제시하며 선택했기 때문에 그것으로 편명을 삼았다."350)

○ 呂氏曰 : "無逸立政二篇, 相爲經緯, 以無逸之心, 明立政之體, 君道備矣. 自立政後, 周公不復有書, 納忠于王, 此絶筆也."

여씨(呂氏)가 말하였다 : "「무일」과 「입정」 두 편은 서로 경위가 되니, 무일의 마음으로 입정의 체를 밝히면 임금의 도리가 갖추어진다. 「입정」 이후에 주공에게 다시 책이 있지 않은 것은 왕께 충성을 바쳤으니, 여기에서 절필했기 때문이다."351)

---

350) 『서경대전(書經大全)』, 「주서(周書)」·「입정(立政)」 : "신안 진씨가 말하였다 : '여기의 편에서는 삼택(三宅)을 등용하는 것으로 입정(立政)과 용인(用人)의 강령으로 삼았다. 입정 두 글자는 매 단락에서 제시하며 선택했기 때문에 그것으로 편명을 삼았다. 맹자는 「등용한 인물에 대해 임금과 더불어 일일이 다 허물을 지적할 수가 없으며, 잘못된 정사를 일일이 다 흠잡을 수가 없다. 대인만이 임금의 마음이 잘못된 것을 바로 잡을 수 있다.」고 하였다. 「무일」은 주공이 마음을 바로 잡는 책이고, 「입정」은 공이 용인이 위정임을 말하는 책이다. 충성과 사랑으로 권면하는 것에 체와 용이 갖추어져 있다.'(新安陳氏曰 : 此篇, 以用三宅爲立政用人之綱領. 立政二字, 每段多提掇之, 故以名篇. 孟子曰, 人不足與適也, 政不足與間也. 唯大人爲能格君心之非. 無逸, 周公格心之書也. 立政, 公言用人爲政之書也. 忠愛拳拳, 體用備矣.)"

351) 『서경대전(書經大全)』, 「주서(周書)」·「입정(立政)」 : "여씨가 말하였다 : '「무일」과 「입정」 두 편은 서로 경위가 되니, 무일의 마음으로 입정의 체를 밝히면 임금의 도리가 갖추어진다. 「입정」 이후에 주공에게 다시 책이 있지 않은 것은 왕께 충성을 바쳤으니, 여기에서 절필했기 때문이다. 다스림의 원류가 진실로 그 궁극에 이르러 반복해서 거듭 중요하게 여긴 뜻과 충성하고 사랑하며 도탑게 하는 정성과 심장하고 원대한 사려는 학자들이 말 밖에서 체득해야 하는 것이다.'(呂氏曰 : 無逸立政二篇, 相爲經緯. 以無逸之心, 明立政之體, 君道備矣. 自立政後, 周公不復有書, 納忠于王, 此絶筆也. 爲治源流, 固臻其極, 而反覆申重之意, 忠愛惇篤之誠, 深長遠大之慮, 學者當於言外體之.)"

[12-4-19-1]

> 周公若曰, 拜手稽首, 告嗣天子王矣. 用咸戒于王曰, 王左右常
> 伯常任準人綴衣虎賁. 周公曰, 嗚呼, 休兹知恤鮮哉.

주공이 다음과 같이 말씀하였다. "배수계수(拜手稽首)하여 사천자(嗣天子)인 왕께 아뢰옵니다." 함께 왕에게 경계하기를 "왕의 좌우에 있는 신하는 상백(常伯)과 상임(常任)과 준인(準人)과 추의(綴衣)와 호분(虎賁)입니다." 라고 하였다. 주공이 말씀하였다. "아! 이 관직이 아름다우나 근심할 줄을 아는 자가 적습니다.

詳說

○ 綴, 朱衞, 丁劣, 二反, 諺音誤. 賁, 音奔. 鮮上聲.

'추(綴)'는 '주(朱)'와 '위(衞)'의 반절이고, '정(丁)'과 '열(劣)'의 반절이다. '분(賁)'은 음이 '분(奔)'이다. '선(鮮)'은 상성이다.

集傳

此篇周公所作, 而記之者, 周史也, 故稱若曰. 言周公帥羣臣,

여기의 편(篇)은 주공이 지은 것인데 기록한 것은 주나라 사관이므로 '약왈(若曰)'이라고 칭한 것이다. 주공이 여러 신하들을 거느리고

詳說

○ 入聲.

'수(帥)'는 입성이다.

集傳

進戒于王,

왕에게 경계를 올리려고

詳說

○ 將進戒.

경계를 올리려는 것이다.

> [集傳]
> **贊之曰拜手稽首, 告嗣天子王矣,**
> 인도하기를 "배수계수(拜手稽首)하여 사천자(嗣天子)인 왕께 고합니다."라고 하니,

> [詳說]
> ○ 陳氏雅言曰 : "將有言於王, 先贊之以竭其事君之禮, 以開其進言之端."
> 진씨 아언(陳氏雅言)이 말하였다 : "왕께 말을 하려고 먼저 임금을 섬기는 예를 다하는 것으로 인도해서 말을 하려는 단서를 연 것이다."352)

> ○ 按, 此周公贊導羣臣之辭, 非告君之辭, 諺讀, 恐未察.
> 살펴보건대, 여기는 주공이 군신의 말을 인도하는 것이지 임금에게 고하는 말이 아니니, 『언해』의 구두에서는 살피지 못한 것 같다.

> [集傳]
> **羣臣**
> 군신(群臣)들이

> [詳說]
> ○ 添二字.
> 두 글자를 더하였다.

> [集傳]
> **用皆進戒, 曰王左右之臣, 有牧民之長,**

---

352) 『서경대전(書經大全)』, 「주서(周書)」·「입정(立政)」 : "진씨 아언이 말하였다 : '주공은 입정의 도를 사람을 얻는 것으로 근본을 삼는다고 말하였다. 이 때문에 군신을 거느리고 왕께 말을 하려고 먼저 배수계수로 인도해서 임금의 섬기는 예를 다하고 다시 사천자인 왕을 칭해 임금이 되는 이름을 높였으니, 말을 하려는 단서를 열기 위함이다. 군신들이 이에 모두 왕께 경계하고 왕의 좌우에 상백과 상임과 준임을 삼가게 해야 하고 추의와 호분을 간택해야 한다고 말하였으니, 임금에게 고하는 말을 다하기 위함이다. 주공은 이에 다시 탄식하고 말하기를 다섯 사람들의 직분이 아름다울지라도 옛날부터 근심할 줄 아는 자가 적다고 했으니, 이룸을 진술하는 의미를 거듭하기 위함이다.'(陳氏雅言曰 : 周公言立政之道, 以得人爲本. 是以統率羣臣, 將有言於王, 而先贊之以拜手稽首, 以竭其事君之禮, 復稱嗣天子王, 以尊其爲君之名, 所以開其進言之端也. 羣臣于是, 咸戒于王, 謂王之左右, 常伯常任準人之當謹, 綴衣虎賁之當擇, 所以致其告君之說也. 周公於是復歎息而言, 謂五者之職, 雖美而自古知恤爲鮮, 所以申其告戒之義也.)"

모두 경계를 올려 왕의 좌우에 있는 신하는 백성을 기르는 어른으로

詳說

○ 上聲, 下同.

'장(長)'은 상성으로 아래에서도 같다.

集傳

曰常伯,

상백(常伯)이 있고,

詳說

○ 林氏曰 : "以牧伯兼公卿."

임씨(林氏)가 말하였다 : "목(牧)·백(伯)으로 공경을 겸한 것이다."353)

○ 新安陳氏曰 : "以大臣在朝, 統牧伯, 如虞四岳統十二牧, 周六卿倡九牧歟."

신안 진씨(新安陳氏)가 말하였다 : "대신으로 조정에서 목과 백을 통솔하는 것은 우의 사악이 12목을 통솔하고, 주의 육경이 구목을 인도하는 것과 같을 것이다."354)

---

353) 『서경대전(書經大全)』, 「주서(周書)」·「입정(立政)」: "임씨가 말하였다 : '아래의 글에서 택(宅)이 바로 목(牧)이라는 것은 바로 상백(常伯)으로 여기에서 백(伯)으로 여기는 것이고 아래에서 목(牧)으로 여기는 것이니, 백(伯)을 목민(牧民)의 어른으로 하는 것인데, 좌우라고 말한 것은 목(牧)·백(伯)으로 공경을 겸한 것이다. 삼택(三宅)은 진실로 사람들을 얻지 않아서는 안되지만 나아가 알현함에 때가 있고, 호분과 추의 같은 자들은 조석으로 함께 왕의 처소에서 가장 가깝고 친밀하니, 그 사람이 아니면 임금의 덕이 안에서 폐해져서 대신들이 현명할지라도 어디에 그 힘을 베풀 것인가!'(林氏曰 : 下文, 宅乃牧, 即常伯, 此以為伯, 下以為牧, 以伯為牧民之長也, 而曰左右者, 以牧伯兼公卿也. 三宅, 固不可不得人, 然進見有時, 虎賁綴衣之類, 則朝夕與王處最親且密, 苟非其人, 則主德內蔽, 大臣雖賢, 何所施其力哉.)"

354) 『서경대전(書經大全)』, 「주서(周書)」·「입정(立政)」: "신안 진씨가 말하였다 : '상임은 곧 택사로 직분으로 하는 것이 반드시 광대하니, 일을 맡은 대신이다. 상백은 택목으로 기르는 것을 주관하는 대신이다. 준인은 곧 택준으로 법 집행을 주관하는 대신이다. 또 살펴보건대, 우나라에 12목이 있었고, 하나라와 주나라에는 9목이 있었던 것은 모두 나라에서 아마도 반드시 대신을 조정에 두는 것으로 통솔한 것이니, 우의 사악이 12목을 통솔하고, 주의 육경이 구목을 인도하는 것과 같다. 「입정」에서 이른바 상백과 택목은 반드시 기르는 것을 담당하면서 조정에서 목백을 통솔하는 자들일 것이다.'(新安陳氏曰 : 常任, 即宅事, 所職必廣, 凡任事之大臣也. 常伯, 即宅牧, 主牧養之大臣也. 準人, 即宅準, 主平法之大臣也. 又按, 虞有十二牧, 夏周有九牧, 皆在邦國, 意必有大臣在朝者, 以統之, 如虞四岳統十二牧, 周六卿倡九牧. 立政所謂, 常伯宅牧, 必掌牧養, 而在朝以統牧伯者歟.)"

○ 臨川吳氏曰 : "召公爲伯, 而宣化於外, 蓋其職也."

임천 오씨(臨川吳氏)가 말하였다 : "소공이 백이 되어 밖에서 교화를 베푼 것은 그 직분이기 때문이다."355)

集傳

有任事之公卿曰常任,

일을 맡은 공경(公卿)으로 상임(常任)이 있고,

詳說

○ 臨川吳氏曰周公爲宰而兼政於中蓋其職也

임천 오씨(臨川吳氏)가 말하였다 : "소공이 백이 되어 밖에서 교화를 베푼 것은 그 직분이기 때문이다."356)

集傳

有守法之有司曰準人,

법을 지키는 유사(有司)로 준인(準人)이 있으며,

詳說

○ 呂氏曰 : "常伯等, 意者, 公卿輔相之別名歟."

여씨(呂氏)가 말하였다 : "상백(常伯) 등은 아마도 공경이 재상을 돕는 별명인 것 같다."357)

集傳

三事

삼사(三事)의

---

355) 『서경대전(書經大全)』, 「주서(周書)」·「입정(立政)」 : "임천 오씨가 말하였다 : '백(伯)은 백성들에게 어른이 되는 것이다. 문왕과 무왕의 때에 소공이 백이 되어 밖에서 교화를 베푼 것은 그 직분이기 때문이다. ….' (臨川吳氏曰 : 伯, 長民者也. 文武時, 召公為伯, 而宣化於外, 蓋其職也. ….)"

356) 『서경대전(書經大全)』, 「주서(周書)」·「입정(立政)」 : "임천 오씨가 말하였다 : '백(伯)은 백성들에게 어른이 되는 것이다. 문왕과 무왕의 때에 소공이 백이 되어 밖에서 교화를 베푼 것은 그 직분이기 때문이다. ….' (臨川吳氏曰 : 伯, 長民者也. 文武時, 召公為伯, 而宣化於外, 蓋其職也. ….)"

357) 『서경대전(書經大全)』, 「주서(周書)」·「입정(立政)」 : "여씨가 말하였다 : '상백(常伯) 등은 곧 삼택으로 삼대의 책에 달리 소견이 없으니, 아마도 공경이 재상을 돕는 별명인 것 같다. ….'(呂氏曰 : 常伯等, 即三宅, 三代之書, 他無所見, 意者, 公卿輔相之別名歟. ….)"

詳說

○ 三官.

세 관이다.

集傳

之外, 掌服器者, 曰綴衣,

밖에 의복과 기물을 관장하는 자는 추의(綴衣)이고,

詳說

○ 臨川吳氏曰 : "綴衣, 幄帳也, 如幕人掌次之類."

임천 오씨(臨川吳氏)가 말하였다 : "추의(綴衣)는 휘장으로 처소를 맡아 순서를 주관하는 것과 같다."358)

集傳

執射御者曰虎賁, 皆任用之所當謹者.

활 쏘고 말 모는 것을 관장하는 자는 호분(虎賁)이니, 모두 임용함에 마땅히 삼가야 할 자들이라고 한 것이다.

詳說

○ 添此句.

여기의 구를 더하였다.

○ 呂氏曰 : "三宅, 左右大臣, 綴衣虎賁, 左右小臣. 職重者, 有安危之寄, 職親者, 有習染之移."

여씨(呂氏)가 말하였다 : "삼택은 좌우의 대신이고, 추의와 호분은 좌우의 소신

---

358) 『서경대전(書經大全)』, 「주서(周書)」·「입정(立政)」: "임천 오씨가 말하였다 : '백(伯)은 백성들에게 어른이 되는 것이다. 문왕과 무왕의 때에 소공이 백이 되어 밖에서 교화를 베푼 것은 그 직분이기 때문이다. 임(任)은 일을 책임지는 자이다. 문왕과 무왕의 때에 주공이 총재가 되어 중앙에서 정사를 겸하였던 것이 대개 그 직분이었다. 준인(準人)은 법을 관장하는 관리로 형법은 표준의 평평함과 같아야 하기 때문에 준인이라고하는 것이다. 추의(綴衣)는 휘장으로 처소를 맡아 순서를 주관하는 것과 같다. 호분은 왕을 호위하는 자로 호분씨와 여분씨 같은 자들이다. ….'(臨川吳氏曰 : 伯, 長民者也. 文武時, 召公為伯, 而宣化於外, 蓋其職也. 任, 任事者也. 文武時, 周公為宰, 而兼政於中, 蓋其職也. 準人, 掌法之官, 刑法當如準之平 故曰準人. 綴衣, 幄帳也, 如幕人掌次之類, 虎賁, 衛王者, 如虎賁氏旅賁氏之類. ….)"

이다. 직분이 중요한 것은 안위가 달려 있는 것이고, 직분이 가까운 것은 익히고 물들여 옮기는 것이다."359)

集傳
周公於是歎息言,
주공(周公)이 이에 탄식하고 말씀하기를

詳說
○ 臨川吳氏曰 : "羣臣進戒, 周公不待其辭之畢, 於王前歎息而言."
임천 오씨(臨川吳氏)가 말하였다 : "군신들이 나아가 경계하니, 주공이 그 말이 마치기를 기다리지 않고 왕의 앞에서 탄식하며 말한 것이다."360)

集傳
曰美矣此官
"이 관직이 아름다우나

詳說
○ 諺釋, 未瑩.
『언해』의 해석은 분명하지 않다.

集傳
然知憂恤者鮮矣,

---

359) 『서경대전(書經大全)』,「주서(周書)」·「입정(立政)」:"여씨가 말하였다 : '상백(常伯) 등은 곧 삼택으로 삼대의 책에 달리 소견이 없으니, 아마도 공경이 재상을 돕는 별명인 것 같다. …. 직분이 중요한 것이 안위가 달려 있는 것이고, 직분이 가까운 것은 익히고 물들여 옮기는 것이다. …. 삼택은 좌우의 대신이고, 추의와 호분은 좌우의 소신이다. ….'(呂氏曰 : 常伯等, 卽三宅, 三代之書, 他無所見, 意者, 公卿輔相之別名歟. …. 職重者有安危之寄職親者有習染之移. …. 三宅, 左右大臣, 綴衣虎賁, 左右小臣. ….)"

360) 『서경대전(書經大全)』,「주서(周書)」·「입정(立政)」:"임천 오씨가 말하였다 : '백(伯)은 백성들에게 어른이 되는 것이다. 문왕과 무왕의 때에 소공이 백이 되어 밖에서 교화를 베푼 것은 그 직분이기 때문이다. …. 군신들이 모두 나아가 경계하며 말하기를 「왕 좌우의 신하가 백성의 어른으로 있는 것은 …,」라고 하였다. 주공이 그 말이 마치기를 기다리지 않고 왕의 앞에서 탄식하며 말하기를 오관에 그 사람을 얻지 못하는 것에 대해 근심하는 자가 드물다.」고 한 것이다.'(臨川吳氏曰 : 伯, 長民者也. 文武時, 召公為伯, 而宣化於外, 蓋其職也. …. 羣臣用皆進戒而曰王左右之臣有長民者 …. 周公不待其辭之畢, 於王前嗟嘆謂, 能以五官不得其人為憂者, 鮮哉.)"

근심할 줄을 아는 자가 적다."라고 하였으니,

詳說
○ 陳氏雅言曰 : "所以申羣臣進戒之義也."
진씨 아언(陳氏雅言)이 말하였다 : "여러 신하들이 이룸을 진술하는 의미를 거듭하기 위함이다."361)

集傳
言五等
5등(等)의

詳說
○ 五者.
다섯 사람이다.

集傳
官職之美, 而知憂其得人者, 少也. 吳氏曰, 綴衣虎賁, 近臣之長也. 葛氏曰, 綴衣, 周禮司服之類,
관직이 아름다우나 그 인물을 얻음을 근심할 줄을 아는 자가 적다고 한 것이다. 오씨(吳氏)가 말하였다. "추의(綴衣)와 호분(虎賁)은 근신(近臣)의 장(長)이다." 갈씨(葛氏)가 말하였다. "추의(綴衣)는 『주례(周禮)』에서 사복(司服) 따위이고,

詳說
○ 春官.

---

361) 『서경대전(書經大全)』, 「주서(周書)」·「입정(立政)」: "진씨 아언이 말하였다 : '주공은 입정의 도를 사람을 얻는 것으로 근본을 삼는다고 말하였다. 이 때문에 군신을 거느리고 왕께 말을 하려고 먼저 배수계수로 인도해서 임금의 섬기는 예를 다하고 다시 사천자인 왕을 칭해 임금이 되는 이름을 높였으니, 말을 하려는 단서를 열기 위함이다. 군신들이 이에 모두 왕께 경계하고 왕의 좌우에 상백과 상임과 준임을 삼가게 해야 하고 추의와 호분을 간택해야 한다고 말하였으니, 임금에게 고하는 말을 다하기 위함이다. 주공은 이에 다시 탄식하고 말하기를 다섯 사람들의 직분이 아름다울지라도 옛날부터 근심할 줄 아는 자가 적다고 했으니, 이룸을 진술하는 의미를 거듭하기 위함이다.'(陳氏雅言曰 : 周公言立政之道, 以得人為本. 是以統率羣臣, 將有言於王, 而先贊之以拜手稽首, 以竭其事君之禮, 復稱嗣天子王, 以尊其為君之名, 所以開其進言之端也. 羣臣于是, 咸戒于王, 謂王之左右, 常伯常任準人之當謹, 綴衣虎賁之當擇, 所以致其告君之說也. 周公於是復歎息而言, 謂五者之職, 雖美而自古知恤為鮮, 所以申其陳戒之義也.)"

춘관이다.

集傳

虎賁, 周禮之虎賁氏也.

호분(虎賁)은 『주례(周禮)』에서 호분씨(虎賁氏)이다."

詳說

○ 夏官.

하관이다.

[12-4-19-2]

古之人迪. 惟有夏, 乃有室大競, 籲俊尊上帝, 迪知忱恂于九德之行, 乃敢告敎厥后曰, 拜手稽首后矣. 曰宅乃事, 宅乃牧, 宅乃準, 玆惟后矣. 謀面 用丕訓德, 則乃宅人, 玆乃三宅, 無義民.

옛사람들은 이 도를 잘 행하였다. 하나라가 왕실이 크게 강하자 준걸스러운 자들을 불러 상제를 높이니, 구덕(九德)의 행실을 실천하여 알고 참으로 믿고서 마침내 감히 그 임금에게 고하고 가르치기를 '임금님께 배수계수(拜手稽首)합니다. 당신의 사(事)를 거하게 하고 당신의 목(牧)을 거하게 하고 당신의 준(準)을 거하게 하여야 임금이 될 수 있습니다. 얼굴만 보고 도모하여 덕에 크게 순하다고 여겨서 마침내 사람을 거하게 하면 이 삼택(三宅)에 의민(義民)이 없을 것입니다.' 라고 하였습니다.

詳說

○ 恂, 音荀, 行, 去聲.

'순(恂)'은 음이 '순(荀)'이고, '행(行)'은 거성이다.

集傳

古之人有行此道者,

옛사람이 이 도를 행한 자가 있으니,

詳說
○ 行與道, 皆有迪義.
행함과 도에는 모두 '행한다[迪]'는 의미가 있다.

集傳
惟有夏之君,
유하(有夏)의 군주가

詳說
○ 林氏曰 : "禹."
임씨(林氏)가 말하였다 : "우임금이다."362)

集傳
當王室大强之時,
왕실이 크게 강할 때에

詳說
○ 競.
'강(强)'은 경문에서 '경(競)'이다.

集傳
而求賢以爲事天之實也.
현자(賢者)를 구해서 하늘을 섬기는 실제로 삼았다.

詳說
○ 籲.
'구(求)'는 경문에서 '유(籲)'이다.

○ 俊.
'현(賢)'는 경문에서 '준(俊)'이다.

---

362) 『서경대전(書經大全)』,「주서(周書)」·「입정(立政)」: "임씨가 말하였다 : '우임금은 준걸을 구하는 것을 마음으로 여겼기 때문에 그 신하들도 천거하는 것을 일로 삼았던 것이다.'(林氏曰 : 惟禹以籲俊爲心, 故其臣亦以薦揚爲務.)"

> 集傳

迪知者, 蹈知, 而非苟知也.

적지(迪知)는 실천으로 알고 구차히 아는 것이 아니다.

> 詳說

○ 陳氏雅言曰 : "與上迪字, 作對說

진씨 아언(陳氏雅言)363)이 말하였다 : "앞에서의 '적(迪)'과 짝하여 말하였다."364)

> 集傳

忱恂者, 誠信而非輕信也. 言夏之臣

침순(忱恂)은 진실로 믿고 가벼이 믿는 것이 아니다. 하(夏)나라의 신하들이

> 詳說

○ 添此句.

여기의 구를 더하였다.

> 集傳

蹈知誠信于九德之行,

구덕(九德)의 행실을 실천하여 알고 참으로 믿고서

> 詳說

○ 新安陳氏曰 : "卽皐陶謨九德."

신안 진씨(新安陳氏)가 말하였다 : "곧 「고요모」의 구덕이다.365)"366)

---

363) 진아언(陳雅言, 1318~1385)은 원말명초 때 강서(江西) 영풍(永豊) 사람이다. 원나라 말에 무재(茂材)로 천거되었지만 나가지 않았다. 명나라 초 홍무(洪武) 연간에 영풍현 향교(鄕校)에서 학생을 가르쳤다. 당시 호구(戶口)와 토전(土田)이 실상과 달라 현관(縣官)도 대처할 방법을 찾지 못했는데, 그가 계획을 내놓자 공사가 모두 편리해졌다. 저서에 『사서일람(四書一覽)』과 『대학관견(大學管窺)』, 『중용류편(中庸類編)』 등이 있었지만 전하지 않고, 지금은 『서의탁약(書義卓躍)』만 전한다.

364) 『서경대전(書經大全)』, 「주서(周書)」・「입정(立政)」: "진씨 아언이 말하였다 : '…. 유하의 신하는 진실로 능히 여기 구덕의 행실이 있기 때문에 한갓 공경을 다해 임금이 되는 이름만 높이지 않고, 또 고함을 이루어 임금이 되는 실질을 서술했으니, 그들은 임금을 섬기는 도를 얻은 것이다. 하나라의 군신은 각기 그 도를 다한 것, 이것이 입정의 요체이다. 앞에서의 「적(迪)」자를 가지고 아래의 「실천하여 알고 참으로 믿는다.」는 것과 짝하여 말했다.(陳氏雅言曰 : …. 有夏之臣, 信能有此九德之行, 故不徒致敬以尊其爲君之名, 而且致告以叙其爲君之實, 其事君之道得矣. 夏之君臣, 各盡其道, 此其立政之要也. 以上迪字, 與下迪知忱恂, 作對說.)"

집傳

乃敢告敎其君. 曰拜手稽首后矣云者, 致敬以尊其爲君之名也,

감히 그 군주에게 고하고 가르쳤음을 말한 것이다. 임금님께 배수계수(拜手稽首)하였다고 말한 것은 공경을 지극히 하여 군주가 된 명칭을 높인 것이며,

詳說

○ 諺釋, 太泥於此註, 蓋乃敢, 句其事也, 拜手, 句其言也, 此則直告君之辭也.

『언해』의 해석은 여기의 주에 너무 구애되었으니, 대개 내감(乃敢)은 그 일을 구로 한 것이고 배수(拜手)는 그 말을 구로 한 것이니, 이것은 바로 임금에게 고하는 말이다.

集傳

曰宅乃事宅乃牧宅乃準

네 사(事)를 거하게 하고 네 목(牧)을 거하게 하고 네 준(準)을 거하게 하여야

詳說

○ 陳氏大猷曰 : "宅者, 居而安之之謂."

진씨 대유(陳氏大猷)가 말하였다 : "택(宅)은 거하면서 편안하게 여긴다는 말이다."367)

---

365) 『서경대전(書經大全)』, 「우서(虞書)」·「고요모3(皐陶謨3)」 : "고요가 말하기를 '아! 훌륭합니다. 행실을 총괄하여 말한다면 아홉 가지 덕(德)이 있습니다. 그 사람이 소유한 덕을 총괄하여 말하면, 아무 일과 아무 일을 행했다고 말하는 것입니다.'라고 하였다. 우(禹)가 '무엇인가?'라고 묻자, 고요가 다음과 같이 말하였다. '너그러우면서도 장엄하며 유순하면서도 꼿꼿하며 삼가면서도 공손하며 다스리면서도 공경하며 익숙하면서도 굳세며 곧으면서도 온화하며 간략하면서도 모나며 굳세면서도 독실하며 강하면서도 의(義)를 좋아하는 것이니, 몸에 드러나고 시종 떳떳함이 있는 것이 길(吉)한 사람입니다.(皐陶曰, 都, 亦行有九德, 亦言其人, 有德, 乃言曰載采采. 禹曰, 何. 皐陶曰, 寬而栗, 柔而立, 愿而恭, 亂而敬, 擾而毅, 直而溫, 簡而廉, 剛而塞, 彊而義, 彰厥有常, 吉哉.)"
366) 『서경대전(書經大全)』, 「주서(周書)」·「입정(立政)」 : "신안 진씨가 말하였다 : 공이 근심할 줄 아는 자가 드물다고 탄식하고 나서 옛날의 근심할 줄 아는 자를 차례로 들어 왕에게 고했으니, 하후와 상탕과 문무는 모두 이것을 근심할 줄 아는 자들이어서 이어서 말했던 것이다. …'(新安陳氏曰 : 公旣歎知恤者鮮, 歷擧古之知恤者, 以告王, 夏后商湯文武, 皆知恤此者, 以次言之也. …)"
367) 『서경대전(書經大全)』, 「주서(周書)」·「입정(立政)」 : "진씨 대유가 말하였다 : '택(宅)은 거하면서 편안하게 여긴다는 말이다. 혹 재덕이 걸맞지 않거나 혹 위임이 돈독하지 않은 것은 모두 택이 아니다.'(陳氏大猷曰 : 宅者, 居而安之之謂. 或才德不稱, 或委任不篤, 皆非宅也.)"

集傳
茲惟后矣云者, 致誥以敍其爲君之實也. 茲者, 此也.
임금님이 될 수 있다고 말한 것은 고함을 지극히 하여 군주가 된 실제를 서술한 것이다. 자(茲)는 이것으로

詳說
○ 並該前節.
앞의 절을 아울러 갖춘 것이다.

集傳
言如此而後
이와 같이 한 뒤에야

詳說
○ 以九德之臣爲三宅.
구덕의 신하를 삼택으로 여긴 것이다.

集傳
可以爲君也, 卽皐陶與禹言九德之事.
군주가 될 수 있음을 말한 것이니, 바로 고요(皐陶)가 우(禹)와 함께 말한 구덕(九德)의 일이다.

詳說
○ 九德咸事俊乂, 在官之事.
아홉 가지 덕을 가진 사람들이 다 일하며 준예(俊乂)가 관직에 있다는 것이다.[368]

---

[368] 『서경대전(書經大全)』, 「우서(虞書)」·「고요모4(皐陶謨4)」: "날마다 세 가지 덕을 밝힌다면, 밤낮으로 소유한 집을 다스려 밝힐 것이며, 날마다 두려워하여 여섯 가지 덕을 공경한다면, 소유한 나라의 일을 밝힐 것이니, 모아서 받고 펴서 베풀면 아홉 가지 덕(德)을 가진 사람들이 다 일하고 준예(俊乂)가 관직에 있어서 백료(百僚)가 서로 스승으로 삼으며, 백공(百工)이 때에 따라 오신(五辰)[사시(四時)]을 순히 해서 모든 공적이 이루어질 것입니다.(日宣三德, 夙夜, 浚明有家, 日嚴祗敬六德, 亮采有邦, 翕受敷施, 九德, 咸事, 俊乂 在官, 百僚師師, 百工, 惟時, 撫于五辰, 庶績, 其凝.)"

○ 陳氏雅言曰 : "夏之君臣, 各盡其道."
　진씨 아언(陳氏雅言)이 말하였다 : "하나라의 군신은 각기 그 도를 다하였다.")369)

○ 呂氏曰 : "自皐陶以九德告禹夏后, 蓋世守以爲知人之法."
　여씨(呂氏)가 말하였다 : "고요가 아홉 가지 덕을 하후 우에게 고한 것에서 대개 세상에서 그것을 지키면서 사람을 아는 법으로 삼은 것이다."370)

○ 陳氏雅言曰 : "周公之戒成王, 其禮其辭, 與夏略同. 然則以圖任三宅爲人君之職者, 三代告君之常法也."
　진씨 아언(陳氏雅言)이 말하였다 : "주공이 성왕을 경계함에 그 예와 말이 하나라와 같다. 그렇다면 삼택에게 도모하고 맡기는 것으로 임금의 직분을 삼는 것은 삼대에 임금에게 고하는 상법이었던 것이다."371)

○ 新安陳氏曰 : "夏后商湯文武, 以次言之."
　신안 진씨(新安陳氏)가 말하였다 : "하후와 상탕과 문무는 이어서 말했던 것이다."372)

---

369) 『서경대전(書經大全)』, 「주서(周書)」·「입정(立政)」: "진씨 아언이 말하였다 : '…. 유하의 신하는 진실로 능히 여기 구덕의 행실이 있기 때문에 한갓 공경을 다해 임금이 되는 이름만 높이지 않고, 또 고함을 이루어 임금이 되는 실질을 서술했으니, 그들은 임금을 섬기는 도를 얻은 것이다. 하나라의 군신은 각기 그 도를 다한 것, 이것이 입정의 요체이다. 앞에서의 「적(迪)」자를 가지고 아래에서 「실천하여 알고 참으로 믿는다.」는 것과 짝하여 말했다.(陳氏雅言曰 : …. 有夏之臣, 信能有此九德之行, 故不徒致敬以尊其爲君之名, 而且致告以叙其爲君之實, 其事君之道得矣. 夏之君臣, 各盡其道, 此其立政之要也. 以上迪字, 與下迪知忱恂, 作對説.)"

370) 『서경대전(書經大全)』, 「주서(周書)」·「입정(立政)」: "여씨가 말하였다 : '고요가 아홉 가지 덕을 하후 우에게 고한 것에서 대개 세상에서 그것을 지키면서 사람을 아는 법으로 삼은 것이다. 한창 하나라가 성대할 때에 삼택에게 맡긴 것이 이와 같았다. 그런데 쇠할 때에는 아울러 의민이 없게 되자 맡긴 자들은 모두 불의한 사람들로 한 사람도 군자가 없었다는 말이다. ….'(呂氏曰 : 自皐陶以九德告禹夏后, 蓋世守以爲知人之法焉, 方夏之盛, 任三宅者, 如此. 及其衰也, 並至於曾無義民, 言所任者, 皆不義之人, 無一君子也. ….)"

371) 『서경대전(書經大全)』, 「주서(周書)」·「입정(立政)」: "진씨 아언이 말하였다 : '…. 유하의 신하는 진실로 능히 여기 구덕의 행실이 있기 때문에 한갓 공경을 다해 임금이 되는 이름만 높이지 않고, 또 고함을 이루어 임금이 되는 실질을 서술했으니, 그들은 임금을 섬기는 도를 얻은 것이다. 하나라의 군신은 각기 그 도를 다한 것, 이것이 입정의 요체이다. 앞에서의 「적(迪)」자를 가지고 아래에서 「실천하여 알고 참으로 믿는다.」는 것과 짝하여 말했다. 주공이 성왕을 경계함에 추의와 호분 이외에는 그 예와 말이 하나라와 같다. 그렇다면 삼택에게 도모하고 맡기는 것으로 임금의 직분을 삼는 것은 삼대에 임금에게 고하는 상법이었던 것이다. …(陳氏雅言曰 : …. 有夏之臣, 信能有此九德之行, 故不徒致敬以尊其爲君之名, 而且致告以叙其爲君之實, 其事君之道得矣. 夏之君臣, 各盡其道, 此其立政之要也. 以上迪字, 與下迪知忱恂, 作對説. 呂氏謂周公之戒成王, 自綴衣虎賁之外, 其禮其辭, 與夏畧同. 然則以圖任三宅爲人君之職者, 三代告君之常法也. ….)"

372) 『서경대전(書經大全)』, 「주서(周書)」·「입정(立政)」: "신안 진씨가 말하였다 : '공이 근심할 줄 아는 자가 드물다고 탄식하고 나서 옛날의 근심할 줄 아는 자를 차례로 들어 왕에게 고했으니, 하후와 상탕과 문무

集傳

謀面者, 謀人之面貌也. 言非迪知忱恂于九德之行,
모면(謀面)은 사람의 얼굴과 모양만 보고 도모하는 것이다. 구덕(九德)의 행실을 실천하여 알고 참으로 믿지 않고

詳說

○ 添此句.
여기의 구를 더하였다.

集傳

而徒謀之面貌, 用以爲大順於德
한갓 얼굴과 모양만 보고 도모하여 덕에 크게 순하다고 여겨서

詳說

○ 丕.
'대(大)'는 경문에서 '비(丕)'이다.

○ 訓.
'순(順)'은 경문에서 '훈(訓)'이다.

集傳

乃宅而任之如此
마침내 거하게 하여 임명하기를 이와 같이 하면,

詳說

○ 玆乃.
'여차(如此)'는 '자내(玆乃)'이다.

集傳

則三宅之人, 豈復有賢者乎.

는 모두 이것을 근심할 줄 아는 자들이어서 이어서 말했던 것이다. ….'(新安陳氏曰 : 公旣歎知恤者鮮, 歷擧古之知恤者, 以告王, 夏后商湯文武, 皆知恤此者, 以次言之也. ….)"

삼택(三宅)의 사람 들 중에 어찌 다시 현자가 있겠는가?

詳說

○ 去聲.

'부(復)'는 거성이다.

○ 義民.

'현자(賢者)'는 경문에서 '의민(義民)'이다.

○ 呂氏曰 : "夏之衰, 所任者, 無一君子."

여씨(呂氏)가 말하였다 : "하나라가 쇠할 때에는 맡긴 자들이 모두 불의한 사람들로 한 사람도 군자가 없었다는 말이다."373)

集傳

蘇氏曰, 事, 則向所謂常任也, 牧, 則向所謂常伯也, 準, 則向所謂準人也. 一篇之中, 所論宅俊者, 參差

소씨(蘇氏)가 말하였다. "사(事)는 위에서 말한 상임(常任)이고, 목(牧)은 위에서 말한 상백(常伯)이며, 준(準)은 위에서 말한 준인(準人)이다. 한 편의 가운데에 논한 택(宅)과 준(俊)이 어긋나서

詳說

○ 初金反.

'참(參)'은 음이 '초(初)'와 '금(金)'의 반절이다.

○ 楚宜反.

'차(差)'는 '초(楚)'와 '의(宜)'의 반절이다.

集傳

---

373) 『서경대전(書經大全)』, 「주서(周書)」·「입정(立政)」 : "여씨가 말하였다 : '고요가 아홉 가지 덕을 하후 우에게 고한 것에서 대개 세상에서 그것을 지키면서 사람을 아는 법으로 삼은 것이다. 한창 하나라가 성대할 때에 삼택에게 맡긴 것이 이와 같았다. 그런데 쇠할 때에는 아울러 의민이 없게 되자 맡긴 자들은 모두 불의한 사람들로 한 사람도 군자가 없었다는 말이다. ….'(呂氏曰 : 皐陶以九德告禹夏后, 蓋世守以爲知人之法焉, 方夏之盛, 任三宅者, 如此. 及其衰也, 並至於曾無義民, 言所任者, 皆不義之人, 無一君子也. ….)"

不齊, 然大要不出是三者, 其餘, 則皆小臣百執事也. 吳氏曰, 古者凡以善言語人
똑같지 않으나 그러나 대요(大要)는 이 세 가지에 벗어나지 않고 그 나머지는 모두 작은 신하로 백집사(百執事)이다. 오씨(吳氏)가 말하였다. "옛날에는 모두 선한 말로 사람을 가르침을

詳說
○ 去聲.
'어(語)'는 거성이다.

集傳
皆謂之敎不, 必自上敎下而後謂之敎也.
다 교(敎)라 하였으니, 굳이 위에서 아래를 가르친 뒤에야 교(敎)라고 하지는 않았다."

詳說
○ 蘇氏, 以下, 論也.
소씨 이하는 경문이 이미 설명이다.

[12-4-19-3]
桀德, 惟乃弗作往任, 是惟暴德, 罔後.
걸왕(桀王)의 악덕(惡德)은 옛날에 임용한 것을 따르지 않고 포악한 덕을 가진 자를 임용하였기 때문에 뒤가 없습니다.

集傳
夏桀惡德, 弗作往昔先王任用三宅,
하걸(夏桀)의 악덕은 옛날에 선왕(先王)이 삼택(三宅)을 임용한 것을 따르지 않고,

詳說
○ 爲也.

'작(作)'는 행한다는 것이다.

集傳
而所任者, 乃惟暴德之人.
임명한 자가 바로 포악한 덕을 가진 사람이었다.

詳說
○ 添人字.
'인(人)'자를 더하였다.

集傳
故桀以喪亡無後.
그러므로 걸왕(桀王)이 상망(喪亡)하여 뒤가 없었던 것이다.

詳說
○ 去聲.
'상(喪)'은 거성이다.

○ 呂氏曰："非人才異於往日也, 在任用而已."
여씨(呂氏)가 말하였다 : "인재는 예전과 다르지 않았으니, 임용에 달려있을 뿐이었다."[374]

[12-4-19-4]
亦越成湯, 陟丕釐上帝之耿命, 乃用三有宅, 克卽宅, 曰三有俊, 克卽俊, 嚴惟丕式, 克用三宅三俊, 其在商邑, 用協于厥邑,

---

374)『서경대전(書經大全)』,「주서(周書)」·「입정(立政)」: "여씨가 말하였다 : '인재는 예전과 다르지 않았으니, 걸왕의 악덕이 옛날 선왕의 임용을 행하지 않은 것이다. 옛날에는 준걸스러운 덕을 임용하니, 효과가 왕실이 크게 강한 것에서 드러났다. 그런데 포악한 덕을 임용하니, 효과가 대를 끊고 뒤가 없는 것에서 드러났다. 그러니 진실로 존망이 임용에 달려 있는 것이다.'임용에 달려있을 뿐이었다.'(呂氏曰：非人才果異於往日也, 桀之惡德, 弗作往日先王之任用而已. 往惟俊德是任, 效見於王室大競桀. 惟暴德是任, 效見於絶世無後. 信乎存亡在所任也.)"

| 其在四方, 用丕式見德. |

또한 성탕(成湯)에 이르러 올라가 천자가 되시어 상제(上帝)의 밝은 명을 크게 다스린 것은 등용한 삼유택(三有宅)이 능히 택(宅)에 나아가고, 이른바 삼유준(三有俊)이 능히 준(俊)에 나아가며 엄숙히 생각하고 크게 본받아 삼택(三宅)과 삼준(三俊)을 능히 등용하였으니, 상(商)나라 도읍에서는 그 읍(邑)에 화합하였고, 사방에서는 크게 본받아 덕을 나타내게 되었습니다.

集傳
亦越者,
역월(亦越)은

詳說
○ 及也.
'월(越)'은 미친다는 것이다.

集傳
繼前之辭也. 耿, 光也. 湯自七十里升爲天子,
앞을 잇는 말이다. 경(耿)은 빛남이다. 탕왕(湯王)이 70리에서 천자로 올라가서

詳說
○ 陟.
'승(升)'은 경문에서 '척(陟)'이다.

○ 見孟子公孫丑.
『맹자』「공손추」에 보인다.375)

集傳
典禮命討
오전과 예(禮)와 명(命)과 토벌이

---

375) 『맹자』「공손추상(公孫丑上)」: "무력으로 인을 가탁하는 자는 패자(覇者)이니, 패자는 반드시 대국을 소유해야 하겠지만, 덕으로 인을 행하는 왕자(王者)이니, 왕자는 대국을 소유할 필요도 없다. 탕왕은 사방 70리의 땅을 가지고 일어났고, 문왕은 100리의 땅을 가지고 일어났다.(以力假仁者覇, 覇必有大國, 以德行仁者王, 王不待大. 湯以七十里, 文王以百里.)"

詳說

○ 見皐陶謨.
「고요모」에 보인다.376)

集傳

昭著於天下,
천하에 밝게 드러났으니,

詳說

○ 丕釐
경문에서 '비리(丕釐)'이다.

集傳

所謂陟丕釐上帝之光命也.
이른바 '올라가 상제의 빛나는 명을 크게 다스렸다'는 것이다.

詳說

○ 陳氏大猷曰 : "大理治上帝之明命, 謂使事物昭然, 各當於理."
진씨 대유(陳氏大猷)377)가 말하였다 : "상제의 밝은 명을 크게 다스리니, 사물이 환해져서 각기 이치에 합당하게 된 것이라고 말한다."378)

集傳

三宅, 謂居常伯常任準人之位者, 三俊, 謂有常伯常任準人之才者. 克卽者,

---

376) 『서경대전(書經大全)』, 「우서(虞書)」·「고요모6(皐陶謨6)」 : "하늘이 차례로 펴서 법을 두시니 우리 오전(五典)을 바로잡아 다섯 가지를 후하게 하시며, 하늘이 차례로 해서 예(禮)를 두시니 우리 오례(五禮)로부터 하여 다섯 가지를 떳떳하게 하소서. 군신(君臣)이 공경함을 함께 하고 공손함을 합하여 충(衷)을 화(和)하게 하소서. 하늘이 덕이 있는 이에게 명하시거든 다섯 가지 복식으로 다섯 가지 등급을 표창하시며, 하늘이 죄가 있는 이를 토벌하시거든 다섯 가지 형벌로 다섯 가지 등급을 써서 징계하시어 정사를 힘쓰고 힘쓰소서.(天敍有典, 勅我五典, 五惇哉, 天秩有禮, 自我五禮, 有庸哉. 同寅協恭, 和衷哉. 天命有德, 五服, 五章哉, 天討有罪, 五刑, 五用哉, 政事, 懋哉懋哉.)"
377) 진씨 대유(陳氏大猷, ?~?) : 송나라 남강군(南康軍) 도창(都倉) 사람으로 자는 문헌(文獻)이고, 호는 동재(東齋)다. 이종(理宗) 개경(開慶) 원년(1259) 진사(進士)가 되고, 종정랑(從政郞)과 황주군(黃州軍) 판관(判官) 등을 지냈다. 『서경』에 조예가 깊었다. 저서에 『상서집전혹문(尙書集傳或問)』과 『상서집전회통(尙書集傳會通)』 등이 있다.
378) 『서경대전(書經大全)』, 「주서(周書)」·「입정(立政)」 : "진씨 대유가 말하였다 : '사사물물의 이치는 어느 것도 천명의 유행이 아닌 것이 없다. 전례와 형벌과 상은 그 큰 것으로, 탕이 천위에 올라 상제의 밝은 명을 크게 다스리니, 천하를 크게 다스림에 사물이 환해져서 각기 이치에 합당하게 된 것. 곧 상제의 빛나는 명을 크게 다스린 것이라고 말한다.'(陳氏大猷曰 : 事事物物之理, 莫非天命之流行. 典禮刑賞, 則其大者. 湯升天位, 大理治上帝之明命, 謂大治天下, 使事物昭然, 各當於理, 卽丕釐上帝之耿命也.)"

言湯所用三宅, 實能就是位
삼택(三宅)은 상백(常伯)·상임(常任)·준인(準人)의 지위에 있는 자를 말하고, 삼준(三俊)은 상백(常伯)·상임(常任)·준인(準人)의 재주가 있는 자를 이른다. 극즉(克卽)은 탕왕(湯王)이 등용한 삼택(三宅)이 실제로 이 지위에 나아가

詳說
○ 卽.
'취(就)'는 경문에서 '즉(卽)'이다.

集傳
而不曠其職, 所稱三俊,
그 직책을 폐하지 않고, 삼준(三俊)이라고 칭한 자들이

詳說
○ 曰.
'칭(稱)'은 경문에서 '왈(曰)'이다.

集傳
實能就是德, 而不浮其名也.
실제로 이 덕에 나아가 그 이름과 어긋나지 않음을 말한 것이다.

詳說
○ 猶違也.
'부(浮)'는 '위(違)'와 같다.

集傳
三俊, 說者, 謂他日次補三宅者, 詳, 宅, 以位言,
삼준(三俊)은 해설하는 자들이 "후일에 다음으로 삼택(三宅)에 보임될 자"라고 하였는데, 살펴보건대, 택(宅)은 지위로 말하였고

詳說
○ 猶按也.
'상(詳)'은 '안(按)'과 같다.

集傳

俊, 以德言, 意其儲養待用, 或如說者所云也.
준(俊)은 덕(德)으로 말하였으니, 짐작컨대 쌓고 기르면서 등용되기를 기다리는 것이 혹 해설하는 자가 말한 바와 같을 듯하다.

詳說

○ 此說, 雖若餘意, 以後節註觀之, 實正義也.
여기의 설명은 다하지 못한 의미가 있는 것 같을지라도 이후 절의 주로 보면, 실로 바른 의미이다.

○ 新安陳氏曰 : "湯用三宅, 而儲三俊, 以供無窮之用, 上廣夏后之所未及, 而下爲文武之所取法."
신안 진씨(新安陳氏)가 말하였다 : "탕이 삼택을 쓰고 삼준을 두어 무궁한 씀에 이바지했으니, 위로는 하후가 미치지 못한 것을 넓히고, 아래로 문왕과 무왕이 법으로 취한 것이다."379)

○ 呂氏曰 : "漢高儲參陵平勃於身後, 孔明儲琬褘允於身後."
여씨(呂氏)가 말하였다 : "한 고조가 조참·왕릉·진평·주발을 자신의 뒤에 두었고, 공명이 자신의 뒤에 완의윤(琬褘允)을 자신의 뒤에 두었다."380)

集傳

惟, 思, 式, 法也. 湯於三宅三俊,
유(惟)는 생각함이요, 식(式)은 본받음이다. 탕왕(湯王)이 삼택(三宅)과 삼준(三俊)

---

379) 『서경대전(書經大全)』, 「주서(周書)」·「입정(立政)」 : "신안 진씨가 말하였다 : '탕이 삼택을 써서 원근이 믿게 했으니, 들어 씀이 합당하고 사람이 마음으로 복종함은 사람들이 좋아하는 것을 좋아하고, 사람들의 본성을 어기지 않았기 때문이다. 엄숙히 생각하고 크게 본받은 것은 임금이 현인을 크게 본받은 것이고, 크게 본받아 덕을 나타내게 된 것은 아래의 사람들이 그것에 따라 크게 임금을 본받은 것이다. 탕이 삼택을 쓰고 또 삼준을 두어 무궁한 씀에 이바지했으니, 위로는 하후가 미치지 못한 것을 넓히고, 아래로 문왕과 무왕이 법으로 취한 것이다.'(新安陳氏曰 : 宅俊用, 而遠近孚, 蓋擧用當, 而人心服, 好人所好, 不拂人之性故也. 嚴惟丕式, 君大法平賢也, 用丕式見德, 下之人因之而大法乎君也. 湯用三宅, 而且儲三俊, 以供無窮之用, 上廣夏后之所未及, 而下爲文武之所取法焉.)"

380) 『서경대전(書經大全)』, 「주서(周書)」·「입정(立政)」 : "여씨가 말하였다 : '한 고조가 조참·왕릉·진평·주발을 자신의 뒤에 두어 두 세대의 난을 평정하게 되었고, 공명이 자신의 뒤에 완의윤(琬褘允)을 자신의 뒤에 두어 수십 년을 유지했다. …. 엄숙히 생각하는 것은 현자가 크게 본받는 것이고, 그런 다음에 택준을 등용할 수 있다는 것은 이른바 이윤에게 배운 이후에 신하 삼았다는 것이 그 하나의 증거이다. ….'(呂民曰 : 漢高儲參陵平勃於身後, 定после再世之亂, 孔明儲琬偉允等於身後, 亦維持數十年. …. 嚴思, 賢者, 惟大則效之, 然後能用宅俊, 所謂學於伊尹, 而後臣之, 其一證也. ….)"

에 대하여

> |詳說|

○ 添此句.
여기의 구를 더하였다.

> |集傳|

嚴思而丕法之.
엄숙히 생각하고 크게 본받았던 것이다.

> |詳說|

○ 呂氏曰 : "嚴思, 賢者, 大則效之, 所謂學於伊尹, 而後臣之, 其一驗也."
여씨(呂氏)가 말하였다 : "엄숙히 생각한다는 것은 현자가 크게 본받는 것이니, 이른바 이윤에게 배운 이후에 신하 삼았다는 것이 그 하나의 증거이다."381)

> |集傳|

故能盡其宅俊之用, 而宅者, 得以效其職, 俊者, 得以著其才, 賢智奮庸,
그러므로 그 택(宅)·준(俊)의 등용을 다하여 지위에 거한 자는 그 직책을 바칠 수 있고, 준걸스러운 자는 그 재주를 드러낼 수 있어서 어질고 지혜로운 자가 공용을 일으켜

> |詳說|

○ 二字, 見舜典.
'분용(奮庸)' 두 글자는 「순전」에 보인다.382)

---

381) 『서경대전(書經大全)』, 「주서(周書)」·「입정(立政)」 : "여씨가 말하였다 : '한 고조가 조참·왕릉·진평·주발을 자신의 뒤에 두어 두 세대의 난을 평정하게 되었고, 공명이 자신의 뒤에 완의윤(琓禪允)을 자신의 뒤에 두어 수십 년을 유지했다. …. 엄숙히 생각하는 것은 현자가 크게 본받는 것이고, 그런 다음에 택준을 등용할 수 있다는 것은 이른바 이윤에게 배운 이후에 신하 삼았다는 것이 그 하나의 증거이다. ….'(呂民曰 : 漢高儲參陵平勃於身後, 迄定再世之亂, 孔明儲琬偉允等於身後, 亦維持數十年. …. 嚴思, 賢者, 惟大則效之, 然後能用宅俊, 所謂學於伊尹. 而後臣之, 其一證也. ….)"

382) 『서경대전(書經大全)』, 「우서(虞書)」·「순전-17(舜典-17)」 : "순(舜)이 말씀하기를 '아! 사악(四岳)아. 공용(功庸)을 일으켜 제요(帝堯)의 일을 넓힐 자가 있으면 백규(百揆)에 거하게 해서 여러 일을 밝혀 무리들을

集傳

登于至治.
지극한 다스림에 오른 것이다.

詳說

○ 去聲.
'치(治)'는 거성이다.

集傳

其在商邑, 用協于厥邑,
상(商)나라 도읍에 있어서는 그 도읍에 화합하였으니,

詳說

○ 和也
'협(協)'은 화합하는 것이다.

集傳

近者, 察之詳, 其情未易齊
가까운 곳은 살핌이 상세하여 정(情)이 고르기가 쉽지 않은데,

詳說

○ 去聲, 下同.
'이(易)'는 거성으로 아래에서도 같다.

集傳

畿甸之協, 則純之至也, 其在四方, 用丕式見德,

순히 다스리게 하겠다.'라고 하니, 여럿이 말하기를 '백우(伯禹)가 현재 사공(司空)이 되어 있습니다.'라고 하였다. 제순(帝舜)이 말씀하기를 '너의 말이 옳다. 아! 우(禹)야. 네가 수토(水土)를 평하게 다스렸으니, 이것을 힘쓰라.'라고 하였다. 우(禹)가 절하고 머리를 조아려 직(稷)과 설(契) 및 고요(皐陶)에게 사양하니, 제순(帝舜)이 말씀하기를 '아! 너의 말이 옳다. 네가 가서 임무를 수행하라.'라고 하였다.(舜曰, 咨四岳. 有能奮庸, 熙帝之載, 使宅百揆, 亮采惠疇. 僉曰, 伯禹作司空. 帝曰, 俞. 咨禹. 汝平水土, 惟時懋哉. 禹拜稽首, 讓于稷契皐陶, 帝曰, 俞. 汝往哉.)"

기전(畿甸)이 화합하였다면 순수함이 지극한 것이며, 사방에 있어서는 크게 본받아 덕을 나타내었으니,

詳說

○ 新安陳氏曰：“下之人大法乎君也.”

신안 진씨(新安陳氏)가 말하였다 : "아래의 사람들이 크게 임금을 본받은 것이다."383)

集傳

遠者, 及之難, 其德未易徧, 觀法之同,

먼 곳은 미치기가 어려워서 덕이 두루 미치기가 쉽지 않은데 법이 같음을 드러내면

詳說

○ 見.

'관(觀)'은 경문에서 '현(觀)'이다.

○ 式.

'법(法)'은 경문에서 '식(式)'이다.

○ 倒言以便文

거꾸로 말해 글을 편하게 했다.

集傳

則大之至也. 至純至大, 治道無餘蘊矣. 曰邑曰四方者, 各極其遠近而言耳

큼이 지극한 것이다. 지극히 순수하고 지극히 크면 다스리는 도가 남음이 없는 것

---

383) 『서경대전(書經大全)』, 「주서(周書)」·「입정(立政)」 : "신안 진씨가 말하였다 : '탕이 삼택을 써서 원근이 믿게 했으니, 들어 씀이 합당하고 사람이 마음으로 복종함은 사람들이 좋아하는 것을 좋아하고, 사람들의 본성을 어기지 않았기 때문이다. 엄숙히 생각하고 크게 본받은 것은 임금이 현인을 크게 본받은 것이고, 크게 본받아 덕을 나타내게 된 것은 아래의 사람들이 그것에 따라 크게 임금을 본받은 것이다. 탕이 삼택을 쓰고 또 삼준을 두어 무궁한 씀에 이바지했으니, 위로는 하후가 미치지 못한 것을 넓히고, 아래로 문왕과 무왕이 법으로 취한 것이다.'(新安陳氏曰 : 宅俊用, 而遠近孚, 蓋擧用當, 而人心服, 好人所好, 不拂人之性故也. 嚴惟丕式, 君大法乎賢也, 用丕式見德, 下之人因之而大法乎君也. 湯用三宅, 而且儲三俊, 以供無窮之用, 上廣夏后之所未及, 而下爲文武之所取法焉.)"

이다. 읍(邑)이라고 말하고 사방(四方)이라고 말한 것은 각각 원근(遠近)을 지극히 하여 말한 것이다.

詳說

○ 以論釋之.
경문의 의미 설명으로 해석하였다.

[12-4-19-5]

嗚呼, 其在受德暋, 惟羞刑暴德之人, 同于厥邦, 乃惟庶習逸德之人, 同于厥政, 帝欽罰之, 乃伻我有夏, 式商受命, 奄甸萬姓.

아! 수(受)의 덕이 어두울 적에, 형벌을 숭상하는 포악한 덕의 사람들과 나라를 함께 다스리며, 여러 가지 추악한 것을 익힌 방일한 덕의 사람들과 정사를 함께 하니, 상제가 공경히 벌을 내리시어 마침내 우리가 하(夏)를 소유해서 상나라가 받았던 명을 써서 문득 만성(萬姓)을 다스리게 하셨습니다.

詳說

○ 暋, 音敏.
'민(暋)'은 음이 '민(敏)'이다.

集傳

羞刑, 進任刑戮者也,
수형(羞刑)은 형륙(刑戮)에 내맡기는 것이고,

詳說

○ 王氏曰 : "羞, 進也, 有崇尚之意."
왕씨(王氏)가 말하였다 : "'수(羞)'는 '나아간다.'는 것이니 숭상의 의미가 있다."[384]

---

384)『서경대전(書經大全)』,「주서(周書)」·「입정(立政)」: "왕씨가 말하였다 : 「수(羞)」는 「나아간다.」는 것이니 숭상의 의미가 있다. 걸(桀)과 주(紂)가 사람이 아닌 것을 등용한 것은 모두 자신에게 악덕이 있는 것에 뿌리가 있다. 그러므로 「걸덕(桀德)과 수덕(受德)은 근본을 미뤄 말한 것이다.」라고 하였다.'(王氏曰 : 羞, 進也, 有崇尚之意. 桀紂所用非人, 皆本於身有惡德. 故曰, 桀德受德者, 推本言之也.)"

○ 好刑殺者.
형벌과 죽임을 좋아한 것이다.

集傳
庶習, 備諸衆醜者也.
서습(庶習)은 여러 추악함을 갖춘 것이다.

詳說
○ 諺釋, 蓋依註意, 而有違文勢.
『언해』의 해석은 주의 의미에 따랐으나 문투를 어기는 것이 있다.

集傳
言紂德強暴,
주왕(紂王)의 덕이 강폭(強暴)하였고,

詳說
○ 暋.
'강포(強暴)'는 경문에서 '민(暋)'이다.

集傳
又所與共國者, 惟羞刑暴德之諸侯, 所與共政者, 惟庶習逸德之臣下.
또 함께 나라를 함께 다스린 자가 오직 형륙에 내맡기는 포덕(暴德)의 제후(諸侯)였으며, 함께 정사를 한 자가 오직 여러 가지 추악함을 갖춘 일덕(逸德)의 신하였다.

詳說
○ 衆共習逸德之人也.
무리지어 함께 일덕의 사람에게 물들었다.

集傳

上帝敬致其罰, 乃使我周有此諸夏,
상제(上帝)가 공경히 그 벌을 내려서 마침내 우리 주(周)나라가 이 제하(諸夏)를 소유하여

> 詳說
> ○ 伻.
>> '사(使)'는 경문에서 '팽(伻)'이다.

> 集傳
> **用商所受之命, 而奄甸萬姓焉,**
> 상(商)나라가 받았던 천명을 써서 문득 만성(萬姓)을 다스리게 한 것이니,

> 詳說
> ○ 式.
>> '용(用)'은 경문에서 '식(式)'이다.

> ○ 治也.
>> '전(甸)'은 다스리는 것이다.

> 集傳
> **甸者, 井牧其地,**
> 전(甸)이라는 것은 그 땅을 구획하고,

> 詳說
> ○ 周禮小司徒注曰 :"春秋傳, 所謂井衍沃牧濕皐, 是也. 濕皐之地, 九夫爲牧."
>> 『주례』「소사도(小司徒)」의 주에서 말하였다 :"『춘추전』에서 이른바 '평평한 옥토에는 정전을 하고 물가의 습지에는 목축을 한다.'는 것이 여기에 해당한다. 습지에서는 아홉 장정이 목축을 한다."

####집전
什伍其民也.
그 백성을 십오(什伍)로 편성하는 것이다.

####상설
○ 見周禮士師.
『주례』「사사(士師)」에 보인다.

[12-4-19-6]
亦越文王武王, 克知三有宅心, 灼見三有俊心, 以敬事上帝, 立民長伯.

또한 문왕·무왕에 이르러 능히 삼유택(三有宅)의 마음을 알고 삼유준(三有俊)의 마음을 분명히 보시어, 공경히 상제를 섬기며 백성의 장(長)과 백(伯)을 세우셨습니다.

####상설
○ 長, 上聲.
'장(長)'은 상성이다.

○ 呂氏曰:"論成湯文武, 皆以亦越發語."
여씨(呂氏)가 말하였다:"성탕과 문무를 의론함에는 모두 '역월(亦越)'로 말을 시작했다."[385]

####집전
三宅三俊, 文武克知灼
삼택(三宅)과 삼준(三俊)을 문왕(文王)과 무왕(武王)이 능히 알고 분명히

####상설

---

385) 『서경대전(書經大全)』, 「주서(周書)」·「입정(立政)」:"여씨가 말하였다:'성탕과 문무를 의론함에는 모두 「역월(亦越)」로 말을 시작했으니, 대개 위의 글과 서로 참고하라. ….'(呂氏曰:論成湯文武, 皆以亦越發語. 蓋與上文相參也. ….)"

○ 明也.
　'작(灼)'은 '명(明)'이다.

集傳
見, 皆曰心者, 即所謂迪知忱恂, 而非謀面也.
보았는데, 모두 심(心)이라고 말한 것은 곧 이른바 '실천하여 알고 진실로 믿어서 얼굴만 보고 도모한 것이 아니라'는 것이다.

詳說
○ 照前節.
　앞의 절을 참조하라.

○ 呂氏曰："心者, 萬化之源."
　여씨(呂氏)가 말하였다："마음은 모든 변화의 근원이다."386)

集傳
三宅已授之位, 故曰克知, 三俊未任以事, 故曰灼見.
삼택(三宅)은 이미 지위를 주었기 때문에 능히 안다고 말하였고, 삼준(三俊)은 아직 일을 맡기지 않았기 때문에 분명히 보았다고 말한 것이다.

詳說
○ 知與見, 略有分.
　안다는 것과 본다는 것에는 대략 구분이 있다.

集傳
以是敬事上帝, 則天職修, 而上有所承,

---

386) 『서경대전(書經大全)』, 「주서(周書)」·「입정(立政)」: "여씨가 말하였다 : '성탕과 문무를 의론함에는 모두 「역월(亦越)」로 말을 시작했으니, 대개 위의 글과 서로 참고하라. …. 그 마음을 앎에 여전히 미진하면 틈이 없을 수 없다. 문왕과 무왕은 진실로 그 마음을 알았던 것이다. 삼준은 등용을 기다리는 자여서 아직 함께 섬기며 만난 것이 아니니 바닥에 쌓인 것을 볼 수 없는데, 문왕과 무왕은 환하게 그 마음을 본다. 택과 준의 마음을 안다는 것에서 모두 마음이라고 한 것은 임금과 신하가 서로 모든 변화의 근본이기 때문이다. ….'(呂氏曰：論成湯文武, 皆以亦越發語. 蓋與上文相參也. …. 知其心者, 猶未盡, 則不能無間. 惟文武真能知其心也. 三俊, 待用者也, 未與事遇, 則底蘊不外見, 惟文武灼然, 見其心也. 知宅俊, 皆曰心者, 君臣相與萬化之源. ….)"

이로써 공경히 상제를 섬기면 천직(天職)이 닦여져서 위로 받들 바가 있고,

詳說

○ 承順乎天.

하늘을 이어 따르는 것이다.

集傳

以是立民長伯, 則體統立, 而下有所寄,

이로써 백성의 장(長)과 백(伯)을 세우면, 체통이 서서 아래로 맡길 바가 있으니,

詳說

○ 寄託.

기탁하는 것이다.

集傳

人君位天人之兩間, 而俯仰無怍者,

인군이 하늘과 사람 둘 사이에 위치하여 굽어보고 우러러봄에 부끄러움이 없는 것은

詳說

○ 見孟子盡心.

『맹자』「진심」에 보인다.387)

集傳

以是也. 夏之尊帝, 商之丕釐, 周之敬事, 其義一也. 長如王制

이 때문이다. 하(夏)나라가 상제를 높임과 상(商)나라가 크게 다스림과 주(周)나라가 공경히 섬김에는 그 의(義)가 똑같다. 장(長)은 「왕제(王制)」에서

詳說

---

387) 『맹자(孟子)』「진심상(盡心上)」: "하늘을 우러러보아도 부끄러움이 없고, 땅을 굽어보아도 부끄러움이 없는 것이 군자의 두 번째 낙이다.(仰不愧於天, 俯不怍於人, 二樂也.)"

○ 禮記.

『예기』이다.

集傳
所謂五國以爲屬, 屬有長伯, 如王制所謂二百一十國以爲州, 州有伯, 是也.

이른바 "5국(國)을 속(屬)으로 삼으니, 속(屬)에 장(長)이 있다."는 것과 같으며, 백(伯)은 「왕제(王制)」에서 이른바 "2백 10국(國)을 주(州)로 삼으니 주(州)에 백(伯)이 있다."는 것과 같은 것이 여기에 해당한다.

詳說
○ 新安陳氏曰 : "當時宅俊, 或有出而封, 爲長伯者歟."

신안 진씨(新安陳氏)가 말하였다 : "당시에 택과 준이 혹 출사해서 봉해짐으로 장과 백이 된 것일 것이다."388)

○ 人君, 以下, 論也.

인군(人君) 이하는 경문의 의미 설명이다.

[12-4-19-7]

立政, 任人, 準夫, 牧, 作三事.

정사를 세움에 임인(任人)과 준부(準夫)와 목(牧)으로 세 가지 일을 하게 하셨습니다.

集傳
言文武立政三宅之官也.

문왕(文王)과 무왕(武王)이 정사를 세우는 삼택(三宅)의 관원을 말한 것이다.

詳說

---

388) 『서경대전(書經大全)』, 「주서(周書)」·「입정(立政)」: "신안 진씨가 말하였다 : '「장과 백을 세웠다.」는 것은 당시에 택과 준이 혹 출사해서 봉해짐으로 장과 백이 된 것일 것이다. 제후가 들어와서는 왕관이 되고 왕관이 나가서는 제후가 되는 것은 옛날에 늘 있던 것이다.'(新安陳氏曰 : 立民長伯, 當時宅俊或有出而封, 爲長伯者歟. 諸侯入為王官, 王官出為諸侯, 古常有之.)"

○ 先總提.
먼저 총괄해서 제시했다.

集傳

任人, 常任也, 準夫, 準人也, 牧, 常伯也,
임인(任人)은 상임(常任)이고, 준부(準夫)는 준인(準人)이며, 목(牧)은 상백(常伯)이니,

詳說

○ 此先言常任.
여기에서는 먼저 상임을 말하였다.

○ 王氏曰 : "此篇屢言三宅, 而先後之序, 不同者, 官使之際, 皆當致謹, 初無一定之先後也."
왕씨(王氏)가 말하였다 : "여기의 편에서 여러 번 삼택을 말하면서 선후의 순서가 다른 것은 관직을 주어 부릴 때에는 모두 삼가야 하는 것이고, 애초에 일정한 순서가 없기 때문이다."389)

集傳

以職言, 故曰事.
직책으로 말했기 때문에 일이라고 한 것이다

[12-4-19-8]

虎賁, 綴衣, 趣馬, 小尹, 左右, 攜僕, 百司, 庶府,

호분(虎賁)과 추의(綴衣)와 취마(趣馬)와 소윤(小尹)과 좌우(左右)의 휴복(僕)과 백사(百司)와 서부(庶府)와

---

389) 『서경대전(書經大全)』, 「주서(周書)」·「입정(立政)」 : "왕씨가 말하였다 : '여기의 편에서 여러 번 삼택을 말하면서 선후의 순서가 다른 것은 관직을 주어 부릴 때에는 모두 삼가야 하는 것이고, 애초에 일정한 순서가 없기 때문이다.'(王氏曰 : 此篇屢言三宅, 而先後之序, 不同者, 官使之際, 皆當致謹, 初無一定之先後也.)"

詳說

○ 趣, 七走反.

'취(趣)'는 음이 '칠(七)'과 '주(走)'의 반절이다.

集傳

此, 侍御之官也.

이는 시어(侍御)하는 관원이다.

詳說

○ 先總提.

먼저 총괄해서 제시했다.

○ 此先言虎賁.

여기에서는 먼저 호분에 대해 말하였다.

集傳

趣馬, 掌馬之官,

취마(趣馬)는 말을 관장하는 관직이고,

詳說

○ 周禮校人注曰 : "趣馬, 下士, 馬七十二匹, 立趣馬一人

『주례』「교인」의 주에서 말하였다 : "취마는 하사로 말 72필에 취마 한 사람을 세운다."

集傳

小尹, 小官之長,

소윤(小尹)은 소관(小官)의 장(長)이고,

詳說

○ 上聲.

'장(長)'은 상성이다.

>[!note] 集傳
攜僕, 攜持僕御之人, 百司, 若司裘司服,

휴복(僕)은 물건을 휴대하고 복어(僕御)하는 사람이고, 백사(百司)는 사구(司裘)·사복(司服)과 같은 것이고,

>[!note] 詳說
○ 天官
'사구(司裘)'는 천관이다.

○ 春官.
'사복(司服)'은 춘관이다.

○ 新安陳氏曰 : "以下之表臣而見, 此爲裏臣也."
신안 진씨(新安陳氏)가 말하였다 : "아래의 표신(表臣)으로 드러내면, 여기는 이신(裏臣)이다."390)

>[!note] 集傳
庶府, 若內府大府之屬也.
서부(庶府)는 내부(內府)·대부(大府)와 같은 등속이다.

>[!note] 詳說
○ 並天官.
'내부(內府)·대부(大府)'는 천관을 아우른다.

---

390) 『서경대전(書經大全)』, 「주서(周書)」·「입정(立政)」: "신안 진씨가 말하였다 : '문왕과 무왕이 정사를 세우는 근본은 임인·준부·목 삼택을 임용해서 삼택의 직사(職事)로 삼았을 뿐이다. 백사와 서부 이상 이것은 내백사로 이른바 이신이고, 표신과 백사 이하 이것은 외백사로 이른바 표신이다. 아래의 표신으로 드러내면 위가 이신이다. 문왕과 무왕의 때에 사람을 얻는 성대함이 이와 같았으니, 그 본원을 미루면 입정의 강령을 알고 등용한 삼택으로 말미암은 것이다. 삼택으로 사람을 얻었기 때문에 내외의 여러 직분에서 모두 사람을 얻었다. 아래의 글은 마침내 다시 삼택으로 서로 뒤섞어 말한 것이다.'(新安陳氏曰 : 文武立政之本, 在用任人準夫牧三宅, 以作三宅之職事而已. 百司庶府以上, 此內百司, 所謂裏臣也, 表臣百司以下, 此外百司, 所謂表臣也. 以下之表臣見, 上爲裏臣也. 文武時, 得人之盛如此, 推其本原, 由其知立政綱領, 所用三宅. 三宅得人, 故內外衆職, 皆得人也. 下文, 遂復以三宅, 參錯言之.)"

[12-4-19-9]

> 大都, 小伯, 藝人 表臣百司, 太史, 尹伯, 庶常吉士.

대도(大都)의 백(伯)과 소도(小都)의 백(伯)과 예인(藝人)과 표신(表臣)인 백사(百司)와 태사(太史)와 윤백(尹伯)이 모두 떳떳한 길한 선비였습니다.

集傳

此, 都邑之官也.

이는 도읍(都邑)의 관원이다.

詳說

○ 先總提.

먼저 총괄해서 제시했다.

集傳

呂氏曰『大都小伯者, 謂大都之伯, 小都之伯也, 大都言都不言伯, 小伯言伯不言都, 互見之也.

여씨(呂氏)가 말하기를 "대도(大都)와 소백(小伯)은 대도(大都)의 백(伯)과 소도(小都)의 백(伯)을 이르니, 대도(大都)에는 도(都)를 말하고 백(伯)을 말하지 않고, 소백(小伯)에는 백(伯)을 말하고 도(都)를 말하지 않은 것은 서로 나타낸 것이다."라고 하였다.

詳說

○ 音現, 下並同.

'현(見)'은 음이 현으로 아래에서도 모두 같다.

○ 復齋董氏曰 : "如詩鉦人伐鼓之類, 是也. 大都, 公之采邑, 小都, 卿之采邑."

복재 동씨(復齋董氏)가 말하였다 : "『시경』에서 '정인이 북을 친다.'[391]는 것과

---

[391] 『시경』「소아(小雅)」「채기(采芑)」: "정인(鉦人)은 북을 치거늘 군사들을 진열하고 훈계하도다.(鉦人伐鼓,

같은 것이 여기에 해당한다. 대도는 공의 채읍이고, 소도는 경의 채읍이다."392)

集傳
藝人者, 卜祝巫匠, 執技以事上者. 表臣百司, 表外也, 表對裏之詞. 上文百司, 蓋內百司, 若內府內司服

예인(藝人)은 복축(卜祝)과 무장(巫匠)이니, 기예(技藝)를 가지고 임금을 섬기는 자이다. 표신(表臣)과 백사(百司)는 표(表)는 밖으로 표(表)는 이(裏)와 대칭되는 말이다. 위의 글에서 백사(百司)는 내백사(內百司)이니, 내부(內府)·내사복(內司服)과 같은

詳說
○ 天官

천관이다.

集傳
之屬, 所謂裏臣也, 此百司, 蓋外百司, 若外府

등속으로 이른바 이신(裏臣)이라는 것이며, 여기의 백사(百司)는 외백사(外百司)이니, 외부(外府)·

詳說
○ 天官.

천관이다.

集傳
外司服之屬, 所謂表臣也.

외사복(外司服)과 같은 등속으로 이른바 표신(表臣)이라는 것이다.

陳師鞠旅.)"
392) 『서경대전(書經大全)』, 「주서(周書)」·「입정(立政)」: "복재 동씨(復齋董氏)가 말하였다 : '「주관」의 주에서 「대도는 공의 채읍이고, 소도는 경의 채지이다.」라는 것이 여기에 해당한다. 옛 사람들이 주장을 할 때에는 서로 보완해서 뜻을 드러내는 경우가 있으니, 이를테면 『시경』에서 「정인이 북을 친다.」는 것과 같은 것이 여기에 해당한다.'(復齋董氏曰 : 周官註, 大都, 公之采邑, 小都, 卿之采地, 是也. 古人立言之法, 有互文見意者, 如詩鉦人伐鼓之類, 是也.)"

詳說
○ 與上節百司, 相形.
위의 절에서 백사와 서로 드러난다.

集傳
太史者, 史官也.
태사(太史)는 사관(史官)이다.

詳說
○ 春官.
춘관이다.

集傳
尹伯者, 有司
윤백(尹伯)은 유사(有司)의

詳說
○ 尹.
'사(司)'는 경문에서 '윤(尹)'이다.

○ 與上節之尹, 微不同.
위의 절에서393) '윤(尹)'과는 미미하게 같지 않다.

集傳
之長,
장(長)이니,

詳說

---

393) 『서경대전(書經大全)』, 「주서(周書)」·「입정8(立政8)」: "호분(虎賁)과 추의(綴衣)와 취마(趣馬)와 소윤(小尹)과 좌우(左右)의 휴복(攜僕)과 백사(百司)와 서부(庶府)와(虎賁, 綴衣, 趣馬, 小尹, 左右, 攜僕, 百司, 庶府,)"

○ 上聲.
'장(長)'은 상성이다.

○ 伯.
'장(長)'은 경문에서 '백(伯)'이다.

集傳
如庖人內饔膳夫,
포인(人)·내옹(內饔)·선부(膳夫)와 같은 것은

詳說
○ 並天官.
천관을 아우른다.

集傳
則是數尹之伯也. 鐘師
여러 윤(尹)의 백(伯)이다. 종사(鐘師)는

詳說
○ 春官
춘관이다.

集傳
尹鐘, 磬師
종(鐘)을 맡고 경사(磬師)는

詳說
○ 春官.
춘관이다.

| 集傳 |

尹磬,
경(磬)을 맡으며

| 詳說 |

○ 尹於鐘, 尹於磬.
종을 맡고 경을 맡은 것이다.

| 集傳 |

太師
태사(太師)는

| 詳說 |

○ 春官.
춘관이다.

| 集傳 |

司樂,
악(樂)을 맡으니,

| 詳說 |

○ 掌樂.
음악을 담당하였다.

| 集傳 |

則是數尹之伯也. 凡所謂官吏, 莫不在內外百司之中, 至於特見其名者, 則皆有意焉. 虎賁綴衣, 趣馬小尹, 左右攜僕, 以扈衛親近而見, 庶府以冗賤, 人所易忽而見,
곧 여러 윤(尹)의 백(伯)이다. 대체로 이른바 관리라는 것은 내외의 백사(百司) 가운데 들어있지 않음이 없는데, 특별히 그 이름을 나타냄에는 모두 뜻이 있다. 호

분(虎賁)·추의(綴衣)·취마(趣馬)·소윤(小尹)·좌우(左右)의 휴복(攜僕)은 임금을 호위하고 친근히 하기 때문에 나타낸 것이며, 서부(庶府)는 잡되고 천하여 사람들이 소홀히 하기 쉽기 때문에 나타낸 것이며,

詳說

○ 去聲.
'이(易)'는 거성이다.

集傳

藝人, 恐其或興淫巧機詐, 以蕩上心而見, 太史以奉諱惡,
예인(藝人)은 혹 지나친 공교로움과 기지로 속임을 일으켜 임금의 마음을 방탕하게 할까 염려하여 나타낸 것이며, 태사(太史)는 휘(諱)와 악(惡)을 받들어서

詳說

○ 去聲.
'악(惡)'은 거성이다.

○ 禮記王制注曰: 諱, 先王名, 惡, 忌日, 若子卯.
『예기』「왕제」의 주에서 말하였다: "휘(諱)는 선왕의 이름이고, 악(惡)은 기일이니, 자(子)나 묘(卯)와 같다."

○ 以下文公字觀之, 蓋謂國所諱及國之惡也, 是斷章取義也. 然則惡, 當讀如字.
아래의 글에서 '공(公)'자로 보면, 나라에서 꺼리는 것과 나라의 악을 말하니, 바로 단장취의한 것이다. 그렇다면 '악(惡)'은 본래의 음 대로 읽어야 한다.

集傳

公天下後世之是非而見, 尹伯以大小相維, 體統所係而見, 若大都小伯, 則分, 治郊畿不預百司之數者.
천하 후세의 시비를 공정(公正)히 하기 때문에 나타낸 것이며, 윤백(尹伯)은 대소(大小)가 서로 유지하여 체통이 관계되기 때문에 나타낸 것이며, 대도(大都)의 백

(伯)과 소도(小都)의 백(伯)은 교(郊)와 기(畿)를 다스리니, 백사(百司)의 수에 참여되지 않는다.

詳說

○ 凡以下總論.

'범(凡)' 이하는 총괄해서 설명한 것이다.

集傳

旣條陳歷數文武之衆職,

이미 문왕(文王)·무왕(武王)의 여러 직책을 조목조목 진열하여 일일이 세고,

詳說

○ 上聲

'수(數)'는 상성이다

○ 通二節言.

두절을 합쳐서 말하였다.

集傳

而總結之曰庶常吉士, 庶, 衆也, 言在文武之廷, 無非常德吉士也.

총결(總結)하기를 "모두 떳떳한 길사(吉士)이다."라고 하였다. 서(庶)는 여럿이니, 문왕(文王)·무왕(武王)의 조정에 있는 자가 떳떳한 덕을 간직한 길사(吉士)가 아님이 없음을 말한 것이다.

詳說

○ 陳氏曰 : 彰厥有常吉哉, 亦此意.

진씨(陳氏)가 말하였다 : "'드러나 떳떳함이 있는 것이 길함입니다.'394)는 것도

---

394)『서경대전(書經大全)』,「우서(虞書)」·「고요모3(皐陶謨3)」: "고요가 말하기를 '아! 행실에는 아홉 가지 덕(德)이 있으니, 그 사람이 소유한 덕을 말하려면 어떤 일과 어떤 일을 행했다고 말하는 것입니다.'라고 하였다. 우(禹)가 '무엇인가?'라고 묻자, 고요가 다음과 같이 말하였다. '너그러우면서도 장엄하며 유순하면서도 꿋꿋하며 삼가면서도 공손하며 다스리면서도 공경하며 익숙하면서도 굳세며 곧으면서도 온화하며 간략하면서도 모나며 굳세면서도 독실하며 강하면서도 의(義)를 좋아하는 것이니, 드러나 떳떳함이 있는 것이

이런 의미이다."395)

[12-4-19-10]
司徒, 司馬, 司空, 亞, 旅,

사도(司徒)와 사마(司馬)와 사공(司空)과 아(亞)와 여(旅)와

集傳

此, 諸侯之官也.

이것은 제후의 관원이다.

詳說

○ 先總提.

먼저 총괄해서 제시했다.

集傳

司徒, 主邦敎, 司馬, 主邦政, 司空, 主邦土,

사도(司徒)는 나라의 가르침을 주관하고, 사마(司馬)는 나라의 정사를 주관하며, 사공(司空)은 나라의 토목을 주관하고,

詳說

○ 見周官.

「주관」에 보인다.

集傳

餘見牧誓,

나머지는 「목서(牧誓)」에 보이니,

길함입니다.'(皐陶曰 都, 亦行有九德, 亦言其人有德 乃言曰載采采. 禹曰, 何. 皐陶曰 寬而栗, 柔而立, 愿而恭, 亂而敬, 擾而毅, 直而溫, 簡而廉, 剛而塞, 彊而義, 彰厥有常, 吉哉.)"
395) 『서경대전(書經大全)』, 「주서(周書)」·「입정(立政)」: "진씨가 말하였다 : '…. 위에서 자세히 말한 것으로 문왕과 무왕의 인재 등용은 모든 대소와 내외와 원근이 모두 각기 그 사람을 얻은 것이다. 군장의 마음 씀이 떳떳하게 오래되면 길한 선비가 되고, 소인의 마음 씀이 떳떳하지 못하면 흉한 사람이 되니, 「드러나 떳떳함이 있는 것이 길함입니다.」라는 것도 이런 의미이다.'(陳氏曰 : …. 以上詳言, 文武用人, 凡大小內外遠近, 皆各得其人也. 君子用心, 常久, 則爲吉士, 小人用心, 不常, 則爲凶人, 彰厥有常吉哉, 亦此意. ….)"

詳說
○ 音現.
'현(見)'은 음이 '현(現)'이다.

○ 三卿之詳, 與亞旅之訓.
삼경의 자세한 설명과 아(亞)와 여(旅)의 가르침이다.

集傳
言諸侯之官, 莫不得人也.
제후의 관원이 인재를 얻지 않음이 없음을 말한 것이다.

詳說
○ 添此句.
여기의 구를 더하였다.

集傳
諸侯之官, 獨舉此者, 以其名位通於天子歟.
제후의 관원에 유독 이것을 든 것은 그 명칭과 지위가 천자국과 공통되기 때문인 듯하다.

詳說
○ 論也.
경문의 의미 설명이다.

○ 通, 未必謂命之也.
'통(通)'은 굳이 기필하지 않고 말하여 명명한 것이다.

[12-4-19-11]
夷, 微, 盧, 烝, 三亳, 阪尹.

이(夷)와 미(微)와 노(盧)의 증(烝)과 삼박(三亳)이 판(阪)의 윤(尹)이었습니다.

詳說

○ 阪, 音反.
  '판(阪)'은 음이 '반(反)'이다.

集傳

此, 王官之監於諸侯四夷者也.
이것들은 왕(王)의 관원으로서 제후와 사방 오랑캐들을 감시하는 자들이다.

詳說

○ 平聲.
  '감(監)'은 평성이다.

○ 先總提
  먼저 총괄해서 제시하였다.

集傳

微盧, 見經,
미(微)와 노(盧)는 경(經)에 있고,

詳說

○ 音現, 下並同.
  '현(見)'은 음이 '현(現)'으로 아래에서도 같다.

○ 牧誓.
  '경(經)'은 「목서」이다.

○ 與禹貢織文註言經同.
  「우공(禹貢)」 직문(織文)의 주에서 '경(經)'이라고 말한 것과 같다.[396]

集傳

---

[396] 『서경대전(書經大全)』, 「우서(虞書)」·「우공-19(禹貢-19)」: "공물(貢物)은 옻과 생사(生絲)이고, 광주리에 담아서 바치는 폐백은 무늬 있는 직물이다.(厥貢, 漆絲, 厥, 織文.)" 주자의 주: "옛날에 폐백 등속을 광주리에 담아서 바쳤으니, 경(經)에서 '검고 누런 비단을 광주리에 담았다.'는 것이 여기에 해당한다.(古者, 幣帛之屬, 則盛之以筐而貢焉, 經曰, 厥玄黃, 是也.)"

亳, 見史.
박(亳)은 『사(史)』에 있다.

> 詳說
> ○ 殷紀.
> '사(史)'는 「은기(殷紀)」이다.

集傳
三亳, 蒙爲北亳, 穀熟爲南亳, 偃師爲西亳. 烝, 或以爲衆, 或以爲夷名. 阪, 未詳. 古者, 險危之地, 封疆之守,
삼박(三亳)은 몽(蒙)이 북박(北)이고, 곡숙(穀熟)이 남박(南)이며, 언사(偃師)가 서박(西)인 것이다. 증(烝)은 어떤 이가 무리라 하고, 어떤 이가 오랑캐의 이름이라고 한다. 반(阪)은 미상이다. 옛날에 위험한 지역에 국경을 지키는 사람을

> 詳說
> ○ 當守者.
> 지킴을 담당하는 자이다.

集傳
或不以封,
혹 봉해주지 않고

> 詳說
> ○ 禮記王制曰:"名山大澤不以封."
> 『예기』「왕제」에서 말하였다:"명산과 대천은 봉하지 않는다."

集傳
而使王官治之, 參錯於五服之間, 是之謂尹.
왕의 관원이 다스리게 해서 오복(五服)의 사이에 참여하여 섞이게 하였으니, 이것을 윤(尹)이라 이른다.

> 詳說
> ○ 陳氏曰:"四國三亳, 與阪險之地, 皆有尹也."
> 진씨(陳氏)가 말하였다:"네 나라의 삼박(三亳)과 판험(阪險)의 땅에는 모두 윤

(尹)이 있었다."[397]

集傳
地志, 載王官所治非一,

「지지(地志)」에서 왕의 관리가 다스린 것을 기재한 것이 하나가 아닌데,

詳說
○ 蓋以後世而推之古.

후세에 옛날을 미룬 것이다.

集傳
此特擧其重者耳. 自諸侯三卿以降, 惟列官名, 而無他語, 承上庶常吉士之文, 以內見外也. 夫上自王朝

이것은 다만 그 중한 것을 들었을 뿐이다. 제후의 삼경(三卿)으로부터 이하로는 관명(官名)만 나열하고 다른 말이 없는 것은 위의 "모두 떳떳한 길한 선비"[398]라는 글을 이어서 안으로써 밖을 나타낸 것이다. 위로 왕조(王朝)로부터

詳說
○ 音扶.

'부(夫)'는 음이 '부(扶)'이다.

○ 音潮.

'조(朝)'는 음이 '조(潮)'이다.

集傳
內而都邑外而諸侯, 遠而夷狄, 莫不皆得人, 以爲官使, 何其盛歟.

안으로 도읍과 밖으로 제후와 멀리 이적(夷狄)에 이르기까지 모두 인재를 얻어서 관사(官使)를 삼지 않음이 없으니, 어쩌면 그리도 훌륭한가!

---

397) 『서경대전(書經大全)』, 「주서(周書)」·「입정(立政)」: "진씨가 말하였다 : '…. 이를테면 후세의 삼초(三楚)와 삼오(三吳)와 판험(阪險)의 땅에 모두 관을 세워 수령을 두었기 때문에 윤(尹)이라고 하였다. 네 나라의 삼박(三亳)과 판험(阪險)의 땅에는 모두 윤(尹)이 있었다. 문왕과 무왕이 한 사람의 총명함으로 어찌 내외·원근·대소의 신하들을 두로 알았겠는가? …'(陳氏曰 : …. 如後世三楚三吳阪險之地, 皆立官以長之, 故曰尹. 言四國三亳, 與阪險之地, 皆有尹也. 文武以一人之聰明, 豈能周知內外遠近大小之臣哉. ….)"

398) 『서경대전(書經大全)』, 「주서(周書)」·「입정9(立政)」: "대도(大都)의 백(伯)과 소도(小都)의 백(伯)과 예인(藝人)과 표신(表臣)인 백사(百司)와 태사(太史)와 윤백(尹伯)이 모두 떳떳한 길한 선비였습니다.(大都, 小伯, 藝人 表臣百司, 太史, 尹伯, 庶常吉士.)"

詳說

○ 地志, 以下, 論也.
「지지(地志)」 이하는 경문의 의미 설명이다.

○ 新安陳氏曰 : "三宅得人, 故內外衆職, 皆得人. 下文, 遂復以三宅, 參錯言之."
신안 진씨(新安陳氏)가 말하였다 : "삼택이 사람을 얻었기 때문에 내외의 여러 직분에서 모두 사람을 얻었다. 아래의 글은 마침내 다시 삼택으로 서로 뒤섞어 말한 것이다."399)

[12-4-19-12]
文王, 惟克厥宅心, 乃克立茲常事司牧人, 以克俊有德.
문왕(文王)이 삼택(三宅)의 마음에 능하시어 능히 이 상사(常事)와 사목인(司牧人)을 세움에 능히 준걸스런 자와 덕이 있는 자로 하셨습니다.

集傳

文王惟能其三宅之心. 能者, 能之也. 知之至, 信之篤之謂.
문왕(文王)이 삼택(三宅)의 마음에 능하셨다. 능(能)은 능숙한 것이니, 앎이 지극하고 믿음이 돈독함을 이른다.

詳說

○ 新安陳氏曰 : "與上文克知三有宅心, 合爲一說."
신안 진씨(新安陳氏)가 말하였다 : "위의 글의 '능히 삼유택의 마음을 안다.'는 것과 합해서 하나의 설이 된다."400)

---

399) 『서경대전(書經大全)』, 「주서(周書)」·「입정(立政)」 : "신안 진씨가 말하였다 : '문왕과 무왕이 정사를 세우는 근본은 임인·준부·목 삼택을 임용해서 삼택의 직사(職事)로 삼았을 뿐이다. 백사와 서부 이상 이것은 내백사로 이른바 이신이고, 표신과 백사 이하 이것은 외백사로 이른바 표신이다. 아래의 표신으로 드러내면 위가 이신이다. 문왕과 무왕의 때에 사람을 얻는 성대함이 이와 같았으니, 그 본원을 미루면 입정의 강령을 알고 등용한 삼택으로 말미암은 것이다. 삼택이 사람을 얻었기 때문에 내외의 여러 직분에서 모두 사람을 얻었다. 아래의 글은 마침내 다시 삼택으로 서로 뒤섞어 말한 것이다.'(新安陳氏曰 : 文武立政之本, 在用任人準夫牧三宅, 以作三宅之職事而已. 百司庶府以上, 此內百司, 所謂裏臣也, 表臣百司以下, 此外百司, 所謂表臣也. 以下之表臣見, 上為裏臣也. 文武時, 得人之盛如此, 推其本原, 由其知立政綱領, 所用三宅. 三宅得人, 故內外衆職, 皆得人也. 下文, 遂復以三宅, 參錯言之.)"

400) 『서경대전(書經大全)』, 「주서(周書)」·「입정(立政)」 : "신안 진씨가 말하였다 : '「택의 마음으로 삼택의 마

集傳

故能立此常任常伯, 用

그러므로 능히 이 상임(常任)과 상백(常伯)을 세움에

詳說

○ 以.

'용(用)'은 경문에서 '이(以)'이다.

集傳

能俊有德也

능히 준걸스럽고 덕이 있는 자를 등용한 것이다.

詳說

○ 臨川吳氏曰 : "三克字, 皆謂文王能之."

임천 오씨(臨川吳氏)가 말하였다 : "세 번의 '극(克)'자는 모두 문왕이 능하였다는 것을 말한다."401)

集傳

不言準人者, 因上章言文王用人, 而申克知三有宅心之說, 故略之也.

준인(準人)을 말하지 않은 것은 위의 장에서 문왕이 인재를 등용한 것을 말하면서 능히 삼유택(三有宅)의 마음을 알았다는 말을 거듭하였기 때문에 생략한 것이다.

詳說

○ 旣申三宅, 則雖不言猶言也, 故略之

이미 삼택에 대해 거듭했다면 말하지 않을지라도 여전히 말하는 것이기 때문에 생략한 것이다.

음을 삼는다.」는 것은 위의 글의 「능히 삼유택의 마음을 안다.」는 것과 합해서 하나의 설이 된다.(新安陳氏曰 : 以宅心爲三宅之心, 與上文克知三有宅心, 合爲一說.)"

401) 『서경대전(書經大全)』, 「주서(周書)」·「입정(立政)」 : "임천 오씨가 말하였다 : '능히 그 마음을 마음으로 하는 것에 능하기 때문에 그 관에 능하였고 능히 그 사람을 얻었다. 어 세 번의 '극(克)'자는 모두 문왕이 능하였다는 것을 말한다.'(臨川吳氏曰 : 惟能心其心, 故能於其官, 而能得其人也. 三克字, 皆謂文王能之.)"

[12-4-19-13]

>文王, 罔攸兼于庶言庶獄庶愼, 惟有司之牧夫, 是訓用違.

문왕(文王)은 서언(庶言)·서옥(庶獄)·서신(庶愼)을 겸하신 바가 없으셨고, 오직 유사(有司)인 목부(牧夫)에게만 명령을 따르는 자와 어기는 자를 훈계하셨습니다.

集傳

庶言, 號令也, 庶獄, 獄訟也, 庶愼, 國之禁戒儲備也. 有司, 有職主者, 牧夫, 牧人也. 文王不敢下侵庶職, 惟於有司牧夫,

서언(庶言)은 호령이고, 서옥(庶獄)은 옥송(獄訟)이며, 서신(庶愼)은 나라의 금계(禁戒)와 저비(儲備)이다. 유사(有司)는 맡음이 있는 자이고, 목부(牧夫)는 목인(牧人)이다. 문왕이 감히 아래로 여러 직책을 침해하지 아니하여 오직 유사인 목부에게만

詳說

○ 牧夫卽有司, 故略之字.

목부는 곧 유사이기 때문에 '지(之)'자를 생략했다.

集傳

訓勅用命及違命者而已.

명령을 따르는 자와 명령을 어기는 자를 훈칙했을 뿐이다.

詳說

○ 陳氏雅言曰 : "有司牧夫治庶獄庶言庶愼之事, 而吾則治有司之不治者."

진씨 아언(陳氏雅言)이 말하였다 : "유사와 목부는 서옥·서언·서신의 일을 다스리고, 나는 유사의 다스려지지 않는 자를 다스린다."[402]

---

402) 『서경대전(書經大全)』, 「주서(周書)」·「입정(立政)」 : "진씨 아언이 말하였다 : '서언·서옥·서신, 문왕은 삼자에 대해 하나도 겸하는 것이 없었고 다만 유사와 목부의 따르는 자와 어기는 자에 대해서 훈계하였을 뿐이다. 유사와 목부는 곧 서언과 서신을 맡은 자들인데, 명령을 따를 것에 대해 훈계 하였다면 그 일은 묻지 않아도 다스려야 하는 것이고, 명령을 따르지 않는 것에 대해 훈계하였다면 그 일은 엄하게 하지 않아도 저절로 다스려야 하는 것이다. 그런데 문왕이 어찌 이 세 가지에 대해 마음을 두고 아래로 여러 직책에 대해 침해하겠는가? 유사에게 분명하게 밝히는 것은 다스리는 것일 뿐이다. 유사와 목부는 서옥·서

○ 新安陳氏曰：“上文只及常事司牧, 而不及準人庶獄, 卽準人之
事也. 此篇論三宅, 有全言之者, 有擧其二者, 有擧其一者, 參
錯及之耳.”

신안 진씨(新安陳氏)가 말하였다：“위의 글에서는 단지 상사와 사목에 대해서
언급하고, 준인과 서옥 곧 준인의 일에 대해서는 언급하지 않았다.403) 여기의
편에서는 삼택을 논함에 전체적으로 말했다는 것은 그 두 가지를 들고 그 한
가지를 들면서 섞어 언급한 것일 뿐이다.”404)

集傳

漢孔氏曰, 勞於求才, 逸於任賢.

한나라의 공씨(孔氏)는 말하기를 “인재를 구함에 수고롭고 현자를 임용함에 편안
하다.”라고 하였다.

詳說

○ 論也.

경문의 의미 설명이다.

[12-4-19-14]

庶獄庶愼, 文王罔敢知于玆.

언·서진의 일을 다스리고, 나는 유사의 다스려지지 않는 자를 다스린다. 삼자에 대한 것에 진실로 겸한 바
가 없었고 서옥·서신에 대해서는 또 감히 알려고 하지 않았다. 「겸하신 바가 없다.」는 것은 지극하게 위임
해서 감히 자신이 그 일에 관여하지 않는다는 것이고, 「감히 이것들에 대해 알려 하지 않으셨다.」는 것은
지극히 삼가고 두려워해서 감히 마음으로 그 일에 관여하지 않으셨다는 것이다.'(陳氏雅言曰：庶言庶獄庶
愼, 文王於三者一無所兼, 但於司牧夫之用違, 則訓之而已. 有司牧夫, 卽任庶言庶愼者也, 訓其用命, 則其
事可以不問而自理, 訓其不用命, 則其事可以不嚴而自治. 文王豈屑屑焉於此三者, 而下侵於衆職哉. 拆有司
者, 治之耳. 有司可治庶獄庶言庶愼之事, 而吾則治有司之不治者. 於此三者, 固罔所兼, 而於庶獄庶愼, 則又罔
敢知焉. 罔攸兼者, 委任之至, 不敢以身與其事也. 罔敢知者, 敬忌之至, 不敢以心慮與其事矣. 常人之任人, 或
能不以身與其事, 而不能不以心慮其事. 文王, 則不然所當知者.)
403) 『서경대전(書經大全)』, 「주서(周書)」·「입정-12(立政-12)」 : "문왕(文王)이 삼택(三宅)의 마음에 능하시어
능히 이 상사(常事)와 사목인(司牧人)을 세움에 능히 준걸스런 자와 덕이 있는 자로 하셨습니다.(文王, 惟
克厥宅心, 乃克立玆常事司牧人, 以克俊有德.)"
404) 『서경대전(書經大全)』, 「주서(周書)」·「입정(立政)」 : "신안 진씨가 말하였다 : '문왕이 삼택에 사람을 얻었
다는 것은 직책을 이룸을 위임하고 다시 그 직분을 침해하지 않은 것이다. …. 위의 글에서는 단지 상사와
사목에 대해서 언급하고, 준인과 서옥 곧 준인의 일에 대해서는 언급하지 않았다. 여기의 편에서는 삼택을
논함에 전체적으로 말했다는 것은 그 두 가지를 들고 그 한 가지를 들면서 섞어 언급한 것일 뿐이다.'(新
安陳氏曰：文王用三宅得人, 則委任責成, 不復侵其職. …. 上文只及常事司牧人, 而不及準人庶獄, 卽準人
之事也. 此篇論三宅, 有全言之者, 有擧其二者, 有擧其一者, 參錯及之耳.)"

서옥(庶獄)과 서신(庶愼), 문왕(文王)은 감히 이것들에 대해 알려 하지 않으셨습니다.

集傳

上言罔攸兼, 則猶知之, 特不兼其事耳, 至此罔敢知, 則若未嘗知有其事

위에서 '겸하신 바가 없으셨다[罔攸兼]'405)고 말한 것은 오히려 알고 있으면서 다만 그 일을 겸하지 않았을 뿐이라는 것이고, 여기에 와서 '감히 이것들에 대해 알려 하지 않으셨다[罔敢知]'라고 한 것은 일찍이 그 일이 있었는지 알지 못한 것이니,

詳說

○ 陳氏雅言曰 :"罔有兼者, 委任之至, 不敢以身與其事也, 罔敢知者, 敬忌之至, 不敢以心與其事也."

진씨 아언이 말하였다 :"'겸하신 바가 없다.'406)는 것은 지극하게 위임해서 감히 자신이 그 일에 관여하지 않는다는 것이고, '감히 이것들에 대해 알려 하지 않으셨다.'는 것은 지극히 삼가고 두려워해서 감히 마음으로 그 일에 관여하지 않으셨다는 것이다."407)

集傳

---

405) 『서경대전(書經大全)』, 「주서(周書)」·「입정-13(立政-13)」 : "문왕(文王)은 서언(庶言)·서옥(庶獄)·서신(庶愼)을 겸하신 바가 없으셨고, 오직 유사(有司)인 목부(牧夫)에게만 명령을 따르는 자와 어기는 자를 훈계하셨습니다.(文王, 罔攸兼于庶言庶獄庶愼, 惟有司之牧夫, 是訓用違.)"

406) 『서경대전(書經大全)』, 「주서(周書)」·「입정-13(立政-13)」 : "문왕(文王)은 서언(庶言)·서옥(庶獄)·서신(庶愼)을 겸하신 바가 없으셨고, 오직 유사(有司)인 목부(牧夫)에게만 명령을 따르는 자와 어기는 자를 훈계하셨습니다.(文王, 罔攸兼于庶言庶獄庶愼, 惟有司之牧夫, 是訓用違.)"

407) 『서경대전(書經大全)』, 「주서(周書)」·「입정(立政)」 : "진씨 아언이 말하였다 : '서언·서옥·서신. 문왕은 삼자에 대해 하나도 겸하는 것이 없었고 다만 유사와 목부의 따르는 자와 어기는 자에 대해서 훈계하였을 뿐이다. 유사와 목부는 곧 서언과 서신을 맡은 자들인데, 명령을 따를 것에 대해 훈계 하였다면 그 일은 묻지 않아도 다스려야 하는 것이고, 명령을 따르지 않는 것에 대해 훈계하였다면 그 일은 엄하게 하지 않아도 저절로 다스려야 하는 것이다. 그런데 문왕이 어찌 이 세 가지에 대해 마음을 두고 아래로 여러 직책에 대해 침해하겠는가? 유사에게 분명하게 밝히는 것은 다스리는 것일 뿐이다. 유사와 목부는 서옥·서언·서진의 일을 다스리고, 나는 유사의 다스려지지 않는 자를 다스린다. 삼자에 대한 것에 진실로 겸한 바가 없었고 서옥·서신에 대해서는 또 감히 알려고 하지 않았다. 「겸하신 바가 없다.」는 것은 지극하게 위임해서 감히 자신이 그 일에 관여하지 않는다는 것이고, 「감히 이것들에 대해 알려 하지 않으셨다.」는 것은 지극히 삼가고 두려워해서 감히 마음으로 그 일에 관여하지 않으셨다는 것이다.'(陳氏雅言曰 : 庶言庶獄庶愼, 文王於三者一無所兼, 但於有司牧夫之用違, 則訓之而已. 有司牧夫, 即任庶言庶愼者也, 訓其用命, 則其事可以不問而自理, 訓其不用命, 則其事可以不嚴而自治. 文王豈屑屑焉於此三者, 而下侵於衆職哉. 拆有司者, 治之耳. 有司治庶獄庶言庶愼之事, 而吾則治有司之不治者. 於此三者, 固罔攸兼, 而於庶獄庶愼, 則又罔敢知焉. 罔攸兼者, 委任之至, 不敢以身與其事也. 罔敢知者, 敬忌之至, 不敢以心與其事也. 常人之任人, 或能不以身與其事, 而不能不以心慮其事. 文王, 則不然所當知者.)"

蓋信任之益專也.
신임함이 더욱 전일(專一)한 것이다.

詳說
○ 與上節相形.
위의 절과 함께 서로 드러냈다.

集傳
上言庶言, 此不及者, 號令出於君, 有不容不知者故也. 呂氏曰, 不曰罔知于茲, 而曰罔敢知于茲者, 徒言罔知, 則是莊老之無爲也, 惟言罔敢知, 然後見文王敬畏,
위에서는 서언(庶言)을 말했으나 여기에는 언급하지 않은 것은 호령은 군주에게서 나와 알지 않을 수 없기 때문이다. 여씨(呂氏)가 말하였다. "이에 대하여 알지 않았다고 말하지 않고, 감히 이에 대하여 알려 하지 않았다고 말한 것은 한갓 알지 않았다고 말하면, 이것은 노장(老莊)의 무위(無爲)이고, 오직 감히 알려 하지 않았다고 말한 뒤에야 문왕(文王)이 경외(敬畏)하며

詳說
○ 見康誥.
「강고」에 보인다.

集傳
思不出位之意,
생각이 지위를 벗어나지 않은 뜻을 알 수 있으니,

詳說
○ 見易艮大象.
『주역』「간괘」대상에 보인다.[408]

---

[408] 『주역(周易)』,「간괘(艮卦)」"군자는 생각으로 그 지위를 벗어나지 않는다.(君子以思不出其位.)"

集傳

毫釐之辨, 學者, 宜精察之

호리(毫釐)의 구분을 배우는 자들이 정밀히 살펴야 하는 것이다."

詳說

○ 上言庶, 以下, 論也.

'상언서(上言庶)' 이하는 경문의 의미 설명이다.

[12-4-19-15]

亦越武王, 率惟敉功, 不敢替厥義德, 率惟謀, 從容德, 以並受此丕丕基.

또한 무왕은 문왕의 편안히 한 공을 따르시어 감히 의덕(義德)이 있는 자들을 버리지 않으셨으며, 문왕의 계책을 따르시어 용덕(容德)이 있는 자들을 따라 함께 이 크고 큰 기업을 받으셨습니다.

詳說

○ 敉, 緜婢反.

'미(敉)'는 음이 '면(緜)'과 '비(婢)'의 반절이다.

集傳

率, 循也. 敉功, 安天下之功. 義德, 義德之人. 容德, 容德之人.

솔(率)은 따름이다. 미공(敉功)은 천하를 편안히 하는 공이다. 의덕(義德)은 의(義)로운 덕(德)이 있는 사람이고, 용덕(容德)은 포용하는 덕이 있는 사람이다.

詳說

○ 添人字.

'인(人)'자를 더하였다.

集傳

蓋義德者, 有撥亂反正之才, 容德者, 有休休樂善之量,
의덕(義德)은 난을 다스려 바름으로 돌아오는 재주가 있는 것이고, 용덕(容德)은 마음이 곱고 고와 선(善)을 좋아하는 도량이 있으니,

詳說
○ 音洛.
'락(樂)'은 음이 '락(洛)'이다.

集傳
皆成德之人也. 周公
모두 덕을 이룬 사람들이다. 주공(周公)이

詳說
○ 恐脫承字.
아마도 '승(承)'자가 빠진 듯하다.

集傳
上文言武王率循文王之功
위의 글을 이어 말씀하기를 "무왕(武王)이 문왕(文王)의 공을 따르시어

詳說
○ 添文字.
'문(文)'자를 더하였다.

集傳
而不敢替其所用義德之人,
감히 등용한 바의 의덕(義德)이 있는 사람을 버리지 않으시고,

詳說
○ 廢也.

'체(替)'는 폐함이다.

集傳
率循文王之謀, 而不敢違其容德之士
문왕(文王)의 계책을 따르시어 감히 용덕(容德)이 있는 선비를 어기지 않았다."라고 하였으니,

詳說
○ 從.
'불감위(不敢違)'는 따른다는 것이다.

集傳
意如虢叔閎夭,
짐작컨대 괵숙(虢叔)·굉요(閎夭)·

詳說
○ 平聲.
'요(夭)'는 평성이다.

集傳
散宜生,
산의생(散宜生)·

詳說
○ 素亶反.
'산(散)'은 음이 '소(素)'와 '단(亶)'이 반절이다.

集傳
泰顚南宮括之徒, 所以輔成王業者, 文用之於前, 武任之於後. 故周公於君奭, 言五臣克昭文王, 受有殷命, 武王惟茲四人尚迪有祿, 正猶此敍文武用

人,而言並受此丕丕基也

태전(泰顚)·남궁괄(南宮括)과 같은 무리로서 왕업(王業)을 보성(輔成)한 자들을 문왕이 앞에서 등용하였고 무왕이 뒤에서 임명하였다. 그러므로 주공이「군석(君奭)」에서 "다섯 신하가 능히 문왕의 덕을 밝혀 은(殷)나라의 명을 받았고,409) 무왕(武王)은 이 네 사람이 인도하여 녹을 두었다."410)고 말하였으니, 바로 여기에서 문왕(文王)·무왕(武王)의 인재 등용을 서술하고 함께 "이 크고 큰 기업을 받았다."고 아울러 말한 것과 똑같다.

詳說

○ 以證釋之.

증거를 가지고 해석한 것이다.

○ 臨川吳氏曰:"武王遹事繼志, 而不改父之臣, 故父子並受此大大基業也."

임천 오씨(臨川吳氏)가 말하였다:"무왕이 전대의 일과 뜻을 계승하여 아버지의 신하들을 바꾸지 않았기 때문에 부자가 아울러 크고 큰 기업을 받았던 것이다."411)

○ 葵初王氏曰:"紂用暴德逸德之人, 正與此相反."

계초 왕씨(葵初王氏)가 말하였다:"주(紂)임금은 포악한 덕과 방일한 덕의 사람

---

409)『서경대전(書經大全)』,「주서(周書)」·「군석-12(君奭-12)」:"문왕(文王)이 거의 능히 우리가 소유한 유하(有夏)를 닦고 화하게 하신 것은 또한 괵숙(虢叔)과 굉요(閎夭)와 산의생(散宜生)과 태전(泰顚)과 남궁괄(南宮括) 같은 사람이 있었기 때문이다.(惟文王, 尙克脩和我有夏, 亦惟有若虢叔, 有若閎夭, 有若散宜生, 有若泰顚, 有若南宮括.)";「군석-13(君奭-13)」:"또 말씀하였다. "이 다섯 신하가 능히 이곳에 왕래하며 떳떳한 가르침을 인도함이 없었더라면, 문왕께서도 덕이 국인(國人)에게 내려짐이 없었을 것이다. (又曰, 無能往來玆, 迪彛敎, 文王蔑德降于國人.)";「君奭-14」:"또한 하늘이 순수하게 도와준 것은 덕(德)을 잡은 이들이 실천하고 하늘의 위엄을 알며 이에 문왕을 밝히고 계도하며 나타나고 덮여지게 해서 상제에게 알려졌기 때문이다. 이에 은나라의 천명을 받으신 것이다.(亦惟純佑, 秉德迪知天威, 乃惟時昭文王, 迪見冒, 聞于上帝. 惟時受有殷命哉.)"
410)『서경대전(書經大全)』,「주서(周書)」·「군석-15(君奭-15)」:"무왕은 이 네 사람이 거의 인도하여 천록(天祿)을 소유하였는데, 뒤에 무왕과 함께 크게 하늘의 위엄을 받들어 그 적을 모두 죽였으니, 이 네 사람이 무왕의 덕을 밝힘이 천하에 덮여서 크게 모두 덕을 일컫게 되었다.(武王, 惟玆四人, 尙迪有祿, 後暨武王, 誕將天威, 咸劉厥敵, 惟玆四人, 昭武王惟冒, 丕單稱德.)"
411)『서경대전(書經大全)』,「주서(周書)」·「입정(立政)」:"임천 오씨가 말하였다:'무왕이 문왕의 공을 따라 의덕의 사람은 등용하고 감히 폐지 않고, 문왕의 도모를 따라 용덕의 사람은 따르고 감히 어기지 않았다. …. 무왕이 전대의 일과 뜻을 계승하여 아버지의 신하들을 바꾸지 않았기 때문에 부자가 아울러 크고 큰 기업을 받았던 것이다.'(臨川吳氏曰:武王率循文王之功, 其於義德之人用之而不敢替, 率循文王之謀, 其於容德之人從之, 而不敢違. …. 武王遹事繼志, 而不改父之臣, 故父子並受此大大之基業也.)"

들을 등용했으니, 바로 이것과 서로 상반되는 것이다."412)

[12-4-19-16]

嗚呼, 孺子王矣, 繼自今, 我其立政, 立事準人牧夫, 我其克灼
知厥若, 丕乃俾亂相我受民, 和我庶獄庶愼, 時則勿有間之.

아! 유자(孺子)께서 왕이 되셨으니, 지금으로부터 이어서 우리 왕께서는 정사를 세우실 적에 입사(立事)와 준인(準人)과 목부(牧夫)의 임용을 우리 왕께서 그 순히 여기는 바를 분명히 아시고 크게 다스려서 우리 왕께서 받으신 백성을 돕게 하시고, 우리 서옥(庶獄)과 서신(庶愼)을 화(和)하게 하시며, 이에 소인으로 끼게 하지 마소서.

詳說
○ 相間, 並去聲.
'상(相)'과 '간(間)'은 모두 거성이다.

集傳
我者, 指王而言.
아(我)는 왕(王)을 가리켜 말한 것이다.

詳說
○ 陳氏大猷曰 : "我, 其君, 君臣一體也."
진씨 대유(陳氏大猷)가 말하였다 : "우리는 그 임금이니 임금과 신하가 한 몸이라는 것이다."413)

集傳
若, 順也. 周公旣述文武基業之大,
약(若)은 순함이다. 주공이 이미 문왕·무왕의 기업의 큼을 서술하고,

---

412) 『서경대전(書經大全)』, 「주서(周書)」·「입정(立政)」: "계초 왕씨가 말하였다 : '주(紂)임금은 포악한 덕과 방일한 덕의 사람들을 등용했으니, 바로 이것과 서로 상반되는 것이다.'(葵初王氏曰 : 紂用暴德逸德之人, 正與此相反.)"
413) 『서경대전(書經大全)』, 「주서(周書)」·「입정(立政)」: "진씨 대유가 말하였다 : '우리는 우리 그 임금이니, 임금과 신하가 한 몸이라는 것이다.'(陳氏大猷曰 : 我者, 我其君, 君臣一體也.)"

詳說

○ 承上節.
위의 절을 이어받았다.

集傳

歎息而言曰, 孺子今旣爲王矣,
탄식하여 말씀하기를 "이제 유자(孺子)가 이미 왕이 되었으니,

詳說

○ 呂氏曰 : "申前告嗣天子王之意, 屢言深警, 不一而足也."
여씨(呂氏)가 말하였다 : "앞에서 '사천자인 왕께 아뢰옵니다.'414)라는 의미를 거듭하면서 누차 깊은 경계를 말하는 것은 하나로 해서는 충분하지 않다."415)

集傳

繼此以往, 王其於立政,
이를 이어 이후로는 왕께서는 정사를 세울 적에

詳說

○ 張氏曰 : "知三宅之心, 卽所以立政."
장씨(張氏)가 말하였다 : "삼택의 마음을 아는 것이 곧 정사를 세우는 까닭이다."416)

---

414) 『서경대전(書經大全)』, 「주서(周書)」·「입정1(立政1)」: "주공이 다음과 같이 말씀하였다. '배수계수(拜手稽首)하여 사천자(嗣天子)인 왕께 아뢰옵니다.' 함께 왕에게 경계하기를 '왕의 좌우에 있는 신하는 상백(常伯)과 상임(常任)과 준인(準人)과 추의(綴衣)와 호분(虎賁)입니다.'라고 하였다. 주공이 말씀하였다. '아! 이 관직이 아름다우나 근심할 줄을 아는 자가 적습니다.'(周公若曰, 拜手稽首, 告嗣天子王矣. 用咸戒于王曰, 王左右常伯常任準人綴衣虎賁. 周公曰, 嗚呼, 休茲知恤鮮哉.)"
415) 『서경대전(書經大全)』, 「주서(周書)」·「입정(立政)」: "여씨가 말하였다 : '앞에서 「사천자인 왕께 아뢰옵니다.」라는 의미를 거듭하면서 누차 깊은 경계를 말하였다. …. 그러므로 하나로 해서는 충분하지 않다.'(呂氏 : 申前告嗣天子王矣之意, 屢言深警, …. 故警之不一而足也.)"
416) 『서경대전(書經大全)』, 「주서(周書)」·「입정(立政)」: "장씨가 말하였다 : '왕이 문왕과 무왕이 정사를 세운 것을 이어받는 것은 어렵다고 말할 수 있지만, 어려운 가운데 본래 간이한 도가 있으니, 또한 「입사(立事)·준인(準人)·목부(牧夫)를 우리 왕께서 그 순히 여기는 바를 분명히 아는 것이다.」라고 한다. 삼택의 마음을 아는 것이 곧 정사를 세우는 까닭이다.'(張氏曰 : 王繼文武以立政, 可謂難矣, 而難之中, 自有簡易之道, 亦曰立事準人牧夫, 我其克灼知厥若而已. 知三宅之心, 卽所以立政.)"

○ 葵初王氏曰 : "提起立政二字, 下文三言立政, 皆是提起作書之本意."
계초 왕씨(葵初王氏)가 말하였다 : "정사를 세움이라는 말을 제기하고 아래의 글에서 세 번 정사를 세움에 대해 말한 것417)은 모두 책을 지은 본래의 의도를 제기한 것이다."418)

○ 按, 前三事節, 始提起立政.
살펴보건대, 앞의 삼사(三事)의 절에서 비로소 정사를 세움에 대해 제기했다.

○ 新安陳氏曰 : "孔氏謂, 立政大臣, 立事小臣, 以事字爲句, 非也."
신안 진씨(新安陳氏)가 말하였다 : "공씨가 입정(立政)은 대신이고 입사(立事)는 소신이라고 하였으니, 사(事)자로 구두하는 것은 잘못되었다."419)

集傳

立事準人牧夫之任, 當能明知其所順, 順者, 其心之安也.
입사(立事)·준인(準人)·목부(牧夫)의 임용에 마땅히 순(順)히 여기는 바를 분명히 알라."라고 하였으니, 순(順)은 그 마음에 편안히 여기는 것이다.

---

417) 『서경대전(書經大全)』, 「주서(周書)」·「입정-19(立政-19)」 : "옛날에 상(商)나라 사람과 또한 우리 주(周)나라 문왕(文王)께서 정사를 세울 적에 입사(立事)와 목부(牧夫)와 준인(準人)을 능히 거하게 하시고, 능히 말미암아 생각하시니, 이에 다스리게 되었습니다.(自古商人, 亦越我周文王, 立政, 立事牧夫準人, 則克宅之, 克由繹之, 玆乃俾乂.)"; 「입정-20(立政-20)」 : "나라에서는 정사를 세울 적에 약삭빠른 사람을 쓰지 말아야 하니, 이들은 덕(德)에 순하지 못하므로 광현(光顯)하여 세상에 있지 못할 것입니다. 지금부터는 정사를 세울 적에 약삭빠른 사람을 쓰지 마시고 오직 길한 사람을 등용하시어 힘써 우리 국가를 돕게 하소서.(國則罔有立政, 用憸人, 不訓于德, 是罔顯在厥世. 繼自今, 立政, 其勿以憸人, 其惟吉士, 用勱相我國家.)"; 「입정-23(立政-23)」 : "아! 지금으로부터 후왕(後王)께서는 정사를 세울 적에 능히 떳떳한 사람을 등용하소서.(嗚呼, 繼自今, 後王立政, 其惟克用常人.)"
418) 『서경대전(書經大全)』, 「주서(周書)」·「입정(立政)」 : "계초 왕씨가 말하였다 : '정사를 세움이라는 말을 제기함에 아래의 글에서 상나라 사람과 주나라 문왕이 정사를 세운 것이 가장 옳으니, 나라에서 정사를 세울 적에 약삭빠른 사람을 쓰지 말아야 한다. 이제 후사왕이 정사를 세움에서 모두 책을 지은 본래의 의도를 제기했으니, 정사를 세우는 요체는 사목(司牧)과 준인(準人)에 있다.'(葵初王氏曰 : 提起立政二字, 最是下文商人周文王立政, 國則罔有立政用憸人. 在今後嗣王立政, 皆是提起作書之本意, 立政之要, 在於司牧準人.)"
419) 『서경대전(書經大全)』, 「주서(周書)」·「입정(立政)」 : "신안 진씨가 말하였다 : '공씨가 입정(立政)은 대신이고 입사(立事)는 소신이라고 하였으니, 사(事)자로 구두하는 것은 잘못되었다. 장씨가 구두를 분변한 것만이 경의 뜻에 아주 부합하니, 상하의 글로 증명하는 것이다. …'(新安陳氏曰 : 孔氏謂, 立政大臣, 立事小臣, 以事字爲句, 非也. 惟張氏辨句讀, 甚合經旨, 證以上下文. ….)"

詳說

○ 陳氏雅言曰:"湯之克宅克卽, 文武之克知灼見, 皆克知厥若之謂也."

진씨 아언(陳氏雅言)이 말하였다 : "탕의 능히 거하게 하고 능히 나아감과 문왕과 무왕의 능히 알고 분명히 보는 것은 모두 능히 그 순히 여기는 바를 아는 것을 말한다."420)

集傳

孔子

공자(孔子)가

詳說

○ 論語爲政.

『논어』「위정」이다.

集傳

曰, 察其所安, 人焉廋哉.

말씀하기를 "편안히 여기는 바를 살피면 사람이 어찌 숨기겠는가?"421)라고 하였으니,

詳說

---

420) 『서경대전(書經大全)』, 「주서(周書)」·「입정(立政)」: "진씨 아언이 말하였다 : '「그 순히 여기는 바를 분명이 안다.」는 것, 이것은 사람을 아는 것에 밝은 것이고, 「이에 소인으로 끼게 하지 말라.」는 것은 사람에게 맡기는 것을 성심으로 하는 것이다. 시작에서 앎이 밝지 않으면 현재를 등용할 수 없고, 끝에서 맡기는 것을 성심으로 하지 않으면 현재의 등용을 다할 수 없다. 탕의 능히 거하게 하고 능히 나아감과 문왕과 무왕의 능히 알고 분명히 보는 것은 모두 능히 그 순히 여기는 바를 아는 것을 말한다. 탕의 엄숙히 생각하고 크게 본받는 것과 문왕의 겸하신 것이 없는 것과 감히 알려고 하지 않는 것은 모두 소인으로 끼게 하지 않는다는 의미이다. 주공이 앞에서 세 가지 일로 이것에 대해 고함을 삼았다면, 삼대의 법을 본받아 정사를 하도록 한 것이다. 위에서 사람을 아는 요점을 말한 것은 삼택의 이름을 든 것이고, 아래에서 사람에게 맡기는 요점을 말한 것은 삼택의 직분을 든 것이니, 「입정」 한 편의 뜻이 여기에서 성대하다.'(陳氏雅言曰 : 克灼知厥若者, 此明於知人, 時則勿有間之, 此誠於任人. 始焉, 而非知之明, 則無以得賢才之用, 終焉, 而非任之誠, 則無以盡賢才之用. 成湯之克宅克卽, 文王武之克知灼見, 皆克知厥若之謂也. 成湯之嚴惟丕式, 文王之罔攸兼罔敢知, 皆時則勿有間之意也. 周公前擧三事以爲告此, 則欲其視法三代之法以爲政. 上言知人之要, 則擧三宅之名, 下言任人之要, 則擧三宅之職, 立政一篇之旨, 萃於此矣.)"
421) 『논어』「위정(爲政)」: "그 까닭을 보고, 그 말미암는 것을 보며, 그 편안히 여기는 바를 보면, 사람이 어찌 숨길 수 있으랴.(視其所以, 觀其所由, 察其所安, 人焉廋哉, 人焉廋哉.)"

書集傳詳說 卷之十二 413

○ 於虔反.
　　'언(焉)'은 음이 '어(於)'와 '건(虔)'의 반절이다.

○ 所留反.
　　'수(廋)'는 음이 '소(所)'와 '류(留)'의 반절이다.

集傳
察其所順者, 知人之要也.
순히 여기는 바를 살피는 것은 사람을 아는 요점이다.

　詳說
　○ 四句, 論也.
　　네 구는 경문의 의미 설명이다.

集傳
夫旣明知其所順, 果正而不他, 然後推心, 而大委任之, 使展布四體以爲治
이미 그 순히 여기는 바를 분명히 알고 나서 과연 바르고 딴 마음이 없은 뒤에야 마음을 미루고 크게 위임해서 사체(四體)를 펴고 다스려서

　詳說
　○ 音扶
　　'부(夫)'는 음이 '부(扶)'이다.

　○ 去聲, 下同
　　'치(治)'는 거성으로 아래에서도 같다.

　○ 亂.
　　'치(治)'는 경문에서 '난(亂)'이다.

集傳
相助左右所受之民,

받은 바의 백성을 상조(相助)하고 좌우(佐佑)하게 하며,

> 詳說

○ 並, 去聲.

'좌(左)'와 '우(右)'는 모두 거성이다.

> 集傳

和調均齊獄愼之事,

서옥(庶獄)과 서신(庶愼)의 일을 화조(和調)하고 균제(均齊)할 것이며,

> 詳說

○ 新安陳氏曰 : "相受民, 牧之責也, 和庶獄, 準之責也, 和庶愼, 事之責也."

신안 진씨(新安陳氏)가 말하였다 : "받은 백성을 돕는 것이 목부의 책임이고, 서옥을 화하게 하는 것이 준인의 책임이며, 서신을 화하게 하는 것이 입사의 책임이다."422)

> 集傳

而又戒其勿以小人間之,

또 소인(小人)을 끼게 하지 말아서

> 詳說

○ 添小人字.

'소인(小人)'이라는 말을 더하였다.

---

422) 『서경대전(書經大全)』, 「주서(周書)」·「입정(立政)」 : "신안 진씨가 말하였다 : '받은 백성을 돕는 것이 목부의 책임이고, 서옥을 화하게 하는 것이 준인의 책임이며, 여럿이 삼가야 할 일을 화하게 하는 것이 입사의 책임이니, 삼택이 갖추어지는 것이다. 대화와 말은 관건이 나오는 것이니, 삼택에게 위임하고 소인이 틈타지 못하게 하는 것이다. 하나의 대화와 말하는 사이에 조금이라도 오로지 군자를 주로 하는 것에서 마치지 않으면, 소인이 틈을 타고 들어온다. 이것이 공이 왕에게 삼택에게 위임하는 것에 대해 경계한 것으로 전일하고 주밀하게 하는 법이다.'.(新安陳氏曰 : 相受民, 牧之責也, 和庶獄, 準之責也, 和庶所當愼之事, 事之責也, 三宅備矣. 話言, 樞機之發也. 委任三宅, 欲勿以小人間之. 苟或一話言間, 微不終於專主君子, 則小人乘間入之矣. 此公戒王以委任三宅, 專一周密之法也.)"

○ 註略時字, 諺釋作是義.
주에서 '시(時)'자를 생략했으니, 『언해』의 해석에서 '시(是)'의 의미로 한 것이다.

○ 陳氏雅言曰 : "湯之嚴惟丕式, 文王之罔有兼罔敢知, 皆勿有間之之意也."
진씨 아언(陳氏雅言)423)이 말하였다 : "탕의 엄숙히 생각하고 크게 본받는 것424)과 문왕의 겸하신 것이 없는 것425)과 감히 알려고 하지 않는 것426)은 모두 소인으로 끼게 하지 않는다는 의미이다."427)

集傳

使得終始其治,
그 다스림을 끝마치도록 경계하였다.

---

423) 진아언(陳雅言, 1318~1385)은 원말명초 때 강서(江西) 영풍(永豊) 사람이다. 원나라 말에 무재(茂材)로 천거되었지만 나가지 않았다. 명나라 초 홍무(洪武) 연간에 영풍현 향교(鄕校)에서 학생을 가르쳤다. 당시 호구(戶口)와 토전(土田)이 실상과 달라 현관(縣官)도 대처할 방법을 찾지 못했는데, 그가 계획을 내놓자 공사가 모두 편리해졌다. 저서에 『사서일람(四書一覽)』과 『대학관견(大學管窺)』, 『중용류편(中庸類編)』 등이 있었지만 전하지 않고, 지금은 『서의탁약(書義卓躍)』만 전한다.
424) 『서경대전(書經大全)』, 『주서(周書)』·「입정4(立政4)」 : "또한 성탕(成湯)에 이르러 올라가 천자가 되시어 상제(上帝)의 밝은 명을 크게 다스린 것은 등용한 삼유택(三有宅)이 능히 택(宅)에 나아가고, 이른바 삼유준(三有俊)이 능히 준(俊)에 나아가며 엄숙히 생각하고 크게 본받아 삼택(三宅)과 삼준(三俊)을 능히 등용하였으니, 상(商)나라 도읍에서는 그 읍(邑)에 화합하였고, 사방에서는 크게 본받아 덕을 나타내게 되었습니다.(亦越成湯, 陟丕釐上帝之耿命, 乃用三有宅, 克卽宅, 曰三有俊, 克卽俊, 嚴惟丕式, 克用三宅三俊, 其在商邑, 用協于厥邑, 其在四方, 用丕式見德.)"
425) 『서경대전(書經大全)』, 『주서(周書)』·「입정-13(立政-13)」 : "문왕(文王)은 서언(庶言)·서옥(庶獄)·서신(庶愼)을 겸하신 바가 없으셨고, 오직 유사(有司)인 목부(牧夫)에게만 명령을 따르는 자와 어기는 자를 훈계하셨습니다.(文王, 罔攸兼于庶言庶獄庶愼, 惟有司之牧夫, 是訓用違.)"
426) 『서경대전(書經大全)』, 『주서(周書)』·「입정-14(立政-14)」 : "서옥(庶獄)과 서신(庶愼), 문왕(文王)은 감히 이것들에 대해 알려 하지 않으셨습니다.(庶獄庶愼, 文王罔敢知于玆.)"
427) 『서경대전(書經大全)』, 『주서(周書)』·「입정(立政)」 : "진씨 아언이 말하였다 : 「그 순히 여기는 바를 분명히 안다.」는 것, 이것은 사람을 아는 것에 밝은 것이고, 「이에 소인으로 끼게 하지 말라.」는 것은 사람에게 맡기는 것을 성심으로 하는 것이다. 시작에서 앎이 밝지 않으면 현재를 등용할 수 없고, 끝에서 맡기는 것을 성심으로 하지 않으면 현재의 등용을 다할 수 없다. 탕의 능히 거하게 하고 능히 나아감과 문왕과 무왕의 능히 알고 분명히 보는 것은 모두 능히 그 순히 여기는 바를 아는 것을 말한다. 탕의 엄숙히 생각하고 크게 본받는 것과 문왕의 겸하신 것이 없는 것과 감히 알려고 하지 않는 것은 모두 소인으로 끼게 하지 않는다는 의미이다. 주공이 앞에서 세 가지 일로 이것에 대해 고함을 삼았다면, 삼대의 법을 본받아 정사를 하도록 한 것이다. 위에서 사람을 아는 요점을 말한 것은 삼택의 이름을 든 것이고, 아래에서 사람에게 맡기는 요점을 말한 것은 삼택의 직분을 든 것이니, 「입정」 한 편의 뜻이 여기에서 성대하다.'(陳氏雅言曰 : 克知厥若者, 此明於知人, 時則勿有間之, 此誠於任人. 始焉, 而非知之明, 則無以得賢才之用, 終焉, 而非任之誠, 則無以盡賢才之用. 成湯之克宅克卽, 文武之克知灼見, 皆克知厥若之謂也. 成湯之嚴惟丕式, 文王之罔攸兼罔敢知, 皆時則勿有間之之意也. 周公前事以為告此, 則欲其法三代之法以為政. 上言知人之要, 則舉三宅之名, 下言任人之要, 則舉三宅之職, 立政一篇之旨, 萃於此矣.)"

詳說

○ 添此句.
여기의 구를 더하였다.

集傳

此任人之要也.
이것이 사람을 임용하는 요점이다.

詳說

○ 此句, 論也.
여기의 구는 경문의 의미 설명이다.

集傳

民而謂之受者, 言民者乃受之於天, 受之於祖宗, 非成王之所自有也.
백성에 대해 받았다고 말한 것은 백성은 바로 하늘에게서 받았고 조종(祖宗)에게서 받은 것이니, 성왕(成王)이 스스로 소유한 것이 아님을 말한 것이다.

詳說

○ 特申受民.
받은 백성들에 대해 특히 거듭했다.

○ 陳氏雅言曰 : "上言知人之要, 則擧三宅之名, 下言任人之要, 則擧三宅之職, 立政一篇之旨, 皆萃於此矣."
진씨 아언(陳氏雅言)이 말하였다 : "위에서 사람을 아는 요점을 말한 것은 삼택의 이름을 든 것이고, 아래에서 사람에게 맡기는 요점을 말한 것은 삼택의 직분을 든 것이니, 「입정」한 편의 뜻이 모두 여기에서 성대하다."428)

---

428) 『서경대전(書經大全)』, 「주서(周書)」·「입정(立政)」: "진씨 아언이 말하였다 : '「그 순히 여기는 바를 분명이 안다.」는 것, 이것은 사람을 아는 것에 밝은 것이고, 「이에 소인으로 끼게 하지 말라.」는 것은 사람에게 맡기는 것을 성심으로 하는 것이다. 시작에서 앎이 밝지 않으면 현재를 등용할 수 없고, 끝에서 맡기는 것을 성심으로 하지 않으면 현재의 등용을 다할 수 없다. 탕의 능히 거하게 하고 능히 나아감과 문왕과 무왕의 능히 알고 분명히 보는 것은 모두 능히 그 순히 여기는 바를 아는 것을 말한다. 탕의 엄숙히 생각하고 크게 본받는 것과 문왕의 겸허신 것이 없는 것과 감히 알려고 하지 않는 것은 모두 소인으로 끼게 하지 않는다는 의미이다. 주공이 앞에서 세 가지 일로 이것에 대해 고함을 삼는다면, 삼대의 법을 본받아

[12-4-19-17]
自一話一言,我則末惟成德之彦,以乂我受民.

한 대화와 한 말씀에서 우리 왕께서는 마침내 덕을 이룬 아름다운 선비들을 생각하시어 우리가 받은 백성을 다스리게 하소서.

集傳
末, 終, 惟, 思也. 自一話一言之間,

말(末)은 마침이요, 유(惟)는 생각함이다. 한 대화와 한 말씀의 사이에

詳說
○ 王氏曰 : "一話, 言一事之始終, 一言, 一句而已."
왕씨(王氏)가 말하였다 : "한 대화는 하나의 일에서 시작과 끝을 말하는 것이고, 한 말씀은 하나의 구절일 뿐이다."429)

集傳
我則終思成德之美士,

우리 왕께서는 마침내 덕을 이룬 아름다운 선비들을 생각하시어

詳說
○ 彦.

'미사(美士)'는 경문에서 '언(彦)'이다.

○ 新安陳氏曰 : "一話言間, 微不終於專主君子, 則小人乘間入之

신안 진씨(新安陳氏)가 말하였다 : "하나의 대화와 말하는 사이에 조금이라도 오로지 군자를 주로 하는 것에서 마치지 않으면, 소인이 틈을 타고 들어오는 것

정사를 하도록 한 것이다. 위에서 사람을 아는 요점을 말한 것은 삼택의 이름을 든 것이고, 아래에서 사람에게 맡기는 요점을 말한 것은 삼택의 직분을 든 것이니, 「입정」 한 편의 뜻이 여기에서 성대하다.'(陳氏雅言曰 : 克灼知厥若者, 此明於知人, 時則勿有間之, 此誠於任人. 始焉, 而知之明, 則無以得賢才之用, 終焉, 而非任之誠, 則無以盡賢才之用. 成湯之克宅克即, 文武之克知灼見, 皆克知厥若之謂也. 成湯之嚴惟丕式, 文王之罔攸兼罔敢知, 皆時則勿有間之之意也. 周公前擧三事以爲告此, 則欲其法三代之法以爲政. 上言知人之要, 則擧三宅之名, 下言任人之要, 則擧三宅之職, 立政一篇之旨, 萃於此矣.)"

429) 『서경대전(書經大全)』, 「주서(周書)」·「입정(立政)」: "왕씨가 말하였다 : "한 대화는 하나의 일에서 시작과 끝을 말하는 것이고, 한 말씀은 하나의 구절일 뿐이다.(王氏曰 : 一話, 言一事之始終, 一言, 一句而已.)"

이다."430)

集傳

以治我所受之民,
우리가 받은 백성을 다스려서

詳說

○ 乂, 則不止於相也.
다스리는 것은 도울 뿐만이 아닌 것이다.

集傳

而不敢斯須忘也.
감히 잠시라도 잊지 않아야 할 것이다.

詳說

○ 添此句.
여기의 구를 더하였다.

[12-4-19-18]

嗚呼, 予旦, 已受人之徽言, 咸告孺子王矣, 繼自今, 文子文孫, 其勿誤于庶獄庶愼, 惟正, 是乂之.

아! 나 단(旦)은 이미 남에서 받은 아름다운 말씀을 모두 유자(孺子)인 왕께 아뢰었사오니, 지금부터는 문자(文子), 문손(文孫)은 서옥(庶獄)과 서신(庶愼)을 그르치지 마시고, 오직 정(正)을 다스리소서.

---

430)『서경대전(書經大全)』,「주서(周書)」·「입정(立政)」: "신안 진씨가 말하였다 : '받은 백성을 돕는 것이 목부의 책임이고, 서옥을 화하게 하는 것이 준인의 책임이며, 여럿이 삼가야 할 일을 화하게 하는 것이 입사의 책임이니, 삼택이 갖추어지는 것이다. 대화와 말은 관건이 나오는 것이니, 삼택에게 위임하고 소인이 틈타지 못하게 하는 것이다. 하나의 대화와 말하는 사이에 조금이라도 오로지 군자를 주로 하는 것에서 마치지 않으면, 소인이 틈을 타고 들어온다. 이것이 공이 왕에게 삼택에게 위임하는 것에 대해 경계한 것으로 전일하고 주밀하게 하는 법이다.'.'(新安陳氏曰 : 相受民, 牧之責也, 和庶獄, 準之責也, 和庶所當慎之事, 事之責也, 三宅備矣. 話言, 樞機之發也, 委任三宅, 欲勿令小人間之. 苟或一話言間, 微不終於專主君子, 則小人乘間入之矣. 此公戒王以委任三宅, 專一周密之法也.)"

集傳

前所言禹湯文武, 任人之事, 無非至美之言,

앞에서 말한 우왕(禹王)·탕왕(湯王)·문왕(文王)·무왕(武王)이 사람을 임용한 일은 지극히 아름다운 말 아님이 없으니,

詳說

○ 徽.

'미(美)'는 경문에서 '휘(徽)'이다.

集傳

我聞之於人者

내가 남에게서 들은 것을

詳說

○ 受.

'문(聞)'은 경문에서 '수(受)'이다.

集傳

已皆告孺子王矣. 文子文孫者, 成王, 武王之文子, 文王之文孫也. 成王之時, 法度彰禮樂著, 守成尚文, 故曰文. 誤, 失也, 有所兼有所知,

이미 유자(孺子)인 왕에게 모두 아뢰었다. 문자(文子)와 문손(文孫)이란, 성왕(成王)은 무왕(武王)의 문자(文子)이고, 문왕(文王)의 문손(文孫)인 것이다. 성왕 때에 법도가 밝고 예악이 드러나서 이룸을 지키고 문(文)을 숭상하므로 문(文)이라 한 것이다. 오(誤)는 그르침이니, 겸하는 바가 있고 알려는 바가 있어서

詳說

○ 照前節.

앞의 절을 참조하라.431)

---

431) 『서경대전(書經大全)』, 「주서(周書)」·「입정-12(立政-14)」: "서옥(庶獄)과 서신(庶愼), 문왕(文王)은 감히 이것들에 대해 알려 하지 않으셨습니다.(庶獄庶愼, 文王罔敢知于玆.)"

集傳

不付之有司, 而以己誤之也. 正, 猶康誥所謂正人與宮正酒正

유사(有司)에게 맡기지 않고 자기로써 그르치는 것이다. 정(正)은 「강고(康誥)」에 이른바 정인(正人)[432]과 관정(官正)[433]·주정(酒正)[434]의

詳說

○ 一作官.

'궁(宮)'은 어떤 판본에는 '관(官)'으로 되어 있다.

○ 並天官.

아울러 천관이다.

集傳

之正, 指當職者爲言. 不以己誤庶獄庶愼, 惟當職之人, 是治之,

정(正)과 같으니, 직책을 담당한 자를 가리켜 말한 것이다. 자기로써 서옥(庶獄)과 서신(庶愼)을 그르치지 말고 오직 직책을 담당한 사람을 이에 다스려야 하니,

詳說

---

[432] 『서경대전(書經大全)』, 「주서(周書)」·「강고-17(「康誥-17」) : "따르지 않는 자들은 크게 법으로 다스려야 하니, 하물며 외서자(外庶子)로서 사람을 가르치는 자와 정인(正人)으로서 여러 부절(符節)을 잡은 자들이 별도로 가르침을 펴서 백성들에게 큰 명예를 구하고, 군주를 생각하지 않고 법을 쓰지 않아 그 군주를 해침에 있어서랴. 이는 바로 악을 조장하는 것으로 짐이 미워하는 바이니, 그만둘 수 있겠는가. 너는 빨리 이 의를 따라 모두 죽이도록 하라.(不率大戛, 矧惟外庶子訓人, 惟厥正人, 越小臣諸節, 乃別播敷, 造民大譽, 弗念弗庸, 瘝厥君, 時乃引惡, 惟朕憝. 已. 汝乃其速由玆義, 率殺.)"

[433] 『서경대전(書經大全)』, 「주서(周書)」·「주고2(酒誥2)」, "왕씨 염이 말하였다 : "관정(官正)을 장(長)이라고 하고 아(亞)를 소(少)라고 하니, 어사로 일을 다스리는 사람들로 정(正)이 있고 소(少)가 있는 것이다.(王氏炎曰 : 官正曰長, 亞曰少, 御事治事之臣也, 有正有少.)"

[434] 『서경대전(書經大全)』, 「주서(周書)」·「주고(酒誥)」, "진씨 대유가 말하였다 : '「월(越)」은 「급(及)」이고, 「백(伯)」은 제후의 장이다. 「내복(內服)」은 「기내(畿內)」이다. 「서윤(庶尹)」은 여러 관의 정(正)이니 악정(樂正)이나 주정(酒正)과 같은 것들이다. 「아(亞)」는 다음 대부이다. 「유복(惟服)」은 분주하게 일을 하는 사람이니, 하사(下士)로 부사(府史)의 벼슬아치이다. 「종공(宗工)」은 존관(尊官)과 백관(百官)이고, 「족성(族姓)」은 벼슬하지 않고 마을에 거주하는 자이다. 조정의 군신이 바람처럼 변화하는 것이 이처럼 마땅하니, 안팎으로 모두 감히 술에 빠지지 않은 것이다. 감히 하지 못하는 것은 두려워서 감히 방종하지 못할 뿐인 것이다. 겨를이 없다는 것은 직이 있는 자는 직분에 힘쓰고, 직분이 없는 자는 덕에 힘쓰니, 스스로 술 마시며 방종하게 할 겨를이 없고, 또한 하지 않는다는 것이다. 「임금의 공경함을 돕는다.」는 것은 임금을 공경하는 것이다.'(陳氏大猷曰 : 越, 及也. 伯, 諸侯之長. 內服, 畿內也. 庶尹, 衆官之正, 樂正酒正之類. 亞, 次大夫. 惟服, 奔走服事之人, 下士, 府史之屬. 宗工, 尊官及百官, 族姓, 不仕而居閭里者. 朝廷君臣, 風化如此, 宜乎. 內外, 皆不敢湎于酒. 不敢, 畏而不敢縱耳. 不暇, 則有職者, 勤于職, 無職者, 勤於德, 自不暇飲縱之為, 亦不為也. 祇辟, 敬君也.)"

○ 卽前節, 是訓用違之意.

곧 앞의 절에서 '명령을 따르는 자와 어기는 자를 훈계하였다.'435)는 의미이다.

集傳

下文言其勿誤庶獄, 惟有司之牧夫, 卽此意.

아래의 글에서 서옥(庶獄)을 그르치지 말고 오직 유사(有司)인 목부(牧夫)에게 맡기라고 말씀한 것이 바로 이 뜻이다.

詳說

○ 論也.

경문의 의미 설명이다.

[12-4-19-19]

自古商人, 亦越我周文王, 立政, 立事牧夫準人, 則克宅之, 克由繹之, 玆乃俾乂.

옛날에 상나라 사람과 또한 우리 주나라 문왕께서 정사를 세울 적에 입사(立事)와 목부(牧夫)와 준인(準人)을 능히 거하게 하시고, 능히 말미암아 생각하시니, 이에 다스리게 되었습니다.

集傳

自古及商人及我周文王, 於立政,

옛날과 상(商)나라 사람과 우리 주(周)나라 문왕(文王)이 정사를 세울 적에

詳說

○ 夏后.

'자고(自古)'는 하우이다.

○ 越.

---

435) 『서경대전(書經大全)』, 「주서(周書)」·「입정-13(立政-13)」: "문왕(文王)은 서언(庶言)·서옥(庶獄)·서신(庶愼)을 겸하신 바가 없으셨고, 오직 유사(有司)인 목부(牧夫)에게만 명령을 따르는 자와 어기는 자를 훈계하셨습니다.(文王, 罔攸兼于庶言庶獄庶愼, 惟有司之牧夫, 是訓用違.)"

'급(及)'은 경문에서 '월(越)'이다.

集傳
所以用三宅之道, 則克宅之者, 能得賢者, 以居其職也, 克由
삼택(三宅)을 임용하는 도(道)는 능히 거하게 했다는 것은 능히 현자를 얻어 직책에 거하게 한 것이고, 능히 말미암아

詳說
○ 紬通.
'유(由)'는 '유(紬)'와 통한다.

集傳
繹之者, 能紬繹
생각했다는 것은 능히 실마리를 잡아

詳說
○ 音抽.
'주(紬)'는 음이 '추(抽)'이다.

○ 漢書註曰 : "引其端緒也."
『한서』의 주에서 말하였다 : "그 단서를 이끄는 것이다."

集傳
用之而盡其才也. 旣能擇其才, 以安其職, 又能繹其才, 以盡其用玆, 其所以能俾乂也歟.
써서 그 재주를 다하게 한 것이다. 이미 그 인재를 자리에 거하게 하고 직책을 편안히 수행하게 하며, 또 인재를 생각하여 그 씀을 다하였으니, 이 때문에 능히 이들이 다스리게 할 수 있었던 것이다.

詳說

○ 此釋茲乃俾乂, 與上釋丕乃俾亂異同, 更詳之.
여기에서 '이에 다스리게 되었다.'고 해석한 것은 위의 글에서 ' 크게 다스린다.'436)는 것과 다르니 다시 생각해 봐야 한다.

○ 陳氏雅言曰 : "乃者言必如是也, 俾者, 言由於上之使也. 立政一篇之旨, 皆是言人君之用人, 當擇之於始, 善用之於終."
진씨 아언(陳氏雅言)이 말하였다 : "'이에[乃]'는 반드시 이와 같다는 말이고, '~하게 되었다[俾]'는 것은 위에서 시키는 것으로 말미암았다는 말이다. 「입정」한 편의 뜻은 모두 임금이 사람을 등용함에 시작에서 택해야 하고 끝에서 잘 써야 한다는 말이다."437)

[12-4-19-20]

> 國則罔有立政, 用憸人, 不訓于德, 是罔顯在厥世. 繼自今, 立政, 其勿以憸人, 其惟吉士, 用勱相我國家.

나라에서는 정사를 세울 적에 약삭빠른 사람을 쓰지 말아야 하니, 이들은 덕에 순하지 못하고 훤히 드러나 세상에 있지 못할 것입니다. 지금부터는 정사를 세울 적에 약삭빠른 사람을 쓰지 마시고 오직 길한 사람을 등용하시어 힘써 우리 국가를 돕게 하소서.

詳說

○ 憸, 諺音誤, 勱, 音邁, 相, 去聲.
'섬(憸)'은 『언해』의 음이 잘못되었고, '매(勱)'는 음이 '매(邁)'이고 , '상(相)'은 거성이다.

---

436) 『서경대전(書經大全)』, 「주서(周書)」·「입정-16(立政-16)」 : "아! 유자(孺子)께서 왕이 되셨으니, 지금으로부터 이어서 우리 왕께서는 정사를 세우실 적에 입사(立事)와 준인(準人)과 목부(牧夫)의 임용을 우리 왕께서 그 순히 여기는 바를 분명히 아시고 크게 다스려서 우리 왕께서 받으신 백성을 돕게 하시고, 우리 서옥(庶獄)과 서신(庶愼)을 화(和)하게 하시며, 이에 소인으로 끼게 하지 마소서.(嗚呼, 孺子王矣, 繼自今, 我其立政, 立事準人牧夫, 我其克灼知厥若, 丕乃俾亂相我受民, 和我庶獄庶愼, 時則勿有間之.)"
437) 『서경대전(書經大全)』, 「주서(周書)」·「입정(立政)」 : "진씨 아언이 말하였다 : '삼택의 관은 백관과 유사의 장이다. ….이 때문에 「이에[乃]」라고 말한 것은 반드시 이와 같은 다음에 그 마음을 얻는다는 말이고, 「~하게 되었다[俾]」라고 말한 것은 아래에서 다스림은 위에서 시키는 것으로 말미암았다는 말이다. 「입정」한 편의 뜻은 모두 임금이 사람을 등용함은 시작에서 택해야 하고 끝에서 잘 써야 한다는 말이다.'(陳氏雅言曰 : 三宅之官, 百官有司之長也. …. 是以謂之乃者, 言必如是, 而後有以得其心也, 謂之俾者, 言下之治, 由於上之使也. 立政一篇之旨, 皆是言人君之用人, 當擇之於始, 善用之於終.)"

集傳
自古
예로부터

詳說
○ 承前節.
앞의 절을 이어받았다.438)

集傳
爲國, 無有立政用憸利小人者, 小人而謂之憸者, 形容其沾沾
나라를 다스림에 정사를 세우면서 간사하고 말 잘하는 소인을 등용한 경우가 있지 않으니, 소인(小人)을 약삭빠르다고 이른 것은 우쭐거리며

詳說
○ 之廉的協二反.
'첨(沾)'은 음이 '지(之)'와 '렴(廉)', '적(的)'과 '협(協)', 두 가지 반절이다.

集傳
便捷之狀也.
약삭빠른 모양을 형용한 것이다.

詳說
○ 平聲.
'변(便)'은 평성이다.

集傳
憸利小人,
간사하고 말 잘하는 소인은

---

438) 『서경대전(書經大全)』, 「주서(周書)」・「입정-19(立政-19)」: "옛날에 상나라 사람과 또한 우리 주나라 문왕께서 정사를 세울 적에 입사(立事)와 목부(牧夫)와 준인(準人)을 능히 거하게 하시고, 능히 말미암아 생각하시니, 이에 다스리게 되었습니다.(自古商人, 亦越我周文王, 立政, 立事牧夫準人, 則克宅之, 克由繹之, 玆乃俾乂.)"

詳說

○ 添四字.

네 글자를 더하였다.

集傳

不順于德,

덕에 순하지 못하니,

詳說

○ 訓.

'순(順)'은 경문에서 '훈(訓)'이다.

○ 陳氏大猷曰 : "與丕訓厥若, 相反."

진씨 대유(陳氏大猷)가 말하였다 : "크게 순하게 여기고,439) 순히 여기는 바440)와는 상반된다."441)

集傳

是無能光顯以在厥世. 王當繼今以往, 立政勿用憸利小人, 其惟用有常吉士,

능히 훤히 드러나서 세상에 있지 못할 것이다. 왕은 마땅히 지금부터는 정사를 세울 적에 간사하고 말 잘하는 소인을 등용하지 말고 오직 떳떳함이 있는 길한 사람을 등용하여

---

439) 『서경대전(書經大全)』, 「주서(周書)」・「입정2(立政2)」: "옛사람들은 이 도를 잘 행하였다. 하나라가 왕실이 크게 강하자 준걸스러운 자들을 불러 상제를 높이니, 구덕(九德)의 행실을 실천하여 알고 참으로 믿고서 마침내 감히 그 임금에게 고하고 가르치기를 '임금님께 배수계수(拜手稽首)합니다. 당신의 사(事)를 거하게 하고 당신의 목(牧)을 거하게 하고 당신의 준(準)을 거하게 하여야 임금이 될 수 있습니다. 얼굴만 보고 도모하여 덕에 크게 순한다고 여겨서 마침내 사람을 거하게 하면 이 삼택(三宅)에 의민(義民)이 없을 것입니다.'라고 하였습니다.(古之人迪. 惟有夏, 乃有室大競, 籲俊尊上帝, 迪知忱恂于九德之行, 乃敢告教厥后曰, 拜手稽首后矣. 曰宅乃事, 宅乃牧, 宅乃準, 玆惟后矣. 謀面 用丕訓德, 則乃宅人, 玆乃三宅, 無義民.)"

440) 『서경대전(書經大全)』, 「주서(周書)」・「입정-16(立政-16)」: "아! 유자(孺子)께서 왕이 되셨으니, 지금으로부터 이어서 우리 왕께서는 정사를 세울 적에 입사(立事)와 준인(準人)과 목부(牧夫)의 임용을 우리 왕께서 그 순히 여기는 바를 분명히 아시고 크게 다스려서 우리 왕께서 받으신 백성을 돕게 하시고, 우리 서옥(庶獄)과 서신(庶愼)을 화(和)하게 하시며, 이에 소인으로 끼게 하지 마소서.(嗚呼, 孺子王矣, 繼自今, 我其立政, 立事準人牧夫, 我其克灼知厥若, 丕乃俾亂相我受民, 和我庶獄庶愼, 時則勿有間之.)"

441) 『서경대전(書經大全)』, 「주서(周書)」・「입정(立政)」: "진씨 대유가 말하였다 : '약삭빠른 사람은 속이고 꾸며서 덕으로 하지만 그 마음이 순하는 것이 아니니, 크게 순하게 여기고, 순히 여기는 바와는 바로 상반된다.'(陳氏大猷曰 : 憸人矯飾以為德, 然非其心之所順, 與丕訓厥若, 正相反.)"

詳說

○ 添用字.
'용(用)'자를 더하였다.

集傳

使勉力以輔相我國家也.
힘써 우리 국가를 돕게 하여야 할 것이다.

詳說

○ 用.
'사(使)'는 경문에서 '용(用)'이다.

○ 勸, 勉也.
경문에서 '매(勱)'는 힘쓰는 것이다.

集傳

呂氏曰, 君子陽類, 用則升其國於明昌, 小人陰類, 用則降其國於晻昧.
여씨(呂氏)가 말하였다. "군자(君子)는 양(陽)의 유(類)이므로 등용하면 그 나라를 밝고 창성함에 올려놓고, 소인(小人)은 음(陰)의 유(類)이므로 등용하면 그 나라를 어둡고 어둠에 내려놓으니,

詳說

○ 暗同.
'암(晻)'은 '암(暗)'과 같다.

○ 罔顯.
'드러나 ~하지 못하다.'는 것이다.

集傳

陰陽升降, 亦各從其類也.

음양(陰陽)의 오르내림이 또한 각기 그 유(類)를 따르는 것이다."

詳說

○ 論也.
경문의 의미 설명이다.

○ 呂氏曰 : "此篇, 反覆於君子小人之際有旨哉. 文武有庶常吉士, 公復以其惟吉士望王. 召公之詩, 穆王命伯冏, 皆在吉士, 一代治體可識矣."
여씨(呂氏)가 말하였다 : "여기의 편은 군자와 소인의 경계를 반복한 것에 뜻이 있을 것이다. 문왕와 무왕은 여러 떳떳하게 길한 사람이 있었으니, 공이 다시 길한 사람을 등용하는 것에 대해 왕에게 바란 것이다. 소공의 시에서 '목왕이 백경에게 명한 것'에는 모두 길한 사람이 있으니,442) 한 세대에서의 다스리는 요체를 알 수 있다."443)

[12-4-19-21]

今文子文孫孺子王矣, 其勿誤于庶獄, 惟有司之牧夫.

지금 문자(文子), 문손(文孫)이신 유자(孺子)께서 왕이 되셨으니, 서옥(庶獄)을 그르치지 마시고 오직 유사(有司)인 목부(牧夫)에게 맡기소서.

---

442) 『서경대전(書經大全)』, 「주서(周書)」·「경명1(冏命1)」 : "왕(王)이 다음과 같이 말씀하였다. '백경(伯)아! 나는 덕(德)에 능하지 못하면서 선인(先人)을 이어 큰 임금의 자리에 거하니, 두려워하고 위태롭게 여겨서 한밤중에 일어나 허물을 면할 것을 생각하노라.'(王若曰, 伯冏, 惟予弗克于德, 嗣先人宅丕后, 怵惕惟厲, 中夜以興, 思免厥愆.)"; 「경명5(冏命5)」 : "네 막료(幕僚)들을 삼가 선발하되 말을 잘하고 얼굴빛을 좋게 하며 편벽(便)되고 측미(側媚)한 자를 쓰지 말고 길사(吉士)를 쓰도록 하라.(愼簡乃僚. 無以巧言令色便辟側媚, 其惟吉士.)"
443) 『서경대전(書經大全)』, 「주서(周書)」·「입정(立政)」 : "여씨가 말하였다 : '임금은 군자와 소인을 분명히 구별하는 것을 직분으로 하니, 국가의 흥망이 항상 이것으로 말미암는다. 여기의 편은 군자와 소인의 경계를 반복한 것에 뜻이 있을 것이다. 문왕와 무왕은 여러 떳떳하게 길한 사람이 있었으니, 공이 다시 길한 사람을 등용하는 것에 대해 왕에게 바란 것이다. 소공의 가시(歌詩)에서「왕에게는 좋은 선비가 많도다.」라는 것과 또한 심지어「목왕이 백경에게 명한 것」에 길한 사람이 여전히 입에 있다. 이것은 주나라 왕실에서 아비와 할아비가 전하고, 사보가 가르치며, 자손이 지키는 것은 오직 길한 사람에게 있는 것으로 한 대의 다스리는 요체를 알 수 있다. 「약삭빠른 사람[憸人]」은 「사람[士]」과 반대로 주나라 왕실의 가법에서는 엄하게 미워하고 배척해서 끊어버리는 자들이라는 말이다.'(呂氏曰 : 人主惟以別白君子小人為職. 國之興亡, 常必由之. 此篇, 反覆於君子小人之際有旨哉. 文武有庶常吉士, 公復以其吉士望王, 召公之歌詩, 王多吉士, 亦至於再穆王命伯冏, 吉士猶在口也. 是則周家父祖所傳, 師保所訓, 子孫所守, 惟在吉士, 一代治體可識矣. 憸人者, 言士之反, 周之家法, 所嚴惡斥絶者也.)"

|集傳|

始言和我庶獄庶愼, 時則勿有間之, 繼言其勿誤于庶獄庶愼, 惟正是乂之,
처음에는 "우리 서옥(庶獄)과 서신(庶愼)을 화(和)하게 하고, 이에 소인(小人)으로 끼게 하지 말라."444)라고 하였고, 이어 "서옥(庶獄)과 서신(庶愼)을 그르치지 말고 오직 정(正)을 다스리라."445)라고 하였으며,

|詳說|

○ 承前節.
앞의 절을 이어받았다.

|集傳|

至是, 獨曰其勿誤于庶獄, 惟有司之牧夫. 蓋刑者, 天下之重事,
여기에서는 홀로 "서옥(庶獄)을 그르치지 말고 오직 유사(有司)인 목부(牧夫)에게 맡기라."라고 하였다. 형벌은 천하의 중요한 일이어서

|詳說|

○ 呂氏曰 : "民命所繫, 亦國命所繫也."
여씨(呂氏)가 말하였다 : "백성의 목숨이 달린 곳은 또한 나라의 운명이 달린 것이다."446)

|集傳|

挈其重而獨擧之,

---

444) 『서경대전(書經大全)』, 「주서(周書)」·「입정-16(立政-16)」 : "아! 유자(孺子)께서 왕이 되셨으니, 지금으로부터 이어서 우리 왕께서는 정사를 세우실 적에 입사(立事)와 준인(準人)과 목부(牧夫)의 임용을 우리 왕께서 그 순히 여기는 바를 분명히 아시고 크게 다스려서 우리 왕께서 받으신 백성을 돕게 하시고, 우리 서옥(庶獄)과 서신(庶愼)을 화(和)하게 하시며, 이에 소인으로 끼게 하지 마소서.(嗚呼, 孺子王矣, 繼自今, 我其立政, 立事準人牧夫, 我其克灼知厥若, 丕乃俾亂相我受民, 和我庶獄庶愼, 時則勿有間之.)"
445) 『서경대전(書經大全)』, 「주서(周書)」·「입정-18(立政-18)」 : "아! 나 단(旦)은 이미 남에게서 받은 아름다운 말씀을 모두 유자(孺子)인 왕께 아뢰었사오니, 지금부터는 문자(文子), 문손(文孫)은 서옥(庶獄)과 서신(庶愼)을 그르치지 마시고, 오직 정(正)을 다스리소서.(嗚呼, 予旦, 已受人之徽言, 咸告孺子王矣, 繼自今, 文子文孫, 其勿誤于庶獄庶愼, 惟正, 是乂之.)"
446) 『서경대전(書經大全)』, 「주서(周書)」·「입정(立政)」 : "여씨가 말하였다 : '처음에는 서언·서옥·서신을 말하고, 이어 그 하나를 제거하고 단지 서옥·서신을 말하였으며, 또 그 하나를 제거하고 서옥만 말하였다. 대개 더욱 중요한 것을 들어 그것만 들었던 것이다. 옥이 어째서 유독 중요한가? 백성의 목숨이 달린 곳은 또한 나라의 운명이 달린 것이기 때문이다. …'(呂氏曰 : 始言庶言庶獄庶愼, 繼去其一, 止曰庶獄庶愼, 又去其一, 獨曰庶獄. 蓋挈其尤重, 獨擧之. 獄曷為其獨重也. 民命所繫, 亦國命所繫也. ….)"

그 중한 것을 들어 홀로 거론해서

詳說

○ 蔡氏元度曰 : "以庶獄庶愼對庶言, 則獄愼尤重, 故不及庶言, 以庶獄對庶愼, 則庶獄尤重, 故不及庶愼."

채씨 원도(蔡氏元度)447)가 말하였다 : "서옥과 서신을 서언과 상대하면 서옥과 서신이 더욱 중요하기 때문에 서언을 언급하지 않았고, 서옥을 서신과 상대하면 서옥이 더욱 중대하기 때문에 서신을 언급하지 않았던 것이다."448)

集傳

使成王尤知刑獄之可畏, 必專有司牧夫之任, 而不可以己誤之也.

성왕(成王)이 더욱 형옥(刑獄)을 두려워해야 함을 알아, 반드시 유사(有司)인 목부(牧夫)의 임무를 오로지 하게 하고 자기로써 그르치지 않게 한 것이다.

詳說

○ 以論釋之.

경문의 의미 설명으로 해석하였다.

○ 王氏曰 : "獄者, 政之終, 牧者, 官之長. 政擧其終, 官擧其長, 則無不擧矣."

왕씨(王氏)가 말하였다 : "옥은 정사의 끝이고 목은 관의 장이다. 정사에 그 끝을 들고 관에 그 장을 들었다면 거론하지 않은 것이 없다."449)

---

447) 채변(蔡卞, 1058 ~ 1117) : 송나라 흥화군(興化軍) 선유(仙遊) 사람으로 자는 원도(元度)이고, 채경(蔡京)의 동생이자 왕안석(王安石)의 사위이다. 신종(神宗) 희녕(熙寧) 3년(1070) 진사(進士)가 되고, 기거사인(起居舍人)와 동지간원(同知諫院), 시어사(侍御史)를 지냈다. 철종(哲宗)이 즉위하자 예부시랑(禮部侍郎)으로 옮겼다. 요나라에 사신을 갔다 돌아와 강녕지부(江寧知府)와 양주(揚州) 및 광주(廣州) 등지의 지주(知州)를 지냈다. 소성(紹聖) 초에 중서사인(中書舍人) 겸 국사수찬(國史修撰)에 올랐다. 4년(1097) 상서좌승(尚書左丞)이 되어 소술(紹述)의 설을 논하면서 황제를 속이고 아랫사람을 위협하여 반대파들을 음해했다. 휘종(徽宗) 때 간관의 탄핵을 받아 지주(池州)에 안치되었다. 대명지부(大名知府)로 재기하여 지추밀원(知樞密院)에 발탁되었다. 당시 형 채경이 재상이 되었는데, 뜻이 맞지 않자 하남지부(河南知府)로 내쫓았다. 나중에 승진하여 진동군절도사(鎭東軍節度使)에 올랐다. 저서에『모시명물해(毛詩名物解)』등이 있다.
448) 『서경대전(書經大全)』, 「주서(周書)」·「입정(立政)」: "채씨 원도가 말하였다 : '서옥과 서신을 서언과 상대하면 서옥과 서신이 더욱 중요하기 때문에 서언을 언급하지 않았고, 서옥을 서신과 상대하면 서옥이 더욱 중대하기 때문에 서신을 언급하지 않았던 것이다.'(蔡氏元度曰 : 以庶獄庶愼對庶言, 則獄愼尤重, 故不及庶言, 以庶獄對庶愼, 則庶獄尤重, 故不及庶愼.)"
449) 『서경대전(書經大全)』, 「주서(周書)」·「입정(立政)」: "왕씨가 말하였다 : '옥은 정사의 끝이고 목은 관의 장이다. 정사에 그 끝을 들고 관에 그 장을 들었다면 거론하지 않은 것이 없다.'(王氏曰 : 獄者, 政之終,

[12-4-19-22]

其克詰爾戎兵, 以陟禹之迹, 方行天下, 至于海表, 罔有不服, 以覲文王之耿光, 以揚武王之大烈.

능히 너의 융복(戎服)과 병기를 다스리고 우왕의 옛 자취에 올라 사방으로 천하에 행하고 해표(海表)에까지 복종하지 않는 자가 없게 하시어, 문왕의 밝은 빛을 보시고 무왕의 큰 공렬을 드날리소서.

詳說

○ 詰, 諺音誤.

'힐(詰)'은 『언해』의 음이 잘못되었다.

集傳

詰, 治也, 治爾戎服兵器也.

힐(詰)은 다스림이니, 너의 융복(戎服)과 병기를 다스리는 것이다.

詳說

○ 林氏曰 : "言守成以文, 終以詰兵, 則武不可弛."

임씨(林氏)가 말하였다 : "문으로 수성하고 마침은 병기를 다스리니, 무는 늦추어서는 안된다는 말이다."[450]

集傳

陟, 升也.

척(陟)은 오름이다.

詳說

○ 猶追也.

牧者, 官之長. 政擧其終, 官擧其長, 則無不擧矣.)"
[450] 『서경대전(書經大全)』, 「주서(周書)」·「입정(立政)」: "임씨가 말하였다 : '문자와 문손을 부른 것은 문으로 수성하고 마침은 너의 융복과 병기를 다스리니, 무는 늦추어서는 안된다는 말이다.'(林氏曰 : 呼文子文孫, 言守成以文, 終以詰爾戎兵, 則武不可弛.)"

'쫓는다.'는 것과 같다.

집전

禹迹, 禹服
우적(禹迹)은 우복(禹服)의

상설

○ 五服.
다섯 복이다.

집전

舊迹也.
옛 자취이다.

상설

○ 應前節有夏室競.
앞의 절에서 '하나라가 왕실이 크게 강하게 된다.'[451]는 것과 호응한다.

집전

方, 四方也, 海表, 四裔也, 言德威所及, 無不服也. 覲, 見也.
방(方)은 사방이고, 해표(海表)는 사예(四裔)이니, 덕과 위엄이 미치는 바에 복종하지 않음이 없다는 말이다. 근(覲)은 봄이다.

상설

○ 音現.

---

451) 『서경대전(書經大全)』, 「주서(周書)」·「입정2(立政2)」: "옛사람들은 이 도를 잘 행하였다. 하나라가 왕실이 크게 강하자 준걸스러운 자들을 불러 상제를 높이니, 구덕(九德)의 행실을 실천하여 알고 참으로 믿고서 마침내 감히 그 임금에게 고하고 가르치기를 '임금님께 배수계수(拜手稽首)합니다. 당신의 사(事)를 거하게 하고 당신의 목(牧)을 거하게 하고 당신의 준(準)을 거하게 하여야 임금이 될 수 있습니다. 얼굴만 보고 도모하여 덕에 크게 순하다고 여겨서 마침내 사람을 거하게 하면 이 삼택(三宅)에 의민(義民)이 없을 것입니다.'라고 하였습니다.(古之人迪. 惟有夏, 乃有室大競, 籲俊尊上帝, 迪知忱恂于九德之行, 乃敢告教厥后曰, 拜手稽首后矣. 曰宅乃事, 宅乃牧, 宅乃準, 玆惟后矣. 謀面 用丕訓德, 則乃宅人, 玆乃三宅, 無義民.)"

'현(見)'은 음이 '현(現)'이다.

集傳
耿光, 德也, 大烈, 業也,
경광(耿光)은 덕(德)이고, 대렬(大烈)은 공업(功業)이니,

詳說
○ 陳氏雅言曰 : "能覿之, 使益顯, 能揚之, 使益著."
진씨 아언(陳氏雅言)이 말하였다 : "능히 보아서 더욱 드러나게 하고, 능히 드날려서 더욱 나타나게 한다는 것이다."452)

集傳
於文王稱德, 於武王稱業, 各於其盛者稱之. 呂氏曰, 兵, 刑之大也, 故旣言庶獄,
문왕(文王)에게는 덕을 말하고 무왕(武王)에게는 업을 말한 것은 각각 그 성대(盛大)한 것을 가지고 말한 것이다. 여씨(呂氏)는 말하기를 "병(兵)은 형벌 중에 큰 것이므로 이미 서옥(庶獄)을 말한 다음에

詳說
○ 上節.
위의 절이다.453)

集傳
而繼以治兵之戒焉. 或曰, 周公之訓, 稽其所弊
병(兵)을 다스리라는 경계로써 이은 것이다."라고 하였다. 혹자는 말하기를 "주공(周公)의 가르침은 그 병폐를 상고해 보면,

---

452) 『서경대전(書經大全)』, 「주서(周書)」·「입정(立政)」 : "진씨 아언이 말하였다 : '…. 문왕의 밝은 빛은 능히 보아서 더욱 드러나게 하고, 무왕의 큰 공렬은 능히 드날려서 더욱 나타나게 한다는 것이다. ….'(陳氏雅言曰 : …. 文王之耿光, 能覿之, 使益顯, 武王之大烈, 能揚之, 使益著. 豈惟無愧於前王, 亦無負於前王矣. ….)"

453) 『서경대전(書經大全)』, 「주서(周書)」·「입정-21(立政-21)」 : "지금 문자(文子), 문손(文孫)이신 유자(孺子)께서 왕이 되셨으니, 서옥(庶獄)을 그르치지 마시고 오직 유사(有司)인 목부(牧夫)에게 맡기소서.(今文子文孫孺子王矣, 其勿誤于庶獄, 惟有司之牧夫.)"

詳說

○ 平聲.

'계(稽)'는 평성이다.

集傳

得無啓後世好大喜功之患乎.

후세에 큰 것을 좋아하고 공을 기뻐하는 병통을 열어 놓지 않겠는가?"라고 하기에

詳說

○ 去聲.

'호(好)'는 거성이다.

集傳

曰周公詰兵之訓, 繼勿誤庶獄之後, 犴獄之間,

다음과 같이 대답하였다. "주공(周公)의 병(兵)을 다스리라는 가르침이 서옥(庶獄)을 그르치지 말라는 말 뒤에 이어졌으니, 안옥(犴獄)의 사이에도

詳說

○ 魚旰何干, 二反

'안(犴)'은 음이 '어(魚)'와 '간(旰)', '안'과 '하(何)', 두 가지 반절이다.

○ 鄒氏季友曰 : "野犬所以守獄, 故謂獄爲犴."

추씨 계우(鄒氏季友)[454]가 말하였다 : "들개가 옥을 지키기 때문에 '옥(獄)'이 '안(犴)'이라고 한 것이다."

集傳

---

[454] 『서경대전(書經大全)』, 「상서(商書)」·「중훼지고(仲虺之誥)」에는 황보밀(皇甫謐)의 말로 되어 있다. 황보밀(皇甫謐, 215년 ~ 282년)은 서진(西晉) 안정(安定) 조나(朝那) 사람으로 자는 사안(士安)이고, 어릴 때 이름은 정(靜)이며, 자호는 현안선생(玄晏先生)이다. 황보숭(皇甫嵩)의 증손이다. 젊었을 때 거침없이 방탕하여 사람들이 미치광이라고 여겼다. 20살 무렵부터 부지런히 공부해 게으르지 않았다. 집이 가난해 직접 농사를 지었는데, 책을 읽으면서 밭갈이를 함으로써 수많은 서적들을 통독했다. 나중에 질병에 걸렸으면서도 손에서 책을 놓지 않고 저술에 전심하느라 밥 먹는 것도 잊어버려 사람들이 서음(書淫)이라 했다. 무제(武帝) 때 부름을 받았지만 나가지 않았다. 무제가 책 한 수레를 하사했다. 자신의 병을 고치려고 의학서를 읽어 가장 오랜 침구 관련서인 『침구갑을경(鍼灸甲乙經)』을 편찬했다. 역사에도 조예가 깊어 『제왕세기(帝王世紀)』와 『연력(年歷)』, 『고사전(高士傳)』, 『일사전(逸士傳)』, 『열녀전(列女傳)』, 『현안춘추(玄晏春秋)』 등을 지었다.

尙恐一刑之誤, 況六師萬衆之命, 其敢不審而誤擧乎. 推勿誤庶獄之心, 而奉克詰戎兵之戒, 必非得已不已, 而輕用民命者也.
오히려 한 형벌이라도 잘못될까 두려워하는데, 하물며 육군(六軍)의 수많은 무리의 목숨을 어찌 감히 신중히 하지 않고 함부로 동원하겠는가! 서옥(庶獄)을 그르치지 말라는 마음을 미루어서 융복(戎服)과 병기를 다스리라는 경계를 받든다면, 반드시 그만 둘 수 있는데도 그만두지 아니하여 백성의 목숨을 가볍게 쓰는 자가 아닐 것이다."

詳說

○ 呂說至此.
여씨의 설명은 여기까지이다.

○ 於文王, 以下, 論也.
'어문왕(於文王)' 이하는 경문의 의미 설명이다.

[12-4-19-23]

嗚呼, 繼自今, 後王立政, 其惟克用常人.

아! 지금으로부터 후왕(後王)께서는 정사를 세울 적에 능히 떳떳한 사람을 등용하소서."

集傳

幷周家後王,
주가(周家)의 후왕(後王)까지 아울러

詳說

○ 去聲, 下同.
'병(幷)'은 거성으로 아래에서도 같다.

集傳

而戒之也.
경계한 것이다.

詳說

○ 先總提.
먼저 총괄해서 제시하였다.

○ 蓋欲使成王戒之也.
성왕이 경계하도록 한 것이다.

集傳

常人, 常德之人也.
상인(常人)은 떳떳한 덕을 간직한 사람이다.

詳說

○ 陳氏大猷曰 : "言常人於兵刑之後, 以常人尤宜任此, 而謹之歟."
진씨 대유(陳氏大猷)455)가 말하였다 : "떳떳한 사람은 병형(兵刑)을 뒤로 하지만 떳떳한 사람은 더욱 마땅히 이것을 책임지고 삼간다는 말이다."456)

集傳

皐陶
고요(皐陶)가

詳說

○ 音遙.
'요(陶)'는 음이 '요(遙)'이다.

---

455) 진씨 대유(陳氏大猷, ?~?) : 송나라 남강군(南康軍) 도창(都倉) 사람으로 자는 문헌(文獻)이고, 호는 동재(東齋)다. 이종(理宗) 개경(開慶) 원년(1259) 진사(進士)가 되고, 종정랑(從政郞)과 황주군(黃州軍) 판관(判官) 등을 지냈다. 『서경』에 조예가 깊었다. 저서에 『상서집전혹문(尚書集傳或問)』과 『상서집전회통(尚書集傳會通)』 등이 있다.

456) 『서경대전(書經大全)』, 「주서(周書)」·「입정(立政)」: "진씨 대유가 말하였다 : '리가 떳떳하게 행해져서 바꿀 수 없는 것이 상도이다. 이 떳떳한 이치를 행해 바꾸지 않는 것이 떳떳한 사람이다. 떳떳한 말은 그 본체가 바뀌지 않고, 길한 말은 그 작용이 길한 것이다. 떳떳한 사람은 병형(兵刑)을 뒤로 하지만 떳떳한 사람은 더욱 마땅히 이것을 책임지고 삼간다는 말이다.'(陳氏大猷曰 : 理之常行, 而不可易者, 為常道. 行此常理, 而不易者, 為常人. 常言, 其體之不易, 吉言, 其用之休祥也. 言常人於兵刑之後, 以常人尤宜任此, 而謹之歟.)"

○ 謨.
모(謨)이다.

集傳

曰, 彰厥有常吉哉. 常人與吉士, 同實而異名者也.
말하기를 "몸에 드러나서 시종 떳떳함이 있는 것이 '길한 사람[吉士]'이다."[457]라고 하였으니, '떳떳한 사람[常人]'과 '길한 사람[吉士]'은 실제는 같으나 이름이 다른 것이다.

詳說

○ 論也.
경문의 의미 설명이다.

[12-4-19-24]

周公若曰, 太史, 司寇蘇公, 式敬爾由獄, 以長我王國, 茲式有慎, 以列用中罰.

주공(周公)이 다음과 같이 말씀하였다. "태사(太史)야! 사구(司寇)인 소공(蘇公)이 그 행할 옥사(獄事)를 공경하여 우리 왕국(王國)을 장구히 하였으니, 이에 법 받아 삼감을 두면 항목으로써 알맞은 형벌을 쓸 것이다."

詳說

○ 長, 上聲.
'장(長)'은 상성이다.

---

[457] 『서경대전(書經大全)』, 「주서(周書)」・「고요모3(皐陶謨3)」 : "고요가 말하기를 '아! 훌륭합니다. 행실을 총괄하여 말할진댄 아홉 가지 덕(德)이 있으니, 그 사람이 소유한 덕을 총괄하여 말할진댄 아무 일과 아무 일을 행했다고 말하는 것입니다.'라고 하였다. 우(禹)가 '무엇인가?'라고 하고 묻자, 고요가 다음과 같이 말하였다. '너그러우면서도 장엄하며 유순하면서도 꼿꼿하며 삼가면서도 공손하며 다스리면서도 공경하며 익숙하면서도 굳세며 곧으면서도 온화하며 간략하면서도 모나며 굳세면서도 독실하며 강하면서도 의(義)를 좋아하는 것이니, 몸에 드러나고 시종 떳떳함이 있는 것이 길(吉)[선(善)]한 사람입니다.'(皐陶曰, 都. 亦行有九德, 亦言其人有德, 乃言曰載采采. 禹曰, 何. 皐陶曰, 寬而栗, 柔而立, 愿而恭, 亂而敬, 擾而毅, 直而溫, 簡而廉, 剛而塞, 彊而義. 彰厥有常吉哉.)"

集傳
此, 周公因言愼罰,
여기에서는 주공이 이어 형벌을 삼감을 말해서

詳說
○ 前節.
앞의 절이다.458)

集傳
而以蘇公敬獄之事. 告之太史,
소공(蘇公)이 옥사(獄事)를 공경한 일을 태사(太史)에게 고하고

詳說
○ 呼太史而告之.
태사를 불러 고한 것이다.

集傳
使其幷書, 以爲後世司獄之式也.
아울러 기록해서 후세에 옥(獄)을 맡은 자의 모범으로 삼게 한 것이다.

詳說
○ 先總提.
먼저 총괄해서 제시했다.

○ 孔氏曰 : "太史掌六典, 有廢置官人之制, 故告之."
공씨(孔氏)가 말하였다 : "태사는 육전을 주관하여 관인을 폐하고 두는 제재가 있기 때문에 고하는 것이다."459)

---

458) 『서경대전(書經大全)』, 「주서(周書)」·「입정-21(立政-21)」 : "지금 문자(文子), 문손(文孫)이신 유자(孺子)께서 왕이 되셨으니, 서옥(庶獄)을 그르치지 마시고 오직 유사(有司)인 목부(牧夫)에게 맡기소서.(今文子文孫孺子王矣. 其勿誤于庶獄. 惟有司之牧夫.)"
459) 『서경대전(書經大全)』, 「주서(周書)」·「입정(立政)」 : "공씨. 본래 분생이 무왕의 사구였는데, 소국에 봉함

○ 諺讀作告王, 更詳之.
『언해』의 구두에서는 '고왕(告王)'으로 되어 있으니, 다시 살펴봐야 한다.

○ 陳氏雅言曰 : "雖以告太史, 而實告於王, 使後世司獄, 得吉士常人也."
진씨 아언(陳氏雅言)이 말하였다 : "태사에게 고했을지라도 실로 왕에게 고했으니, 후세에 사옥이 길한 사람과 떳떳한 사람을 얻도록 한 것이다."460)

○ 陳氏大猷曰 : "周公舉太史所記蘇公之事以告王."
진씨 대유(陳氏大猷)가 말하였다 : "주공이 태사가 기록한 소공의 일을 들어 왕에게 고한 것이다."461)

集傳

蘇, 國名也, 左傳,
소(蘇)는 나라 이름이니, 『좌전(左傳)』에

詳說

에 네가 쓰는 형옥을 법 받아 공경하였으니, 옥을 주관함에 소공이 이 법에 나란히 한 것을 구하여 삼가 행함이 있어야 하고, 반드시 그 항목으로써 알맞음을 써서 가볍지도 않고 무겁지도 않은 것이 소공이 행하는 것이다. 태사는 육전을 주관하여 관인을 폐하고 두는 제재가 있기 때문에 고하는 것이다.(孔氏. 自忿生為武王司寇, 封蘇國, 能用法敬汝所用之獄. 言主獄, 當求蘇公之比此法, 有所慎行, 必以其列用中, 不輕不重, 蘇公所行. 太史掌六典, 有廢置官人之制, 故告之.)"

460) 『서경대전(書經大全)』, 「주서(周書)」·「입정(立政)」: 『서경대전(書經大全)』, 「주서(周書)」·「입정(立政)」: "진씨 아언이 말하였다 : '…. 소공이 일념으로 공경하는 것은 하늘과 사람에 통하면서도 간격이 없어 백세에 드리워 허물이 없을 수 있으니, 형을 사용하는 법은 여기에 다시 더할 것이 없다. 태사에게 고했을지라도 실로 왕에게 고한 것이고, 후세의 사옥을 위해 염려했을지라도 실로 후세의 형을 사용하는 자를 위해 염려한 것이다. 후세에 사옥을 사용함에 소공을 얻어 그 사람이 사용하게 한다면, 어찌 이른바 길한 사람과 떳떳한 사람이 아니겠는가? 정사를 세우는 도는 현자에게 맡기는 것이 근본이어서 서옥을 크게 여기는 것이다. 그러므로 한 편 가운데 모두 다섯 가지로 옥에 뜻을 다하고 마침내 이것으로 매듭지은 것이다.'(陳氏雅言曰 : …. 蘇公一念之敬, 可以通天人而無間, 可以垂百世而無怨. 用刑之法, 不可以復加於此. 雖舉以告太史, 而實為後世之司獄者慮, 而實為後世用司獄者慮. 使後世之用司獄得蘇公, 其人而用之, 豈非所謂吉士常人者乎. 立政之道, 以任賢為本, 以庶獄為大. 故一篇之中, 凡五致意於獄. 而終結之以此云.)"

461) 『서경대전(書經大全)』, 「주서(周書)」·「입정(立政)」: "진씨 대유가 말하였다 : '주공이 태사가 기록한 소공의 일을 들어 왕에게 고했으니, 소공이 능히 법식 행할 옥사를 공경했다는 것이다. 백성들의 목숨을 중히 여겨 나라의 운명을 장구하게 하니, 옥을 다스리는 자는 법식을 행해 삼가야 하는 것이다. 「열(列)」은 전후로 서로 나란히 하는 것으로 지금에 본보기라고 말하는 것과 같으니, 옛일을 나란히 해서 그 경중의 알맞음을 사용하는 것이다. 정사를 세움에는 사람을 등용하는 것을 근본으로 하지만 군대와 형정이 바로 정사의 큰 것이므로 이것으로 끝맺는 것이다.'(陳氏大猷曰 : 周公舉太史所記蘇公之事以告士, 蘇公能以法式而敬其所用之獄. 重民命以延國命, 治獄者, 當以為法式而有謹焉. 列者, 前後相比, 猶今言列也, 以舊事為比, 而用其輕重之中者也. 立政以用人為本, 而兵刑乃政之大者, 故以此終焉)"

○ 成十一年
성공 11년이다.

集傳
蘇忿生以溫爲司寇.
"소분생(蘇忿生)이 온읍(溫邑)으로 사구(司寇)가 되었다."라고 하였다.

詳說
○ 忿生封邑.
'온(溫)'은 분생이 분봉 받은 읍이다.

○ 孔氏曰 : "武王司寇."
공씨(孔氏)가 말하였다 : "무왕의 사구였다."462)

集傳
周公告太史, 以蘇忿生爲司寇, 用能敬其所由之獄,
주공(周公)이 태사(太史)에게 고하기를 "소분생(蘇忿生)을 사구(司寇)로 삼아 행할 바의 옥사를 공경해서

詳說
○ 式.
'용(用)'은 경문에서 '식(式)'이다.

○ 爾.
'기(其)'는 경문에서 '이(爾)'이다.

---

462) 『서경대전(書經大全)』, 「주서(周書)」・「입정(立政)」 : "공씨. 본래 분생이 무왕의 사구였는데, 소국에 봉함에 네가 쓰는 형옥을 법 받아 공경하였으니, 옥을 주관함에 소공이 이 법에 나란히 한 것을 구하여 삼가 행함이 있어야 하고, 반드시 그 항목으로써 알맞음을 써서 가볍지도 않고 무겁지도 않은 것이 소공이 행하는 것이다. 태사는 육전을 주관하여 관인을 폐하고 두는 제재가 있기 때문에 고하는 것이다.(孔氏. 自忿生爲武王司寇, 封蘇國, 能用法敬汝所用之獄. 言主獄, 當求蘇公之比此法, 有所愼行, 必以其列用中, 不輕不重, 蘇公所行. 太史掌六典, 有廢置官人之制, 故告之.)"

○ 用也.
  '유(由)'는 경문에서 '용(用)'이다.

集傳
培植根本, 以長我王國,
근본을 배식(培植)하여 우리 왕국을 장구하게 하였으니,

詳說
○ 陳氏大猷曰:"重民命以延國命."
  진씨 대유(陳氏大猷)가 말하였다 : "백성들의 목숨을 중히 여겨 나라의 운명을 장구하게 하는 것이다."463)

集傳
令於此取法
여기에서 법(法)을 취하여

詳說
○ 平聲.
  '령(令)'은 평성이다.

○ 式.
  '법(法)'은 경문에서 '식(式)'이다.

集傳
而有謹焉, 則能以輕重條列

---

463) 『서경대전(書經大全)』, 「주서(周書)」·「입정(立政)」: "진씨 대유가 말하였다 : '주공이 태사가 기록한 소공의 일을 들어 왕에게 고했으니, 소공이 능히 법식 행해 옥사를 공경했다는 것이다. 백성들의 목숨을 중히 여겨 나라의 운명을 장구하게 하니, 옥을 다스리는 자는 법식을 행해 삼가야 하는 것이다. 「열(列)」은 전후로 서로 나란히 하는 것으로 지금에 본보기라고 말하는 것과 같으니, 옛일을 나란히 해서 그 경중의 알맞음을 사용하는 것이다. 정사를 세움에는 사람을 등용하는 것을 근본으로 하지만 군대와 형정이 바로 정사의 큰 것이므로 이것으로 끝맺은 것이다.'(陳氏大猷曰 : 周公擧太史所記蘇公之事以告士, 蘇公能以法式而敬其所用之獄. 重民命以延國命, 治獄者, 當以爲法式而有謹焉. 列者, 前後相比, 猶今言列也, 以舊事爲比, 而用其輕重之中者也. 立政以用人爲本, 而兵刑乃政之大者, 故以此終焉)"

삼가게 하면 경중(輕重)의 조열(條列)을 가지고

詳說

○ 陳氏大猷曰 : "列猶言例也."

　　진씨 대유(陳氏大猷)가 말하였다 : "「열(列)」은 본보기라고 말하는 것과 같다."464)

集傳

用其中罰, 而無過差之患矣.
알맞은 형벌을 써서 과차(過差)의 병통이 없을 것이다."라고 하였다.

詳說

○ 陳氏大猷曰 : "立政以用人爲本, 而兵刑乃政之大者, 故以此終焉."

　　진씨 대유(陳氏大猷)가 말하였다 : "정사를 세움에는 사람을 등용하는 것을 근본으로 하지만 군대와 형정이 바로 정사의 큰 것이므로 이것으로 끝맺은 것이다."465)

○ 陳氏雅言曰 : "一篇中, 凡五致意於獄, 而終結之以此."

　　진씨 아언(陳氏雅言)이 말하였다 : "한 편 가운데 모두 다섯 가지로 옥에 뜻을 다하고 마침내 이것으로 매듭지은 것이다."466)

---

464)『서경대전(書經大全)』,「주서(周書)」·「입정(立政)」: "진씨 대유가 말하였다 : '주공이 태사가 기록한 소공의 일을 들어 왕에게 고했으니, 소공이 능히 법식 행할 옥사를 공경했다는 것이다. 백성들의 목숨을 중히 여겨 나라의 운명을 장구하게 하니, 옥을 다스리는 자는 법식을 행해 삼가야 하는 것이다. 「열(列)」은 전후로 서로 나란히 하는 것으로 지금에 본보기라고 말하는 것과 같으니, 옛일을 나란히 해서 그 경중의 알맞음을 사용하는 것이다. 정사를 세움에는 사람을 등용하는 것을 근본으로 하지만 군대와 형정이 바로 정사의 큰 것이므로 이것으로 끝맺은 것이다.'(陳氏大猷曰 : 周公擧太史所記蘇公之事以告士, 蘇公能以法式而敬其所用之獄. 重民命以廷國命, 治獄者, 當以爲法式而有謹焉. 列者, 前後相比, 猶今言列也, 以舊事爲比, 而用其輕重之中者也. 立政以用人爲本, 而兵刑乃政之大者, 故以此終焉)"

465)『서경대전(書經大全)』,「주서(周書)」·「입정(立政)」: "진씨 대유가 말하였다 : '주공이 태사가 기록한 소공의 일을 들어 왕에게 고했으니, 소공이 능히 법식 행할 옥사를 공경했다는 것이다. 백성들의 목숨을 중히 여겨 나라의 운명을 장구하게 하니, 옥을 다스리는 자는 법식을 행해 삼가야 하는 것이다. 「열(列)」은 전후로 서로 나란히 하는 것으로 지금에 본보기라고 말하는 것과 같으니, 옛일을 나란히 해서 그 경중의 알맞음을 사용하는 것이다. 정사를 세움에는 사람을 등용하는 것을 근본으로 하지만 군대와 형정이 바로 정사의 큰 것이므로 이것으로 끝맺은 것이다.'(陳氏大猷曰 : 周公擧太史所記蘇公之事以告士, 蘇公能以法式而敬其所用之獄. 重民命以廷國命, 治獄者, 當以爲法式而有謹焉. 列者, 前後相比, 猶今言列也, 以舊事爲比, 而用其輕重之中者也. 立政以用人爲本, 而兵刑乃政之大者, 故以此終焉)"

○ 董氏鼎曰 : "周公復政留洛, 心在王室, 此立政所以作也. 一篇 中宅事牧準, 其綱領也. 休兹知恤, 其血脈也. 拳拳忠愛之至至, 今可挹也."

동씨 정(董氏鼎)467)이 말하였다 : "주공이 정사를 회복하고 낙읍에 머묾에 마음이 왕실에 있었으니, 이것이 「입정」을 지은 까닭이다. 한 편 가운데 입사·목부·준인을 삼택으로 한 것은 그 강령이고, 관직이 아름다우나 근심할 줄 아는 것이 그 혈맥이다. 간절한 충성과 사랑의 지극하고 지극함을 이제 받아들여야 하는 것이다."468)

---

466) 『서경대전(書經大全)』, 「주서(周書)」·「입정(立政)」 : 『서경대전(書經大全)』, 「주서(周書)」·「입정(立政)」 : "진씨 아언이 말하였다 : '…. 소공이 일념으로 공경하는 것은 하늘과 사람에 통하면서도 간격이 없어 백세에 드리워 허물이 없을 수 있으니, 형을 사용하는 법은 여기에 다시 더할 것이 없다. 태사에게 고했을지라도 실로 왕에게 고한 것이고, 후세의 사옥을 위해 염려했을지라도 실로 후세의 형을 사용하는 자를 위해 염려한 것이다. 후세에 사옥을 사용함에 소공을 얻어 그 사람이 사용하게 한다면, 어찌 이른바 길한 사람과 떳떳한 사람이 아니겠는가? 정사를 세우는 도는 현자에게 맡기는 것이 근본이어서 서옥을 크게 여기는 것이다. 그러므로 한 편 가운데 모두 다섯 가지로 옥에 뜻을 다하고 마침내 이것으로 매듭지은 것이다.'(陳氏雅言曰 : …. 蘇公一念之敬, 可以通天人而無間, 可以垂百世而無憝, 用刑之法, 不可以復加於此. 雖舉以告太史, 而實以告之於王, 雖為後世之司獄者慮, 而實為後世用司獄者慮. 使後世之用司獄得蘇公, 其人而用之, 豈非所謂吉士常人者乎. 立政之道, 以任賢為本, 以庶獄為大. 故一篇之中, 凡五致意於獄, 而終結之以此云.)"
467) 동정(董鼎, ?~?) : 원나라 요주(饒州) 파양(鄱陽) 사람으로 자는 계형(季亨)이고, 별호는 심산(深山)이다. 동몽정(董夢程)의 족제(族弟)이고, 주희(朱熹)의 재전제자(再傳弟子)이다. 황간(黃幹), 동수(董銖)를 사숙했다. 저서에 『서전집록찬소(書傳輯錄纂疏)』와 『효경대의(孝經大義)』가 있다. 『서전집록찬소』는 여러 학자의 설을 두루 모아 어느 한 사람의 설에만 얽매이지 않았다.
468) 『서경대전(書經大全)』, 「주서(周書)」·「입정(立政)」 : "동씨 정(董氏鼎)이 말하였다 : '주공이 정사를 성왕에게 회복하고 왕정으로 정사를 세워 놓음에 사람을 등용하는 것보다 큰 것이 없고, 사람을 등용하는 것은 삼택에 앞서는 것이 없었다. 삼택이 사람을 얻으면 백관이 모두 사람을 얻어 왕정이 확립되어 공이 전일에 섭정한 것은 오히려 말하지 않아도 된다. 이제 정사를 돌려놓고 낙읍에 머묾에 마음이 왕실에 있었으니, 어찌 침묵하겠는가? 이것은 「입정」을 지은 까닭이다. 한 편 가운데 입사·목부·준인을 삼택으로 한 것은 그 강령이고, 여기에서 근심할 줄 아는 것이 그 혈맥이다. …. 이하로 끝 편까지 간절히 약약빠른 사람을 제거하고 떳떳하고 길한 사람을 등용하며 융복과 병기를 다스리고 형옥을 삼가는 것은 왕을 위해 고한 것이니, 왕이 선왕의 관직이 아름다우나 근심할 줄 아는 것으로 법을 삼고, 하나라와 상나라의 후왕이 근심할 줄 모르는 것으로 거울을 삼으라는 것이다. 충성과 사랑의 지극하고 지극함을 이제 받아들여야 하는 것이다.'(董氏鼎曰 : 周公復政成王, 而作立政以王政, 莫大於用人, 用人莫先於三宅. 三宅得人, 則百官皆得人, 而王政立矣, 公前日攝政, 猶可無言. 今歸政留洛, 心在王室, 豈容默乎. 此立政所以作也. 一篇之中, 宅事牧準, 其綱領也, 休兹知恤, 其血脈也. …. 以下至終篇, 拳拳以去憸人, 用常吉, 詰戎兵, 謹刑獄, 為王告, 蓋欲王以先王之知恤為法, 以夏商後王之不知恤為鑒, 忠愛之至至, 今可挹也.)"

[12-4-20]
「주관(周官)」

集傳

成王訓迪百官,
성왕(成王)이 백관들을 훈도하자,

詳說

○ 導也.
'적(迪)'은 인도하는 이다.

集傳

史錄其言, 以周官名之, 亦訓體也. 今文無, 古文有.
사관(史官)이 그 말씀을 기록하고 '주관(周官)'이라고 이름하였으니, 또한 훈체(訓體)이다. 금문(今文)에는 없고, 고문(古文)에는 있다

詳說

○ 新安陳氏曰 : "呂氏以爲周公尚在, 未見其必然也. 深玩文意, 周公時不在矣 此殆成王老於世, 故後之書也."
신안 진씨(新安陳氏)가 말하였다 : "여씨의 주공이 여전히 있었다고 여기는 것에 대해서는 반드시 그런지는 알 수 없다. 문맥의 의미를 깊이 완미하면, 주공은 당시에 있지 않았으니, 이것은 거의 성왕이 늙었을 때였기 때문에 책 뒤에 둔 것이다."469)

---

469) 『서경대전(書經大全)』, 「주서(周書)」·「주관(周官)」 : "신안 진씨가 말하였다 : 『주례』는 바로 주공의 계획이 완전하지 않고 행해지지 않은 책이다. 「주관」은 성왕이 훈도를 위한 것으로 시행하는 책이다. 이제 단지 주관에 의지해 주관을 풀이하면서 『주례』와 꼭 맞지 않는 곳은 잠시 생략해도 된다. 또 여씨가 「주관」의 저작시기를 주공이 여전히 있을 때라고 여겼는데, 이것 또한 없어진 책의 서문과 「군진」의 순서를 언급한 가지고생각한 것일 뿐이어서 반드시 그런지는 알 수 없다. 문맥의 의미를 깊이 완미하면, 주공은 당시에 있지 않았으니, 이것은 거의 성왕이 늙었을 때이기 때문에 책 뒤에 둔 것이다. 이를테면 배우지 않고 교만하며 사치한 것으로 경사를 경계한 것으로 알 수 있다.'(新安陳氏曰 : 周禮, 乃周公擬議, 未全未行之書. 周官, 則成王建置訓迪而已. 施行之書也. 今只當據周官以解周官, 其與周禮未脗合處, 姑略之可也. 又呂氏以作周官時爲周公尚在, 此亦以亡書序及君陳挨排而意之耳, 未見其必然也. 深玩周官文意, 周公時不在矣 此殆成王老於世, 故後之書也. 如以不學驕侈戒卿士, 可見.)"

○ 陳氏經曰 : "周官, 立政之效也. 二篇, 大率相為表裏."
진씨 경(陳氏經)470)이 말하였다 : "「주관」은 정사를 세우는 효과이다. 두 편은 대체로 서로 표리가 된다."471)

集傳
○ 按, 此篇, 與今周禮不同, 如三公三孤, 周禮皆不載.
살펴보건대, 이 편은 지금의 『주례(周禮)』와 같지 않으니, 삼공(三公)·삼고(三孤)와 같은 것은 『주례(周禮)』에 모두 실려 있지 않다.

詳說
○ 一無圈.
어떤 판본에는 '동그라미(○)'가 없다.

○ 鄒氏季友曰 : "周禮多言三公三孤, 但不言其職耳."
추씨 계우(鄒氏季友)가 말하였다 : "『주례』에서는 삼공과 사목에 대해 많이 언급했으나, 그 직분만 말하지 않았을 뿐이다."

集傳
或謂, 公孤兼官, 無正職, 故不載. 然三公論道經邦, 三孤貳公弘化, 非職乎. 職任之大 無踰此矣. 或又謂, 師氏即太師, 保氏即太保. 然以師保之尊, 而反屬司徒之職, 亦無是理也.
혹자는 말하기를 "공(公)·고(孤)는 겸직이고 정직(正職)이 없으므로 기재하지 않은 것이다."라고 한다. 그러나 삼공(三公)은 도(道)를 논하고 나라를 다스리며, 삼고(三孤)는 공(公)에 다음가고 조화를 넓히니, 이것이 직책이 아니겠는가? 직임(職任)의 큼이 이보다 더할 수 없다. 혹자는 또 말하기를 "사씨(師氏)는 바로 태사(太師)이고, 보씨(保氏)는 바로 태보(太保)이다."라고 한다. 그러나 사(師)·보(保)의 높

---

470) 진경(陳經, ?~?) : 송나라 길주(吉州) 안복(安福) 사람으로 자는 현지(顯之) 또는 정보(正甫)이다. 영종(寧宗) 경원(慶元) 5년(1199)에 진사(進士)가 되어 봉의랑(奉議郞)과 천주박간(泉州泊幹)을 지냈다. 평생 독서를 좋아했고, 후학을 많이 계도했다. 저서에 『상서상해(尙書詳解)』와 『시강의(詩講義)』, 『존재어록(存齋語錄)』 등이 있다.

471) 『서경대전(書經大全)』, 「주서(周書)」·「주관(周官)」 : "진씨 경이 말하였다 : 『주관』은 정사를 세우는 효과이다. 두 편은 대체로 서로 표리가 된다. 주공이 「입정」을 지어 성왕에게 고하면, 왕이 능히 그것을 미루어 행할 수 있었던 것이다. …'(陳氏經曰 : 周官, 立政之效也, 二篇, 大率相為表裏. 周公作立政, 告成王, 王能推行之. ….)"

음을 가지고 도리어 사도(司徒)의 직책에 소속되니, 또한 이러할 이치가 없다.

詳說
○ 況無傳氏者乎.
하물며 전하는 자의 씨(氏)가 없음에야 말해 무엇 하겠는가!

集傳
又此言六年, 五服一朝,
또 여기에서는 6년에 오복(五服)이 한 번 조회한다고 말하였는데,

詳說
○ 音潮.
'조(朝)'는 음이 '조(潮)'이다.

集傳
而周禮
『주례(周禮)』에는

詳說
○ 行人.
「행인(行人)」이다.

集傳
六服諸侯, 有一歲一見者,
육복(六服)의 제후가 1년에 한 번 뵙는 자가 있고,

詳說
○ 音現, 下並同.
'현(見)'은 음이 '현(現)'으로 아래에서도 같다.

集傳
二歲一見者, 三歲一見者, 亦與此不合, 是固可疑.

2년에 한 번 뵙는 자가 있고, 3년에 한 번 뵙는 자가 있어 또한 이와 부합되지 않으니, 이는 진실로 의심할 만하다.

詳說

○ 新安陳氏曰:"今只當據周官, 以解周官, 其與周禮未脗處, 姑略之可也."

신안 진씨(新安陳氏)가 말하였다 : "이제 단지 주관에 의지해 주관을 풀이하면서 『주례』와 꼭 맞지 않는 곳은 잠시 생략해도 된다."472)

集傳

然周禮, 非聖人, 不能作也, 意周公, 方條治事之官,

그러나 『주례(周禮)』는 성인(聖人)이 아니면 지을 수 없으니, 짐작컨대 주공(周公)이 일을 다스리는 관직을 조열(條列)하며

詳說

○ 六卿.

육경이다.

集傳

而未及師保之職. 所謂未及者, 鄭重而未及言之也. 書未成而公亡, 其間法制有未施用,

사(師)·보(保)의 직책을 언급하지 않은 듯하다. 이른바 '언급하지 않았다'는 것은 정중히 여겨 미처 말하지 않은 것이다. 책이 이루어지기 전에 공(公)이 별세하니, 그 사이에 법제가 시행되지 못함이 있었기

---

472) 『서경대전(書經大全)』, 「주서(周書)」·「주관(周官)」: "신안 진씨가 말하였다 : '『주례』는 바로 주공의 계획이 완전하지 않고 행해지지 않은 책이다. 「주관」은 성왕이 훈도를 위한 것으로 시행하는 책이다. 이제 단지 주관에 의지해 주관을 풀이하면서 『주례』와 꼭 맞지 않는 곳은 잠시 생략해도 된다. 또 여씨가 「주관」의 저작시기를 주공이 여전히 있을 때라고 여겼는데, 이것 또한 없어진 책의 서문과 「군진」의 순서를 언급한 가지고생각한 것일 뿐이어서 반드시 그런지는 알 수 없다. 문맥의 의미를 깊이 완미하면, 주공은 당시에 있지 않았으니, 이것은 거의 성왕이 늙었을 때이기 때문에 책 뒤에 둔 것이다. 이를테면 배우지 않고 교만하며 사치한 것으로 경사를 경계한 것으로 알 수 있다.'(新安陳氏曰 : 周禮, 乃周公擬議, 未全未行之書. 周官, 則成王建置訓迪而已. 施行之書也. 今只當據周官以解周官, 其與周禮未脗合處, 姑略之可也. 又呂氏以作周官時為周公尚在, 此亦以亡書序及君陳挨排而意之耳, 未見其必然也. 深玩周官文意, 周公時不在矣此殆成王老於世, 故後之書也. 如以不學驕侈戒卿士, 可見.)"

[詳說]
○ 條之而未施行.
조열했으나 미처 시행하지 못한 것이다.

[集傳]
故與此異, 而冬官亦缺.
때문에 이와 다른 것이며, 「동관(冬官)」도 빠져 있는 것이다.

[詳說]
○ 蓋未及條之耳.
조목을 언급하지 못했을 뿐이다.

[集傳]
要之, 周禮首末,
요컨대 『주례(周禮)』는 처음과 끝이

[詳說]
○ 平聲.
'요(要)'는 평성이다.

○ 公孤.
'수(首)'는 「공고(公孤)」이다.

○ 冬官.
'말(末)'은 「동관(冬官)」이다.

[集傳]
未備, 周公未成之書也. 惜哉. 讀書者, 參互而考之, 則周公經制, 可得而論矣.
완비되지 못해 주공이 미처 완성하지 못한 책이니, 애석하다. 책을 읽는 자가 참호(參互)하여 살펴보면 주공의 나라를 다스린 제도를 논할 수 있을 것이다.

[詳說]

○ 此篇.

'서(書)'는 여기의 편이다.

[12-4-20-1]
惟周王, 撫萬邦, 巡侯甸, 四征弗庭, 綏厥兆民, 六服羣辟, 罔不承德. 歸于宗周, 董正治官.

주왕(周王)이 만방(萬邦)을 어루만지고 후복(侯服)·전복(甸服)에 순행하시어 곧지 않은 자들을 사방으로 정벌하고 조민(兆民)들을 편안히 하시자, 육복(六服)의 여러 제후들이 덕을 받들지 않는 자가 없었다. 이에 종주(宗周)로 돌아와 다스리는 관원들을 감독하여 바로잡으셨다.

集傳

此書之本序也.

이것은 「주관(周官)」의 본서(本序)이다.

詳說

○ 論也.

경문의 의미 설명이다.

集傳

庭, 直也, 葛氏曰, 弗庭, 弗來庭者.

정(庭)은 곧음이니, 갈씨(葛氏)가 말하기를 "불정(弗庭)은 바름에 오지 않는 자이다."라고 하였다.

詳說

○ 來朝.

'래정(來庭)'은 와서 알현하는 것이다.

集傳

六服, 侯甸男采衛, 幷畿內爲六服也.

육복(六服)은 후(侯)·전(甸)·남(男)·채(采)·위(衛)에 기내(畿內)를 아울러 육복(六服)이라 한 것이다.

詳說
○ 去聲.
'병(幷)'은 거성이다.

集傳
禹貢五服, 通畿內, 周制五服, 在王畿外也. 周禮
「우공(禹貢)」의 오복(五服)은 기내(畿內)까지 합한 것이고, 주(周)나라 제도의 오복(五服)은 왕기(王畿)의 밖에 있다.『주례(周禮)』에는

詳說
○ 職方氏.
「직방씨(職方氏)」이다.

集傳
又有九服, 侯甸男采衛蠻夷鎭蕃,
또 구복(九服)이 있으니, 후(侯)·전(甸)·남(男)·채(采)·위(衛)·만(蠻)·이(夷)·진(鎭)·번(蕃)으로

詳說
○ 藩同.
'번(蕃)'은 '번(藩)'과 같다.

集傳
與此不同. 宗周, 鎬京也. 董, 督也. 治官, 凡治事之官也. 言成王撫臨萬國, 巡狩侯甸, 四方征討不庭之國, 以安天下之民.
이와 같지 않다. 종주(宗周)는 호경(鎬京)이다. 동(董)은 감독함이다. 치관(治官)은 대체로 일을 다스리는 관원이다. 성왕이 만방을 어루만지고 임하며, 후(侯)·전(甸)을 순수(巡狩)하고 불정(不庭)의 나라들을 사방으로 정토(征討)해서 천하의 백성을 편안히 하니,

詳說
○ 新安陳氏曰:"能以周公詰戎兵, 陟禹迹之言, 眞見之行事矣."

신안 진씨(新安陳氏)가 말하였다 : "능히 주공이 융복과 병기를 다스리고 우왕의 옛 자취에 올랐다473)는 말로 진실로 행사를 드러낸 것이다."474)

集傳

六服諸侯之君, 無不奉承周德, 成王
육복(六服) 제후의 군주들이 주(周)나라 덕(德)을 받들지 않는 자가 없었고,. 성왕(成王)이

詳說

○ 添二字.
'성왕(成王)' 두 글자를 더하였다.

集傳

歸于鎬京, 督正治事之官.
호경(鎬京)으로 돌아와 일을 다스리는 관원을 감독하여 바로잡음을 말한 것이다.

詳說

○ 王氏充耘曰 : "官莫大於三公, 其次爲三孤, 又其次爲六卿, 而其下各有屬."
왕씨 충운(王氏充耘)475)이 말하였다 : "관은 삼공보다 큰 것이 없고, 그 다음은 삼고이며, 또 그 다음은 육경이고, 그 아래에 각기 속이 있다."476)

---

473) 『서경대전(書經大全)』, 「주서(周書)」·「입정-22(立政-22)」: "능히 너의 융복(戎服)과 병기를 다스리고 우왕의 옛 자취에 올라 사방으로 천하에 행하고 해표(海表)에까지 복종하지 않는 자가 없게 하시어, 문왕의 밝은 빛을 보시고 무왕의 큰 공렬을 드날리소서.(其克詰爾戎兵, 以陟禹之迹, 方行天下, 至于海表, 罔有不服, 以觀文王之耿光, 以揚武王之大烈.)"

474) 『서경대전(書經大全)』, 「주서(周書)」·「주관(周官)」: "신안 진씨가 말하였다 : '…. 또 살펴보건대, 성왕이 순수(巡狩)하고 정토(征討)해서 편안히 제어한 역량이 이와 같으니, 능히 주공이 융복과 병기를 다스리고 우왕의 옛 자취에 올라 천하에 행하고 해표(海表)에까지 복종하지 않는 자가 없게 했다는 말로 진실로 행사를 드러냈다고 말할 수 있다. 주공은 종신(宗臣)이고 성왕은 현군이니 대개 둘 모두 얻은 것이다.'(新安陳氏曰 : …. 又按, 成王巡狩征討, 綏御之大力量如此, 可謂能以周公詰戎兵陟禹迹, 行天下至海表, 罔不服之言, 而眞見之行事矣. 周公宗臣, 成王賢君, 蓋兩得之.)"

475) 왕충운(王氏充耘, ?~?) : 원나라 길주(吉州) 사람으로 자는 경야(耕野)이다. 순제(順帝) 원통(元統) 원년(1333) 진사(進士)가 되고, 동지영신주사(同知永新州事)를 지냈다. 얼마 뒤 사직하고 어머니를 모시면서 학생들을 가르치며 저술에 힘썼다. 만년에는 『서경(書經)』을 깊이 연구하여 채침(蔡沈)의 『서집전(書集傳)』을 고정(考訂)했다. 저서에 『독서관견(讀書管見)』과 『서의긍식(書義衿式)』, 『사서경의관통(四書經疑貫通)』, 『서의주의(書義主意)』 등이 있다.

476) 『서경대전(書經大全)』, 「주서(周書)」·「주관(周官)」: "왕씨 충운(王氏充耘)이 말하였다 : '사신이 기록하기

集傳

外攘之功擧, 而益嚴內治之修也. 唐孔氏曰, 周制無萬國. 惟伐淮夷, 非四征也. 大言之爾.

밖으로 적을 물리는 공이 거행됨에 내치(內治)의 닦음을 더욱 엄하게 한 것이다. 당(唐)나라 공씨(孔氏)가 말하였다. "주(周)나라 제도에는 만국(萬國)이 없으니, 회이(淮夷)를 정벌했을 뿐이고 사방을 정벌한 것이 아니다. 크게 말한 것일 뿐이다."

詳說

○ 曰萬曰四, 大言之也.

'만(萬)'이라고 하고 '사(四)'라고 한 것이 크게 말한 것이다.

○ 外攘, 以下, 論也.

'외양(外攘)' 이하는 경문의 의미 설명이다.

[12-4-20-2]

王曰, 若昔大猷, 制治于未亂, 保邦于未危.

왕(王)이 말씀하였다. "옛날 대도(大道)의 세상에는 혼란하지 않을 때에 다스림을 만들고 위태롭지 않을 때에 나라를 보존하였다."

詳說

○ 治, 去聲.

'치(治)'는 거성이다.

集傳

로는 주의 성왕이 만방의 임금이 되어 어루만져 편안하게 하는 도를 다했고, 후복·전복의 제후는 때에 맞춰 와서 알현하는 자는 그 땅을 순수하고 그 정치를 살폈으며, 사방의 제후가 혹 바르지 않은 경우는 그 나라를 정벌해서 두려워하게 했다고 했다. …. 서관은 천자가 부여한 것으로 안을 함께 다스리는 자들이다. 서관은 삼공보다 큰 것이 없고, 그 다음은 삼고이며, 또 그 다음은 육경이고, 그 아래에 각기 속이 있다. 옛날에 이 관이 없지 않았으니, 이 관이 있는데도 강기가 정해지지 않았던 것이다. 옛날에 이 직이 없지 않았으니, 이 직이 있는데 체통이 정해지지 않았던 것이다. 그러므로 삼공을 두어 도를 논하게 했던 것이다. ….'(王氏充耘曰 : 史臣記周之成王爲萬邦之君, 盡撫綏之道, 侯甸之諸侯, 以時而來朝者, 則巡守其土而察其政治焉. 四方之諸侯, 其或有弗庭者, 則征伐其國而使畏思焉. …. 庶官者, 天子所與, 共治於內者也. 庶官, 莫大于三公, 而其亞為三孤, 又次為六卿, 而其下各有屬. 昔非無是官也, 有是官而綱紀之未定, 昔非無是職也, 有是職而體統之未明, 故立三公, 使論道. ….)

若昔大道之世,
옛날 대도(大道)의 세상에서는

> 詳說
> ○ 猷.
>   '도(道)'는 경문에서 '유(猷)'이다.

> 集傳
> 制治保邦于未亂未危之前,
> 아직 혼란하고 위태롭기 전에 다스림을 만들고 나라를 보존하였으니,

> 詳說
> ○ 錯擧.
>   번갈아 든 것이다.

> 集傳
> 卽下文明王立政, 是也.
> 곧 아래의 글에서 밝은 왕이 정사를 세웠다는 것이 이것이다.

> 詳說
> ○ 論也.
>   경문의 의미 설명이다.

[12-4-20-3]

曰, 唐虞稽古, 建官惟百, 內有百揆四岳, 外有州牧侯伯, 庶政惟和, 萬國咸寧. 夏商官倍, 亦克用乂, 明王立政, 不惟其官, 惟其人.

왕(王)이 말씀하셨다. "당(唐)·우(虞)가 옛날 제도를 상고하여 관원을 세우되 백(百)으로

하였으니, 안에는 백규(百揆)와 사악(四岳)이 있고 밖에는 주목(州牧)과 후백(侯伯)이 있어 모든 정사가 조화로워 만국이 다 편안하였다. 하(夏)와 상(商)은 관원이 배가되었으나 또한 다스려졌으니, 명왕(明王)이 정사를 세움은 오직 관원을 많게 하려는 것이 아니고, 오직 훌륭한 인물을 얻을 뿐인 것이다.

詳說

○ 稽, 平聲.

'계(稽)'는 평성이다.

集傳

百揆, 無所不總者, 四岳, 總其方岳者,

백규(百揆)는 총괄하지 않는 바가 없는 자이고, 사악(四岳)은 방악(方岳)을 총괄하는 자이고,

詳說

○ 此雖無各字, 而其字終有四人之嫌.

여기에는 '각(各)'자가 없을지라도 '기(其)'자에 마침내 네 사람의 혐의가 있다.

集傳

州牧, 各總其州者, 侯伯, 次州牧而總諸侯者也. 百揆四岳, 總治于內, 州牧侯伯, 總治于外, 內外相承, 體統不紊. 故庶政惟和, 而萬國咸安. 夏商之時, 世變事繁, 觀其會通

주목(州牧)은 각각 그 주(州)를 총괄하는 자이고, 후백(侯伯)은 주목(州牧)의 다음이 되어 제후를 총괄하는 자이다. 백규(百揆)와 사악(四岳)은 안에 다스림을 총괄하고 주목(州牧)과 후백(侯伯)은 밖에 다스림을 총괄하니, 내외가 서로 이어져서 체통이 문란하지 않았다. 이 때문에 모든 정사가 조화로워 만국(萬國)이 다 편안한 것이다. 하(夏)·상(商)의 때에는 세상이 변하고 일이 많아져서 그 회합(會合)과 변통(變通)을 보고

詳說

○ 此句, 出易繫辭.

여기의 구는 『주역』 「계사」가 출처이다.[477]

> 集傳

制其繁簡, 官數加倍, 亦能用治. 明王立政, 不惟其官之多,
번다함과 간략함에 맞춰 관원의 수를 배로 더했으나 또한 다스려졌다. 명왕(明王)이 정사를 세움은 오직 관원을 많게 하려는 것이 아니고,

> 詳說

○ 添多字
'다(多)'자를 더하였다.

> 集傳

惟其得人而已.
오직 훌륭한 인물을 얻을 뿐이었다.

[12-4-20-4]

今予小子, 祗勤于德, 夙夜不逮, 仰惟前代時若, 訓迪厥官.

이제 나 소자(小子)는 공경히 덕에 부지런하여 밤낮으로 미치지 못할 듯이 여겨서 전대(前代)를 우러러 이에 순히 하여 관원들을 훈도(訓導)하노라.

> 集傳

逮, 及, 時, 是, 若, 順也. 成王, 祗勤于德, 早夜若有所不及然.
체(逮)는 미침이고, 시(時)는 이것이며, 약(若)은 순함이다. 성왕(成王)이 덕(德)에 공경히 부지런해서 밤낮으로 미치지 못하는 바가 있는 듯이 여겼다.

> 詳說

○ 陳氏經曰 : "仰唐虞夏商建官之意, 而時若之."
진씨 경(陳氏經)이 말하였다 : "당(唐)·우(虞)·하(夏)·상(商)상의 관을 세우는 뜻을

---

[477] 『주역(周易)』 「계사전상(繫辭傳上)」 : "성인이 천하의 동태를 살펴보고 회합과 유통의 상태를 관찰하여, 이에 맞게 제도와 의례를 행하게 하였다.(聖人有以見天下之動, 而觀其會通, 以行其典禮.)"

우러러 이에 순히 하는 것이다."478)

集傳

蓋修德者, 任官之本也.
덕을 닦음은 관원을 임용하는 근본이다.

詳說

○ 論也.
경문의 의미 설명이다.

○ 林氏曰 : "董正者, 立太師以下, 是也. 訓迪者, 凡我有官以下, 是也. 董正而後訓迪之也."
임씨(林氏)가 말하였다 : "'감독하여 바로 잡는다.'479)는 것은 '태사를 세운다.'480)는 것 이하가 여기에 해당한다. '훈도한다.'는 것은 '대체로 우리의 관직을 소유하였다.'는 것 이하가 여기에 해당한다. 감독하여 바로 잡은 다음에 훈도하는 것이다."481)

[12-4-20-5]

立太師太傅太保. 玆惟三公, 論道經邦, 燮理陰陽. 官不必備, 惟其人.

---

478) 『서경대전(書經大全)』, 「주서(周書)」·「주관(周官)」: "진씨 경이 말하였다 : '전대인 당(唐)·우(虞)·하(夏)·상(商)상의 관을 세우는 뜻을 우러러 이에 순히 하는 것이다.'(陳氏經曰 : 仰前代唐虞夏商建官之意, 而時若之.)"
479) 『서경대전(書經大全)』, 「주서(周書)」·「주관1(周官1)」: "주왕(周王)이 만방(萬邦)을 어루만지고 후복(侯服)·전복(甸服)에 순행하시어 곧지 않은 자들을 사방으로 정벌하고 조민(兆民)들을 편안히 하시자, 육복(六服)의 여러 제후들이 덕을 받들지 않는 자가 없었다. 이에 종주(宗周)로 돌아와 다스리는 관원들을 감독하여 바로잡으셨다.(惟周王, 撫萬邦, 巡侯甸, 四征弗庭, 綏厥兆民, 六服羣辟, 罔不承德. 歸于宗周, 董正治官.)"
480) 『서경대전(書經大全)』, 「주서(周書)」·「주관5(周官5)」: "태사(太師)·태부(太傅)·태보(太保)를 세우노라. 이들이 삼공(三公)으로 도(道)를 논하고 나라를 다스리며 음양(陰陽)을 조화하여 다스린다. 관원을 반드시 구비할 것이 아니요, 오직 그러한 사람이 있으면 임명하여야 한다.(立太師太傅太保. 玆惟三公, 論道經邦, 燮理陰陽. 官不必備, 惟其人.)"
481) 『서경대전(書經大全)』, 「주서(周書)」·「주관(周官)」: "임씨가 말하였다 : "'감독하여 바로 잡는다.'는 것은 '태사를 세운다.'는 것 이하가 여기에 해당한다. '훈도한다.'는 것은 '대체로 우리의 관직을 소유하였다.'는 것 이하가 여기에 해당한다. 감독하여 바로 잡은 다음에 훈도하는 것이다.(林氏曰 : 董正者, 立太師以下, 是也. 訓迪者, 凡我有官君子以下, 是也. 董正而後訓迪之也.)"

태사(太師) · 태부(太傅) · 태보(太保)를 세우노라. 이들이 삼공(三公)으로 도(道)를 논하고 나라를 다스리며 음양(陰陽)을 조화로 다스린다. 관원을 반드시 구비할 것이 아니고, 오직 그러한 사람이 있으면 임명하여야 한다.

集傳

立, 始辭也, 三公非始於此,
입(立)은 비로소란 말이니, 삼공(三公)이 이 때에 비롯된 것은 아니나

詳說

○ 新安陳氏曰 : "文王時, 太公已爲太師, 武王時, 召公已爲太保."
신안 진씨(新安陳氏)가 말하였다 : "문왕의 때에 태공이 이미 태사가 되었고, 무왕의 때에 소공이 이미 태보가 되었다."482)

集傳

立爲周家定制, 則始於此也.
세워서 주(周)나라의 정한 제도를 삼은 것은 이 때에 비롯된 것이다.

詳說

○ 以顧命考之, 成王末年, 三公備也.
「고명(顧命)」으로 상고하면 성왕 말년에 삼공이 갖춰졌다.

集傳

賈誼
가의(賈誼)가

詳說

○ 漢書本傳.
『한서』「본전」이다.

---

482) 『서경대전(書經大全)』, 「주서(周書)」·「주관(周官)」 : "신안 진씨가 말하였다 : '문왕의 때에 태공이 이미 태사가 되었고, 무왕의 때에 소공이 이미 태보가 되었으니, 여기의 삼공은 성왕으로부터 비로소 세워진 것이 아니다. ….'(新安陳氏曰 : 文王時, 太公已爲太師, 武王時召公已爲太保, 是三公, 非自成王始立也. ….)"

集傳
曰, 保者保其身體,
말하기를 "보(保)는 신체를 보호함이고,

> **詳說**
> ○ 指君.
> '기(其)'는 임금을 가리킨다.

集傳
傅者, 傅之德義,
부(傅)는 덕의(德義)를 붙여줌이며,

> **詳說**
> ○ 附也.
> '부(傅)'는 '부(附)'이다.
>
> ○ 猶以也.
> '지(之)'는 '이(以)'와 같다.

集傳
師, 道之敎訓,
사(師)는 교훈으로 인도함이다."라고 하였으니,

> **詳說**
> ○ 去聲.
> '도(道)'는 거성이다.

集傳
此所謂三公也. 陰陽以氣言, 道者, 陰陽之理, 恆而不變者也. 易
이것이 이른바 삼공(三公)이다. 음양(陰陽)은 기(氣)로 말하였고 도(道)는 음양(陰陽)의 이치이니, 항구하여 변치 않는 것이다. 『주역(周易)』에

詳說

○ 繫辭.

'역(易)'은「계사」이다.

集傳

曰一陰一陽之謂道, 是也. 論者, 講明之謂, 經者, 經綸之謂, 燮理者, 和調之也, 非經綸天下之大經, 參天地之化育者,

"한 번 음(陰)하고 한 번 양(陽)하는 것을 도(道)라 한다."483)라고 한 것이 여기에 해당한다. 논(論)은 강명(講明)함을 이르고, 경(經)은 경륜함을 이르며, 섭리(燮理)는 화하여 고르는 것이니, 천하의 대경(大經)을 경륜하고 천지의 화육(化育)에 참여하는 자가 아니면,

詳說

○ 二句, 見中庸.

두 구는 『중용』에 보인다.484)

集傳

豈足以任此責. 故官不必備, 惟其人也.

어찌 이 책임을 맡겠는가? 그러므로 관원을 굳이 구비할 것이 없고 오직 그러한 사람이 있으면 임명하는 것이다.

詳說

○ 葉氏曰：" 成王以周召爲師保, 而太傅無聞. 周公沒, 召公仍爲保, 而不聞設師傅, 蓋難之也."

섭씨(葉氏)가 말하였다 : "성왕이 주공과 소공을 태사와 태보로 삼았으나 태부

---

483) 『주역(周易)』「계사전상(繫辭傳上)」 : "한 번 음이 되고 한 번 양이 되게 하는 것을 도라고 하니, 계속하는 것은 선이고 갖추어져 있음은 성이다.(一陰一陽之謂道, 繼之者善也, 成之者性也..)"
484) 『중용(中庸)』 22장 : "오직 천하에 지극히 성실한 사람이어야 본성을 다할 수 있으니, 본성을 다하면 사람의 본성을 다하게 할 수 있고 사람의 본성을 다하면 물건의 본성을 다하게 할 수 있고 물건의 본성을 다하면 천지의 화육(化育)을 도울 수 있고 천지의 화육을 도우면 천지에 참여할 수 있다.(惟天下至誠, 爲能盡其性, 能盡其性, 則能盡人之性, 能盡人之性, 則能盡物之性, 能盡物之性, 則可以贊天地之化育, 可以贊天地之化育, 則可以與天地參矣.)" ; 32장 : "오직 천하에 지극히 성실한 분이어야 천하의 대경을 경륜하며 천하의 대본을 세우며 천지의 화육을 알 수 있으니, 어찌 딴 물건에 의지할 것이 있겠는가.(唯天下至誠, 爲能經綸天下之大經, 立天下之大本, 知天地之化育, 夫焉有所倚.)"

는 듣지 못했다. 주공이 죽고 소공이 거듭 태보가 되었으나 태사와 태부를 설했다는 것은 듣지 못했으니, 어려웠기 때문이다."485)

○ 再言惟其人, 丁寧之意也.
'유기인(惟其人)'486)을 거듭 말한 것은 매우 간곡한 뜻이다.

○ 呂氏曰 : "弼予一人, 獨於孤言之, 何也. 成王尊三公之至, 不敢以身煩之. 蓋曰斯人乃造化之友, 非予一人之弼也."
여씨(呂氏)가 말하였다 : "'나 한 사람을 보필한다.'는 것은 유독 '고(孤)'에서만 말한 것487)은 무엇 때문인가? 성왕이 삼공을 존중함이 지극해서 감히 자신이 번거롭게 하지 못했으니, 대개 '이 사람들은 바로 조화로운 벗이지 나 한 사람의 보필이 아니다.'라고 하는 것이다."488)

---

485) 『서경대전(書經大全)』, 「주서(周書)」・「주관(周官)」 : "섭씨가 말하였다 : '성왕이 주공과 소공을 태사와 태보로 삼았으나 태부는 듣지 못했다. 주공이 죽고 소공이 거듭 태보가 되었으나 태사와 태부를 설했다는 것은 듣지 못했으니, 어려웠기 때문이다.'(葉氏曰 : 成王以周召爲師保, 而太傅無聞. 周公沒, 召公仍爲保, 而不聞設傅傳, 蓋難之也.)"
486) 『서경대전(書經大全)』, 「주서(周書)」・「주관3(周官3)」 : "왕(王)이 말씀하셨다. "당(唐)・우(虞)가 옛날 제도를 상고하여 관원을 세우되 백(百)으로 하였으니, 안에는 백규(百揆)와 사악(四岳)이 있고 밖에는 주목(州牧)과 후백(侯伯)이 있어 모든 정사가 조화로워 만국이 다 편안하였다. 하(夏)와 상(商)은 관원이 배가되었으나 또한 다스려졌으니, 명왕(明王)이 정사를 세움은 오직 관원을 많게 하려는 것이 아니고, 오직 훌륭한 인물을 얻을 뿐인 것이다.(曰, 唐虞稽古, 建官惟百, 內有百揆四岳, 外有州牧侯伯, 庶政惟和, 萬國咸寧. 夏商官倍, 亦克用乂, 明王立政, 不惟其官, 惟其人.)"
487) 『서경대전(書經大全)』, 「주서(周書)」・「주관6(周官6)」 : "소사(少師)・소부(少傅)・소보(少保)를 삼고(三孤)라 하니, 공(公)의 다음이 되어 조화를 넓혀 천지를 공경하여 밝혀서 나 한 사람을 보필한다.(少師少傅少保, 曰三孤, 貳公, 弘化, 寅亮天地, 弼予一人.)"
488) 『서경대전(書經大全)』, 「주서(周書)」・「주관(周官)」 : "여씨가 말하였다 : '밝은 것은 나라이고 어두운 것은 음양이다. 어두움과 밝음의 소이연이 이른바 도이다. 경륜의 쓰임은 흔적 없음에 감추어지고, 조화의 묘함은 사이에 음성을 받아들이지 않으니, 어찌 논함을 기다리겠는가? 「논한다」고 한 것은 헤아리고 꾀하여 그 변화를 이루고, 익히고 밝히며 인도해서 정일하게 하는 것이다. 음양은 기운으로 말한 것이고, 천지는 형태로 말한 것이다. 조화로 다스려 운용되는 것이고, 공경으로 밝혀 이어지니, 공(公)과 고(孤)의 구분이 여기에서 드러난다. 그러나 「나 한 사람을 보필한다.」는 것은 임금의 마음을 바로 잡는 책임인데, 유독 「고(孤)」에서만 말하고 공의 직분은 반대로 함께 하지 않은 것은 무엇 때문인가? 도(道)를 논하고 나라를 다스리며 음양(陰陽)을 조화로 다스리는 것은 임금의 마음에서 하지 않음이 없는데, 특히 성왕이 삼공을 존중함이 지극해서 감히 자신이 번거롭게 하지 못한 것 같으니, 대개 「이 사람들은 바로 조화로운 벗이지 나 한 사람의 보필이 아니다.」라고 하는 것이다.'(呂氏曰 : 明則邦國, 幽則陰陽. 幽明之所以然, 所謂道也. 經綸之用, 藏於無迹, 和調之妙, 間不容聲, 何待於論. 論云者, 擬議以成其變化, 講明啟沃而精一之者也. 陰陽以氣言, 天地以形言. 燮理, 運之也, 寅亮, 承之者也. 公孤之分, 於此著矣. 然弼予一人, 乃格君心之任, 獨於孤言之, 而公之職, 反不與焉, 何也. 論道經邦燮理陰陽, 未有不自君心者, 特成王尊三公之至, 若不敢以身煩之. 蓋曰斯人也, 乃造化之友, 非予一人之弼也.)"

[12-4-20-6]

|少師少傅少保, 曰三孤, 貳公, 弘化, 寅亮天地, 弼予一人.|

소사(少師)·소부(少傅)·소보(少保)를 삼고(三孤)라 하니, 공(公)의 다음이 되어 조화를 넓혀 천지를 공경으로 밝혀서 나 한 사람을 보필한다.

詳說

○ 少, 去聲.

'소(少)'는 거성이다.

集傳

孤, 特也, 三少, 雖三公之貳,

고(孤)는 특별함이니, 삼소(三少)는 비록 삼공(三公)의 부관이나

詳說

○ 貳於公.

공을 보좌하는 것이다.

集傳

而非其屬官, 故曰孤.

속관(屬官)이 아니므로 고(孤)라 한 것이다.

詳說

○ 孔氏曰: "孤卑於公, 尊於卿."

공씨(孔氏)가 말하였다: "고(孤)는 공(公)보다 낮고 경(卿)보다 높다."[489]

集傳

天地以形言,

천지(天地)는 형체로 말한 것이고

---

489) 『서경대전(書經大全)』, 「주서(周書)」·「주관(周官)」: "공씨가 말하였다: '…. 고(孤)는 공(公)보다 낮고 경(卿)보다 높다. 특별히 이 셋을 두는 것은 삼공의 부관으로 도의 조화를 넓히고 크게 하라는 것이다.'(孔氏曰: …. 孤卑於公, 尊於卿. 特置此三者, 副貳三公, 弘大道化.)"

詳說

○ 照上陰陽.
위에서의 음양을 참고하라.490)

集傳

化者, 天地之用, 運而無迹者也. 易
화(化)는 천지의 용(用)이니, 운행하되 흔적이 없는 것이다.『주역(周易)』에

詳說

○ 繫辭
「계사」이다.

集傳

曰, 範圍天地之化是也. 弘者, 張而大之, 寅亮者, 敬而明之也. 公論道, 孤弘化, 公爕理陰陽, 孤寅亮天地, 公論於前, 孤弼於後, 公孤之分如此.
"천지의 조화를 범위한다."491)는 것이 여기에 해당한다. 홍(弘)은 넓혀서 키움이고, 인량(寅亮)은 공경하여 밝힘이다. 공(公)은 도(道)를 논하고 고(孤)는 조화를 넓히며, 공(公)은 음양을 조화하여 다스리고 고(孤)는 천지를 공경하여 밝히며, 공(公)은 앞에서 논하고 고(孤)는 뒤에서 보필하니, 공(公)과 고(孤)의 구분이 이와 같다.

詳說

○ 陳氏雅言曰 : "輕重之分."
진씨 아언(陳氏雅言)이 말하였다 : "경중의 구분이다."492)

○ 公論, 以下, 論也.

---

490) 『서경대전(書經大全)』, 「주서(周書)」·「주관5(周官5)」 : "태사(太師)·태부(太傅)·태보(太保)를 세우노라. 이들이 삼공(三公)으로 도(道)를 논하고 나라를 다스리며 음양(陰陽)을 조화로 다스린다. 관원을 반드시 구비할 것이 아니고, 오직 그러한 사람이 있으면 임명하여야 한다.(立太師太傅太保. 玆惟三公, 論道經邦, 爕理陰陽. 官不必備, 惟其人.)"
491) 『주역(周易)』「계사하(繫辭下)」 : "천지의 조화를 본받아 지나침이 없다.(範圍天地之化, 而不過.)"
492) 『서경대전(書經大全)』, 「주서(周書)」·「주관(周官)」 : "진씨 아언이 말하였다 : '공(公)은 사사로움이 없다는 의미이고, 고(孤)는 무리지음이 없다는 의미이다. …. 공과 고의 경중의 구분이 어찌 여기에 더욱 드러나지 않겠는가!'(陳氏雅言曰 : 公者, 無私之義, 孤者, 無朋之義. …. 公孤輕重之分, 豈不於此益可見乎.)"

'공론(公論)' 이하는 경문의 의미 설명이다.

[12-4-20-7]
冢宰, 掌邦治, 統百官, 均四海.

총재(冢宰)는 나라의 다스림을 관장하니, 백관(百官)을 통솔하고 사해(四海)를 고르게 다스린다.

詳說
○ 治, 去聲.
'치(治)'는 거성이다.

集傳
冢, 大, 宰, 治也. 天官卿, 治官之長,
총(冢)은 큼이고, 재(宰)는 다스림이다. 천관경(天官卿)은 다스리는 관원의 우두머리이니,

詳說
○ 周禮, 下竝同.
「천관(天官)」은 『주례』로 아래에서도 모두 같다.

○ 上聲.
'장(長)'은 상성이다.

集傳
是爲冢宰.
이를 총재(冢宰)라 한다.

詳說
○ 陳氏雅言曰 : "尊於衆卿, 故以冢言."
진씨 아언(陳氏雅言)이 말하였다 : "여러 경보다 높기 때문에 총으로 말한 것이다."[493]

集傳

內統百官, 外均四海, 蓋天子之相也.
안으로 백관을 통솔하고 밖으로 사해를 고르게 하니, 천자의 정승이다.

詳說

○ 去聲.
'상(相)'은 거성이다.

集傳

百官異職, 管攝使歸于一, 是之謂統, 四海異宜, 調劑使得其平, 是之謂均.
백관이 맡은 직책이 다른데 관섭(管攝)하여 하나에 돌아가게 함을 통(統)이라 이르며, 사해에 마땅함이 다른데 조제(調劑)하여 균평함을 얻게 함을 균(均)이라 이른다.

[12-4-20-8]

司徒, 掌邦教, 敷五典, 擾兆民.

사도(司徒)는 나라의 교육을 관장하니, 오전(五典)을 펴서 조민(兆民)을 길들인다.

集傳

擾, 馴也.
요(擾)는 길들임이다.

詳說

○ 馴順也.
길들여 순하게 하는 것이다.

---

493) 『서경대전(書經大全)』, 「주서(周書)」·「주관(周官)」 : "진씨 아언이 말하였다 : '여기 육관의 장은 강(綱)이 강(綱) 가운데 있는 것이다 총재는 육경과 구분될지라도 하나의 직분을 관장하니 그 관은 여러 경보다 높기 때문에 총(冢)으로 말한 것이다. 육경의 일은 각기 하나의 직분을 다스릴지라도 총재가 그것을 겸하기 때문에 재(宰)로 말한 것이다. ….'(陳氏雅言曰 : 此六官之長, 綱在網中也. 冢宰, 與六卿雖分, 掌一職而其官, 則尊於衆卿. 故以冢言. 六卿之事, 雖各列一職, 而冢宰得以兼之, 故以宰言. ….)"

集傳

地官卿, 主國敎化, 敷君臣父子夫婦長幼朋友

지관경(地官卿)은 나라의 교화를 관장하니, 군신(君臣)·부자(父子)·부부(夫婦)·장유(長幼)·붕우(朋友)

詳說

○ 上聲.

'장(長)'은 상성이다.

集傳

五者之敎, 以馴擾兆民之不順者, 而使之順也. 唐虞司徒之官, 固已職掌如此.

다섯 가지의 가르침을 펴서 조민(兆民)의 순하지 않은 자를 길들여 순하게 하는 것이다. 당(唐)·우(虞) 시대에 사도(司徒)의 관직이 진실로 이미 주장하여 맡음이 이와 같았다.

詳說

○ 二句, 論也.

두 구는 경문의 의미 설명이다.

○ 陳氏大猷曰 : "主民衆, 故稱司徒."

진씨 대유(陳氏大猷)가 말하였다 : "민중을 관장하기 때문에 사도(司徒)라고 칭하는 것이다."494)

[12-4-20-9]

宗伯, 掌邦禮, 治神人, 和上下.

종백(宗伯)은 나라의 예(禮)를 관장하니, 신(神)과 사람을 다스려 상하를 화(和)하게 한다.

集傳

---

494) 『서경대전(書經大全)』, 「주서(周書)」·「주관(周官)」 : "진씨 대유가 말하였다 : '「도(徒)」는 무리이다. 민중을 관장하기 때문에 사도라고 칭한 것이다.'(陳氏大猷曰 : 徒, 衆也. 主民衆, 故稱司徒.)"

春官卿, 主邦禮, 治天神地祇人鬼之事

춘관경(春官卿)은 나라의 예(禮)를 주관하니, 천신(天神)과 지기(地祇)와 인귀(人鬼)의 일을 다스려서

> 詳說
> ○ 音岐.
> '기(祇)'는 음이 '기(岐)'이다.

> 集傳
> **和上下尊卑等列. 春官, 於四時之序爲長,**
> 상하와 존비의 등렬(等列)을 화하게 한다. 춘관(春官)은 사시(四時)의 순서에 우두머리가 이기

> 詳說
> ○ 上聲.
> '장(長)'은 상성이다.

> 集傳
> **故其官謂之宗伯.**
> 때문에 그 관원을 종백(宗伯)이라 한 것이다.

> 詳說
> ○ 鄒氏季友曰 : "舜典傳云, 祖廟也, 此又訓長, 何也. 合歸于一."
> 추씨 계우(鄒氏季友)가 말하였다 : "「순전」의 전에서는 '선조의 사당[祖廟]이다.'495)라고 했는데, 여기에서 또 우두머리로 풀이한 것은 무엇 때문인가? 합해서 하나로 돌아가게 한 것이다."

---

495) 『서경대전(書經大全)』, 「우서(虞書)」·「순전-23(舜典-23)」 "제순(帝舜)이 말씀하기를 '아! 사악(四岳)아. 나의 삼례(三禮)를 맡을 자가 있는가?'라고 하니, 여럿이 말하기를 '백이(伯夷)입니다.'라고 하였다. 제순(帝舜)이 말씀하기를 '너의 말이 옳다. 아! 백(伯)아! 너를 질종(秩宗)으로 삼으니, 밤낮으로 공경하여 곧게 하여야 깨끗할 것이다.'라고 하였다. 백(伯)이 절하고 머리를 조아리며 기(夔)와 용(龍)에게 사양하니, 제순(帝舜)이 말씀하기를 '아! 너의 말이 옳다. 가서 공경히 임무를 수행하라.'라고 하였다.(帝曰 咨四岳아 有能典朕의 三禮오 僉曰 伯夷니이다 帝曰 兪라 咨伯아 汝作秩宗이니 夙夜에 惟寅하여 直哉라사 惟淸하리라 伯이 拜稽首하여 讓于夔龍한대 帝曰 兪라 往欽哉하라)" 주자의 주, "종(宗)은 선조의 사당이다.(宗, 祖廟也.)"

集傳

成周合樂於禮官, 謂之和者, 蓋以樂而言也.

성주(成周)는 악(樂)을 예관(禮官)에 합하였으니, 화(和)라고 이른 것은 악(樂)을 가지고 말한 것이다.

詳說

○ 論也.

경문의 의미 설명이다.

[12-4-20-10]

司馬, 掌邦政, 統六師, 平邦國.

사마(司馬)는 나라의 정사를 관장하니, 육사(六師)를 통솔하여 방국(邦國)을 평치(平治)한다.

集傳

夏官卿, 主戎馬之事, 掌國征伐, 統御六軍, 平治邦國. 平, 謂强不得陵弱, 衆不得暴寡, 而人皆得其平也. 軍政, 莫急於馬, 故以司馬名官. 何莫非政, 獨戎政, 謂之政者, 用以征伐, 而正彼之不正, 王政之大者也.

하관경(夏官卿)은 융마(戎馬)의 일을 주관하여 나라의 정벌을 관장하니, 육군(六軍)을 통솔하여 방국(邦國)을 평치(平治)한다. 평(平)은 강한 자가 약한 자를 능멸하지 않고 많은 자가 적은 자를 포악하게 하지 않아 사람이 모두 공평함을 얻음을 이른다. 군정(軍政)은 말보다 급한 것이 없으므로 사마(司馬)라고 관(官)에 이름붙인 것이다. 어느 것인들 정사가 아니겠는가마는 유독 융정(戎政)[군정(軍政)]을 정(政)이라 이른 것은 정벌하여 저들의 바르지 않은 것을 바로잡음이 왕정(王政)의 큰 것이기 때문이다.

詳說

○ 何莫, 以下, 論也.

'하막(何莫)' 이하의 경문의 의미 설명이다.

[12-4-20-11]
司寇, 掌邦禁, 詰姦慝, 刑暴亂.

사구(司寇)는 나라의 금함을 관장하니, 간특함을 다스리며 포악하여 난을 일으키는 자들을 형벌한다.

集傳
秋官卿, 主寇賊法禁. 羣行攻劫, 曰寇, 詰姦慝, 刑彊暴作亂者, 掌刑, 不曰刑而曰禁者, 禁於未然也. 呂氏曰, 姦慝隱而難知, 故謂之詰, 推鞫窮詰, 而求其情也. 暴亂顯而易見, 直刑之而已.

추관경(秋官卿)은 구적(寇賊)과 법금(法禁)을 주관한다. 떼 지어 다니며 공격하고 겁탈함을 구(寇)라 하니, 간특함을 다스리고 강포하여 난을 일으키는 자를 형벌한다. 형(刑)을 관장함을 형(刑)이라고 말하지 않고 금(禁)이라고 말한 것은 미연에 금하기 때문이다. 여씨(呂氏)가 말하였다. "간특은 숨어서 알기 어려우므로 힐(詰)이라고 일렀으니 추국하고 힐문하여 그 실정을 구하는 것이다. 포란(暴亂)은 드러나서 보기 쉬우니 곧바로 형벌할 뿐이다."

詳說
○ 去聲.
'이(易)'는 거성이다.

○ 陳氏大猷曰 : "詰而後刑, 刑者必詰, 互文也."
진씨 대유(陳氏大猷)가 말하였다 : "다스린 이후에 형벌하고, 형벌에는 반드시 다스리니, 서로 보완하는 글이다."[496]

○ 掌刑, 以下, 論也.
'장형(掌刑)' 이하는 경문의 의미 설명이다.

○ 陳氏經曰 : "虞禮樂分二官, 周合爲一. 虞以士兼兵, 周分爲二. 帝世詳於化, 而略於政王世詳於政, 而略於化, 世道升降之異

---
[496] 『서경대전(書經大全)』, 「주서(周書)」·「주관(周官)」 : "진씨 대유가 말하였다 : '다스린 이후에 형벌하고, 형벌에는 반드시 다스리니, 서로 보조하는 글이다.'(陳氏大猷曰 : 詰而後刑, 刑者必詰, 互文也.)"

也."
진씨 경(陳氏經)이 말하였다 : "우는 예악을 두 관으로 나누었는데 주에서 합해서 하나로 했다. 우는 사로 병을 겸했는데 주에서는 나눠 둘로 했다. 제의 세대에는 교화를 자세하게 하고, 정사를 간략하게 했고, 왕의 세대에는 정사를 자세하게 하고 교화를 간략하게 했으니, 세도의 승강이 다르기 때문이다."[497]

[12-4-20-12]

司空, 掌邦土, 居四民, 時地利.

사공(司空)은 나라의 땅을 관장하니, 사민(四民)을 거하게 하며 지리(地利)를 때에 맞추어 일으킨다.

集傳

冬官卿, 主國空土, 以居士農工商四民, 順天時, 以興地利.

동관경(冬官卿)은 나라의 빈 땅을 주관하여 사(士)·농(農)·공(工)·상(商)의 사민(四民)을 거하게 하고, 천시(天時)에 순응하여 지리(地利)를 일으킨다.

詳說

○ 時地利之釋, 恐當依居四民之文勢

'지리(地利)를 때에 맞추어 일으킨다.'는 해석은 아마 '사민(四民)을 거하게 한다.'는 말투에 의지해야 할 것 같다.

集傳

按, 周禮冬官, 則記考工之事, 與此不同. 蓋本闕冬官, 漢儒以考工記當之也.

살펴보건대 『주례(周禮)』의 「동관(冬官)」은 고공(考工)의 일을 기록한 것이 이와 같지 않다. 본래 「동관(冬官)」이 빠져 있었는데 한(漢)나라 유자들이 '고공기(考工記)'로 대신한 것이다.

---

497) 『서경대전(書經大全)』, 「주서(周書)」·「주관(周官)」 : "진씨 경이 말하였다 : '형벌을 나라의 금함이라고 했으니, 이것은 처음 형벌을 설치한 아름다운 의미이다. 백성들을 금하여 악을 행하지 못하게 했으나, 백성들에게 포악하게 한 것은 아니다. 우는 예악을 두 관으로 나누었는데 주에서 합해서 하나로 했다. 우는 사로 병을 겸했는데 주에서는 나눠 둘로 했다. 제의 세대에는 교화를 자세하게 하고, 정사를 간략하게 했고, 왕의 세대에는 정사를 자세하게 하고 교화를 간략하게 했으니, 세도의 승강이 다르기 때문이다.'(陳氏經曰 : 刑曰邦禁, 此初設刑美意. 禁民使不爲惡, 而非以虐民也. 虞禮樂分二官, 周始爲一, 虞以士兼兵, 周分爲二. 帝世詳於化, 而畧於政, 王世詳於政, 而略於化, 世道升降之異也.)"

詳說

○ 按, 以下, 論也.

'안(按)' 이하는 경문의 의미 설명이다.

○ 陳氏大猷曰 : "爲治莫先於敎化, 故冢宰之後, 司徒次之. 敎化莫先於禮樂, 故宗伯次之, 敎之化之. 而猶有不率者, 則大者, 加以甲兵, 小者, 加以刑罰, 不得已也. 故司馬司寇次之. 暴亂去而後, 民得安居, 故以司空終之."

진씨 대유(陳氏大猷)가 말하였다 : "다스림을 행함에 교화보다 앞서는 것이 없기 때문에 총재의 다음에 사도를 두었다. 교화는 예악보다 앞서는 것이 없기 때문에 종백을 다음으로 해서 교화시켰던 것이다. 그런데 여전히 따르지 않는 자들이 있으면 큰 것은 갑병을 가하고 작은 것은 형벌을 가했으니 부득이한 것이었다. 그러므로 사마와 사구가 다음에 있었다. 난폭함이 제거된 다음에 백성들이 편안히 주거할 수 있기 때문에 사공으로 마친 것이다."498)

[12-4-20-13]

六卿, 分職, 各率其屬, 以倡九牧, 阜成兆民.

육경(六卿)이 직책을 나누고 각기 관속을 거느리며 구목(九牧)을 창도하여 조민(兆民)을 후하게 이룬다.

詳說

○ 倡, 去聲.

'창(倡)'은 거성이다.

集傳

六卿分職, 各率其屬官, 以倡九州之牧, 自內達之於外,

육경(六卿)이 직책을 나누고 각각 그 속관(屬官)을 거느리며 구주(九州)의 목(牧)을

---

498) 『서경대전(書經大全)』, 「주서(周書)」·「주관(周官)」 : "진씨 대유가 말하였다 : '다스림을 행함에 교화보다 앞서는 것이 없기 때문에 총재의 다음에 사도를 두었다. 교화는 예악보다 앞서는 것이 없기 때문에 종백을 다음으로 해서 교화시켰던 것이다. 그런데 여전히 따르지 않는 자들이 있으면 큰 것은 갑병을 가하고 작은 것은 형벌을 가했으니 부득이한 것이었다. 그러므로 사마와 사구가 다음에 있었다. 난폭함이 제거된 다음에 백성들이 편안히 주거할 수 있기 때문에 사공을 백성들에게 두는 것으로 마친 것이다.'(陳氏大猷曰 : 爲治莫先於敎化, 故冢宰之後, 司徒次之. 敎化莫先於禮樂, 故宗伯次之, 敎之和之. 而猶有不率者, 則大者, 加以甲兵, 小者, 加以刑罰, 不得已也. 故司馬司寇次之. 暴亂去而後, 民得安居, 故以司空之居民, 終焉.)"

창도하니, 안에서 밖으로 이르게 되고

詳說

○ 呂氏曰 : "內倡外應."
여씨(呂氏)가 말하였다 : "안에서 주창하고 밖에서 호응하는 것이다."[499]

集傳

政治明, 敎化洽,
정치가 밝아지고 교화가 흡족해서

詳說

○ 去聲.
'치(治)'는 거성이다.

集傳

兆民之衆, 莫不阜厚而化成也. 按, 周禮每卿, 六十屬, 六卿三百六十屬也. 呂氏曰, 冢宰相天子
조민(兆民)의 무리가 부후(阜厚)하여 화성(化成)하지 않음이 없는 것이다. 살펴보건대 『주례(周禮)』에 경(卿)마다 60명의 관속이 있으니, 육경(六卿)은 총 3백60명의 관속이 있는 것이다. 여씨(呂氏)가 말하였다. "총재(冢宰)가 천자를 도와

詳說

○ 去聲.
'상(相)'은 거성이다.

集傳

統百官, 則司徒以下, 無非冢宰所統, 乃均列一職, 而倂數之爲六者,

---

499) 『서경대전(書經大全)』, 「주서(周書)」·「주관(周官)」: "여씨가 말하였다 : '총재가 육경을 다스리는 것은 강(綱)이 진실로 강(綱) 가운데에서 머리이니 몸을 둔 밖이 아니다. 육경이 직분을 나눠 각기 그 벼슬아치들을 통솔해서 구목을 주창하는 것은 안에서 밖으로 이르는 것이고, 구목이 각기 그 주의 제후를 이끌고 육경의 명령에 호응하는 것은 밖에서 안으로 이어받는 것이니, 안에서 주창하고 밖에서 호응하며 두루 미쳐 크게 조화로운 것이다. 이것이 성주(成周)에서 천하를 다스리는 체제인 것이다.'(呂氏曰 : 冢宰列於六卿, 綱固在網之中而首非處身之外也. 六卿分職, 各率其屬, 以倡九牧, 自內而達于外, 九牧, 各率其州之諸侯, 以應六卿之令, 自外而承乎內, 內倡外應, 周浹太和. 此成周治天下之體統也.)"

백관을 통솔하는 것은 사도(司徒) 이하가 총재의 통솔이 아님이 없는 것이고, 이에 똑같이 한 직책에 나열하여 아울러 세어서 육경(六卿)이라 한 것은

詳說

○ 上聲.

'수(數)'는 상성이다.

集傳

綱在網中也.

강(綱)이 강(綱) 가운데 있기 때문이다.

詳說

○ 綱雖挈網, 而亦自與於網之一物也.

강(綱)이 강(綱)을 잡고 있을지라도 또한 본래 강(綱)이라는 하나와 함께 하는 것이다.

集傳

乾坤之於六子,

건(乾)·곤(坤)과 육자(六子)가

詳說

○ 六卦.

여섯 괘이다.

集傳

並列於八方, 冢宰之於五卿, 並列於六職也.

아울러 팔방(八方)에 진열되니, 오경(五卿)에 총재(冢宰)가 됨이 아울러 육직(六職)에 나란한 것이다.

詳說

○ 謂相類也.

서로 비슷하다는 말이다.

○ 按, 以下, 論也.
'안(按)' 이하는 경문의 의미 설명이다.

[12-4-20-14]

六年, 五服一朝, 又六年, 王乃時巡, 考制度于四岳, 諸侯, 各朝于方岳, 大明黜陟.

6년에 오복(五服)이 한 번 조회하거든 또 6년에 왕이 때로 순행하여 제도를 사악(四岳)에서 상고하며, 제후는 각기 방악(方岳)에서 조회하거든 크게 출척(黜陟)을 밝힌다."

詳說
○ 朝, 音潮
'조(朝)'는 음이 '조(潮)'이다.

集傳
五服侯甸男采衛也, 六年一朝會京師, 十二年王一巡狩.
오복(五服)은 후(侯)·전(甸)·남(男)·채(采)·위(衛)이니, 6년에 한 번 경사(京師)에 조회하면 12년에 왕이 한 번 순수(巡狩)하는 것이다.

詳說
○ 林氏曰 : "舜五歲一巡, 兵衛少而徵求寡也."
임씨(林氏)가 말하였다 : "순이 오년에 한 번 순행하니, 군대의 호위가 적고 백성의 징수가 적었다."[500]

---

500) 『서경대전(書經大全)』, 「주서(周書)」·「주관(周官)」: "임씨가 말하였다 : '크게 출척을 밝힌다는 것은 곧 「왕제」의 이른바 불경한 자는 임금이 토지를 깎아내리며, 불효자는 작위를 내리며, 백성들에게 공덕이 있는 자는 토지를 더해주고 작위의 등급을 높여준다는 것이 여기에 해당한다. 이것은 모두 순의 일을 참작해서 시행한 것이다. 순은 오 년에 한 번 순행했는데, 여기에서 십이 년이라는 것은 무엇 때문인가? 문중자가 말하였다 : 「순이 1년에 사악을 순행함에 군대의 호위가 적고 백성의 징수가 적었다.」라고 하였다. 이것으로 본다면, 주나라 당시에 군대의 호위가 날로 많아졌고, 백성의 징수가 날로 많아졌기 때문에 오 년으로 할 수 없어 십 년으로 한 것이다.'(林氏曰 : 大明黜陟, 即王制所謂不敬者, 君削以地, 不孝者, 君黜以爵, 有功德於民者, 加地進律, 是也. 此皆斟酌舜事行之. 舜五載一巡狩, 此十二年, 何也. 文中子曰, 舜一歲而巡四岳, 兵衛少而徵求寡也. 以是觀之, 則周時兵衛日多徵求日衆. 故不能五年, 而以十二年也.)"

集傳
時巡者, 猶舜之四仲巡狩也.
때로 순수한다는 것은 순(舜)이 사중(四仲)에 순수한 것과 같은 것이다.

詳說
○ 舜典.
  '순(舜)'은 「순전」이다.

集傳
考制度者, 猶舜之協時月正日, 同律度量衡等事也.
제도를 상고한다는 것은 순(舜)이 시(時)와 월(月)을 맞추고 일(日)을 바로잡으며, 율(律)·도(度)·양(量)·형(衡)를 통일하는 등의 일과 같은 것이다.

詳說
○ 去聲
  '양(量)'은 거성이다.

集傳
諸侯各朝方岳者, 猶舜之肆覲東后也, 大明黜陟者, 猶舜之黜陟幽明也.
제후가 각기 방악(方岳)에서 조회한다는 것은 순(舜)이 동후(東后)를 만나본 것과 같은 것이며, 크게 출척(黜陟)을 밝힌다는 것은 순(舜)이 유명(幽明)을 출척함과 같은 것이다.

詳說
○ 以證釋之.
  증명하는 것으로 해석하였다.

集傳
疏數異時,
드물게 하고 자주함이 때가 다르고,

詳說

○ 音朔.

'삭(數)'은 음이 '삭(朔)'이다.

集傳

繁簡異制, 帝王之治,

번거롭고 간략함이 제도가 다르니, 제왕의 다스림이

詳說

○ 去聲.

'치(治)'는 거성이다.

集傳

因時損益者, 可見矣.

때에 따라 가감함을 알 수 있다.

詳說

○ 論也.

경문의 의미 설명이다.

[12-4-20-15]

王曰, 嗚呼, 凡我有官君子. 欽乃攸司, 愼乃出令. 令出, 惟行, 弗惟反, 以公滅私, 民其允懷.

왕이 말씀하였다. "아! 대체로 우리의 관직을 소유한 훌륭한 군자들아! 너희가 맡은 직책을 공경하며 너희가 내는 명령을 삼가라. 명령을 냄은 행하려 함이고 역행하려 함이 아니니, 공(公)으로 사(私)를 멸하면 백성들이 믿고 복종할 것이다.

集傳

建官之體統, 前章旣訓迪之矣. 此則居官守職者, 咸在, 曰凡有官君子者, 合尊卑小大, 而同訓之也.

관직을 세운 체통은 앞의 장에서 이미 훈도하였다. 여기에서는 관직에 거하여 맡은 자가 모두 있으니, '대체로 관직을 소유한 군자'라고 말한 것은 존비(尊卑)와 소대(小大)를 합하여 함께 훈계한 것이다.

詳說

○ 先論提.

먼저 경문의 의미를 설명해서 제시한 것이다.

集傳

反者, 令出不可行, 而壅逆之謂. 言敬汝所主之職,

반(反)은 명령이 나옴에 행할 수가 없어 막히고 거슬림을 이른다. 너희가 맡은 직책을 공경하고

詳說

○ 司.

'주(主)'는 경문에서 '사(司)'이다.

集傳

謹汝所出之令. 令出, 欲其行, 不欲其壅逆而不行也.

너희가 내는 명령을 삼가라. 명령을 냄은 행하려고 하는 것이니, 막히고 거슬려 행하지 않고자 하는 것이 아니다.

詳說

○ 王氏曰 : "必謹出令, 不至於反."

왕씨(王氏)가 말하였다 : "명령을 냄을 반드시 삼가면 역행하게 되지 않는 것이다."[501]

集傳

以天下之公理, 滅一己之私情, 則令行, 而民莫不敬信懷服矣.

천하의 공리(公理)로 일신(一身)의 사정(私情)을 멸하면 명령이 행해져서 백성들이 공경하여 믿고 그리워하여 복종하지 않음이 없을 것이다.

---

501) 『서경대전(書經大全)』, 「주서(周書)」·「주관(周官)」: "왕씨가 말하였다 : '명을 내렸는데 역행하면 백성이 위를 가볍게 여겨 명령을 믿지 않는다. 그런데 명령을 냄을 반드시 삼가면 역행하게 되지 않는 것이다.'(王氏曰 : 令出而反, 民輕上, 而不信令矣. 然必謹出令, 不至於反.)"

[12-4-20-16]

學古入官, 議事以制, 政乃不迷, 其爾典常, 作之師, 無以利口, 亂厥官. 蓄疑敗謀, 怠忽荒政, 不學, 牆面, 莅事, 惟煩.

옛 법을 배우고서 관(官)에 들어가 일을 의논하여 맞게 하여야 정사가 마침내 잘못되지 않을 것이니, 너희는 떳떳한 법을 스승으로 삼고, 말 잘하는 입으로 관직을 어지럽히지 말라. 의심이 쌓이면 계책을 무너뜨리며, 게으르고 소홀히 하면 정사를 황폐시키며, 배우지 않으면 담장에 얼굴을 대고 서 있는 것과 같아서 일에 임함에 번거로울 것이다.

集傳

學古, 學前代之法也. 制, 裁度也,

학고(學古)는 전대(前代)의 법(法)을 배우는 것이다. 제(制)는 헤아려 맞게 함이고,

詳說

○ 入聲.

'탁(度)'은 입성이다.

集傳

迷, 錯謬也.

미(迷)는 그릇되고 잘못됨이다.

詳說

○ 一作繆.

'류(謬)'는 어떤 판본에는 '무(繆)'로 되어 있다.

集傳

典常, 當代之法也. 周家典常, 皆文武周公之所講畫, 至精至備, 凡莅官者, 謹師之而已, 不可喋喋利口,

전상(典常)은 당대의 법이다. 주(周)나라의 전상(典常)은 모두 문왕(文王)·무왕(武王)·주공(周公)이 강론하고 계획한 것이어서 지극히 정밀하고 지극히 구비하였으니, 대체로 관직에 임한 자들은 삼가 이것을 본받을 뿐이고, 지껄이며 말 잘하는 입으로

詳說

○ 音牒.

'첩(喋)'은 음이 '첩(牒)'이다.

○ 四字, 出漢書張釋之傳

'지껄이며 말 잘하는 입[喋喋利口]'은 『한서(漢書)』「장석열전(張釋列傳)」이 출처이다.

集傳

更改而紛亂之也.

고쳐서 분란시키지 말아야 한다.

詳說

○ 平聲.

'경(更)'은 평성이다.

集傳

積疑不決, 必敗其謀, 怠惰忽略, 必荒其政, 人而不學, 其猶正牆面而立,

의심을 쌓고 결단하지 않으면 반드시 계책을 무너뜨리고, 게으르고 소홀히 하면 반드시 정사를 황폐시키며, 사람이면서 배우지 않으면 바로 얼굴을 담장에 대고 선 것과 같아

詳說

○ 見論語陽貨.

『논어』「양화」에 보인다.502)

集傳

必無所見, 而舉錯

반드시 보는 바가 없어서 거조(舉措)가

詳說

---

502) 『논어(論語)』「양화(陽貨)」: "사람이 되어서 주남과 소남을 배우지 않으면, 마치 담벼락을 마주하고 서 있는 것처럼 답답한 인간이 되고 말 것이다.(人而不爲周南召南, 其猶正牆面而立也與.)"

○ 音措.

'조(錯)'는 음이 '조(措)'이다.

集傳

煩擾也.

번거롭고 어지러울 것이다.

詳說

○ 新安陳氏曰 : "學古, 以學勉之, 此以不學戒之."

신안 진씨(新安陳氏)가 말하였다 : "학고(學古)는 배움으로 힘쓰게 하고, 이것은 배우지 않음으로 경계시킨 것이다."503)

集傳

○ 蘇氏曰, 鄭子産, 鑄刑書, 晉叔向, 譏之曰, 昔先王議事以制,

소씨(蘇氏)가 말하였다. "정(鄭)나라 자산(子産)이 형서(刑書)를 주조(鑄造)하자, 진(晉)나라 숙향(叔向)이 비판하기를 '옛날 선왕(先王)은 일을 의논하여 맞게 해서

詳說

○ 王氏炎曰 : "議事, 以古義裁之."

왕씨 염(王氏炎)504)이 말하였다 : "일을 의논함에 옛날의 법도로 헤아리는 것이다."505)

集傳

不爲刑辟,

형벽(刑辟)의 글을 만들지 않았다'라고 하였으니,

---

503) 『서경대전(書經大全)』, 「주서(周書)」·「주관(周官)」 : "신안 진씨가 말하였다 : '성왕이 관료들에게 훈계하였으니, 배움으로 힘쓰게 하고 배우지 않음으로 경계시킨 것이다. 옛 법을 배운 다음에 관에 들어가면, 일을 도모함에 반드시 옛 법으로 맞게 헤아리며 참작해서 정사가 잘못되지 않는 것이다.'(新安陳氏 : 成王訓官, 以學勉之, 以不學戒之. 學古而後入官, 則謀事必能以古制裁酌之而政不迷矣. ….)"

504) 왕염(王炎, 1137 ~ 1218) : 송나라 휘주(徽州, 강서성) 무원(婺源) 사람으로 자는 회숙(晦叔) 또는 회중(晦仲)이고, 호는 쌍계(雙溪)이다. 효종(孝宗) 건도(乾道) 5년(1169) 진사(進士)가 되었다. 장식(張栻)이 강릉(江陵)을 다스릴 때 그의 현명함을 듣고 막부(幕府)에 들게 했다. 담주교수(潭州敎授)를 지냈고, 임상지주(臨湘知州)로 옮겼다. 영종(寧宗) 경원(慶元) 연간에 호주지주(湖州知州)에 올랐는데, 호족이나 귀척(貴戚)을 두려워하지 않았다. 군기소감(軍器少監)까지 올랐다. 경사(經史)에 정통했고, 주희(朱熹)와 절친했다. 시문에도 뛰어났으며, 저서가 대단히 많았다. 저서에 『쌍계집(雙溪集)』과 『독역필기(讀易筆記)』, 『상서소전(尙書小傳)』 등이 있었고, 『역해(易解)』를 저술하다가 마치지 못하고 죽었다.

505) 『서경대전(書經大全)』, 「주서(周書)」·「주관(周官)」 : "왕씨 염이 말하였다 : '일을 의논함에 옛날의 법도로 헤아리기 때문에 맞게 한다고 한 것이다.'(王氏炎曰 : 議事以古義裁之, 故曰以制.)"

詳說

○ 婢亦反.
'벽(辟)'은 음이 '비(婢)'와 '역(亦)'의 반절이다.

○ 見左昭六年.
『좌전』 소공 6년에 보인다.

集傳
其言, 蓋取諸此. 先王人法竝任, 而任人爲多, 故律設大法而已,
그 말이 여기에서 취해 온 것이다. 선왕(先王)은 사람과 법에 함께 맡겼으나 사람에게 맡김이 많았기 때문에 율(律)은 큰 법을 설치했을 뿐이고,

詳說

○ 見後漢書卓茂傳.
『후한서(後漢書)』「탁무전(卓茂傳)」에 보인다.

集傳
其輕重之詳, 則付之人, 臨事而議, 以制其出入,
경중(輕重)의 자세함은 사람에게 맡기고 일에 임해 의논함에 그 출입(出入)을 맞게 하였기

詳說

○ 或入刑, 或縱出.
혹 형으로 들여보내고 혹 석방하였다.

集傳
故刑簡而政淸. 自唐以前, 治罪科條, 止於今律令而已,
때문에 형벌이 간략하고 정사가 깨끗하였다. 당(唐)나라로부터 그 이전에는 죄를 다스리는 법령의 조문이 지금의 율령(律令)에 그쳤을 뿐이니,

詳說

○ 今所傳律令.
지금 전하는 율령이다.

> 集傳

人之所犯, 日變無窮, 而律令有限. 以有限治無窮, 不聞有所闕, 豈非人法兼行, 吏猶得臨事而議乎. 今

사람들의 범죄는 날로 변하여 무궁하고 율령(律令)에는 한계가 있었다. 한계가 있는 율령으로 무궁한 죄를 다스리면 부족한 바가 있다는 말을 듣지 못하였으니, 어찌 사람과 법이 함께 행해져서 관리가 오히려 일에 임해 의논할 수 있었던 때문이 아니겠는가? 지금은

> 詳說

○ 今則.

'지금이라면'이다.

> 集傳

律令之外, 科條數萬, 而不足於用, 有司請立新法者, 日益不已, 嗚呼, 任法之弊, 一至於此哉.

율령(律令) 이외에 법령의 조문이 수만 가지인데도 씀에 부족해서 유사(有司)가 새 법을 만들 것을 청하는 경우가 날로 늘어나 그치지 않으니, 아! 법에 맡기는 폐단이 마침내 이에 이르렀단 말인가?

[12-4-20-17]

戒爾卿士, 功崇, 惟志, 業廣, 惟勤, 惟克果斷, 乃罔後艱.

너희 경사(卿士)들에게 경계하노니, 공(功)이 높음은 뜻 때문이고, 업(業)이 넓음은 부지런함 때문이니, 능히 과단하여야 뒤에 어려움이 없을 것이다.

> 詳說

○ 斷, 都玩反.

'단(斷)'은 음이 '도(都)'와 '완(玩)'의 반절이다.

> 集傳

此下, 申戒卿士也.

여기 이하는 경사(卿士)들을 거듭 경계한 것이다.

詳說

○ 總提四節.
총괄해서 네 절을 제시했다.

○ 卿士, 六卿也.
경사는 육경이다.

集傳
王氏曰 : 功以智
왕씨(王氏)가 말하였다. "공(功)은 지(智)로

詳說
○ 志.
'지(智)'는 경문에서 '지(志)'이다.

○ 一作志.
어떤 판본에는 '지(志)'로 되어 있다.

集傳
崇, 業以仁
높아지고, 업(業)은 인(仁)으로

詳說
○ 勤.
'인(仁)'은 경문에서 '근(勤)'이다.

集傳
廣, 斷以勇克, 此三者, 天下之達道也.
넓어지고, 과단은 용맹으로 말미암아 능해지니, 이 세 가지는 천하의 달도(達道)이다."

詳說
○ 此句, 見中庸.

여기의 구는 『중용』에 보인다.506)

集傳

呂氏曰, 功者, 業之成也, 業者, 功之積也. 崇其功者, 存乎志, 廣其業者, 存乎勤, 勤由志而生, 志待勤而遂. 雖有二者, 當幾而不能果斷, 則志與勤虛用, 而終蹈後艱矣.

여씨(呂氏)가 말하였다. "공은 업이 이루어진 것이요 업은 공이 쌓여진 것이니, 공을 높이는 것은 뜻에 달려 있고, 업을 넓히는 것은 부지런함에 달려 있으며, 부지런함은 뜻으로 말미암아 생기고, 뜻은 부지런함을 기다려 이루어진다. 그러나 비록 이 두 가지가 있더라도 기회를 당하여 과단하지 못하면 뜻과 부지런함이 헛되이 사용되어 끝내 뒤에 어려움을 밟을 것이다."

詳說

○ 以論釋之.

경문의 의미 설명으로 해석하였다.

○ 新安陳氏曰 : "功崇以下四句, 申言上文蓄疑敗謀怠忽荒政之意, 而加警策耳."

신안 신씨(新安陳氏)가 말하였다 : "공숭(功崇) 이하 네 구는 위의 글에서 '의심이 쌓이면 계책을 무너뜨리며 게으르고 소홀히 하면 정사를 황폐시킨다.'507)는 의미를 거듭 말해서 경계의 채찍을 가한 것일 뿐이다."508)

---

506) 『중용(中庸)』 1장 : "희로애락의 감정이 아직 일어나지 않은 것을 중이라고 하고, 일단 일어나서 모두 절도에 맞게 되는 것을 화라고 한다. 중이란 것은 천하의 큰 근본이고, 화라는 것은 천하의 공통된 도이다. 중과 화를 극진하게 하면 천지가 제자리를 잡고, 만물이 제대로 길러질 것이다.(喜怒哀樂之未發謂之中, 發而皆中節謂之和. 中也者, 天下之大本也, 和也者, 天下之達道也. 致中和, 天地位焉, 萬物育焉.)"
507) 『서경대전(書經大全)』, 「주서(周書)」· 「주관-16(周官-16)」 : "옛 법을 배우고서 관(官)에 들어가 일을 의논하여 맞게 하여야 정사가 마침내 잘못되지 않을 것이니, 너희는 떳떳한 법을 스승으로 삼고, 말 잘하는 입으로 관직을 어지럽히지 말라. 의심이 쌓이면 계책을 무너뜨리며, 게으르고 소홀히 하면 정사를 황폐시키며, 배우지 않으면 담장에 얼굴을 대고 서 있는 것과 같아서 일에 임함에 번거로울 것이다.(學古入官, 議事以制, 政乃不迷, 其爾典常, 作之師, 無以利口, 亂厥官. 蓄疑敗謀, 怠忽荒政, 不學, 牆面, 莅事, 惟煩.)"
508) 『서경대전(書經大全)』, 「주서(周書)」· 「주관(周官)」 : "신안 진씨가 말하였다 : 「공숭(功崇)」부터 「뒤에 어려움」까지 네 구는 위의 글에서 「의심이 쌓이면 계책을 무너뜨리며 게으르고 소홀히 하면 정사를 황폐시킨다.」는 의미를 거듭 말해서 경계의 채찍을 가한 것일 뿐이다. 「공(功)이 높음은 뜻 때문이고, 업(業)이 넓음은 부지런함 때문이다.」는 것은 「게으르고 소홀히 하면 정사를 황폐시키는 것이다.」는 것의 반대이고, 「능히 과단하여야 뒤에 어려움이 없을 것이다.」는 것은 「의심이 쌓이면 계책을 무너뜨린다.」는 것의 반대이다.'(新安陳氏曰 : 功崇至後艱四句, 乃申言上文蓄疑敗謀怠忽荒政之意, 而加警策耳. 功崇, 惟志, 業廣, 惟勤, 怠忽荒政之反也. 惟克果斷, 乃罔後艱, 蓄疑敗謀之反也.)"

[12-4-20-18]

位不期驕, 祿不期侈, 恭儉惟德, 無載爾僞. 作德, 心逸, 日休, 作僞, 心勞, 日拙.

지위는 교만함과 기약하지 않아도 교만해지고, 녹(祿)은 사치함과 기약하지 않아도 사치해지니, 공검(恭儉)을 덕으로 삼고 너의 거짓을 행하지 말라. 덕(德)을 행하면 마음이 편안하여 날로 아름다워지고, 거짓을 행하면 마음이 수고로워 날로 졸렬해진다.

集傳

貴不與驕期, 而驕自至, 祿不與侈期, 而侈自至. 故居是位, 當知所以恭, 饗是祿, 當知所以儉.

귀함은 교만함과 기약하지 않아도 교만함이 스스로 이르고, 녹은 사치함과 기약하지 않아도 사치함이 스스로 이른다. 그러므로 이 지위에 거하면 마땅히 공손할 것을 알아야 하고, 이 녹을 누리면 마땅히 검소할 것을 알아야 한다.

詳說

○ 位.

'귀(貴)'는 경문에서 '위(位)'이다.

○ 陳氏經曰 : "制驕莫如恭, 制侈莫如儉."

진씨 경(陳氏經)이 말하였다 : "교만함을 제재함은 공손함만한 것이 없고, 사치함을 제재함을 검소함만한 것이 없다."[509]

集傳

然恭儉, 豈可以聲音笑貌爲哉.

그러나 공손함과 검소함을 어찌 음성이나 웃는 모습으로 할 수 있겠는가?

詳說

○ 出孟子公孫丑.

---

[509] 『서경대전(書經大全)』, 「주서(周書)」·「주관(周官)」: "진씨 경이 말하였다 : '교만함을 제재함은 공손함만한 것이 없고, 사치함을 제재함을 검소함만한 것이 없다. 공손함과 검소함에서 진실로 얻는 것이 덕이고, 음성과 웃음과 태도로 하는 것은 거짓이다. 공손함과 검소함이 덕에서 나온 것은 편안하여 아름답고, 공손함과 검소함이 거짓에서 나온 것은 수고로워 졸렬하다.'(陳氏經曰 : 制驕莫如恭, 制侈莫如儉. 實有得於恭儉, 則爲德. 以聲音笑貌爲之, 則僞矣. 恭儉, 出於德者, 逸而休, 恭儉, 出於僞者, 勞而拙.)"

『맹자』「공손추」가 출처이다.510)

집전

當有實得於己,
마땅히 자신에게 실제로 얻음이 있어야 하고,

상설

○ 德
'실득(實得)'은 경문에서 '덕(德)'이다.

집전

不可從事於僞
거짓에 종사하지는 말아야 한다.

상설

○ 載.
'종사(從事)'는 경문에서 '재(載)'이다.

집전

作德, 則中外惟一, 故心逸而日休休焉.
덕을 하면 중심과 외모가 하나가 되므로 마음이 편안하여 날로 아름다워지고,

상설

○ 三字, 見秦誓.
'아름다워진다[休休焉]'는 말은 「진서」에 보인다.511)

집전

---

510) 『맹자(孟子)』「이루상(離婁上)」 : "공손함과 검소함을 어찌 고운 음성이나 웃는 모습으로 할 수 있겠는가? (恭儉, 豈可以聲音笑貌爲哉)"
511) 『서경대전(書經大全)』, 「주서(周書)」·「진서6(秦誓6)」 : "곰곰이 내 생각해보니, 만일 한 신하가 단단(斷斷)하고 딴 기예가 없으나 그 마음이 곱고 곱아 용납함이 있는 듯하여, 남이 가지고 있는 기예를 자신이 소유한 것처럼 여기며, 남의 훌륭하고 성스러움을 마음속에 좋아하되 입에서 나오는 것보다도 더 좋아한다면 이는 남을 포용하는 것이다. 나의 자손(子孫)과 여민(黎民)을 보호할 것이니, 또한 이로움이 있음을 주장할 것이다.(昧昧我思之, 如有一介臣, 斷斷猗無他技, 其心休休焉, 其如有容, 人之有技, 若己有之, 人之彦聖, 其心好之, 不啻如自其口出, 是能容之. 以保我子孫黎民, 亦職有利哉.)"

作僞, 則揜護不暇, 故曰勞而日著其拙矣. 或曰, 期, 待也, 位, 所以崇德, 非期於爲驕, 祿, 所以報功, 非期於爲侈, 亦通.

거짓을 행하면 잘못을 가리고 비호하기에 겨를이 없으므로 날로 수고로워 날로 졸렬함이 드러나는 것이다. 혹자는 말하기를 "기(期)는 기대함이니, 지위는 덕이 있는 이를 높이기 위한 것이지 교만한 짓을 하라고 기대한 것이 아니며, 녹은 공이 있는 자에게 보답하기 위한 것이지 사치함을 하라고 기대한 것이 아니다."라고 하니, 또한 통한다.

詳說

○ 於文勢爲長.

어투에서 뛰어나다.

[12-4-20-19]

居寵, 思危, 罔不惟畏. 弗畏, 入畏.

총성(寵盛)에 거하면 위태로움을 생각하여 두려워하지 않음이 없도록 하라. 두려워하지 않으면 두려움으로 들어갈 것이다.

集傳

居寵盛, 則思危辱, 當無所不致其祗畏,

총성(寵盛)에 거하면 위태로움과 욕됨을 생각하여 마땅히 공경과 두려움을 지극히 하지 않음이 없어야 하니,

詳說

○ 新安陳氏曰 : "祿位與危辱爲鄰, 甚可畏也."

신안 진씨가 말하였다 : "녹이나 지위는 위태로움이나 욕됨과 이웃이니 아주 두려워해야 한다."512)

集傳

---

512) 『서경대전(書經大全)』, 「주서(周書)」·「주관(周官)」 : "신안 진씨가 말하였다 : '「총성에 거한다.」는 것에서 총성은 곧 녹과 지위를 가리켜 말한 것이다. 녹이나 지위는 위태로움이나 욕됨과 이웃이니 아주 두려워해야 한다. 위태로움을 생각하면 두려워서 겨를이 없으니, 어찌 감히 교만하고 사치하겠는가!'(新安陳氏曰 : 居寵之寵, 卽指祿位言. 利祿與危辱爲隣, 甚可畏也. 思其危則畏懼, 不暇, 何敢驕侈乎.)"

苟不知祗畏, 則入于可畏之中矣. 後之患失者,

만일 공경하고 두려워할 줄을 알지 못하면 두려워할 만한 가운데로 들어갈 것이다. 후세에 부귀(富貴)를 잃을까 근심하는 자는

詳說

○ 見論語陽貨.

『논어』「양화」에 보인다.513)

集傳

與思危相似, 然思危者, 以寵利爲憂, 患失者, 以寵利爲樂,

위태로움을 생각하는 자와 서로 유사하나 위태로움을 생각하는 자는 총리(寵利)를 걱정으로 삼고, 부귀를 잃을까 근심하는 자는 총리(寵利)를 낙으로 삼으니,

詳說

○ 音洛.

'낙(樂)'은 음이 '낙(洛)'이다.

集傳

所存, 大不同也.

마음에 두고 있는 것이 크게 같지 않다.

詳說

○ 後, 以下, 論也.

'후(後)' 이하는 경문의 의미 설명이다.

[12-4-20-20]

推賢讓能, 庶官乃和, 不和, 政厖, 擧能其官, 惟爾之能, 稱匪其人, 惟爾不任.

어진 이에게 미루고 능한 이에게 사양하면 모든 관원들이 화(和)하고, 화하지 않으면 정사가

---

513) 『논어(論語)』「양화(陽貨)」: "부귀를 얻기 전에는 얻을 것을 걱정하고, 이미 얻은 다음에는 잃을 것을 걱정한다.(其未得之也, 患得之, 旣得之, 患失之.)"

잡될 것이니, 천거한 자가 관직을 잘 수행하면 이는 너희가 능한 것이며, 천거한 자가 훌륭한 사람이 아니면 이는 너희가 책임을 감당하지 못하는 것이다."

詳說

○ 推, 吐回反, 庬, 莫江反, 並諺音誤.

'추(推)'는 음이 '토(吐)'와 '회(回)'의 반절이고, '방(庬)'은 '막(莫)'과 '강(江)'의 반절이니, 모두 『언해』의 음이 잘못되었다.

集傳

賢, 有德者也, 能, 有才者也. 王氏曰, 道二, 義利而已.

현(賢)은 덕(德)이 있는 자이고, 능(能)은 재주가 있는 자이다. 왕씨(王氏)가 말하였다. "도(道)]는 두 가지로 의(義)와 이(利) 뿐이다.

詳說

○ 先立論.

먼저 입론하였다.

集傳

推賢讓能, 所以爲義. 大臣出於義, 則莫不出於義, 此庶官所以不爭而和. 蔽賢害能,

어진 이에게 미루고 능한 이에게 사양함은 의(義)를 하는 것이다. 대신(大臣)이 의(義)에서 나오면 의(義)에서 나오지 않음이 없으니, 이것은 여러 관원들이 다투지 아니하여 화(和)한 까닭이다. 현자(賢者)를 가리고 능한 이를 해침은

詳說

○ 推讓之反

'미루고 사양하는 것의 반대이다.

集傳

所以爲利. 大臣出於利, 則莫不出於利, 此庶官所以爭而不和. 庶官不和, 則政必雜亂,

이(利)를 하는 것이다. 대신이 이(利)에서 나오면 이(利)에서 나오지 않음이 없을 것이니, 이것은 여러 관원들이 다투어 불화(不和)하게 되는 이유이다. 여러 관원이

불화(不和)하면 정사가 반드시 잡란하여

> 詳說

○ 厖, 雜亂也.

경문에서 '방(厖)'이 잡란한 것이다.

> 集傳

而不理矣. 稱, 亦擧也, 所擧之人,

다스려지지 못할 것이다." 칭(稱) 또한 듦이니, 들어서 쓴 사람이

> 詳說

○ 添人字.

'인(人)'자를 더하였다.

> 集傳

能修其, 官是亦爾之所能, 擧非其人, 是亦爾不勝.

관직을 잘 수행하면 이 또한 너희가 능한 것이며, 들어서 쓴 사람이 현자가 아니면 이 또한 너희가 책임을 감당하지 못하는 것이다.

> 詳說

○ 平聲.

'승(勝)'은 평성이다.

> 集傳

古者, 大臣以人

옛날 대신(大臣)이 사람으로써

> 詳說

○ 賢人.

'인(人)'은 현인이다.

> 集傳

事君, 其責如此.

군주를 섬김에 그 책임이 이와 같았다.

> 詳說

○ 此論也.

이것은 경문의 의미 설명이다.

○ 新安陳氏曰 : "以上成王盡一, 以敎戒卿士."

신안 진씨(新安陳氏)가 말하였다 : "이상은 성왕이 한결같이 경사들에게 가르치고 경계한 것이다."514)

[12-4-20-21]

王曰, 嗚呼, 三事曁大夫, 敬爾有官, 亂爾有政, 以佑乃辟, 永康兆民, 萬邦, 惟無斁.

왕이 말씀하였다. "아! 삼사(三事)와 대부(大夫)들아. 네가 보유한 관직을 공경히 수행하고, 네가 보유한 정사를 다스리며, 너희 군주를 도우고, 길이 조민(兆民)을 편안히 해서 만방(萬邦)이 싫어함이 없게 하라."

> 詳說

○ 斁, 音亦.

'역(斁)'은 음이 '역(亦)'이다.

> 集傳

三事, 卽立政三事也.
삼사(三事)는 곧 「입정(立政)」의 삼사(三事)이다.515)

> 詳說

○ 三宅.

삼택이다.

---

514) 『서경대전(書經大全)』, 「주서(周書)」·「주관(周官)」 : "신안 진씨가 말하였다 : '이상은 성왕이 한결같음을 다하여 경사들에게 가르치고 경계하는 것으로 말하였다. ….'(新安陳氏曰 : 以上成王盡一, 以敎戒卿士言, ….)"

515) 『서경대전(書經大全)』, 「주서(周書)」·「입정7(立政7)」 : "정사를 세움에 임인(任人)과 준부(準夫)와 목(牧)으로 세 가지 일을 하게 하셨습니다.(立政, 任人, 準夫, 牧, 作三事.)"

集傳

亂, 治也. 篇終歎息, 上自三事下至大夫, 而申戒勑之也.

난(亂)은 다스림이다. 편의 마지막에 탄식하여 위로 삼사(三事)로부터 아래로 대부(大夫)에 이르기까지 거듭 경계하고 신칙한 것이다.

詳說

○ **論提以爲釋.**

논하고 제시해서 해석한 것이다.

○ **呂氏曰 : "訓戒既終, 復提要總告之, 各敬爾官, 以治爾政, 卽前所謂欽乃攸司也."**

여씨(呂氏)가 말하였다 : "훈계가 이미 끝나고, 다시 요점을 제시하며 총괄해서 고한 것으로 각기 너의 관직을 공경히 수행해서 너의 정사를 다스리라는 것이니, 곧 앞에서 말한 '너희가 맡은 직책을 공경하라.'516)는 것이다."517)

○ **陳氏大猷曰 : "前言阜成, 指當時言, 此言永康, 期於永久也."**

진씨 대유(陳氏大猷)가 말하였다 : "앞에서 '후하게 이룬다.'518)고 말한 것은 당시를 가리켜서 말한 것이고, 여기에서 '길이 편안히 한다.'고 말한 것은 영구함을 기약하는 것이다."519)

○ **陳氏雅言曰 : "萬邦親附愛戴, 豈有厭斁之心乎."**

진씨 아언(陳氏雅言)520)이 말하였다 : "만방이 가까이 의지하고 사랑하여 받드

---

516) 『서경대전(書經大全)』, 「주서(周書)」·「주관-15(周官-15)」: "왕이 말씀하였다. '아! 대체로 우리의 관직을 소유한 훌륭한 군자들아! 너희가 맡은 직책을 공경하며 너희가 내는 명령을 삼가라. 명령을 냄은 행하려 함이고 역행하려 함이 아니니, 공(公)으로 사(私)를 멸하면 백성들이 믿고 복종할 것이다.(王曰, 嗚呼, 凡我有官君子. 欽乃攸司, 愼乃出令. 令出, 惟行, 弗惟反, 以公滅私, 民其允懷.)"
517) 『서경대전(書經大全)』, 「주서(周書)」·「주관(周官)」: "여씨가 말하였다 : '훈계가 이미 끝나고, 다시 요점을 제시하며 총괄해서 고한 것으로 각기 너의 관직을 공경히 수행해서 너의 정사를 다스리라는 것이니, 곧 앞에서 말한 「너희가 맡은 직책을 공경하라.」는 것이다. 큰 줄기로 말하면 너의 군주를 도와 길이 백성을 편안하게 하는 것일 뿐이다.'(呂氏曰 : 訓戒既終, 復提要總告之, 各敬爾官, 以治爾政, 即前所謂, 欽乃攸司也. 統而言之, 惟在於輔君, 以永安民耳.)"
518) 『서경대전(書經大全)』, 「주서(周書)」·「주관-13(周官-13)」: "육경(六卿)이 직책을 나누고 각기 관속을 거느리며 구목(九牧)을 창도하여 조민(兆民)을 후하게 이룬다.(六卿, 分職, 各率其屬, 以倡九牧, 阜成兆民.)"
519) 『서경대전(書經大全)』, 「주서(周書)」·「주관(周官)」: "진씨 대유가 말하였다 : '앞에서 「조민을 후하게 이룬다.」고 말한 것은 당시를 가리켜서 말한 것이고, 여기에서 「길이 조민을 편안히 한다.」고 말한 것은 영구함을 기약하는 것이다.'(陳氏大猷曰 : 前言阜成兆民, 指當時言, 此言永康兆民, 期於永久也.)"
520) 진아언(陳雅言, 1318~1385)은 원말명초 때 강서(江西) 영풍(永豊) 사람이다. 원나라 말에 무재(茂材)로 천거되었지만 나가지 않았다. 명나라 초 홍무(洪武) 연간에 영풍현 향교(鄕校)에서 학생을 가르쳤다. 당시 호구(戶口)와 토전(土田)이 실상과 달라 현관(縣官)도 대처할 방법을 찾지 못했는데, 그가 계획을 내놓자 공사가 모두 편리해졌다. 저서에 『사서일람(四書一覽)』과 『대학관견(大學管窺)』, 『중용류편(中庸類編)』 등이

는 것이니, 어찌 싫어하는 마음이 있겠는가?"521)

集傳

其不及公孤者, 公孤德尊位隆, 非有待於戒勑也.
공(公)·고(孤)에 미치지 않은 것은 공(公)·고(孤)는 덕이 높고 지위가 높아서 경계하고 신칙함을 기다림이 있지 않기 때문이다.

詳說

○ 此, 論也.
여기는 경문의 의미 설명이다.

있었지만 전하지 않고, 지금은 『서의탁약(書義卓躍)』만 전한다.
521) 『서경대전(書經大全)』, 「주서(周書)」·「주관(周官)」: "진씨 아언이 말하였다 : '…. 조민의 무리이지만, 과연 능히 그들을 편안함에 영원하게 하는 것이다. 그렇다면 만방의 넓은 것이 가까이 의지하고 사랑하여 받드는 자이니, 어찌 싫어하는 마음이 있겠는가? 이것은 백성을 무궁하게 편안하게 하는 효과로 기약하는 것이다. ….'(陳氏雅言曰 : …. 兆民之衆, 而果能使之永底于康. 則萬邦之廣, 親附愛戴者, 豈復有厭斁之心乎. 此以安民無窮之效期之也. ….)"

[12-4-21]
「군진(君陳)」

集傳

君陳, 臣名. 唐孔氏曰, 周公遷殷頑民於下都, 周公親自監之, 周公旣歿, 成王命君陳, 代周公, 此其策命之詞.

군진(君陳)은 신하의 이름이다. 당(唐)나라 공씨(孔氏)는 말하기를 "주공이 은(殷)나라의 완악한 백성들을 하도(下都)에 옮기고 주공이 친히 감시하였는데, 주공이 별세한 다음에 성왕이 군진(君陳)에게 명하여 주공을 대신하게 하니, 이것이 그 책명(策命)한 말이다.

詳說

○ 鄭氏曰 : "君陳, 周公子."

정씨가 말하였다 : "군진은 주공의 자식이다."[522]

○ 葵初王氏曰 : "篇中不曰爾考周公, 如酒誥穆考, 蔡仲之命爾考, 而今但與畢命同稱周公, 若言他人耳. 安有命其子繼父職, 獨無一詞及之乎."

계초 왕씨(葵初王氏)가 말하였다 : "편 가운데에서 '이고주공(爾考周公)'[523]이라고 하지 않은 것은 「주고(酒誥)」에서 '목고(穆考)'[524]와 「채중지명(蔡仲之命)」에서 '이고(爾考)'[525]와 같은데, 이제 단지 「필명(畢命)」에서 '주공(周公)'[526]이라고

---

[522] 『서경대전(書經大全)』, 「주서(周書)」·「군진(君陳)」: "정씨가 『중용』을 주한 곳에서 말하였다 : '군진은 주공의 자식이다.'(鄭氏註中庸云 : 君陳周公子.)"

[523] 『서경대전(書經大全)』, 「주서(周書)」·「군진2(君陳2)」: "옛날에 주공(周公)이 만민(萬民)을 가르치고 보호해서 백성들이 그 덕을 그리워하니, 가서 네가 맡은 직책을 삼가고 그 떳떳함을 따라서 주공(周公)의 가르침을 힘써 밝히면 백성들이 다스려질 것이다.(昔周公, 師保萬民, 民懷其德, 往愼乃司, 玆率厥常, 懋昭周公之訓, 惟其乂.)"

[524] 『서경대전(書經大全)』, 「주서(周書)」·「주고2(酒誥2)」: "네 목고(穆考)이신 문왕이 처음 나라를 창건하여 서토(西土)에 계실 적에 여러 나라의 여러 선비들과 소정(少正)과 어사(御事)들을 가르치고 경계하시어 아침저녁으로 당부하시기를 '제사(祭祀)에만 이 술을 쓸 것이니, 하늘이 명(命)을 내리시어 우리 백성들에게 처음 술을 만들게 하신 것은 오직 큰 제사(祭祀)에 쓰게 하려 하신 것이다.'라고 하셨다.(乃穆考文王, 肇國在西土, 厥誥毖庶邦庶士, 越少正御事, 朝夕曰, 祀玆酒, 惟天降命, 肇我民, 惟元祀.)"; "君陳3": "내 들으니 '지극한 정치는 향기로워 신명(神明)에 감동되니 서직(黍稷)이 향기로운 것이 아니라 밝은 덕이 향기롭다.'라고 하였다. 너는 부디 이 주공(周公)의 유훈(猷訓)을 본받아서 날로 부지런히 하고 부지런히 하여 감히 일예(逸豫)하지 말라.(我聞, 曰至治馨香, 感于神明, 黍稷非馨, 明德惟馨. 爾尙式時周公之猷訓, 惟日孜孜, 無敢逸豫.)"

[525] 『서경대전(書經大全)』, 「주서(周書)」·「채중지명3(蔡仲之命3)」: "네가 거의 전인(前人)의 잘못을 덮을 수

칭한 것과 함께 타인을 말한 것과 같을 뿐이다. 어찌 그 자식에게 아비의 직분을 이어라고 명하면서 유독 한 마디도 미친 것이 없겠는가?"527)

○ 呂氏曰 : "戒勅之詞, 與畢命輕重不類, 見君陳蓋新進者也."
여씨(呂氏)가 말하였다 : "계칙하는 말은 「필명」에서의 경중과 유사하지 않으니, 군진이 대개 새롭게 나아가는 자임을 드러내기 때문이다."528)

○ 李氏舜臣曰 : "惟一循周公軌轍, 可也, 故三擧周公之訓以告之. 此命君陳之大指也."
이씨 순신(李氏舜臣)529)이 말하였다 : "주공의 발자취를 한결같이 따라야 하기 때문에 세 번 주공의 가르침을 들어 고한 것이다. 이것은 군진에게 명한 큰 뜻이다."530)

있는 것은 충(忠)과 효(孝)이니, 네 자취를 매진하되 네 자신부터 하여 너는 능히 부지런히 하고 게을리 하지 말아서 네 후손에게 법을 드리워 네 할아버지인 문왕(文王)의 떳떳한 가르침을 따르고 네 아버지처럼 왕명을 어기지 말도록 하라.(爾尚蓋前人之愆, 惟忠惟孝, 爾乃邁迹自身, 克勤無怠, 以垂憲乃後, 率乃祖文王之彝訓, 無若爾考之違王命.)"

526) 『서경대전(書經大全)』, 「주서(周書)」·「필명3(畢命3)」: "주공이 선왕을 도와 집을 편안히 안정시키시고, 은나라의 완악한 백성들을 삼가 낙읍으로 옮겨서 왕실에 가깝게 하셨다. 그 가르침에 교화되어 이미 3기(紀)가 지나 대(代)가 변하고 풍속이 사방에 근심이 없으니, 나 한 사람이 편안하노라.(惟周公, 左右先王, 綏定厥家, 毖殷頑民, 遷于洛邑, 密邇王室. 式化厥訓, 旣歷三紀, 世變風移, 四方無虞, 予一人, 以寧.)"
527) 『서경대전(書經大全)』, 「주서(周書)」·「군진(君陳)」: "계초 왕씨가 말하였다 : '편 가운데에서 「너는 부디이 주공(周公)의 유훈(遺訓)을 본받아라」는 것은 「필명」에서 「지금 나는 공(公)에게 주공(周公)의 일을 공경히 명한다」는 것과 말의 의미가 대략 같은데, 군진이 주공의 자식이라는 것은 드러나지 않는다. 가령 그 자식이라면, 「미자의 명」에서 「은왕 원자야! 너의 선조이신 성탕」이라고 하고, 「강고」에서 「짐의 아우」라고 하며, 「주고」에서 「목고(穆考)이신 문왕」이라고 하고, 「채중지명(蔡仲之命)」에서 「네 할아버지 문왕(文王)의 떳떳한 가르침을 따르고 네 아버지처럼 왕명을 어기지 말도록 하라.」라고 한 것과 같아야 한다. 이 책 가운데 명령하는 체계가 거의 그렇기 때문이다. 이제 「이고주공(爾尚周公)」이라고 하지 않은 것은 단지 「필명(畢命)」에서 「주공(周公)」이라고 칭한 것과 함께 타인을 말한 것과 같을 뿐이다. 주공이 왕의 숙부로 큰 공이 있고 천하에 수고하였는데, 어찌 그 자식에게 아비의 직분을 이어라고 명하면서 유독 부자가 서로 이어서 우러러 받들라고 언급한 마디도 없겠는가?'(葵初王氏曰 : 觀篇中爾尚式時, 周公之獻訓, 與畢命今予祇命公, 以周公之事語意畧同, 不見君陳爲周公之子. 使是其子, 則當如微子之命云, 殷王元子, 乃祖成湯, 康誥云, 朕其弟, 酒誥云, 乃穆考文王, 蔡仲之命云, 率乃祖文王之彝訓, 無若爾考之違王命. 此書中命體大抵然也. 今不曰爾尚周公, 而但與畢命同稱周公, 若言他人耳. 周公以王叔父有大勳勞於天下, 安有命其子以繼父職, 獨無一語及父子相繼以寵之乎.)"
528) 『서경대전(書經大全)』, 「주서(周書)」·「군진(君陳)」: "여씨가 말하였다 : '여기의 편에서 계칙하는 말은 「필명」에서의 경중과 유사하지 않으니, 군진이 대개 새롭게 나아가는 자임을 드러내기 때문이다.'(呂氏曰 : 此篇戒勅之詞, 與畢命輕重不類, 見君陳蓋新進者也.)"
529) 이순신(李舜臣) : 송(宋)대 선정(仙井) 사람으로 자는 자사(子思)이고 호는 융산(隆山)이다. 건도(乾道) 2년(1166)에 진사에 급제하여 벼슬은 성도부교수(成都府敎授)을 역임하였다. 『역』 연구에 전념하였는데, 특히 주자에게 수학한 적이 있는 풍의(馮椅)와 친밀히 교류하였다고 한다. 저술로는 『역본전(易本傳)』 32권이 있었다고 하는데 전해지지 않고, 풍의(馮椅)의 『후제역학(厚齋易學)』에 그의 글이 소개되고 있다.
530) 『서경대전(書經大全)』, 「주서(周書)」·「군진(君陳)」: "이씨 순신이 말하였다 : '…. 주공의 발자취를 한결같이 따라야 하기 때문에 왕이 군진에게 명하면서 세 번 주공의 가르침을 들었던 것이다. 이것은 군진에게 명한 큰 뜻이다. ….'(李氏舜臣曰 : …. 惟一循周公軌轍, 可也, 故王命君陳, 三擧周公之訓. ….)"

集傳

史錄其書, 以君陳名篇.
사관(史官)이 그 글을 기록하고 「군진(君陳)」이라고 편명을 지었다."라고 하였다.

詳說

○ 李氏曰 : "亦猶君奭君牙稱君, 貴之也."
이씨(李氏)가 말하였다 : "또한 「군석(君奭)」과 「군아(君牙)」에서 '군(君)'이라고 한 것과 같으니 고귀하게 여긴 것이다."531)

集傳

今文無, 古文有.
금문(今文)에는 없고 고문(古文)에는 있다.

[12-4-21-1]

王若曰, 君陳. 惟爾令德孝恭. 惟孝友于兄弟, 克施有政, 命汝, 尹茲東郊, 敬哉.

왕(王)이 다음과 같이 말씀하였다. "군진(君陳)아! 너의 훌륭한 덕은 효도와 공손함이다. 효도하고 형제에게 우애하여 능히 정사에 시행하기에 너에게 명하여 이 동교(東郊)를 다스리게 하노니, 공경하라.

集傳

言君陳有令德, 事親孝, 事上恭,
군진(君陳)이 훌륭한 덕이 있는 것은 어버이를 섬김이 효성스럽고 윗사람을 섬김에 공손한 것으로

詳說

○ 君也
'상(上)'은 임금이다.

---

531) 『서경대전(書經大全)』, 「주서(周書)」·「군진(君陳)」 : "이씨가 말하였다 : '또한 「군석(君奭)」과 「군아(君牙)」에서 「군(君)」이라고 한 것과 같으니 고귀하게 여긴 것이다.(李氏曰 : 亦猶君奭君牙稱君, 貴之也.)"

集傳

惟其孝友於家, 是以能施政於邦. 孔子
집에서 효도하고 우애하였으니, 이 때문에 나라에 정사를 베풀 수 있다는 말이다. 공자(孔子)가

詳說

○ 孝經.
『효경』이다.

集傳

曰居家理,
말씀하기를 "집에 거(居)함에 다스려지기

詳說

○ 治也.
'리(理)'는 다스려짐이다.

集傳

故治可移於官. 陳氏曰, 天子之國, 五十里爲近郊, 自王城言之, 則下都乃東郊之地. 故君陳畢命皆指下都爲東郊
때문에 다스려짐이 관청으로 옮겨갈 수 있다."라고 하였다. 진씨(陳氏)가 말하기를 "천자의 나라는 50리가 근교(近郊)가 되니, 왕성(王城)으로부터 말하면 하도(下都)는 바로 동교(東郊)의 땅이다. 그러므로 「군진(君陳)」과 「필명(畢命)」에서 모두 하도(下都)를 가리켜 동교(東郊)이다."라고 하였다.

詳說

○ 去聲
'고치가이어관(故治可移於官)'에서 '치(治)'는 거성이다.

○ 孔子, 以下, 論也.
'공자(孔子)' 이하는 경문의 의미 설명이다.

[12-4-21-2]

> 昔周公, 師保萬民, 民懷其德, 往愼乃司, 茲率厥常, 懋昭周公之訓, 惟民其乂.

옛날에 주공이 만민을 가르치고 보호해서 백성들이 그 덕을 그리워하니, 가서 네가 맡은 직책을 삼가고 그 떳떳함을 따라서 주공의 가르침을 힘써 밝히면 백성들이 다스려질 것이다.

集傳

周公之在東郊, 有師之尊, 有保之親. 師敎之, 保安之, 民懷其德, 君陳之往, 但當謹其所司, 率循其常, 勉明周公之舊訓

주공(周公)이 동교(東郊)에 있을 적에 스승의 존귀함이 있고 보(保)의 친함이 있었다. 스승이 되어 가르치고 보(保)가 되어 편안히 하여 백성들이 그 덕을 그리워하고 있으니, 군진(君陳)이 감에 다만 맡은 바를 삼가 그 떳떳함을 따라서 주공(周公)의 옛 가르침을 힘써 밝히면

詳說

○ 懋.

'년(勉)'은 경문에서 '무(懋)'이다.

○ 陳氏雅言曰: "周公舊訓, 卽所謂常法也."

진씨 아언(陳氏雅言)이 말하였다: "주공의 옛 가르침은 곧 이른바 떳떳한 법이다."532)

集傳

則民其治矣.

---

532) 『서경대전(書經大全)』, 「주서(周書)」·「군진(君陳)」: "진씨 아언이 말하였다: '…. 이제 주공이 떠나 군진에게 가서 주공의 임무를 이어 동교의 백성을 다스려 바르게 하라고 명하였으니, 차지할 직분이 전일 주공의 직분이고, 다스릴 백성들은 전일 주공의 백성이다. 주공의 직분을 이어 주공의 백성을 다스리니, 그 도를 어찌 다른 곳에서 구하겠는가? 역시 그의 떳떳한 법을 따라 힘써 주공의 가르침을 밝힐 뿐인 것이다. 대개 주공의 옛 가르침은 곧 이른바 떳떳한 법이다. 주공이 떠난 다음 백성들이 사모하는 것이 주공에 있으니, 군진이 정사를 다스림에 법으로 취한 것도 주공에 있는 것이다. ….'(陳氏雅言曰: …. 今周公往矣, 命君陳往繼周公之任, 尹正東郊之民, 所居之職, 前日周公之職也. 所理之民, 前日周公之民也. 繼周公之職, 治周公之民, 其道豈在他求哉. 亦惟率循其常法, 勉明周公之訓而已. 蓋周公舊訓, 卽所謂常法也. 周公旣沒, 民之思慕, 惟在於周公, 君陳爲治政之取法者, 亦惟在於周公. ….)"

백성들이 다스려질 것이다.

詳說

○ 去聲.
'치(治)'는 거성이다.

集傳

蓋周公旣歿, 民方思慕周公之訓, 君陳能發明而光大之, 固宜其翕然聽順也.
주공(周公)이 별세함에 백성들이 막 주공(周公)의 가르침을 사모하고 있으니, 군진(君陳)이 발명하여 밝히고 크게 하면 진실로 흡연(翕然)히 따라 순종할 것이다.

詳說

○ 蓋, 以下, 論也.
'계개(蓋)' 이하는 경문의 의미 설명이다.

[12-4-21-3]

我聞, 曰至治馨香, 感于神明, 黍稷非馨, 明德惟馨. 爾尚式時周公之猷訓, 惟日孜孜, 無敢逸豫.

내 들으니 '지극한 정치는 향기로워 신명(神明)에 감동되니 서직(黍稷)이 향기로운 것이 아니라 밝은 덕이 향기롭다.'라고 하였다. 너는 부디 이 주공(周公)의 유훈(猷訓)을 본받아서 날로 부지런히 하고 부지런히 하여 감히 일예(逸豫)하지 말라.

詳說

○ 治, 去聲.
'치(治)'는 거성이다.

集傳

呂氏曰, 成王旣勉君陳昭周公之訓,
여씨(呂氏)가 말하였다. "성왕(成王)이 이미 군진(君陳)에게 주공(周公)의 가르침을 밝힐 것을 권면한 다음에

詳說

○ 承上節.
위의 절을 이어받았다.

集傳

復舉周公精微之訓, 以告之,
다시 주공(周公)의 정밀하고 은미한 가르침을 들어 고(告)하였으니,

詳說

○ 去聲.
'부(復)'는 거성이다.

○ 先總提
먼저 총괄해서 제시했다.

集傳

至治馨香以下四語, 所謂周公之訓也. 旣言此, 而揭之以爾尚式時周公之猷訓, 則是四言爲周公之訓明矣.
'지극한 정치는 향기로워[至治馨香]' 이하의 네 말씀은 이른바 주공(周公)의 가르침이란 것이다. 이미 이것을 말하고 나서 "너는 부디 주공(周公)의 유훈(猷訓)을 본받으라."고 게시하였다면, 이 네 말씀은 주공(周公)의 가르침이 됨이 분명하다."

詳說

○ 如文王我師之下, 係以周公豈欺我哉耳.
이를테면 '문왕이 나의 스승이다.'의 아래에 '주공이 어찌 나를 속이겠는가?'533)로 연결한 것이다.

集傳

物之精華, 固無二體, 然形質止, 而氣臭升. 止者, 有方, 升者無間,

---

533) 『맹자(孟子)』「등문공상(滕文公上)」에 "안연(顔淵)이 '순 임금은 어떤 사람이며 나는 어떤 사람인가? 노력하는 자는 또한 순 임금같이 될 것이다.'라고 하였으며, 공명의가 '주공이 문왕은 나의 스승이라고 하셨으니, 주공이 어찌 나를 속이겠는가?'라고 하였다.(顔淵曰, 舜何人也. 予何人也. 有爲者亦若是. 公明儀曰, 文王我師也. 周公豈欺我哉.)"

물건의 정화(精華)는 진실로 두 체(體)가 없으나 형질(形質)은 그치고 기취(氣臭)는 올라간다. 그치는 것은 방소(方所)가 있고 올라가는 것은 간격이 없으니,

詳說

○ 去聲, 下同.
'간(間)'은 거성으로 아래에서도 같다.

集傳

則馨香者, 精華之上達者也. 至治之極, 馨香發聞
형향(馨香)은 정화(精華)가 위로 도달하는 것이다. 지치(至治)가 지극함에 형향(馨香)이 전파되면

詳說

○ 陳氏大猷曰 : "猶惡政之極, 刑發聞, 惟腥也."
진씨 대유(陳氏大猷)534)가 말하였다 : "악정의 극은 '형벌의 냄새 풍김이 비린내인 뿐이다.'535)는 것과 같다."536)

集傳

感格神明, 不疾而速, 凡昭薦黍稷之苾芬, 是豈黍稷之馨哉. 所以苾芬者, 實明德之馨也. 至治, 舉其成, 明德, 循其本, 非有二馨香也. 周公之訓, 固爲精微, 而舉以告君陳, 尤當其可. 自殷頑民言之, 欲其感格, 非可刑驅而勢迫, 所謂洞達無間者, 蓋當深省也,

---

534) 진씨 대유(陳氏大猷, ?~?) : 송나라 남강군(南康軍) 도창(都倉) 사람으로 자는 문헌(文獻)이고, 호는 동재(東齋)다. 이종(理宗) 개경(開慶) 원년(1259) 진사(進士)가 되고, 종정랑(從政郎)과 황주군(黃州軍) 판관(判官) 등을 지냈다.『서경』에 조예가 깊었다. 저서에『상서집전혹문(尙書集傳或問)』과『상서집전회통(尙書集傳會通)』등이 있다.
535)『서경대전(書經大全)』,「주서(周書)」·「여형4(呂刑4)」: "백성들이 일어나 서로 물들어서 어둡고 어지러워 마음속에 성신(誠信)으로 하지 않고, 저주와 맹약을 반복하니, 사나운 정사로 위엄을 베풀어 여러 형벌을 받은 자들이 바야흐로 무고(無辜)함을 상천에 하소연하였다. 상제께서 백성들을 굽어보시니, 향기로운 덕이 없고 형벌의 냄새 풍김이 비린내 뿐이었다.(民興胥漸, 泯泯棼棼, 罔中于信, 以覆詛盟, 虐威庶戮, 方告無辜于上. 上帝監民 罔有馨香德 刑發聞 惟腥.)"
536)『서경대전(書經大全)』,「주서(周書)」·「군진(君陳)」: "진씨 대유가 말하였다 : '다스림은 본래 향기가 없지만 선한 다스림의 극치는「지극한 정치는 향기롭다.」고 한다는 것이다. 조화로운 기운과 아름다운 평판은 신속함은 향기가 두루 이르러 좋아하는 것과 같다. 악정의 극은「형벌의 냄새 풍김이 비린내뿐인 것이다.」고 한다. 추한 평판과 더러운 덕의 드러나는 평판은 비린내가 두루 이르러 싫은 것과 같다. 그러므로 선한 명성은 향기로운 냄새가 나는 것과 같고, 악한 명성은 나쁜 냄새가 나는 것과 같은 것이다. 신은 총명해서 속일 수 없기 때문에「신명이다」라고 하는 것이다.(陳氏大猷曰 : 治本無馨香, 然善治之極, 則曰至治馨香, 協氣休聞之所發越, 猶馨香之旁達而可愛也. 惡政之極, 則曰刑發聞惟腥. 醜聲穢德之彰聞, 猶腥臭之旁達而可惡也. 故善譽謂之流芳, 惡聲謂之遺臭. 神聰明不可欺, 故曰神明.)"

신명(神明)을 감동시켜서 빠르지 않으면서도 신속하니, 대체로 향기로운 서직(黍稷)을 밝게 올리는 것이 어찌 서직(黍稷)의 향기로움 때문이겠는가? 향기로운 까닭은 실로 명덕(明德)이 향기롭기 때문이다. 지치(至治)는 그 이름을 든 것이고, 명덕(明德)은 그 근본을 따른 것이니, 두 가지 향기로움이 있는 것이 아니다. 주공(周公)의 가르침이 진실로 정밀하고 은미한데 들어서 군진(君陳)에게 고하였으니, 더욱 그 가(可)함에 마땅하다. 은(殷)나라의 완악한 백성을 가지고 말하면 이들을 감동시키고자 하면, 형벌로 몰고 세력으로 핍박할 것이 아니니, 이른바 '통달(通達)하여 간격이 없다'는 것을 마땅히 깊이 살펴야 할 것이며,

詳說

○ 悉井反.

'성(省)'은 음이 '실(悉)'과 '정(井)'의 반절이다.

○ 林氏曰：“德能感神, 豈不能感商民乎.”

임씨(林氏)가 말하였다 : "덕은 신을 감격시킬 수 있는데, 어찌 상나라 백성을 감격시키지 못하겠는가?"537)

○ 董氏鼎曰：“神猶可感, 況苗民商民乎. 周公與益之言, 其意一也.”

동씨 정(董氏鼎)538)이 말하였다 : "신도 오히려 감격시킬 수 있는데, 하물며 묘족의 백성과 상나라 백성들을 말해 무엇 하겠는가? 주공과 익의 말539)은 그 의

---

537) 『서경대전(書經大全)』, 「주서(周書)」·「군진(君陳)」 : "임씨가 말하였다 : '덕의 밝음은 지극한 정치로 발휘되고, 지극한 정치의 향기는 곧 밝은 덕의 향기이니, 합해서 하나로 된다. …. 왕의 뜻은 「덕은 신을 감격시킬 수 있는데, 어찌 상나라 백성을 감격시키지 못하겠는가?」라는 것이다. …'(林氏曰 : 德之昭明, 發爲至治, 至治之馨香, 即明德之馨香, 合而爲一者也. …. 王意謂德之馨香尙能感神, 豈不能感化商民哉. ….)"
538) 동정(董鼎, ?~?) 원나라 요주(饒州) 파양(鄱陽) 사람으로 자는 계형(季亨)이고, 별호는 심산(深山)이다. 동몽정(董夢程)의 먼 친척이고, 주희(朱熹)의 재전제자(再傳弟子)다. 황간(黃榦), 동수(董銖)를 사숙했다. 저서에 『서전집록찬소(書傳輯錄纂疏)』와 『효경대의(孝經大義)』가 있다. 『서전집록찬소』는 여러 학자의 설을 두루 모아 어느 한 사람의 설에만 얽매이지 않았다고 평가된다.
539) 『서경대전(書經大全)』, 「우서(虞書)」·「대우모-21(大禹謨-21)」 : "30일을 유묘(有苗)의 백성들이 명을 거역하자, 익(益)이 우(禹)를 도와 이르기를 '덕(德)은 하늘을 감동시켜 멀어도 이르지 않음이 없으니, 가득하면 덮을 부르고 겸손하면 더함을 받는 것이 이것이 바로 천도(天道)입니다. 제순(帝舜)이 처음 역산(歷山)에서 밭에 가시어 날마다 하늘과 부모에게 울부짖으시어 죄를 떠맡고 악을 자신에게 돌리시어 공경히 일하여 고수(瞽瞍)를 뵙되 기기(夔夔)하여 공경하고 두려워하시니, 고수 또한 믿고 따랐습니다. 지극한 정성은 신명(神明)을 감동시키니, 하물며 이 유묘(有苗)이겠습니까.'라고 하였다. 우(禹)가 선한 말에 절하며 '아! 너의 말이 옳다.'라고 하시고는 회군하고 군대를 거두자, 제순(帝舜)이 마침내 문덕(文德)을 크게 펴시어 방패와 깃일산으로 두 뜰에서 춤을 추셨는데, 70일 만에 유묘(有苗)가 와서 항복하였다.(三旬, 苗民逆命, 益贊于禹曰, 惟德動天, 無遠弗屆, 滿招損, 謙受益, 時乃天道. 帝初于歷山, 往于田, 日號泣于旻天, 于父母, 負罪引慝, 祗載見瞽瞍, 夔夔齊慄慄, 亦允若, 至誠感神, 矧玆有苗. 禹拜昌言曰, 兪. 班師振旅, 帝乃誕敷文德, 舞干羽于兩階, 七旬, 有苗格.)"

미가 하나이다."540)

集傳

自周公法度言之, 典章雖具, 苟無前人之德, 則索然萎苶
주공(周公)의 법도를 가지고 말하면 전장(典章)이 모두 갖춰졌으나 만약 전인(前人)의 덕이 없으면 초라하게 피폐하여

詳說

○ 於危反.
  '위(萎)'는 음이 '어(於)'와 '위(危)'의 반절이다.

○ 乃結諾協, 二反.
  '날(苶)'은 음이 '내(乃)'와 '결(結)', '낙(諾)'과 '협(協)', 두 가지 반절이다.

集傳

徒爲陳迹也. 故勉之以用是猷訓, 惟曰孜孜無敢逸豫焉.
한갓 묵은 자취가 될 뿐이다. 그러므로 이 유훈(猷訓)을 따라 날로 부지런히 하고 부지런히 해서 감히 일예(逸豫)하지 말라고 권면한 것이다.

詳說

○ 陳氏雅言曰:"卽所謂懋昭周公之訓, 惟民其乂者也."
  진씨 아언(陳氏雅言)이 말하였다 : "곧 이른바 '주공의 가르침을 밝히면 그 백성들이 다스려질 것이다'541)는 것이다."542)

---

540) 『서경대전(書經大全)』, 「주서(周書)」·「군진(君陳)」: "동씨 정이 말하였다 : '익이 우를 도우며, 「덕은 하늘을 감동시키고 지극한 정성은 신명을 감동시킨다.」'다고 하였고, 주공이 상나라를 교화시키는 가르침에서 「밝은 덕은 향기로워 신명을 감동시킨다.」고 하였다. 어둡고 멀리 있어 통하기 어려운 것으로는 하늘과 신과 같은 것이 없는데, 오히려 덕으로 감동시킬 수 있는데, 하물며 묘족의 백성과 상나라 백성들을 말해 무엇 하겠는가? 주공과 익의 말은 그 의미가 하나이다.'(董氏鼎曰 : 益贊禹曰, 惟德動天, 至誠感神, 周公化商之訓, 曰明德惟馨, 感於神明. 幽遠難通, 莫天與神若, 猶可以德感動, 況苗民商民乎, 周公與益之言, 其意一也.)"
541) 『서경대전(書經大全)』, 「주서(周書)」·「군진2(君陳2)」: "옛날에 주공이 만민을 가르치고 보호해서 백성들이 그 덕을 그리워하니, 가서 네가 맡은 직책을 삼가고 그 떳떳함을 따라서 주공의 가르침을 힘써 밝히면 백성들이 다스려질 것이다.(昔周公, 師保萬民, 民懷其德, 往愼乃司, 玆率厥常, 懋昭周公之訓, 惟民其乂.)"
542) 『서경대전(書經大全)』, 「주서(周書)」·「군진(君陳)」: "진씨 아언이 말하였다 : '주공의 가르침은 덕을 밝힘에 있고, 법공의 가르침은 공경을 돈독하게 함에 있다. 그 덕을 밝힐 수 있으면 다스림이 이르지 않음이 없고, 공경을 돈독하게 할 수 있으면 덕이 밝지 않음이 없다. 덕을 밝히는 것은 다스림을 이루는 근본이고, 공경을 돈독하게 하는 것은 덕을 밝히는 공이어서 지극한 다스림의 궁극이니, 신명을 감동시키기 어려운 것도 오히려 또 감동시킬 수 있는데, 하물며 은나라의 완악한 백성들임에야 말해 무엇 하겠는가! 곧 이

> **集傳**
>
> 是訓也, 至精至微,

이 교훈은 지극히 정밀하고 지극히 은미하니,

> **詳說**
>
> ○ 至此, 三言精微.

여기까지 세 번 정밀하고 은미함을 말하였다.

> **集傳**
>
> 非日新不已, 深致敬篤之功, 孰能與於斯.

날로 새로워지고 그치지 아니하면서 공경하고 돈독히 하는 공부를 깊이 이루는 자가 아니면 누가 능히 여기에 참여하겠는가.

> **詳說**
>
> ○ 去聲.

'여(與)'는 거성이다.

> ○ 以論釋之.

경문의 의미 설명으로 해석했다.

[12-4-21-4]

> 凡人未見聖, 若不克見, 旣見聖, 亦不克由聖, 爾其戒哉. 爾惟風, 下民惟草.

모든 사람들이 성인을 보기 전에는 능히 보지 못할 듯이 여기다가 성인을 보고 나서는 또한 성인을 따르지 않으니, 너는 이것을 경계할지어다. 비유하면 너는 바람이고 하민(下民)은 풀이다.

> **集傳**
>
> 未見聖, 如不能得見,

른바 '주공의 가르침을 밝히면 그 백성들이 다스려질 것이다'는 것이다.'(陳氏雅言曰 : 周公之訓, 惟在於明德, 法公之訓, 惟在於篤敬. 能明其德, 則治無不至, 能篤於敬, 則德無不明. 明德者, 致治之本, 篤敬者, 明德之功. 至治之極, 雖神明之難感者, 猶且感之, 況殷之頑民乎. 即所謂懋昭周公之訓, 惟民其乂者也.)"

성인(聖人)을 보기 전에는 능히 보지 못할 듯이 여기다가

> 詳說

○ 陳氏雅言曰 : "秉彝, 好德之良心."
　　진씨 아언(陳氏雅言)이 말하였다 : "병이(秉彝)는 덕을 좋아하는 양심이다."543)

> 集傳

旣見聖, 不能由聖,
이미 성인(聖人)을 보고 나서는 또한 성인(聖人)을 따르지 못함은

> 詳說

○ 行也.
　　'유(由)'는 '행(行)'이다.

○ 陳氏雅言曰 : "氣稟物欲之所蔽."
　　진씨 아언(陳氏雅言)이 말하였다 : "기품과 물욕이 가린 것이다."544)

---

543) 『서경대전(書經大全)』, 「주서(周書)」·「군진(君陳)」 : "진씨 아언이 말하였다 : '평범한 사람들의 마음은 성인을 보기 전에는 보지 못할 듯이 여긴다. 병이(秉彝)는 덕을 좋아하는 양심인데, 성인을 보고 나서는 또 따르지 못할 듯이 하는 것은 기품과 물욕의 가린 것이다. 군진이 주공의 성스러움을 직접 보았으니, 가서 주공의 임무를 이어 평범한 사람들이 한갓 성인의 실정을 사모하는 것을 경계해야 한다는 것이다. 군자의 덕은 바람이고 소인의 덕은 풀이다. 이것은 덕으로 교화시키는 것은 신속하여 여전히 쉽다는 것으로 이른바 신묘하게 교화시키는 것이다. 군진이 이 주공의 가르침을 본받을 수 있으면, 평범한 사람이 성인을 따르지 못할 듯이 하게 되지 않는 것이다. 그렇게 하면, 백성들이 주공에게 의지하는 것을 나에게 의지하게 될 것이니, 바람이 불면 풀이 쏠리는 신속함으로는 교화를 따르는 쉬움에 대한 비유로 부족함이 있다. 여기에서는 위의 글에서 주공의 가르침을 밝히면 백성들이 다스려진다는 의미를 거듭 말하고, 그 말과 반대로 경계하여 본받아 힘쓸 것을 비유한 것이다.'(陳氏雅言曰 : 凡人之情, 未見聖, 則惟恐不能見聖者. 秉彝, 好德之良心也, 旣見聖, 則又不能由聖者, 氣稟物欲之所蔽也. 君陳親見周公之聖, 往繼周公之任, 其可不以常人徒然慕聖人之情爲戒哉. 君子之德, 風也, 小人之德, 草也. 此喩夫德化之速猶易, 所謂神而化之者. 君陳能式時周公之訓, 不至如常人之不克由聖. 則民將待周公者, 待我, 風行草偃之速, 有不足以喩其從化之易矣. 此申言上文懋昭周公之訓, 惟恢其乂之意, 而反其辭以戒之, 喩其效以勉之.)"

544) 『서경대전(書經大全)』, 「주서(周書)」·「군진(君陳)」 : "진씨 아언이 말하였다 : '평범한 사람들의 마음은 성인을 보기 전에는 보지 못할 듯이 여긴다. 병이(秉彝)는 덕을 좋아하는 양심인데, 성인을 보고 나서는 또 따르지 못할 듯이 하는 것은 기품과 물욕의 가린 것이다. 군진이 주공의 성스러움을 직접 보았으니, 가서 주공의 임무를 이어 평범한 사람들이 한갓 성인의 실정을 사모하는 것을 경계해야 한다는 것이다. 군자의 덕은 바람이고 소인의 덕은 풀이다. 이것은 덕으로 교화시키는 것은 신속하여 여전히 쉽다는 것으로 이른바 신묘하게 교화시키는 것이다. 군진이 이 주공의 가르침을 본받을 수 있으면, 평범한 사람이 성인을 따르지 못할 듯이 하게 되지 않는 것이다. 그렇게 하면, 백성들이 주공에게 의지하는 것을 나에게 의지하게 될 것이니, 바람이 불면 풀이 쏠리는 신속함으로는 교화를 따르는 쉬움에 대한 비유로 부족함이 있다. 여기에서는 위의 글에서 주공의 가르침을 밝히면 백성들이 다스려진다는 의미를 거듭 말하고, 그 말과 반대로 경계하여 본받아 힘쓸 것을 비유한 것이다.'(陳氏雅言曰 : 凡人之情, 未見聖, 則惟恐不能見聖者. 秉彝, 好德之良心也, 旣見聖, 則又不能由聖者, 氣稟物欲之所蔽也. 君陳親見周公之聖, 往繼周公之任, 其可不以常人徒然慕聖人之情爲戒哉. 君子之德, 風也, 小人之德, 草也. 此喩夫德化之速猶易, 所謂神而化之者. 君陳能

集傳

人情皆然, 君陳親見周公, 故特申戒以此.

인정(人情)이 다 그러하나 군진(君陳)은 직접 주공(周公)을 보았으므로 특별히 이로써 거듭 훈계한 것이다.

詳說

○ 陳氏雅言曰 : "此申言懋昭其乂之意, 而反其辭以戒之."

진씨 아언(陳氏雅言)이 말하였다 : "여기에서는 밝히면 다스려진다는 의미를 거듭 말하고, 그 말과 반대로 경계한 것이다."545)

○ 陳氏大猷曰 : "戒其勿如凡人也."

진씨 대유(陳氏大猷)가 말하였다 : "평범한 사람과 같지 말라고 경계한 것이다."546)

集傳

君子之德, 風也, 小人之德, 草也. 草上之風,

군자(君子)의 덕(德)은 바람이고 소인(小人)의 덕(德)은 풀이니, 풀에 바람이 가해지면

詳說

○ 加之以風

바람이 가해지는 것이다.

式時周公之訓, 不至如凡人之不克由聖. 則民將待周公者, 待我, 風行草偃之速, 有不足喩其從化之易矣. 此申言上文懋昭周公之訓, 惟其乂之意, 而反其辭以戒之, 喩民其效以勉之.)"
545) 『서경대전(書經大全)』, 「주서(周書)」·「군진(君陳)」 : "진씨 아언이 말하였다 : '평범한 사람들의 마음은 성인을 보기 전에는 보지 못할 듯이 여긴다. 병이(秉彝)는 덕을 좋아하는 양심인데, 성인을 보고 나서는 또 따르지 못할 듯이 하는 것은 기품과 물욕의 가린 것이다. 군진이 주공의 성스러움을 직접 보았으니, 가서 주공의 임무를 이어 평범한 사람들이 한갓 성인의 실정을 사모하는 것을 경계해야 한다는 것이다. 군자의 덕은 바람이고 소인의 덕은 풀이다. 이것은 덕으로 교화시키는 것은 신속하여 여전히 쉽다는 것으로 이른바 신묘하게 교화시키는 것이다. 군진이 이 주공의 가르침을 본받을 수 있으면, 평범한 사람이 성인을 따르지 못할 듯이 하게 되지 않는 것이다. 그렇게 하면, 백성들이 주공에게 의지하는 것을 나에게 의지하게 될 것이니, 바람이 불면 풀이 쏠리는 신속함으로는 교화를 따르는 쉬움에 대한 비유로 부족함이 있다. 여기에서는 위의 글에서 주공의 가르침을 밝히면 백성들이 다스려진다는 의미를 거듭 말하고, 그 말과 반대로 경계하여 본받아 힘쓸 것을 비유한 것이다.'(陳氏雅言曰 : 凡人之情, 未見聖, 則惟恐不能見聖者. 秉彝, 好德之良心也, 旣見聖, 則又不能由聖者, 氣稟物欲之所蔽也. 君陳親見周公之聖, 往繼周公之任, 其可不以常人徒慕聖人之情爲戒哉. 君子之德, 風也, 小人之德, 草也. 此喩夫德化之速易貫, 所謂神而化之者. 君陳能式時周公之訓, 不至如凡人之不克由聖. 則民將待周公者, 待我, 風行草偃之速, 有不足喩其從化之易矣. 此申言上文懋昭周公之訓, 惟民其乂之意, 而反其辭以戒之, 喩民其效以勉之.)"
546) 『서경대전(書經大全)』, 「주서(周書)」·「군진(君陳)」 : "진씨 대유가 말하였다 : '「경계할지어다.」라는 것은 평범한 사람과 같지 말라고 경계한 것이다.'(陳氏大猷曰 : 戒哉, 戒其勿如凡人也.)"

集傳
必偃,

반드시 쏠리니,

詳說
○ 出論語顏淵.

『논어』「안연」이 출처이다.547)

集傳
君陳克由周公之訓, 則商民, 亦由君陳之訓矣.

군진이 주공의 가르침을 잘 따르면 상나라 백성들 또한 군진의 가르침을 따를 것이다.

詳說
○ 補二句.

두 구를 보완하였다.

[12-4-21-5]
圖厥政, 莫或不艱, 有廢有興, 出入, 自爾師虞, 庶言同, 則繹.

정사를 도모하되 혹시라도 어렵게 여기지 않음이 없어서 폐할 것이 있고 일으킬 것이 있을 적에 출입하기를 너의 무리들로부터 헤아려 여러 말이 같거든 다시 생각하라.

集傳
師, 衆, 虞, 度也.

사(師)는 무리이고 우(虞)는 헤아림이다.

詳說
○ 入聲, 下同.

'탁(度)'는 입성으로 아래에서도 같다.

---

547) 『논어(論語)』「안연(顏淵)」: "군자의 덕은 바람과 같고 소인의 덕은 풀과 같다. 풀 위에 바람이 불면 풀은 반드시 쏠린다.(君子之德風, 小人之德草, 草上之風, 必偃.)"

集傳
言圖謀其政, 無小無大, 莫或不致其難,
정사를 도모하되 작은 것이나 큰 것 할 것 없이 혹시라도 어렵게 여기지 않음이 없어서

詳說
○ 難愼.
삼가기가 어려운 것이다.

集傳
有所當廢有所當興,
폐해야 할 것이 있고 일으켜야 할 것이 있을 적에

詳說
○ 呂氏曰 : "非變革周公之法, 蓋斟酌權量, 以求其當而已."
여씨(呂氏)가 말하였다 : "주공의 법을 고치지 않고 대개 참작하고 헤아려서 그 합당함을 구해야 할 뿐이다."548)

集傳
必出入反覆,
반드시 출입하고 반복하기를

詳說
○ 音福.
'복(覆)'은 음이 '복(福)'이다.

集傳
與衆共虞度之, 衆論
무리들과 함께 헤아려서 여러 의논이

詳說

---

548) 『서경대전(書經大全)』, 「주서(周書)」·「군진(君陳)」: "여씨가 말하였다 : '폐하고 일으킴은 주공의 법을 고치지 않고 대개 정사를 시행하는 사이에 참작하고 헤아려서 그 합당함을 구해야 할 뿐이다.'(呂氏曰 : 廢興者, 非更革周公之法, 蓋政事舉措之間, 斟酌權量, 以求其當而已.)"

○ 自.

'여(與)'는 경문에서 '자(自)'이다.

○ 庶言

'중론(衆論)'은 경문에서 '서언(庶言)'이다.

集傳

旣同, 則又紬繹

이미 같거든 또 실마리를 잡아

詳說

○ 音抽

'주(紬)'는 음이 '추(抽)'이다.

集傳

而深思之而後行也.

깊이 생각한 뒤에 행하라고 말한 것이다.

詳說

○ 添行字.

'행(行)'자를 더하였다.

○ 陳氏雅言曰 : "廢興, 卽所圖謀之政也. 虞繹, 卽致其艱矣."

진씨 아언(陳氏雅言)이 말하였다 : "폐하고 일으킴은 곧 도모하는 정사이다. 헤아리고 생각함은 곧 그 어려움을 이루는 것이다."[549]

集傳

蓋出入, 自爾師虞者, 所以合乎人之同, 庶言同, 則繹者, 所以斷於己之獨.

출입하기를 너의 무리들로부터 헤아리라는 것은 남들과 똑같이 함에 합하는 것이며, 여러 말이 같거든 다시 생각하라는 것은 자기 혼자 함에 결단하는 것이다.

---

[549] 『서경대전(書經大全)』, 「주서(周書)」·「군진(君陳)」 : "진씨 아언이 말하였다 : '일에 폐해야 할 것이 있고, 일에 일으켜야 할 것이 있다는 것은 곧 도모하는 정사이다. 사람에 대해 헤아리고 자신에 대해 생각함은 곧 그 어려움을 이루는 것이다.'(陳氏雅言曰 : 事有當廢, 事有當興, 卽所圖謀之政也. 虞之於人, 繹之於己, 卽能致其艱者矣.)"

詳說

○ 都玩反.

'단(斷)'은 음이 '도(都)'와 '완(玩)'의 반절이다.

集傳

孟子

맹자(孟子)가

詳說

○ 梁惠王.

「양혜왕」이다.550)

集傳

曰國人皆曰賢, 然後察之, 國人皆曰可殺, 然後察之. 庶言同, 則繹之謂也.

말씀하기를 "국인(國人)이 모두 어질다고 말한 뒤에 살펴보고, 국인이 모두 죽일 만하다고 말한 뒤에 살펴본다."라고 하였으니, 여러 말이 같으면 다시 생각함을 말한 것이다.

詳說

○ 蓋, 以下, 論也.

'개(蓋)' 이하는 경문의 의미 설명이다.

[12-4-21-6]

爾有嘉謀嘉猷, 則入告爾后于內, 爾乃順之于外, 曰斯謀斯猷, 惟我后之德. 嗚呼, 臣人咸若時, 惟良顯哉.

너는 아름다운 꾀와 아름다운 계책이 있거든 들어와 안에서 네 임금에게 고(告)하고, 너는 마침내 밖에 가르쳐 말하기를 '이 꾀와 이 계책은 우리 임금님의 덕이다.'라고 하라. 아! 신하가 모두 이와 같이 하여야 어질고 드러날 것이다."

---

550) 『맹자(孟子)』「양혜왕하(梁惠王下)」: "좌우의 측근들이 모두 유능하다고 말해도 아직 안 된다. 여러 대부들이 모두 유능하다고 말해도 아직 안 된다. 나라 안의 사람들이 모두 유능하다고 말한 연후에 살펴보고서 유능한 것을 확인한 뒤에 임용해야 한다.(左右皆曰賢, 未可也. 諸大夫皆曰賢, 未可也. 國人皆曰賢, 然後察之, 見賢焉, 然後用之.)"

集傳
言切於事, 謂之謀, 言合於道, 謂之猷.
말이 일에 간절함을 모(謀)라 하고, 말이 도(道)에 합함을 유(猷)라 하니,

詳說
○ 並該前節.
앞의 절까지 아울러 갖추었다.

集傳
道與事, 非二也, 各擧其甚者言之.
도(道)와 일은 두 가지가 아님을 각기 그 심한 것을 들어 말한 것이다.

詳說
○ 順宣布也.
순하게 선포한 것이다.

○ 陳氏大猷曰 : "臣人, 猶言人臣."
진씨 대유(陳氏大猷)가 말하였다 : "신인(臣人)은 인신(人臣)이라고 말하는 것과 같다."551)

集傳
良以德言, 顯以名言. 或曰, 成王擧君陳前日已陳之善, 而歎息以美之也.
양(良)은 덕으로 말하였고, 현(顯)은 명성으로 말한 것이다. 어떤 이는 "성왕이 군진이 전일(前日)에 이미 말했던 훌륭한 말을 거론하여 탄식하고 찬미한 것이다."라고 하였다.

詳說
○ 西山眞氏曰 : "呂氏前日善之說, 亦回護之辭耳."
서산 진씨(西山眞氏)가 말하였다 : "여씨의 전일에 훌륭했다는 말 역시 두둔하는 말이다."552)

---

551) 『서경대전(書經大全)』, 「주서(周書)」·「군진(君陳)」: "진씨 대유가 말하였다 : '신인(臣人)은 인신(人臣)이라고 말하는 것과 같다.'(陳氏大猷曰 : 臣人猶言人臣.)"
552) 『서경대전(書經大全)』, 「주서(周書)」·「군진(君陳)」: "서산 진씨가 말하였다 : '훌륭함은 임금에게 칭찬하고 아름다움을 품고 임금을 따라야 한다. 이 의미는 신하로 자처하는 자는 알아야 할 것이다. 만약 임금이

○ 或, 以下, 論也.
'혹(或)' 이하는 경문의 의미 설명이다.

集傳
○ 葛氏曰, 成王殆失斯言矣. 欲其臣善, 則稱君
갈씨(葛氏)가 말하였다. "성왕(成王)이 자못 이 말씀에 실수하였다. 신하가 선(善)하게 하는 것에는 군주를 칭하고자 함은

詳說
○ 四字. 出禮記坊記.
선하게 하는 것에는 군주를 칭한다는 것은 『예기(禮記)』「방기(坊記)」가 출처이다.553)

集傳
人臣之細行也.
신하의 작은 행실이다.

詳說
○ 去聲.
'행(行)'은 거성이다.

集傳
然君旣有是心, 至於有過, 則將使誰執哉. 禹聞善言則拜,
그러나 군주가 이러한 마음이 있다면 잘못이 있음에 이를 경우 누가 바로 잡게 해야 하겠는가? 우왕(禹王)은 선언(善言)을 들으면 절하였고,

詳說
○ 出孟子公孫丑
『맹자』「공손추」가 출처이다.554)

이것을 그 신하에게 말하는 것은 안된다. …. 여씨의 설도 두둔하는 말이다.'(西山眞氏曰 : 善則稱君, 含美從王. 此義乃人臣自處者, 所當知. 若君以是語其臣, 則不可也. …. 呂氏說, 亦回護之辭耳.)"
553) 『예기(禮記)』「방기(坊記)」: "선은 군주를 칭하고 잘못은 자기를 칭하면 백성들이 충성을 진작한다.(善則稱君, 過則稱己, 則民作忠.)"
554) 『맹자(孟子)』「공손추상(公孫丑上)」: "자로는 남이 잘못이 있다고 알려주면 기뻐하였고, 우(禹) 임금은 선한 말을 들으면 절을 하였으며, 대순은 더 위대하여 자신의 훌륭한 면을 남과 함께하였고 남에게 훌륭한

集傳
湯改過不吝,
탕왕(湯王)은 과실을 고침에 인색하지 않았으니,

詳說
○ 見仲虺之誥.
「중훼지고(仲虺之誥)」에 보인다.555)

集傳
端不爲此言矣. 嗚呼, 此其所以爲成王歟.
결단코 이러한 말씀을 하지 않았을 것이다. 아! 이것이 그 성왕(成王)이 된 이유일 것이다."

詳說
○ 止爲.
'위(爲)'는 '~된 것에 그쳤다[止爲]'는 것이다.

○ 新安陳氏曰 : "成王此言, 前此聖帝明王未有也, 葛眞之疑, 亦未爲過. 蓋恐啓導諛之漸也."
신안 진씨(新安陳氏)가 말하였다 : "성왕의 이 말은 이보다 앞의 성제와 명왕에게는 없던 것으로 갈씨와 진씨의 의심이 또한 지나친 것이 아니니, 대개 아첨으로 점차 이끌게 될 것을 염려하기 때문이다."556)

○ 按, 此亦非泰誓註所云, 非盡本文者歟.
살펴보건대, 여기도 「태서」의 주에서 말한 것이 아니니, 본문을 다한 것은 아니다.

바가 있으면 자신을 버리고 따랐다.(子路人告之以有過則喜, 禹聞善言則拜, 大舜有大焉, 善與人同, 舍己從人.)
555)『서경대전(書經大全)』,「상서(商書)」·「중훼지고5仲虺之誥5」: "왕께서는 음악과 여색을 가까이 하지 않으시고, 재화와 이익을 증식하지 않으시며, 덕이 많은 자에게는 관직을 성대하게 내리시고, 공이 많은 자에게는 상을 성대하게 내리시며, 사람을 등용함에 자신으로 생각하고, 허물을 고침에 인색하게 하지 않으시며, 능히 너그럽고 능히 인하여 드러내서 조민(兆民)들에게 믿음을 받으셨습니다.(惟王不邇聲色, 不殖貨利, 德懋懋官, 功懋懋賞, 用人惟己, 改過不吝, 克寬克仁, 彰信兆民.)"
556)『서경대전(書經大全)』,「주서(周書)」·「군진(君陳)」: "신안 진씨가 말하였다 : '…. 또 살펴보건대, 성왕의 이 말은 이보다 앞의 성제와 명왕에게는 이런 것이 없던 것으로 갈씨와 진씨의 의심이 또한 지나친 것이 아니니, 대개 아첨으로 점차 이끌게 될 것을 염려하기 때문이다.'(新安陳氏曰 : …. 又按, 成王此言, 前此聖帝明王未有是也. 葛眞之疑, 亦未爲過, 蓋恐啓導諛之漸也.)"

[12-4-21-7]

王曰, 君陳, 爾惟弘周公丕訓, 無依勢作威, 無倚法以削, 寬而有制, 從容以和.

왕이 말씀하였다. "군진아! 너는 주공의 큰 가르침을 넓히고 세력에 의지하여 위엄을 부리지 말며, 법에 의지하여 침해하지 말고, 너그러우면서도 제재가 있으며, 종용(從容)히 하여 화(和)하도록 하라.

詳說

○ 從, 七容反, 諺音誤.

'종(從)'은 음이 '칠(七)'과 '용(容)'의 반절이니, 『언해』의 음이 잘못되었다.

集傳

此篇言周公訓者, 三, 曰懋昭, 曰式時, 至此, 則弘周公之丕訓, 欲其益張而大之也. 君陳, 何至依勢以爲威, 倚法以侵削者.

이 편에 주공(周公)의 가르침을 말한 것이 세 번이니, "힘써 밝히라."557)라고 하고, "이것을 본받으라."558)라고 하였고, 여기에서는 "주공(周公)의 큰 가르침을 넓히라."라고 하였으니, 더욱 넓혀서 키우고자 한 것이다. 군진(君陳)이 어찌 세력에 의지하여 위엄을 부리며, 법에 의지하여 백성들을 침삭(侵削)함에 이르는 자이겠는가?

詳說

○ 孔氏曰 : 行刻削之政.

공씨(孔氏)가 말하였다 : "깎아먹는 정사를 행하는 것이다."559)

集傳

---

557) 『서경대전(書經大全)』, 「주서(周書)」·「군진2(君陳2)」: "옛날에 주공(周公)이 만민(萬民)을 가르치고 보호해서 백성들이 그 덕을 그리워하니, 가서 네가 맡은 직책을 삼가고 그 떳떳함을 따라서 주공(周公)의 가르침을 힘써 밝히면 백성들이 다스려질 것이다.(昔周公, 師保萬民, 民懷其德, 往愼乃司, 玆率厥常, 懋昭周公之訓, 惟民其乂.)"
558) 『서경대전(書經大全)』, 「주서(周書)」·「군진3(君陳3)」: "내 들으니 '지극한 정치는 향기로워 신명(神明)에 감동되니 서직(黍稷)이 향기로운 것이 아니라 밝은 덕이 향기롭다.'라고 하였다. 너는 부디 이 주공(周公)의 유훈(猷訓)을 본받아서 날로 부지런히 하고 부지런히 하여 감히 일예(逸豫)하지 말라.(我聞, 曰至治馨香, 感于神明, 黍稷非馨, 明德惟馨. 爾尙式時周公之猷訓, 惟日孜孜, 無敢逸豫.)"
559) 『서경대전(書經大全)』, 「주서(周書)」·「군진(君陳)」: "공씨가 말하였다 : '법도에 의지해서 깎아먹는 정사를 행하지 말라는 것이다.'(孔氏曰 : 無倚法制, 以行刻削之政.)"

然勢我所有也, 法我所用也, 喜怒予奪奪
그러나 세력은 자신이 소유하였고 법은 자신이 쓰고 있으니, 기뻐하고 노여워하고 주고 빼앗음에

> 詳說
> ○ 音與.
> '여(予)'는 음이 '여(與)'이다.

> 集傳
> 毫髮不於人而於己, 是私意也, 非公理也. 安能不作威以削乎. 君陳之世, 當寬和之時也. 然寬不可一於寬, 必寬而有其制,
> 털끝만큼이라도 상대방으로 하지 않고 자신으로 한다면 이것은 사의(私意)이고 공리(公理)가 아니다. 어찌 위엄을 부리고 침해하지 않는 것이겠는가? 군진(君陳)의 세대는 너그럽고 화하게 해야 할 때이다. 그러나 너그러움은 너그러움에 한결같지 말고 반드시 너그러우면서도 제재가 있어야 하며,

> 詳說
> ○ 呂氏曰 : "品制."
> 여씨(呂氏)가 말하였다 : "품등으로 규정하는 것이다."560)

> 集傳
> 和不可一於和, 必從容以和之.
> 화함은 화함에 한결같지 말고 반드시 종용히 화해야 한다.

> 詳說
> ○ 鄒氏季友曰 : "從容, 則有和之意."
> 추씨 계우(鄒氏季友)561)가 말하였다 : "종용에는 화하게 함이 있는 의미이다."

---

560) 『서경대전(書經大全)』, 「주서(周書)」·「군진(君陳)」: "여씨가 말하였다 : '주공의 가르침이 큰데도 여전히 그것을 넓히고자 할 경우에는 전인의 정사를 이어받아야 하는 것이다. …. 어찌 종용히 화할 수 있겠는가? 품등으로 규정하는 가운데에서 길들여 조화롭게 기뻐하게 하고, 범위의 안에서 노닐고 놀며 따르고 기르면, 이것이 화하게 하는 것이다.' 또 말하였다 : '너그러우면서도 제재가 있다.'는 것이 종용히 화하는 것으로 이것이 가장 어렵다. 일반 사람들은 막으려고 하면 대부분 잘못되니, 박절해서 화한 기운이 없는 것이다. 이것은 너그러울지라도 제재가 있는 것이고 제재가 있을지라도 화하게 할 수 있는 것이다.'(呂氏曰 : 周公之訓大矣, 猶欲弘之者, 繼前人之政. …. 安能從容以和乎. 馴擾調娛於品制之中, 游息化養於範圍之內, 斯其所以和也. 又曰, 寬而有制, 從容以和, 此最難. 常人欲為防閑, 則多失之, 迫切無和氣. 此雖寬而有制, 雖有制而能和.)"

○ 呂氏曰 : "雖寬而有制, 雖有制而能和."

여씨(呂氏)가 말하였다 : "너그러울지라도 제재가 있고 제재가 있을지라도 화하게 할 수 있는 것이다."562)

集傳

而後可以和厥中也.

그런 뒤에야 중도(中道)에 화할 것이다.

詳說

○ 見畢命.

「필명」에 보인다.563)

○ 夏氏曰 : "商民不犯法者, 待之當如此. 下言入於法者."

하씨(夏氏)가 말하였다 : "상나라 백성들이 범법하지 않는 것은 대우함이 당연히 이와 같기 때문이다. 아래에서는 법으로 들어가는 경우에 대해 말하였다."564)

---

561) 『서경대전(書經大全)』, 「상서(商書)」·「중훼지고(仲虺之誥)」에는 황보밀(皇甫謐)의 말로 되어 있다. 황보밀(皇甫謐, 215년 ~ 282년)은 서진(西晉) 안정(安定) 조나(朝那) 사람으로 자는 사안(士安)이고, 어릴 때 이름은 정(靜)이며, 자호는 현안선생(玄晏先生)이다. 황보숭(皇甫嵩)의 증손이다. 젊었을 때 거침없이 방탕하여 사람들이 미치광이라고 여겼다. 20살 무렵부터 부지런히 공부해 게으르지 않았다. 집이 가난해 직접 농사를 지었는데, 책을 읽으면서 밭갈이를 함으로써 수많은 서적들을 통독했다. 나중에 질병에 걸렸으면서도 손에서 책을 놓지 않고 저술에 전심하느라 밥 먹는 것도 잊어버려 사람이 서음(書淫)이라 했다. 무제(武帝) 때 부름을 받았지만 나가지 않았다. 무제가 책 한 수레를 하사했다. 자신의 병을 고치려고 의학서를 읽어 가장 오랜 침구 관련서인 『침구갑을경(鍼灸甲乙經)』을 편찬했다. 역사에도 조예가 깊어 『제왕세기(帝王世紀)』와 『연력(年歷)』, 『고사전(高士傳)』, 『일사전(逸士傳)』, 『열녀전(列女傳)』, 『현안춘추(玄晏春秋)』 등을 지었다.
562) 『서경대전(書經大全)』, 「주서(周書)」·「군진(君陳)」: "여씨가 말하였다 : '주공의 가르침이 큰데도 여전히 그것을 넓히고자 할 경우에는 전인의 정사를 이어받아야 하는 것이다. …. 어찌 종용히 화할 수 있겠는가? 품등으로 규정하는 가운데에서 길들여 조화롭게 기뻐하게 하고, 범위의 안에서 노닐고 놀며 따르고 기르면, 이것이 화하게 하는 것이다.' 또 말하였다 : '너그러우면서도 제재가 있다.'는 것이 종용히 화하는 것으로 이것이 가장 어렵다. 일반 사람들은 막으려고 하면 대부분 잘못되니, 박절해서 화한 기운이 없는 것이다. 이것은 너그러울지라도 제재가 있는 것이고 제재가 있을지라도 화하게 할 수 있는 것이다.'(呂氏曰 : 周公之訓大矣, 猶欲弘之者, 繼前人之政. …. 安能從容以和乎. 馴擾調娛於品制之中, 游息化養於範圍之内, 斯其所以和也. 又曰, 寬而有制, 從容以和, 此最難. 常人欲為防閑, 則多失之, 迫切無和氣. 此雖寬而有制, 雖有制而能和.)"
563) 『서경대전(書經大全)』, 「주서(周書)」·「필명-13(畢命-13)」: "주공(周公)이 능히 그 처음을 삼가고, 군진(君陳)이 능히 그 중도를 화(和)하게 하였다. 공(公)이 능히 그 끝을 이루고 세 후(后)가 마음을 합하여 함께 도(道)에 이르러, 도(道)가 흡족하고 정사가 다스려져서 은택이 생민(生民)들에게 윤택하여 좌임(左)한 사방의 오랑캐들이 모두 의뢰하지 않음이 없으니, 나 소자(小子)는 길이 많은 복에 응(應)할 것이다.(惟周公, 克慎厥始, 惟君陳, 克和厥中. 惟公, 克成厥終, 三后協心, 同底于道, 道洽政治, 澤潤生民, 四夷左衽, 罔不咸賴, 予小子, 永膺多福.)"
564) 『서경대전(書經大全)』, 「주서(周書)」·「군진(君陳)」: "하씨가 말하였다 : '여기에서는 상나라 백성들이 범법하지 않는 것은 대우함이 당연히 이와 같음을 말하였고, 아래에서는 불행하게 법으로 들어가는 것은 대

[12-4-21-8]

殷民在辟, 予曰辟, 爾惟勿辟, 予曰宥, 爾惟勿宥, 惟厥中.

은(殷)나라 백성이 죄에 있거든 내가 죄를 주라 하여도 너는 죄를 주지 말며, 내가 용서하라 하여도 너는 용서하지 말고 오직 알맞게 하라.

詳說
○ 辟, 婢亦反, 下並同.

'벽(辟)'은 음이 '비(婢)'와 '역(亦)'의 반절이고, 아래에서도 같다.

集傳
上章成王慮君陳之徇己, 此則慮君陳之徇君也.

위의 장에서는 성왕(成王)이 군진(君陳)이 자신의 사욕을 따름을 염려하였고, 여기서는 군진(君陳)이 임금을 따름을 염려한 것이다.

詳說
○ 先論提.

먼저 총괄해서 제시했다.

集傳
言殷民之在刑辟者, 不可徇君以爲生殺,

은(殷)나라 백성 중에 형벽에 있는 자를 군주를 따라 살리거나 죽여서는 안되고,

詳說
○ 錯擧.

서로 비교하도록 열거했다.

集傳
惟當審其輕重之中也.

오직 그 경중의 알맞음을 살펴야 한다는 말이다.

우함이 당연히 이와 같음을 말하였다. ….'(夏氏曰 : 此言商民不犯法者, 待之當如此, 其下, 則言不幸入於法者, 待之當如此. ….)"

[12-4-21-9]

有弗若于汝政, 弗化于汝訓, 辟以止辟, 乃辟.

너의 정사에 순종하지 않고 너의 가르침에 교화되지 않는 자가 있거든 형벌하여 형벌을 그칠 수 있어야 이에 형벌하라.

集傳

其有不順于汝之政, 不化于汝之訓, 刑之可也.

너의 정사에 순종하지 않고 너의 가르침에 교화되지 않는 자가 있으면 형벌함이 가하다.

詳說

○ 若.

'순(順)'은 경문에서 '약(若)'이다.

○ 添此句.

여기의 구를 더하였다.

集傳

然刑期無刑,

그러나 형벌은 형벌이 없음을 기약하여야 하니,

詳說

○ 見大禹謨.

「대우모」에 보인다.[565]

集傳

刑而可以止刑者, 乃刑之. 此終上章之辟.

형벌하면서도 형벌이 그칠 수 있는 경우에야 이에 형벌하라. 여기는 위의 장에서

---

565) 『서경대전(書經大全)』, 「우서(虞書)」・「대우모-11(大禹謨-11)」 : "제순(帝舜)이 말씀하였다. '고요야! 이 신하와 백성들이 혹시라도 나의 정사를 범하는 자가 없는 것은 네가 사사(士師)가 되어서 오형(五刑)을 밝혀 오품(五品)의 가르침을 도와 나를 다스려짐에 이르도록 기약하였기 때문이다. 형벌을 쓰되 형벌이 없는 경지에 이를 것을 기약하여 백성들이 중도(中道)에 맞는 것이 이 너의 공이니, 힘쓸지어다.(帝曰, 皐陶, 惟茲臣庶 罔或干予正, 汝作士, 明于五刑, 以弼五敎, 期于于治. 刑期于無刑, 民協于中, 時乃功, 懋哉.)"

의 형벌함을 끝맺은 것이다.

> 詳說

○ 此句, 論也.
여기의 구는 경문의 의미 설명이다.

[12-4-21-10]
狃于姦宄, 敗常亂俗, 三細, 不宥.

간궤(姦宄)에 익숙하며 떳떳함을 무너뜨리고 풍속을 어지럽힘 이 세 가지는 작은 죄라도 용서하지 말아야 한다.

> 詳說

○ 狃, 女九反. 宄, 諺音誤, 與舜典盤庚等, 自相矛盾. 敗, 必邁反.
'뉴(狃)'는 음이 '여(女)'와 '구(九)'의 반절이다. '궤(宄)'는 『언해』의 음이 잘못되었으니, 「순전」「반경」 등과 저절로 서로 모순된다. '패(敗)'는 음이 '필(必)'과 '매(邁)'의 반절이다.

> 集傳

狃, 習也. 常, 典常也. 俗, 風俗也. 狃于姦宄, 與夫
유(狃)는 익힘이다. 상(常)은 떳떳한 법이고, 속(俗)은 풍속이다. 간궤(姦)에 익숙한 자와

> 詳說

○ 音扶
'부(夫)'는 음이 '부(扶)'이다.

> 集傳

毁敗典常, 壞亂風俗,
전상(典常)을 훼패(毁敗)하고 풍속을 괴란(壞亂)시킴은

> 詳說

○ 音怪.
'괴(壞)'는 음이 '괴(怪)'이다.

|集傳|

人犯此三者, 雖小罪,
사람이 이 세 가지를 범하면 비록 작은 죄라도

|詳說|

○ 細.
'소죄(小罪)'는 경문에서 '세(細)'이다.

|集傳|

亦不可宥, 以其所關者, 大也.
또한 용서하지 말아야 하니, 관계되는 바가 크기 때문이다.

|詳說|

○ 添此句.
여기의 구를 더하였다.

|集傳|

此終上章之宥.
여기는 위의 장에서의 용서함을 끝맺은 것이다.

|詳說|

○ 此句, 論也.
여기의 구는 경문의 의미 설명이다.

[12-4-21-11]
爾無忿疾于頑, 無求備于一人.

너는 완악함에 분해하거나 미워하지 말며, 한 지아비에게 완비하기를 구하지 말라.

|詳說|

○ 無, 毋通.
'무(無)'는 '무(毋)'와 통한다.

集傳
無忿疾人之所未化,
사람이 교화되지 않는 것에 분해하거나 미워하지 말며,

詳說
○ 頑.
'미화(未化)'는 경문에서 '완(頑)'이다.

集傳
無求備人之所不能.
사람이 능하지 못한 것에 완비하기를 구하지 말라.

詳說
○ 陳氏曰 : "下兩節分言無忿疾無求備之意."
진씨(陳氏)가 말하였다 : "아래의 두 절은 분해하거나 미워하지 말고 완비하기를 구하지 말라는 것을 나눠 말한 것이다."566)

○ 無求備句, 以論語考之, 本周公戒伯禽者, 而成王與聞之耳.
'완비하기를 구하지 말라.'는 구는 『논어』로 상고하면 본디 주공이 백금에게 경계한 것인데, 성왕이 함께 들은 것일 뿐이다.567)

---

566) 『서경대전(書經大全)』, 「주서(周書)」·「군진(君陳)」 : "진씨가 말하였다 : '완악해서 교화를 따르지 않는 자는 분해하거나 미워해서는 안되고, 교화를 따르는 자는 도와서 빼어나게 해야 하지만 완비하기를 구해서는 안되니, 아래의 글에서 나눠 말한 것이다. 「반드시 참음이 있어야 한다.」는 것에서 「덕이 이에 커질 것이다.」까지는 곧 「완악함에 분해하거나 미워하지 말라.」는 의미이고, 「직무를 잘 닦는 자」부터 「혹 어질지 못한 자를 이끌도록 하라.」는 것까지는 「완비하기를 구하지 말라.」는 의미이다.'(陳氏曰 : 頑不率教者, 不可疾之. 率教者, 則當獎拔之, 然不可以求備. 下文分言之, 必有忍, 至德乃大, 即無忿疾于頑之意, 簡厥脩, 至率其或不良, 即無求備之意.)"
567) 『논어(論語)』「미자(微子)」 : "주공(周公)이 노공(魯公)에게 이르셨다. '군자(君子)는 그 친척을 버리지 아니하며, 대신(大臣)으로 하여금 써주지 않음을 원망하지 않게 하며, 옛 친구나 선임자가 큰 연고가 없으면 버리지 않으며, 한 사람에게 완비하기를 요구하지 않는다.'(周公謂魯公曰, 君子不施其親, 不使大臣怨乎不以, 故舊無大故, 則不棄也, 無求備於一人.)"

[12-4-21-12]
必有忍, 其乃有濟, 有容, 德乃大.

반드시 참음이 있어야 이에 이룸이 있으며, 포용함이 있어야 덕이 이에 커질 것이다.

集傳

孔子

공자(孔子)가

詳說

○ 論語陽貨.

『논어(論語)』「양화(陽貨)」이다.

集傳

曰小不忍, 則亂大謀. 必有所忍, 而後能有所濟. 然此猶有堅制力蓄之意, 若洪裕寬綽恢恢乎有餘地者, 斯乃德之大也.

말씀하기를 "작은 일을 참지 않으면 큰일을 어지럽힌다."라고 하였으니, 반드시 참는 바가 있은 뒤에 이루는 바가 있는 것이다. 그러나 여기에는 오히려 억지로 제재하고 힘써 저지하는 뜻이 있으며, 홍유(洪裕)하고 관작(寬綽)하여 회회(恢恢)하게 여지(餘地)가 있는 것으로 말하면 이것이야말로 바로 덕의 큼이다.

詳說

○ 陳氏傅良曰 : "習忍, 可以至容."

진씨 부량(陳氏傅良)568)이 말하였다 : "참음을 익혀야 포용함에 이를 수 있다."569)

---

568) 진부량(陳傅良, 1137~1203) : 남송 온주(溫州) 서안(瑞安) 사람으로 자는 군거(君擧)이고, 호는 지재(止齋)이며, 시호는 문절(文節)이다. 문장으로 당대 이름을 크게 떨쳤고, 장식(張栻), 여조겸(呂祖謙)과 교유했다. 효종(孝宗) 건도(乾道) 8년(1172) 진사(進士)가 되고, 복주통판(福州通判)을 거쳐 이부원외랑(吏部員外郞)에 올랐다. 윤대(輪對)에서 민력(民力)을 아끼는 것을 근본으로 삼아야 한다고 강력하게 주장했다. 광종(光宗) 소희(紹熙) 4년(1193) 기거사인겸권중서사인(起居舍人兼權中書舍人)이 되었다. 영종(寧宗)이 즉위하자 불려 중서사인 겸 시독(侍讀)에 오르고, 학사원(學士院)에 있으면서 실록원편수(實錄院編修)를 지냈다. 비서소감(祕書少監)을 거쳐 보모각대제(寶謨閣待制)까지 역임했다. 영가학파(永嘉學派)의 창시자 설계선(薛季宣)과 정백웅(鄭伯熊)에게 수학했다. 학문 성향은 성리(性理)에 대해 공리공담하는 것을 반대하고 경세치용을 중시했다. 저서에 『주례설(周禮說)』과 『춘추후전(春秋後傳)』, 『좌씨장지(左氏章指)』, 『모시해고(毛詩解詁)』, 『지재론조(止齋論祖)』, 『지재문집(止齋文集)』, 『건륭편(建隆編)』등이 있다.

569) 『서경대전(書經大全)』, 「주서(周書)」·「군진(君陳)」: "진씨 부량(陳氏傅良)이 말하였다 : '참음을 익혀야 이룸을 얻을 수 있다.'(陳氏傅良曰 : 習忍, 可以得濟.)"

集傳

忍, 言事, 容, 言德, 各以深淺言也.

인(忍)은 일을 말하고 용(容)은 덕을 말하였으니, 각기 깊고 얕음으로써 말한 것이다.

詳說

○ 以論釋之.

경문의 의미 설명으로 해석했다.

○ 張氏曰 : "無忿疾, 忍也, 無求備, 容也."

장씨(張氏)가 말하였다 : "'분해하거나 미워하지 말라.'는 것은 참음이고, '완비하기를 구하지 말라.'는 것은 포용함이다."

○ 林氏曰 : "句踐於吳, 太王於狄, 忍也, 湯於葛, 文王於昆夷, 容也."

임씨(林氏)가 말하였다 : "구천(句踐)이 오나라에 대한 것과 태왕(太王)이 적(狄)에 대한 것은 참음이고, 탕(湯)이 갈(葛)에 대한 것과 문왕(文王)이 곤이(昆夷)에 대한 것은 포용함이다."570)

[12-4-21-13]

簡厥修, 亦簡其或不修, 進厥良, 以率其或不良.

직무를 잘 닦는 자를 선발하되 또한 혹 닦지 못하는 자를 간발하며, 어진 사람을 진용(進用)하여 혹 어질지 못한 자를 이끌도록 하라.

集傳

王氏曰 : 修, 謂其職業, 良, 謂其行義.

왕씨(王氏)가 말하였다. "수(修)는 직무을 이르고 양(良)은 품행을 이른다.

---

570) 『서경대전(書經大全)』, 「주서(周書)」・「군진(君陳)」 : "임씨가 말하였다 : '⋯'. 또 말하였다 : '구천이 오나라에 대한 것과 태왕이 적에 대한 것은 참음인데 가령 참지 못했다면 망하게 되었을 것이니 그 어찌 이루었겠는가? 탕이 갈에 대한 것과 문왕이 곤이에 대한 것은 포용함이다.'(林氏曰 : ⋯. 又曰 : 句踐于吳, 太王于狄, 忍也, 使其不忍, 則趣亡矣, 其何以濟. 湯之于葛, 文王于昆夷, 容也. ⋯.)"

> 詳說

○ 去聲, 下竝同.
'행(行)'은 거성으로 아래에서도 모두 같다.

> 集傳

職業有修與不修, 當簡而別之
직업은 닦여지고 닦여지지 않음이 있으니, 간발하여 구별하면

> 詳說

○ 擇也.
'간(簡)'은 택하는 것이다.

○ 彼列反
'별(別)'은 음이 '피(彼)'와 '렬(列)'의 반절이다.

> 集傳

則人勸功
사람들이 공(功)을 권면하고,

> 詳說

○ 添此句.
여기의 구를 더하였다.

> 集傳

進行義之良者, 以率其不良, 則人勵行.
행의(行義)가 어진 자를 등용하여 어질지 못한 자를 이끌게 하면 사람들이 행실을 힘쓴다."

> 詳說

○ 添此句.
여기의 구를 더하였다.

[12-4-21-14]

惟民生厚, 因物有遷. 違上所命, 從厥攸好. 爾克敬典在德, 時乃罔不變, 允升于大猷, 惟予一人, 膺受多福, 其爾之休, 終有辭於永世.

백성들이 태어날 때는 후하나 물건에 따라 옮겨가니, 윗사람의 명령하는 바를 어기고 그 윗사람의 좋아하는 바를 따른다. 네가 능히 떳떳한 도를 공경하되 덕에 있게 하면 이에 변하지 않는 자가 없어 진실로 대도에 오를 것이니, 나 한 사람이 많은 복을 응하여 받을 것이며, 너의 아름다움도 끝내 영원한 세상에 훌륭한 명성이 있을 것이다."

詳說
○ 好, 去聲.
'호(好)'는 거성이다.

集傳
言斯民之生, 其性本厚,
이 백성이 태어날 때에는 그 성(性)이 본래 후(厚)하나

詳說
○ 添性字.
'성(性)'자를 더하였다.

集傳
而所以澆薄者,
각박하게 되는 까닭은

詳說
○ 堅堯反.
'요(澆)'는 음이 '견(堅)'과 '요(堯)'의 반절이다.

集傳
以誘於習俗, 而爲物所遷耳. 然厚者旣可遷而薄, 則薄者豈不可反而厚乎.
습속(習俗)에 유인되어 물건에게 옮겨지는 바가 되기 때문이다. 그러나 후한 것이

옮겨져서 박해졌으면 박한 것이 어찌 돌아가 후해지지 않겠는가?

詳說

○ 夏氏曰：“其本厚者, 未嘗不存.”
하씨(夏氏)가 말하였다：“그 본래 후한 것은 본래 존재하지 않은 적이 없었다.”571)

集傳

反薄歸厚, 特非聲音笑貌之所能爲爾.
박한 것을 돌이켜 후함으로 돌아가게 함은 다만 음성이나 웃음과 모양으로 할 수 있는 것이 아니다.

詳說

○ 此句, 見孟子公孫丑.
여기의 구는 『맹자(孟子)』 「공손추(公孫丑)」에 보인다.572)

集傳

民之於上, 固不從其令, 而從其好,
백성들은 윗사람에 대하여 진실로 그 명령을 따르지 않고 그 좋아함을 따르니,

詳說

○ 亦指上.
‘기(其)’도 윗사람을 가리킨다.

集傳

大學言, 其所令反其所好, 則民不從, 亦此意也. 敬典者, 敬其君臣父子兄弟夫婦朋友之常道也,
『대학(大學)』에 “그 명령하는 바가 좋아하는 바와 반대이면 백성이 따르지 않는다.”고 하였으니, 또한 이러한 뜻이다. 경전(敬典)은 군신(君臣)·부자(父子)·형제(兄

---

571) 『서경대전(書經大全)』, 「주서(周書)」·「군진(君陳)」：“하씨가 말하였다：‘이전의 후한 것이 변해서 박하게 되었을지라도 그 본래 후한 것은 본래 존재하지 않은 적이 없었으니, 네가 능히 도를 공경해서 덕에 있게 변화시킬 수 있으면, 백성들은 박을 변하게 해서 후하게 되어 대도에 오르게 되지 않음이 없을 것이다.’(夏氏曰：向之厚者, 雖化而爲薄, 而其本厚者, 未嘗不存. 爾能敬典在德以化之, 民無不變薄爲厚而躋於大道也.)”
572) 『맹자(孟子)』 「이루상(離婁上)」：“공손함과 검소함을 어찌 고운 음성이나 웃는 얼굴로 꾸며서 할 수 있겠는가.(恭儉, 豈可以聲音笑貌爲哉.)”

弟)·부부(夫婦)·붕우(朋友)의 떳떳한 도를 공경하는 것이며,

詳說

○ 與上篇註之次序, 又異同何也.
위의 주에서 순서와 또 다른 것은 무엇 때문인가?

○ 鄒氏季友曰 : "兄弟, 當作長幼."
추씨 계우가 말하였다 : "'형제(兄弟)'는 '장유(長幼)'로 해야 한다."

集傳

在德者, 得其典常之道, 而著之於身也.
재덕(在德)은 떳떳한 도를 얻어 몸에 붙이는 것이다.

詳說

○ 陟略反.
'착(著)'은 음이 '척(陟)'과 '략(略)'의 반절이다.

○ 新安陳氏曰 : "德有諸己.
신안 진씨(新安陳氏)가 말하였다 : "덕은 자신에게 있는 것이다."573)

集傳

蓋知敬典, 而不知在德, 則典與我, 猶二也, 惟敬典, 而在德焉, 則所敬之典, 無非實有諸己,
떳떳한 도를 공경할 줄만 알고 덕에 있을 줄을 모르면 떳떳한 도와 내가 오히려 둘이 되고, 오직 떳떳한 도를 공경하면서 덕에 있게 하면 떳떳한 도가 실제로 자기 몸에 있지 않음이 없을 것이니,

詳說

---

573) 『서경대전(書經大全)』, 「주서(周書)」·「군진(君陳)」 : "신안 진씨(新安陳氏)가 말하였다 : '…. 덕은 상나라 백성들을 교화시키는 근본이고, 공경은 또 덕으로 상나라 백성들을 교화시키는 근본이다. 처음에는 「너에게 명하여 이 동교(東郊)를 다스리게 하노니, 공경하라.」라고 하고, 끝에서 「네가 능히 떳떳한 도를 공경하되 덕에 있게 하라.」라고 하였으니, 처음과 끝이 공경을 한결같이 해서 덕이 자신에게 있게 한 것이다. 덕은 자신에게 있어 상나라 백성들이 교화되는 것은 한편에서 강령 중에서 강령이니, 공경을 버린다면 내가 무엇을 보겠는가?'(新安陳氏曰 : …. 蓋德者, 化商民之本, 敬者, 又以德化商民之本. 始曰, 命汝尹玆東郊敬哉, 終曰, 爾克敬典在德, 始終一敬, 而德有諸己矣. 德有諸己, 而商民可化矣, 一篇綱領中之綱領, 捨敬, 吾何以觀之哉.)"

○ 新安陳氏曰：始曰敬哉, 終曰敬典, 一篇之綱領

신안 진씨(新安陳氏)가 말하였다 : "처음에는 '공경하라.'[574]라고 하고, 끝에서 '떳떳한 도를 공경하라.'라고 하였으니 한편의 강령이다."[575]

集傳

實之感人, 捷於桴鼓,

실제가 사람을 감동시킴이 북채로 북을 치는 것보다도 빠르기

詳說

○ 音孚

'부(桴)'는 음이 '부(孚)'이다.

集傳

所以時乃罔不變,

때문에 이에 변화하지 않는 자가 없어

詳說

○ 夏氏曰："民變薄爲厚."

하씨(夏氏)가 말하였다 : "백성들은 박을 변하게 해서 후하게 될 것이다."[576]

集傳

而信升于大猷也.

---

574) 『서경대전(書經大全)』, 「주서(周書)」·「군진1(君陳1)」: "왕(王)이 다음과 같이 말씀하였다. "군진(君陳)아! 너의 훌륭한 덕은 효도와 공손함이다. 효도하고 형제에게 우애하여 능히 정사에 시행하기에 너에게 명하여 이 동교(東郊)를 다스리게 하노니, 공경하라.(王若曰, 君陳. 惟爾令德孝恭. 惟孝友于兄弟, 克施有政, 命汝, 尹玆東郊, 敬哉.)"

575) 『서경대전(書經大全)』, 「주서(周書)」·「군진(君陳)」: "신안 진씨(新安陳氏)가 말하였다 : '…. 덕은 상나라 백성들을 교화시키는 근본이고, 공경은 또 덕으로 상나라 백성들을 교화시키는 근본이다. 처음에는 「너에게 명하여 이 동교(東郊)를 다스리게 하노니, 공경하라.」라고 하고, 끝에서 「네가 능히 떳떳한 도를 공경하되 덕에 있게 하라.」라고 하였으니, 처음과 끝이 공경을 한결같이 해서 덕이 자신에게 있게 한 것이다. 덕은 자신에게 있어 상나라 백성들이 교화되는 것은 한편에서 강령 중에서 강령이니, 공경을 버린다면 내가 무엇을 보겠는가?'(新安陳氏曰 : …. 蓋德者, 化商民之本, 敬者, 又以德化商民之本. 始曰, 命汝尹茲東郊敬哉. 終曰, 爾克敬典在德. 始終一敬, 而德有諸已矣. 德有諸己, 而商民可化矣, 一篇綱領中之綱領, 捨敬, 吾何以觀之哉.)"

576) 『서경대전(書經大全)』, 「주서(周書)」·「군진(君陳)」: "하씨가 말하였다 : '이전의 후한 것이 변해서 박하게 되었을지라도 그 본래 후한 것은 본래 존재하지 않은 적이 없으니, 네가 능히 도를 공경해서 덕에 있게 변화시킬 수 있으면, 백성들은 박을 변하게 해서 후하게 되어 대도에 오르게 되지 않음이 없을 것이다.'(夏氏曰 : 向之厚者, 雖化而爲薄, 而其本厚者, 未嘗不存. 爾能敬典在德以化之, 民無不變薄爲厚而躋於大道者.)"

진실로 대도에 오르는 것이다.

詳說

○ 夏氏曰：" 隮於大道."

하씨(夏氏)가 말하였다：" 대도에 오르게 될 것이다."[577]

集傳

如是, 則君受其福

이와 같이 하면 군주가 복을 받고

詳說

○ 鄭氏景望曰：" 成康言, 膺受多福, 皆以商民之化爲說."

정씨 경망(鄭氏景望)[578]이 말하였다：" 성왕과 강왕이 많은 복을 응하여 받을 것이라고 말한 것은 모두 상나라 백성의 교화로 설명을 한 것이다."[579]

集傳

臣成其美, 而有令名於永世矣.

신하가 아름다움을 이루어서 영원한 세상에 훌륭한 명성이 있을 것이다.

詳說

○ 以論釋之.

경문의 의미 설명으로 해석하였다.

---

[577] 『서경대전(書經大全)』, 「주서(周書)」·「군진(君陳)」：" 하씨가 말하였다：'이전의 후한 것이 변해서 박하게 되었을지라도 그 본래 후한 것은 본래 존재하지 않은 적이 없었으니, 네가 능히 도를 공경해서 덕에 있게 변화시킬 수 있으면, 백성들은 박을 변하게 해서 후하게 되어 대도에 오르게 되지 않음이 없을 것이다.'(夏氏曰：向之厚者, 雖化而爲薄, 而其本厚者, 未嘗不存, 爾能敬典在德以化之, 民無不變薄爲厚而躋於大道者.)"

[578] 정백웅(鄭伯熊, 1127? ~ 1181)：" 송나라 온주(溫州) 영가(永嘉, 절강성) 사람으로 자는 경망(景望)이고, 시호는 문숙(文肅)이다. 고종(高宗) 소흥(紹興) 15년(1145) 진사가 되었다. 국자사업(國子司業)과 종정소경(宗正少卿) 등을 지냈다. 직용도각(直龍圖閣)으로 영국지부(寧國知府)를 지내다가 건녕지부(建寧知府)로 옮겼다. 같은 고을의 설계선(薛季宣)과 함께 학행으로 이름을 떨쳤고, 특히 고인의 경제치법(經制治法)에 정통했다. 동생 정백영(鄭伯英), 정백해(鄭伯海)와 함께 이정(二程)의 학문을 진흥시켜 이때부터 영가의 학자들이 모두 정씨(鄭氏)를 종정으로 받들었다. 진부량(陳傅良)과 섭적(葉適) 등에게 사상적 영향을 주었다. 저서에 『상서』의 대단(大端)을 논한 『정부문서설(鄭敷文書說)』과 『정경망집(鄭景望集)』이 있다.

[579] 『서경대전(書經大全)』, 「주서(周書)」·「군진(君陳)」：" 정씨 경망이 말하였다：'이에 변하지 않는 자가 없어 진실로 대도에 오를 것이다.'라는 것은 성왕이 스스로 많은 복을 응하여 받아 도가 정치를 윤택하게 하고 생민을 윤기있게 한다고 말하였고, 강왕도 많은 복을 응하여 받을 것이라고 말하였으니, 성왕과 강왕이 많은 복을 말한 것은 모두 상나라 백성의 교화로 설명을 한 것이다. …'.(鄭氏景望曰：時乃罔不變, 允升于大猷, 成王自謂, 膺受多福, 道洽政治, 澤潤生民, 康王亦自謂, 膺受多福, 成康言福, 皆以商民之化爲說. ….)"

연구번역자 소개

신창호(申昌鎬)
현) 고려대학교 교수, 고려대학교 박사(동양철학/교육사철학 전공), 고려대학교 교육문제연구소 소장, 평생교육원장. 한국교육철학학회 회장, 한중철학회 회장 역임, 현) 한국학중앙연구원 이사
저서에 「『중용』 교육사상의 현대적 조명」(박사학위논문), 『유교의 교육학 체계』 외 다수의 논문·번역·저서가 있음

김학목(金學睦)
전) 고려대학교 연구교수, 건국대학교 박사(한국철학 전공), 해송학당 원장(동양학·사주명리 강의)
저서에 「박세당의 『신주도덕경』 연구」(박사학위논문), 『한국주역대전』 외 다수의 논문·번역·저서가 있음

조기영(趙麒永)
전) 고려대학교 연구교수, 연세대학교 박사(한문학 전공), 서정대 교수·연세대국학연구원 연구원
저서에 「하서 김인후 시 연구」(박사학위논문), 『한국시가의 정신세계』 외 다수의 논문·번역·저서가 있음

황봉덕(黃鳳德)
전) 고려대학교 연구교수, 성균관대학교 박사(문학 전공). 한중철학회 총무이사. 시습학사 사무국장
저서에 「李德懋 士小節 硏究」(박사학위논문), 『譯註 貞觀政要集論』 『國譯 通鑑節要增損校註Ⅰ』 외 다수의 논문·번역·저서가 있음

김언종(金彦鐘)
현) 고려대학교 명예교수, 國立臺灣師範大學 박사(韓國經學 전공), 한국고전번역원 이사 및 고전번역학회 회장 역임, 현) 한국고전번역원장
저서에 「丁茶山論語古今注原義總括考徵」(박사학위논문), 『(역주)시경강의』 외 다수의 논문·번역·저서가 있음

임헌규(林憲圭)
현) 강남대학교 교수, 한국학중앙연구원 박사(동양철학 전공). 동양고전학회 회장 역임, 현) 강남대학교 참인재대학장
저서에 『유가의 심성론 연구-맹자와 주희를 중심으로』(박사학위논문), 『공자에서 다산 정약용까지 - 유교인문학의 동서철학적 성찰』 외 다수의 논문·번역·저서가 있음

허동현(許東賢)
현) 경희대학교 교수. 고려대학교 박사(한국근대사 전공). 경희대학교 학부대학 학장·한국현대사연구원 원장 역임. 현) 국사편찬위원장
저서에 「1881년 조사시찰단 연구」(박사학위논문), 『한국의 국가 형성과 민주주의』 외 다수의 논문 번역 저서가 있음

서집전상설 6

초판 1쇄 | 2024년 8월 15일

임역주(주저자) | 신창호
전임역주 | 김학목·조기영·황봉덕
공동역주 | 김연종·임헌규·허동현
편   집 | 강완구
디자인 | S-design
브랜드 | 우물이있는집
펴낸곳 | 써네스트
펴낸이 | 강완구
출판등록 | 2005년 7월 13일 등록번호 제2017-000293호
주   소 | 서울시 마포구 망원로 94, 203호
전   화 | 02-332-9384   팩   스 | 0303-0006-9384
이메일 | sunestbooks@yahoo.co.kr
홈페이지 | www.sunest.co.kr
ISBN 979-11-94166-36-8 94140 값 32000원
     979-11-94166-30-6 94140 (전 7권)
* <우물이 있는 집>은 써네스트의 인문브랜드입니다.

이 책은 신저작권법에 따라 보호받는 저작물이므로 무단 전재와 복제를 금하며, 내용의 전부 또는 일부를 재사용하려면 반드시 저작권자와 도서출판 써네스트 양측의 동의를 받아야 합니다.
정성을 다해 만들었습니다만, 간혹 잘못된 책이 있습니다. 연락주시면 바꾸어 드리겠습니다.